Der große Sprachkurs
ITALIENISCH

Sprachkurs für Anfänger und Fortgeschrittene
Buch + MP3-CD mit über 200 Minuten Hörtraining

PONS
Der große Sprachkurs
ITALIENISCH

Sprachkurs für Anfänger und Fortgeschrittene
Buch + MP3-CD mit über 200 Minuten Hörtraining

Basierend auf ISBN 978-3-12-560827-6 und 978-3-12-562059-9.

3. Auflage 2022

© PONS Langenscheidt GmbH, Stöckachstraße 11, 70190 Stuttgart, 2016
www.pons.de

Aufnahme, Schnitt und Mastering: Ton in Ton Medienhaus, Stuttgart/
Allegria Musik-/Audioproduktion GbR/dbmedia.de dupré & buhr gbr
Sprecher: Karin Adam, Maria Teresa Arbia, Paolo Balestri, Rafaella Cavalli,
Tommaso Ernesto Cordignola, Clara de Haas, Francesco Discolo,
Dr. Maria Cristina Fronterotta, Marta Gasperini, Cesare Ghilardelli, Federica Loreggian,
Francesca Maier, Franco Mattoni, Marcus Michalski, Marco Montemerano,
Dr. Giovanna Mungai-Maier, Dr. Elisabetta Noldeke, Lara Parmian, Claudio Rizzi,
Giuseppe Sassano
Logoentwurf: Erwin Poell, Heidelberg
Logoüberarbeitung: Sabine Redlin, Ludwigsburg
Layout: BUERO CAÏRO, Stuttgart, **Layoutüberarbeitung:** Angelika Usenbenz
Satz: Digraf.pl - dtp services
Druck/Binden: Plump Druck & Medien GmbH, Rheinbreitbach

ISBN: 978-3-12-562378-1

Willkommen in der Welt der italienischen Sprache!

Ob Sie eine Reise planen, mit Bekannten auf Italienisch sprechen wollen oder sich einfach für Land und Leute interessieren, mit dem PONS Großen Sprachkurs Italienisch erhalten Sie fundierte und umfassende Sprachkenntnisse.

Die sichere Lernmethode von PONS

In zwei Stufen leicht zum Ziel
Der Sprachkurs ist in Anfänger- (Lektion 1 bis 16) und Aufbaustufe (Lektion 17 bis 26) unterteilt. Im umfangreichen Abschlusstest können Sie Ihren Erfolg überprüfen.

Umfassend lernen

In jeder Lektion werden Sie langsam an neue Inhalte herangeführt: Grammatik, Kommunikation oder Wortschatz werden systematisch präsentiert und in abwechslungsreichen Übungen gefestigt.
Durch die authentischen Dialoge und Lesetexte trainieren Sie ausführlich das Hör- und Leseverstehen.
Im umfangreichen Übungsteil lernen Sie schnell selbst Italienisch zu schreiben und zu sprechen.

Hören, verstehen, sprechen

 TR. 11

Das CD-Symbol zeigt Ihnen, dass Sie für diese Übung die CD brauchen. Die Zahl bezeichnet die Tracknummer.
Wenden Sie beim Hören die Lerntechniken an, die im Kurs präsentiert werden. Lesen Sie z.B. nicht gleich den Text mit, um den Klang und die Intonation der Fremdsprache besser wahrzunehmen. Sie können anschließend die Hörtexte im Anhang zusammen mit der Übersetzung nachlesen.
Nutzen Sie jede Gelegenheit, um Italienisch zu lernen. Auch wenn Sie im Auto sitzen, an der Bushaltestelle warten oder gerade Sport machen, können Sie mit dem extra Audio-Trainer (Track 183-234) in jeder Alltagssituation mühelos Italienisch trainieren.

Die **MP3-Dateien** finden Sie auch **online zum Downloaden** unter
www.pons.de/grosser-sprachkurs-it

Texte zu Land und Leuten lesen

In diesem Sprachkurs finden Sie immer wieder interessante, kulturelle Texte. Diese Texte sind in den ersten 16 Lektionen noch auf Deutsch. Im zweiten Teil des Kurses werden Sie schon in der Lage sein, sie auf Italienisch zu lesen. Beim Leseverstehen geht es nicht darum jedes Wort zu kennen, sondern den allgemeinen Inhalt zu verstehen. Wenn der Text Ihnen dennoch zu schwierig erscheint, finden Sie die Übersetzung im Anhang. Nehmen Sie sie zur Hilfe und versuchen Sie dann den Text noch einmal auf Italienisch zu lesen.

Anhänge

Im Anhang finden Sie die Lösung zu allen Übungen sowie die Übersetzung der Lesetexte und aller Dialoge.
Die Texte der Hörübungen, die in den Lektionen nicht abgedruckt wurden, finden Sie hier ebenfalls.
In einer kompakten Grammatik finden Sie die wichtigsten Grammatikthemen nochmal zum Nachlesen. Im alphabetisch sortierten Wortverzeichnis finden Sie schnell alle verwendeten Wörter des Kurses mit deren Übersetzungen.

INHALT

INHALT

INHALT

Audio-Training

ciao	*hallo; tschüss*	
Buongiorno!	*Guten Tag.*	
Salve!	*Hallo.*	
Arrivederci!	*Auf Wiedersehen.*	
parlare	*sprechen, reden*	
Pronto?	*Hallo! (am Telefon)*	
Come stai?	*Wie geht es dir?*	
grazie	*danke*	
l'attimo	*Augenblick, Moment*	
contento	*zufrieden*	
la festa	*Feier, Party*	
arrivare	*ankommen*	

1

 TR. 01

Hören Sie, wie sich verschiedene Personen begrüßen und verabschieden. Lesen Sie dann die kurzen Dialoge mit und sprechen Sie sie nach.

1. **Ciao!**
   Ciao!

2. **Buongiorno!**
   Buongiorno, dottor Marchesi.

3. **Ciao!**
   Salve!

4. **Arrivederci.**
   Arrivederci, signora Mariuccia!

2

Wie heißt es auf Deutsch? Kreuzen Sie die passenden Übersetzungen dieser Begrüßungsformeln an. Auch beide Antworten können richtig sein.

1. ciao

   ☒ A *Hallo*
   ☐ B *Auf Wiedersehen*

2. buongiorno

   ☐ A *Guten Abend*
   ☒ B *Guten Tag*

3. salve

   ☐ A *Hallo*
   ☐ B *Guten Tag*

4. arrivederci

   ☐ A *Guten Abend*
   ☐ B *Auf Wiedersehen*

Gut zu wissen:

Ciao heißt sowohl *hallo* als auch *tschüss*!

9

TR. 02

3

Hören Sie sich die kurzen Dialoge an und lesen Sie die entsprechenden Übersetzungen. Sprechen Sie dann die Dialoge nach.

1. **Pronto? – Casa Carrera?**
   Hallo? – Bin ich richtig bei Carrera?

2. **Chi parla? – Sono Chiara.**
   Wer ist am Apparat? – Hier spricht Chiara.

3. **Come stai? – Sto bene, grazie.**
   Wie geht es dir? – Gut, danke!

4. **E tu? – Non c'è male.**
   Und dir? – Nicht schlecht.

5. **C'è Monica? – Sì, un attimo.**
   Ist Monica da? – Ja, einen Augenblick.

 TR. 03

Gut zu wissen:

Um Ihren Gesprächspartner besser zu verstehen, achten Sie im Alltag auf die Gestik und auf seine Gesichtsausdrücke!

4

In diesem Dialog lernen Sie Chiara kennen. Chiara ruft bei ihrer Freundin Monica an. Zunächst meldet sich Monicas Ehemann Franco, der den Telefonhörer nach einer kurzen Begrüßung an Monica weitergibt.
Hören Sie sich den Dialog an.

5

Sie haben sicherlich zwei Besonderheiten der Italiener am Telefon bemerkt, und zwar: In Italien stellt sich zuerst die Person vor, die anruft. Man meldet sich mit einem bestimmten Wort. Mit welchem? Schreiben Sie das Wort in die Sprechblase.

_____?

6

 TR. 03

Hören Sie den Dialog nochmals an und lesen Sie den Text im Anhang. Be-
antworten Sie dann folgende Fragen, indem Sie jeweils die richtige Antwort
ankreuzen.

1. Chi parla?

    ■ **A** C'è Chiara?
    ■ **B** Ciao Chiara!
    ☒ **C** Sono Chiara!

2. Come stai?

    ☒ **A** Sto bene, grazie.
    ■ **B** Ciao Franco!
    ■ **C** Sì.

3. C'è Monica?

    ■ **A** Ciao Monica!
    ■ **B** Sì, un attimo.
    ■ **C** Chi parla?

4. Ciao Mony!

    ☒ **A** Ciao!
    ■ **B** Benissimo!
    ■ **C** Certo!

7

Der Dialog zwischen Chiara und Franco ist durcheinandergeraten.
Bringen Sie ihn wieder in Ordnung! Schreiben Sie die entsprechende
Zahl neben jeden Satz.

A Sì, un attimo.

B Ciao Franco. Sto bene, grazie, e tu?

C Sì, chi parla?

D Sono Chiara.

E Casa Carrera?

F Non c'è male.

G C'è Monica?

H Ah, ciao Chiara, come stai?

I Pronto!

8

Man sagt, dass Italienisch so gesprochen wird, wie es geschrieben wird.
Hören Sie die Beispiele an und lesen Sie die Regeln.

 TR. 04

casa / gas / contenta

Vor **o**, **a** und **u** werden **c** und **g** hart ausgesprochen, wie im Deutschen *Katze* oder *gut*. Diese Wörter werden dann so ausgesprochen: [kasa], [gas], [kontɛnta].

 TR. 05

certo / giro / ciao

Vor **i** und **e** werden **c** und **g** weich ausgesprochen. Sie entsprechen den deutschen Lauten /tsch/ und /dsch/. Diese Wörter werden so ausgesprochen: [dʒerto], [dʒiro] und [tʃao].

TR. 06

Chiara / margherita / che / alberghi

Ein **h** vor dem **i** oder **e** macht das **c** und **g** hart, d. h. wie in *Katze* oder *gut* in der ersten Gruppe. Diese Wörter werden so ausgesprochen: [kiara], [margerita], [ke], [albɛrgi].

9

Hier wird Ihnen jeweils eine Reihe von vier Wörtern vorgestellt.
Eins davon passt wegen der Aussprache nicht zu dem Rest. Kreuzen Sie das Wort an.

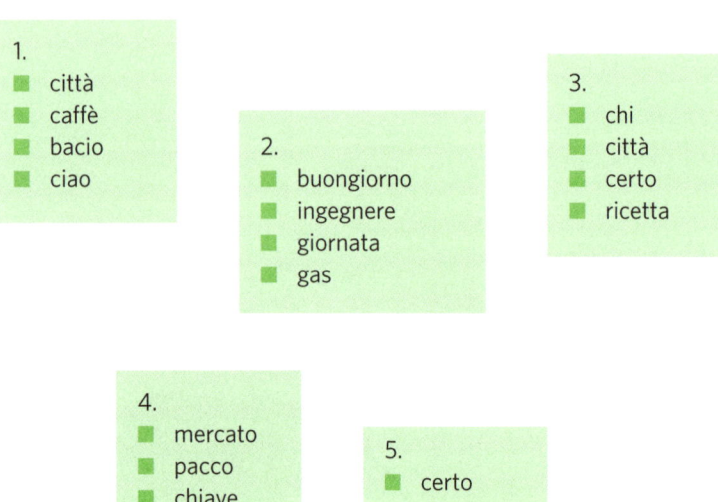

1.
- città
- caffè
- bacio
- ciao

2.
- buongiorno
- ingegnere
- giornata
- gas

3.
- chi
- città
- certo
- ricetta

4.
- mercato
- pacco
- chiave
- ciao

5.
- certo
- chiave
- centro
- città

10

Sie haben im Dialog gehört, wie Chiara sich vorgestellt hat: **Sono Chiara!**
Sono ist die 1. Person Singular (Präsensform) von **essere**. Hier die drei
Personen des Singulars:

io sono   *ich bin*

tu sei   *du bist*

lui / lei è   *er / sie ist*

Die Personalpronomen **io** *(ich)*, **tu** *(du)*, **lui** *(er)*, **lei** *(sie)* werden im Ita-
lienischen oft weggelassen. Von der Verbform und aus dem inhaltlichen
Zusammenhang kann man aber ganz einfach erschließen, wer gemeint ist.

Das Pronomen **Lei** (großgeschrieben) entspricht im Deutschen der Höf-
lichkeitsform *Sie*.

11

Verschiedene Personen stellen sich selbst oder jemand anderes vor. Ergän-
zen Sie die Sätze.

1. Ciao, io _____ Monica.

2. Lei _____ Francesca.

3. Io _____ Paolo, e tu?

4. Lei _____ la signora Carli.

12

Im Eingangsdialog haben Sie zwei regelmäßige Verben der Gruppe auf **-are** gesehen: **parlare** *(sprechen, reden)* und **arrivare** *(ankommen)*. Unterstreichen Sie im Dialog dieser Lektion im Anhang alle konjugierten Formen dieser zwei Verben. Schreiben Sie dann die Formen in die Sprechblasen.

Die Verben auf **-are** haben folgende Endungen, die man an den Infinitivstamm anhängt. Den Infinitivstamm erhält man, indem man die Infinitivendung **-are** wegstreicht.

	parlare	**arrivare**
io	parl**o**	arriv**o**
tu	parl**i**	arriv**i**
lui / lei / Lei	parl**a**	arriv**a**

13

Vervollständigen Sie die Sätze, indem Sie die richtigen Formen der Verben, die in Klammern stehen, in die Lücken schreiben.

1. Il signor Rossi (parlare) _____ con Chiara.

2. La festa c'è, (essere, io) _____ contenta!

3. Monica (stare) _____ molto bene.

4. Tu, quando (arrivare) _____ ?

5. Ciao Franco, come (stare) _____ ?

6. (arrivare, io) _____ domani.

7. Laura (essere) _____ a casa.

8. (parlare, tu) _____ con Paolo?

14

Franco fragt Chiara, wie es ihr geht: **Come stai?**
Auf diese Frage kann man mit unterschiedlichen Antworten reagieren:
benissimo *(sehr gut)*, **molto bene** *(sehr gut)*, **bene** *(gut)*, **abbastanza bene**
(ziemlich gut), **non c'è male** *(nicht schlecht)*.

Dazu kann man **grazie** sagen und zurückfragen: **e tu?** *(und dir?)*
Auf die Frage **come stai?** kann man auch mit **sto** + Adverb antworten:
Sto bene.

Sto und **stai** sind die 1. und die 2. Person Singular Präsens des Verbs **stare**.
Sta ist die 3. Person Singular. Deshalb fragt man **come sta?**, wenn man
jemanden, den man siezt, nach dem Befinden fragt: **Come sta? – Bene,
grazie, e Lei?**

15

 TR. 07

Hören Sie erstmal die Fragen auf der CD, ordnen Sie sie dann jeweils der
entsprechenden Antwort zu.

1. Ciao Giorgio! Come stai?	A Bene, grazie, e Lei?
2. E Carlo, come sta?	B Ah, lui sta benissimo!
3. Buongiorno, come sta?	C Ciao, sto bene, e tu?

16

Im Italienischen ist es sehr einfach, eine Frage zu stellen. Die Satzstellung
bleibt meist wie im Aussagesatz: **Chiara arriva. / Chiara arriva?**

Der Unterschied zwischen einem Aussagesatz und einer Frage wird durch
die Satzmelodie erkennbar: Bei einem Aussagesatz senkt sich die Stimme
zum Satzende hin, beim Fragesatz hebt sie sich.

Auf Entscheidungsfragen kann man mit **sì** *(ja)* oder **no** *(nein)* antworten:
Arrivi? – Sì.
La festa c'è? – No.

Sie haben auch schon Fragen gesehen,
die nicht mit *ja* oder *nein* beantwortet
werden können:
Chi parla?
Quando arrivi?

Bei Fragen mit Fragewörtern steht
meistens das Subjekt nach dem Verb:
Quando arriva Chiara?

Gut zu wissen:
Die Anredeformen
wie **signore** und
dottore verlieren im
Zusammenhang mit
dem Namen das e am
Ende: **Buongiorno,
signor D'Antoni!**

17

Zur Begrüßung können Sie folgende Formeln verwenden: **Buongiorno** (vom Morgen bis zum frühen Nachmittag), **buonasera** (spätnachmittags bis abends) und dazu auch den Namen sagen:
Buongiorno / Buonasera, signor Rossi / signora Carrera.

Unter Freunden, Bekannten oder in der Familie sagen Sie **ciao**. Wenn Sie dagegen nicht sicher sind, ob Sie die Person siezen oder duzen sollen, können Sie **salve** sagen, das sowohl in formellen als auch in informellen Situationen benutzt wird.

Um sich zu verabschieden, sagen Sie **arrivederci** oder **arrivederLa** (formeller) oder **ciao**. Dazu können Sie **buona giornata** *(einen schönen Tag noch)* oder **buona serata** *(einen schönen Abend noch)* wünschen. **Buonanotte** sagt man nur, wenn man ins Bett geht.

18

Finden Sie sechs von den in der Übung 17 erwähnten Grußformeln.

l'aeroporto	Flughafen
l'aereo	Flugzeug
la valigia	Koffer
il biglietto (aereo)	(Flug)ticket
il bagaglio	Gepäck
l'uscita	Ausgang
l'imbarco	Boarding, Einstieg
Buon viaggio!	Gute Reise!
la moneta	Münze, Geldstück
la chiave	Schlüssel
il pacco	Paket, Packung

(ABC)

1

 TR. 08

Wenn Sie am Flughafen (**aeroporto**) sind, können Sie folgende Begriffe brauchen. Hören Sie die Begriffe auf der CD an: Die Bilder helfen Ihnen, die Bedeutung der Begriffe zu erraten.

l'aeroporto   l'aereo   la valigia   il bagaglio a mano

l'imbarco   il biglietto   il passaporto   il carrello

2

Diese italienischen Sätze können Sie oft am Flughafen hören. Ordnen Sie jeden Satz auf der linken Seite der entsprechenden Übersetzung auf der rechten zu.

1. Biglietto, per favore.

_____ **A** Sie müssen zeigen, ob Sie Münzen oder Schlüssel in der Tasche haben.

2. Ha bagagli?

_____ **B** Sie müssen sagen, wo Sie sitzen möchten.

3. Finestrino o corridoio?

_____ **C** Sie müssen Ihr Flugticket zeigen.

4. Ha monete o chiavi in tasca?

_____ **D** Sie müssen sagen, ob Sie Gepäck dabei haben.

 TR. 09

3

Chiara ist am Flughafen und checkt ein. Hören Sie sich den Dialog an.

4

a) Hören Sie sich den Dialog noch einmal an und lesen Sie den Text im Anhang. Markieren Sie alle Wörter, die sich auf den Flughafen beziehen und schreiben Sie diese auf.

b) Der Angestellte fragt Chiara nach dem Ticket. Chiara reicht ihm das Ticket und sagt *hier ist es*. Was sagt sie auf Italienisch? Schreiben Sie den Ausdruck in die Sprechblase.

5

Wenn es nötig ist, hören Sie sich den Dialog noch einmal an. Entscheiden Sie dann, ob die folgenden Aussagen stimmen.

	richtig	falsch
1. Chiara hat vier Gepäckstücke.	■	■
2. Chiara hat ein leichtes Handgepäck.	■	■
3. Chiara möchte am Fenster sitzen.	■	■
4. Der Flug ist um 11.00 Uhr.	■	■
5. Chiara hat ein bisschen Kleingeld in der Tasche.	■	■
6. Der Ausgang ist die Nummer 10.	■	■

6

Lesen Sie die Fragen links. Wie würden Sie darauf reagieren? Ordnen Sie die Antworten auf der rechten Seite den entsprechenden Fragen zu.

1. Biglietto, per favore.
2. Ha bagagli?
3. Finestrino o corridoio?
4. Imbarco alle 5.
5. Ha per caso monete o chiavi in tasca?

___ A Ah, è vero! Le chiavi!
___ B Va bene, grazie.
___ C Ecco a Lei.
___ D Finestrino, per favore.
___ E Sì, due valigie.

Gut zu wissen:
Anstatt **per favore** können Sie auch **per piacere** sagen. Beide heißen *bitte!*

7

signora, **biglietto**, **uscita**, **pacco** usw. sind Substantive. Substantive auf **-o** sind männlich (**volo**), die auf **-a** sind weiblich (**uscita**). Männliche Substantive auf **-o** bilden die Pluralform auf **-i** (**voli**); weibliche Substantive auf **-a** haben den Plural auf **-e** (**uscite**).

Achtung! Die Substantive auf **-e** können sowohl männlich, wie **signore** *(Herr)*, als auch weiblich, wie **chiave** *(Schlüssel)*, sein. In beiden Fällen wird die Pluralform mit der Endung **-i** gebildet: **signori** / **chiavi**.

Achten Sie auf die Aussprache von **signora** und **signore**: Die Kombination **g + n** wird wie das **gn** in *Cognac* ausgesprochen.

 TR. 10

8

Hören Sie sich die Zahlen von 0 bis 9 an.

zero	uno	due	tre	quattro

cinque	sei	sette	otto	nove

Zehn heißt auf Italienisch **dieci**.

Im Dialog haben Sie gehört, dass das Boarding um 10.00 Uhr ist: Mit der Präposition **alle** *(um)* + der Zahl gibt man die Uhrzeit an: **Imbarco alle 10**.

9

Schreiben Sie die abgebildete Uhrzeit auf.

1. ___

2. ___

3. ___

4. ___

10

Um zu sagen, dass Sie etwas besitzen oder dabei haben, kann Ihnen das Verb **avere** *(haben)* sehr nützlich sein. Im Dialog haben Sie zwei Formen von **avere** gesehen. Versuchen Sie, sie hier einzugeben. Wenn Sie Hilfe brauchen, können Sie im Dialog nachschauen.

io _____

tu hai

lui / lei / Lei _____

Das Verb **avere** können Sie auch brauchen, wenn Sie etwas ausleihen oder wenn Sie um etwas bitten möchten. Wenn ein Freund oder eine Freundin Ihnen die Frage **Hai la ricetta del tiramisù?** stellt, ist es klar, dass Sie um das Rezept für das leckere italienische Dessert gebeten werden.

Achtung! Das **h** wird im Italienischen nicht ausgesprochen. Sie sollten es beim Schreiben aber nicht vergessen, um **ho** von **o** *(oder)* und **ha** von **a** *(zu)* unterscheiden zu können.

11

Ergänzen Sie die Lücken, indem Sie die passende konjugierte Form der Verben eintragen.

1. Ma (avere, tu) _____ solo una valigia?!

2. Adesso Luigi (essere) _____ in aereo.

3. Franca (arrivare) _____ alle 3.

4. (arrivare, io) _____ in aeroporto alle 5.

5. La signora Bianchi (avere) _____ solo un bagaglio a mano.

6. E Michele adesso (stare) _____ bene?

7. (avere) _____ io le chiavi di casa!

8. (essere, tu) _____ contenta?

12

Chiara sagt dem Angestellten, dass sie einen Koffer und ein Paket hat: **una valigia** und **un pacco**. **Un** und **una** sind unbestimmte Artikel: **un** ist männlich, **una** weiblich.

Der unbestimmte Artikel **uno** wird vor männlichen Substantiven verwendet, die mit **s** + Konsonant oder **z**, **y**, **gn**, **ps** beginnen: **uno st**udente *(ein Student)*.

Una wird vor Substantiven, die mit Vokal beginnen, apostrophiert: **un'u**scita.

Hier sind vier Substantive aus dem Dialog: Probieren Sie, jeweils den passenden unbestimmten Artikel daneben zu schreiben.

_____ biglietto   _____ uscita

_____ chiave   _____ imbarco

Im Plural hat man im Italienischen wie im Deutschen keinen unbestimmten Artikel.

In einigen Fällen benutzt man das Substantiv allein – wie im Dialog:

Ha bagagli? / Ha per caso monete?

13

Schreiben Sie jeweils den richtigen unbestimmten Artikel in die Lücken.

1. Sono _____ studentessa.

2. Chiara ha _____ valigia e _____ pacco.

3. Luigi è _____ studente di medicina.

4. Chiara parla con _____ signore.

5. _____ caffè? – Sì, grazie.

6. Ma c'è _____ festa qui?

14

Il, **l'**, **le**, **la** ... Es handelt sich um bestimmte Artikel.

Die männliche Form des bestimmten Artikels ist **il**: **il volo**. Beginnt das Substantiv mit **s** + Konsonant, **z**, **y**, **gn** oder **ps**, wird **il** zu **lo**: **lo studente**. Ist der erste Buchstabe ein Vokal, wird **l'** verwendet: **l'imbarco**.

La ist die weibliche Form, die vor Substantiven, die mit einem Vokal beginnen, zu **l'** wird: **la signora / l'uscita**.

Im Plural wird **il** zu **i**: **i voli**; **lo** und **l'** zu **gli**: **gli studenti**, **gli imbarchi**; **la** und **l'** zu **le**: **le signore**, **le uscite**.

Beachten Sie die Aussprache vom Artikel **gli**. Der Laut existiert im Deutschen nicht, ist aber im Italienischen in vielen Wörtern zu finden.

15

Sehen Sie sich die vorgegebenen Substantive an und schreiben Sie die entsprechenden bestimmten Artikel in die Felder davor. Schreiben Sie dann die Pluralformen in die dritte Spalte. Vergessen Sie die Artikel nicht!

articolo	singolare	plurale
	passaporto	
	moneta	
	aereo	
	studente	
	casa	
	città	città
	ingegnere	

Interkulturelles

Wie können Sie in Italien am besten reisen?

Wenn Sie mit dem Auto unterwegs sind, nutzen Sie das gut ausgebaute Straßen- und Autobahnnetz: **strada statale** (*Bundesstraße*), **superstrada** (*Schnellstraße*) und **autostrada** (*Autobahn*), die fast in ganz Italien gebührenpflichtig ist – Ausnahmen sind einige Regionen im Süden (Kampanien, Kalabrien und Sizilien). Wenn Sie am **casello** (*Mautstelle*) ankommen, zahlen Sie entweder bar, mit Kreditkarte oder mit der **tessera Viacard**, einer Karte zur bargeldlosen Bezahlung der Autobahngebühren. Oder Sie haben den **Telepass**, dann brauchen Sie nicht anzuhalten!

Wenn Sie den Straßenverkehr vermeiden wollen, fahren Sie Zug! In Italien sind die Zugfahrkarten im Vergleich zu vielen anderen Ländern Europas recht günstig und man hat eine gute Auswahl an Tickets, die 20 % bis 30 % Ermäßigung erlauben.

Mi chiamo...	Ich heiße ...
volare	*fliegen*
il tempo	*Wetter*
il soggiorno	*Aufenthalt*
dolce	*süß*
salato	*salzig*
bere	*trinken*
desiderare	*wünschen*
il bicchiere	*Glas*
risparmiare	*sparen*
viaggiare	*reisen*
abitare	*wohnen*

 ABC

1

 TR. 11

Was können Sie in einem Café, bei jemandem zu Hause oder im Flugzeug trinken? Hier lernen Sie die Namen einiger Getränke. Hören Sie sich die Wörter mehrmals an und sehen Sie sich die Fotos an.

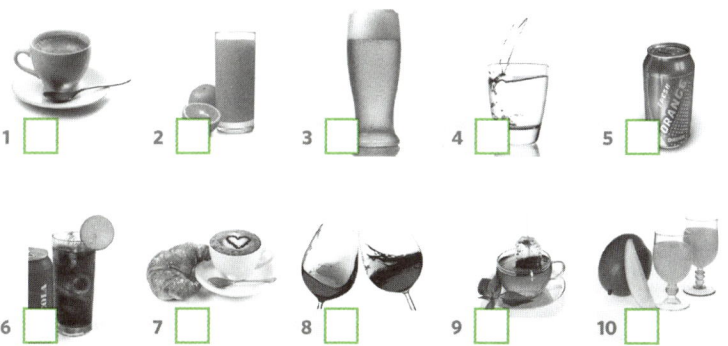

1 ☐ 2 ☐ 3 ☐ 4 ☐ 5 ☐

6 ☐ 7 ☐ 8 ☐ 9 ☐ 10 ☐

Hier finden Sie die Namen der Getränke: Leider sind sie durcheinandergeraten. Schreiben Sie jeweils die entsprechende Nummer in das Kästchen unter den Fotos oben.

> **A** una birra **B** un bicchiere di vino **C** un caffè
> **D** un succo d'arancia **E** un'aranciata **F** un succo di frutta
> **G** una coca cola **H** un cappuccino **I** un tè **J** un bicchiere d'acqua

TR. 12

2

Hören Sie die kurzen Dialoge an und lesen Sie sie mit. Sehen Sie sich die Übersetzungen auf der rechten Seite an und ordnen Sie sie den passenden Dialogen zu.

1. Da bere cosa desidera? – Un succo d'arancia.	_____ A Ein Glas Mineralwasser mit Kohlensäure? – Nein, still.
2. Un bicchiere d'acqua gassata? – No, naturale.	_____ B Sind Sie Spanier? – Nein, Italiener.
3. È spagnolo? – No, italiano.	_____ C Wie ist das Wetter? – Schön. Es sind 20 Grad.
4. Che tempo fa? – È bello. Ci sono 20 gradi.	_____ D Was möchten Sie trinken? – Einen Orangensaft.

TR. 13

cielo sereno
heiterer Himmel

da bere – *zum Trinken*

desiderare – *wünschen*

risparmiare – *sparen*

un po'
ein bisschen / fast

mezzo … mezzo … *halb … halb …*

3

Chiara ist im Flugzeug. Der Kapitän gibt ein paar Fluginformationen und die Flugbegleiterin bietet etwas zum Trinken an. Chiara unterhält sich mit ihrem Nachbarn. Hören Sie sich den Dialog an. Rechts finden Sie eine kleine Hilfe.

4

Haben Sie verstanden, wohin Chiara fliegt? Schreiben Sie den Namen der italienischen Stadt auf.

_____

Wie auf den meisten Inlandsflügen bekommt man z. B. eine Packung **biscottini** (*Kekse*) oder **salatini** (*Salzgebäck*) und ein Getränk.

5

Hören Sie sich den Dialog noch einmal an und lesen Sie den Text im Anhang mit. Bringen Sie dann folgende Zusammenfassung in die richtige Reihenfolge.

 TR. 13

Gut zu wissen:
Der Flugkapitän stellt sich mit **mi chiamo** vor. **Mi chiamo** + Name (*ich heiße* + Name) wird nur in wenigen Situationen benutzt, normalerweise stellt man sich mit **sono** + Name (*ich bin* + Name) vor.

☐ A Chiara erzählt ihrem Nachbarn, sie fliege ziemlich oft, um ihre Eltern in Mailand zu besuchen.

☐ B Chiara nimmt etwas Süßes und trinkt einen Orangensaft.

☐ C Der Flugkapitän stellt sich vor und gibt ein paar Informationen über den Flug.

☐ D Chiaras Nachbarn hätte gerne etwas Salziges und ein Glas stilles Wasser.

☐ E Die Flugbegleiterin bietet den Passagieren einen Snack und ein Getränk an.

☐ F Chiaras Nachbarn fliegt auch aus familiären Gründen, er muss jedoch zwischen Italien und Spanien fliegen.

6

Ergänzen Sie die Sätze, indem Sie jeweils die richtige Fortsetzung ankreuzen.

1. In questo momento volano su …

   ■ A Roma.
   ■ B Milano.
   ■ C Palermo.

2. Chiara prende …

   ■ A un'aranciata.
   ■ B un succo d'arancia.
   ■ C un bicchiere d'acqua.

3. Il vicino di Chiara prende …

   ■ A un pacchetto di sigarette.
   ■ B un pacchetto di biscottini.
   ■ C un pacchetto di salatini.

4. Chiara viaggia …

   ■ A spesso.
   ■ B molto.
   ■ C abbastanza.

5. Chiara viaggia …

   ■ A per piacere.
   ■ B per motivi familiari.
   ■ C per lavoro.

6. Il vicino di Chiara è …

   ■ A spagnolo.
   ■ B mezzo spagnolo mezzo italiano.
   ■ C italiano.

7

Die Singularformen der Verben auf **-are** kennen Sie schon aus der ersten
Lektion. Im Eingangsdialog haben Sie einige Pluralformen gesehen:
voliamo, risparmiano, abitano.

Hier ein Überblick mit den entsprechenden Personalpronomen. Schreiben
Sie die richtigen Verbformen in die Lücken:

parlare	abitare
noi parliamo	noi _____
voi _____	voi abitate
loro parlano	loro _____

Der Wortakzent fällt normalerweise auf den Stammvokal – außer bei
noi und **voi:**

parlo / parliamo / parlate

abitiamo / abitate / abitano

8

Schreiben Sie die Sätze in der Pluralform: **Io** wird zu **noi**, **tu** zu **voi** und **lui**
oder **lei** zu **loro**.

1. Arrivo domani alle 8.   *Arriviamo domani alle otto.*

2. Abiti qui a Roma?   _____

3. Adesso chiamo un taxi.   _____

4. Parla con il poliziotto.   _____

5. Chiami l'ingegner Ponti?   _____

6. Arriva in macchina o in treno?   _____

7. Risparmio molto.   _____

8. Voli con Alitalia?   _____

9

Jetzt lernen Sie auch die Pluralformen der drei unregelmäßigen Verben, die Sie schon kennen: **essere**, **stare** und **avere**.

	essere	stare	avere
noi	siamo	stiamo	abbiamo
voi	siete	state	avete
loro	sono	stanno	hanno

Im Dialog haben Sie **ci sono 20 gradi** gehört.

Ci sono heißt wie **c'è** *es gibt*. Nach **ci sono** steht aber immer eine Plural-form. **Ci sono quattro bicchieri.** *(Es gibt vier Gläser.)*

10

Markieren Sie die richtige Verbform.

1. I genitori di Claudia sta / stanno / stiamo bene.

2. Qui c'è / ci sono / sono tre bottiglie di birra.

3. Siamo / Sono / Sei a Roma e visitiamo la città.

4. Oggi siamo / stiamo / abbiamo a casa.

5. Il caffè di Federico sono / è / ha dolce.

6. Siete / Avete / State già i biglietti per la Spagna?

11

 TR. 14

Hören Sie zuerst die Zahlen von 11 bis 20 an.

11 **undici**	14 **quattordici**	17 **diciassette**	19 **diciannove**
12 **dodici**	15 **quindici**	18 **diciotto**	20 **venti**
13 **tredici**	16 **sedici**		

Ab 20 werden die Zahlen regelmäßig gebildet. Man fügt die Zahlen von 1 bis 9 den Zehnern **venti** (20), **trenta** (30), **quaranta** (40), **cinquanta** (50), **sessanta** (60), **settanta** (70), **ottanta** (80), **novanta** (90) hinzu.

ventidue (22) – **trentaquattro** (34) – **quarantasei** (46)

Bei **tre** wird immer ein Akzent gesetzt: **ventitré** (23), **cinquantatré** (53). Bei **uno** und **otto** verliert der Zehner den Vokal am Ende: **ventuno** (21) – **trentotto** (38). 100 heißt **cento.**

12

Es gibt im Italienischen Adjektive auf **-o**, die vier Formen haben, und die sich in Geschlecht und Zahl nach den Substantiven richten (**legger**o / **legger**i / **legger**a / **legger**e) und Adjektive auf **-e**, die sich dagegen nur im Singular und Plural unterscheiden (**nazional**e / **nazional**i).

Auch die Länderadjektive **spagnolo** und **italiano** passen sich an die oben genannte Regel an: **Marco è italiano. / Lucia è italiana**.

Wandeln Sie die Sätze wie im folgenden Beispiel um: **Pierre abita a Parigi.** wird zu **Pierre è francese.**

americano
italiano
russo
tedesco
spagnolo
inglese

1. Boris abita a San Pietroburgo. _____

2. Stefania e Giacomo abitano a Venezia. _____

3. Markus abita a Amburgo. _____

4. Steve e Joe abitano a Washington. _____

5. Pilar e Nuria abitano a Madrid. _____

6. Elizabeth abita a Cambridge. _____

13

Zur Information der Passagiere berichtet der Kapitän auch vom Wetter am Zielort: **Il tempo a Milano è buono, cielo sereno, ci sono 20 gradi.**

Um allgemein über das Wetter zu sprechen, können Sie **è bello** *(es ist schön)* / **è brutto** *(es ist schlecht)* oder **fa caldo** *(es ist warm)* / **fa freddo** *(es ist kalt)* sagen.

Wollen Sie genauer auf die Frage **che tempo fa?** *(wie ist das Wetter?)* antworten, können Sie Folgendes sagen:

C'è il sole.   **C'è la nebbia.**   **È sereno.**   **È nuvoloso.**

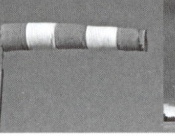

Piove.   **Nevica.**   **C'è vento.**   **C'è un temporale.**

14

Werden Sie bei jemandem zu Hause oder wie z. B. im Eingangsdialog im Flugzeug **che cosa desidera?** *(was wünschen Sie?)* gefragt, antworten Sie ganz einfach, indem Sie Ihren Wunsch nennen. Vergessen Sie nicht **grazie** dazu zu sagen!
Un succo di frutta, grazie.

Niente, grazie sagen Sie, wenn Sie nichts haben möchten.
Fragt man Sie direkt z. B. **Un caffè?** *(Einen Kaffee?)*, antworten Sie mit **Sì, grazie** *(Ja, bitte)* / **Sì, volentieri** *(Ja, gerne)* oder **No, grazie** *(Nein, danke)*.

Lesen Sie diese kurzen Dialoge.

Che cosa desidera? – Una birra, grazie.
Un caffè? Un cappuccino? – Un caffè, grazie.
Da bere? – Un bicchiere di vino bianco, grazie.

Mit dem Namen des Getränks + **per favore** / **per piacere** können Sie auch in einem Café etwas bestellen: **Un cappuccino, per favore.**

15

Lesen Sie die Fragen und wählen Sie die richtige Antwort aus. Mehrere Antworten pro Frage sind richtig.

1. Da bere cosa desidera?

   A Un bicchiere d'acqua minerale.
   B Una coca cola.
   C Sì, grazie.
   D Una birra?

2. Un caffè? Un tè?

   A Da bere?
   B Un caffè, grazie.
   C Un tè.
   D Niente, grazie.

3. Cosa desidera?

   A Un cappuccino, per favore.
   B Un caffè.
   C Un tè.
   D No, grazie.

4. Da bere?

   A Una bottiglia d'acqua minerale.
   B Sì, grazie.
   C Una birra.
   D Una bottiglia di vino rosso.

il caffellatte
der Milchkaffee

la grappa
der Schnaps

lo spumante
der Sekt

la spremuta
der frisch gepresste Saft

16

Hier sehen Sie noch ein paar Fotos mit Getränken. Schreiben Sie in die jeweiligen Lücken die Namen der Getränke, die Sie im Kasten unten finden. Auf der Seite finden Sie die Übersetzung der Begriffe.

una spremuta   uno spumante   una grappa   un caffellatte

1. ___   2. ___   3. ___   4. ___

Interkulturelles

Inzwischen wissen Sie schon, wie man im Italienischen jemanden siezt oder duzt: Mit der **Lei-** oder der **tu-**Form.

Aber wann und wen sollten Sie in Italien siezen bzw. duzen?

Im Allgemeinen duzt man sich in Italien mehr als in Deutschland, vor allem unter Leuten gleichen Alters. Wird Ihnen jemand im Freundeskreis vorgestellt, zögern Sie nicht, ihn sofort zu duzen. Ist die Situation formell und sind Sie unsicher, dann verwenden Sie lieber die **Lei-**Form.

Im Alltagsleben – z. B. beim Einkaufen – können Sie geduzt werden: Nehmen Sie es locker, es ist absolut kein Mangel an Respekt!

In Italien wird **tu** auch am Arbeitsplatz häufiger benutzt als in Deutschland. Wenn man trotzdem ein bisschen Distanz braucht, darf man die **Lei-**Form mit dem Namen verbinden: **Lucia, allora chiama Lei l'ingegner Pasini?**

Va bene.	*In Ordnung.*	
arrivare	*ankommen*	
bello	*schön*	
la città	*Stadt*	
da ... anni	*seit ... Jahren*	
conoscere	*kennen*	
portare	*mitbringen, tragen, bringen*	
Che cosa?	*Was?*	
il regalo	*Geschenk*	
la sorpresa	*Überraschung*	
Quanto?	*Wie viel?*	
Buona giornata!	*Einen schönen Tag!*	

1

 TR. 15

Hören Sie die Namen einiger Städte Italiens und lesen Sie sie mit.
Als Hilfe finden Sie in Klammern die entsprechenden Regionen. Kennen Sie
diese Städte schon alle?

Torino (Piemonte)   Milano (Lombardia)

Venezia (Veneto)   Genova (Liguria)

Firenze (Toscana)   Ancona (Marche)   Roma (Lazio)

Napoli (Campania)   Bari (Puglia)   Palermo (Sicilia)

2

Die italienischen Sätze auf der linken Seite passen nicht zu den deutschen Übersetzungen auf der rechten Seite. Ordnen Sie diese den entsprechenden Sätzen links zu.

1. Sono italiano.	____	**A** Ich wohne in Mailand.
2. Arrivo da Palermo.	____	**B** Ich bin Mailänder/in.
3. Sono di Cefalù.	____	**C** Ich wohne in Sizilien.
4. Abito a Milano.	____	**D** Ich bin aus Cefalù.
5. Abito in Sicilia.	____	**E** Ich komme (gerade) aus Palermo.
6. Sono milanese.	____	**F** Ich bin Italiener.

TR. 16

3

Chiara ist in Mailand gelandet und nimmt ein Taxi, um zu ihren Eltern zu fahren. Im Taxi unterhält sie sich mit dem Taxifahrer. Hören Sie den Dialog zwischen Chiara und dem Taxifahrer. Worüber unterhalten sie sich?

Auf der Seite finden Sie eine kleine Hilfe, um den Dialog zu verstehen.

da dove – *woher*

da tanti anni
seit vielen Jahren

intendere – *meinen*

un regalo
ein Geschenk

una sorpresa
eine Überraschung

eccoci arrivati
hier sind wir!

Hören Sie sich den Dialog noch einmal an und lesen Sie den Text im Anhang mit. In welchen Regionen Italiens befinden sich die zwei Städte, die erwähnt wurden?

Cefalù _____   Milano _____

4

Hören Sie sich den Dialog noch einmal an. Wovon sprechen Chiara und der Taxifahrer? Entscheiden Sie, ob die Aussagen zutreffen.

 TR. 16

Gut zu wissen:
Achten Sie auf die Aussprache von **eu**!

Beide Vokale werden ausgesprochen.

	richtig	falsch
1. Es wird vom Wetter gesprochen.	■	■
2. Es wird eine Adresse angegeben.	■	■
3. Es wird gesagt, woher man kommt.	■	■
4. Es wird vom Urlaub gesprochen.	■	■
5. Es wird gesagt, wo man lebt.	■	■
6. Es wird von einem Geschenk gesprochen.	■	■
7. Es wird nach dem Preis gefragt.	■	■
8. Es wird eine Telefonnummer angegeben.	■	■

5

Ergänzen Sie die Aussagen, indem Sie das richtige Satzende auswählen. Nur eine Antwort ist richtig.

1. Chiara arriva da …
   - ■ A … Milano.
   - ■ B … Via Monti.
   - ■ C … Palermo.

2. Il tassista è …
   - ■ A … spagnolo.
   - ■ B … milanese.
   - ■ C … siciliano.

3. Chiara …
   - ■ A … abita in Sicilia.
   - ■ B … abita a Cefalù.
   - ■ C … è siciliana.

4. Nel pacco c'è …
   - ■ A … un regalo per i genitori.
   - ■ B … una sorpresa per un'amica.
   - ■ C … un prodotto siciliano.

5. Chiara paga …
   - ■ A … 75 euro.
   - ■ B … 25 euro.
   - ■ C … 20 euro.

6

Im Eingangsdialog fragt der Taxifahrer Chiara, wohin sie fahren möchte: **Dove andiamo?** – wörtlich *wohin fahren wir?* Bei dieser Gelegenheit macht Chiara eine Adressenangabe: **via Monti (al) 75.**

TR. 17

Wenn Sie zu einem bekannten Ort oder Gebäude fahren müssen, können Sie auch Folgendes sagen:
all'aeroporto *(zum Flughafen)*, **alla stazione centrale** *(zum Hauptbahnhof)*, **al museo d'arte moderna** *(zum Museum der modernen Kunst)*, **al teatro Verdi** *(zum Theater Verdi)*

Die Grundform von **andiamo** lautet **andare. Andare** heißt *gehen* oder *fahren* und ist ein unregelmäßiges Verb.

TR. 18

Gut zu wissen:
Der Konsonant **v** wird auf Italienisch immer wie das **v** in *Vase* ausgesprochen!

Hören und lesen Sie die Konjugation von **andare**:

vado	andiamo
vai	andate
va	vanno

7

Mit der Präposition **a** können Sie angeben, wo Sie wohnen oder wo Sie sind: **Abita a Roma** *(Er/Sie wohnt in Rom)*, **Adesso sono a Roma.** *(Jetzt bin ich in Rom.)*.

A kann auch mit **andare** benutzt werden. Damit können Sie ausdrücken, wohin Sie gehen oder fahren:
Andiamo a Milano. *(Wir fahren nach Mailand.)*

Sehen Sie sich die Beispiele hier oben noch einmal an und ergänzen Sie die Regel:

Die Präposition **a** kommt vor dem Namen einer _____ vor.

Auch die Präposition **in** kann für Ortsangaben verwendet werden:

- vor **via**, **piazza**, **viale** usw.: **Abito / Vado in Viale Manzoni.**
  (Ich wohne in der Manzoniallee. / Ich gehe in die Manzoniallee.)

- vor großen Inseln: **Siamo / Andiamo in Sardegna.**
  (Wir sind auf Sardinien. / Wir fahren nach Sardinien.)

- vor Staaten: **Abitano / Vanno in Germania.**
  (Sie wohnen in Deutschland. / Sie fahren nach Deutschland.)

8

Io sono di Cefalù: So hat der Taxifahrer Chiara über seine Herkunft infor-
miert. Benutzen Sie das Verb **essere** und die Präposition **di**, wenn
Sie sagen wollen, aus welcher Stadt Sie genau stammen. Die entsprechen-
de Frage lautet: **Di dove sei? / Di dov'è?** *(Woher kommst du? / Woher
kommen Sie?).*

Durch das Verb **essere** und die Angabe Ihrer Nationalität, drücken Sie aus,
aus welchem Land Sie kommen: **sono tedesco / tedesca** *(ich bin Deutscher
/ Deutsche).*

Mit **arrivare da** + Ort gibt man den Abfahrts- / Abflugsort an.

Ergänzen Sie mit **di** oder **da.**

1. Arrivo _____ Torino.   2. Siamo _____ Parma.

In Verbindung mit Personen wird die Präposition **da** benutzt:
Sono da Luca. *(Ich bin bei Luca.)*   **Vado da Luca.** *(Ich gehe zu Luca.).*

9

Kreuzen Sie die richtige Präposition an. Wenn Sie sich unsicher fühlen,
schauen Sie im Kästchen unter der Übung nach: Sie werden eine kleine
Hilfe finden!

1. Il treno arriva di /da /su Bologna.

2. Abitiamo in /da /a viale Manzoni al numero 55.

3. Siete spagnoli ... da /di /a Madrid?

4. Domani vado a /di / in Germania.

5. Abita a Firenze di /da / in quattro anni.

6. Chiara è da /a / in Monica.

a	di
a Roma – *in / nach Rom* **a casa –** *zu / nach Hause*	**di Roma –** *aus Rom* **di Piero –** *von Piero*
in	**da**
in Italia – *in / nach Italien* **in via Manzoni –** *in der / zur Manzonistraße* **in Sicilia –** *in / nach Sizilien*	**da Roma –** *aus Rom* **da Maria –** *zu / bei Maria* **da quattro anni –** *seit vier Jahren*

10

Sie haben schon gelernt, wie man eine Frage stellt. Sie kennen auch schon einige Fragewörter: **chi parla? / quando arrivi? / come stai? / (che) cosa desidera?**

Im Eingangsdialog haben Sie weitere Fragewörter gesehen: **dove** *(wo? / wohin?)*, um nach dem Ort zu fragen, **da dove** *(woher?)*, um nach dem Abfahrt- / Abflugsort zu fragen.

 TR. 19

Hören und sprechen Sie nach:
Dove andiamo? – A Roma.   **Da dove arrivate? – Da Milano.**

Am Ende des Dialogs haben Sie auch die Frage **quant'è?** gesehen, die mit dem Fragewort **quanto** *(wie viel?)* gebildet wird. Mit dieser Frage erkundigen Sie sich nach dem Preis, den Sie zahlen müssen. Sie können die Frage z. B. in einem Geschäft oder in einem Café benutzen:
Quant'è? – 3 euro e 10 centesimi.

Möchten Sie wissen, wie viel etwas kostet, fragen Sie:
Quanto costa?

Che cosa und **quanto** vor Vokal werden apostrophiert:
che cos'è? *(was ist das?)*, **quant'è?** *(wie viel kostet es?)*.

11

Bei diesen Sätzen fehlt das Fragewort. Aus dem Kontext erschließen Sie, welches Sie in die Lücke eintragen können. Achten Sie darauf, ob es apostrophiert werden muss oder nicht!

1. _____ sono Silvia e Carlo? – A Roma!

2. Pago due caffè, _____ è?

3. Scusi, _____ costa?

4. _____ arriva Sandro? – Da Siena.

12

Aus der ersten Lektion wissen Sie schon, dass die Konsonanten **c** und **g** weich oder hart ausgesprochen werden können – abhängig von dem nachfolgenden Vokal: **centro**, **casa.** Steht ein **h** nach **c** oder **g**, wird der Laut hart gesprochen: **margherita**.

Diese Regeln gelten auch für **sc** und **sg** + Vokal.

scena – sciarpa – sgelare    TR. 20

scala – sgabello   TR. 21

schema – schiuma   TR. 22

Haben Sie gehört, dass **sc** vor **i** und **e** wie das deutsche *sch* ausgesprochen wird?

13

Hören Sie sich die Wörter an und tragen Sie sie in die Tabelle ein. Achten Sie auf die Laute **sc** und **sg**!   TR. 23

> conoscere   schiuma   scena   scala   schema
> sgabello   sciarpa   scuola   sciare   scherzo

weich	hart

14

Im Dialog haben Sie zwei neue Verbformen gesehen: **conosce (Lei conosce Cefalù?)** und **intende (Che cosa intende?)**. Die Verben **intendere** (*verstehen*) und **conoscere** (*kennen, kennen lernen*) gehören zur Gruppe der Verben auf **-ere**.

Hier die Präsensformen:

intendo	intendiamo
intendi	intendete
intende	intendono

 TR. 24

Versuchen Sie selbst, die Formen des Verbs **conoscere** in die Lücken zu schreiben, und hören Sie dann, wie sie ausgesprochen werden.
Der Stamm ist **conosc-**.

io _____ noi _____

tu _____ voi _____

lui/lei /Lei _____ loro _____

Zur Gruppe der Verben auf **-ere** gehören auch **credere** *(glauben)*
und **vendere** *(verkaufen)*.

15

Schreiben Sie die Präsensformen der vorgegebenen Verben in die Lücken.

1. Il signor Giacometti (vendere) _____ valigie e borse.

2. Chiara (conoscere) _____ bene la Sicilia.

3. (vendere, noi) _____ vini.

4. Scusi, ma che cosa (intendere) _____ ?

5. (conoscere, voi) _____ già Maria?

6. (conoscere, io) _____ bene la Toscana.

7. Che cosa (vendere, loro) _____ ?

Scusi...	Entschuldigen Sie ...
la farmacia	*Apotheke*
il supermercato	*Supermarkt*
la finestra	*Fenster*
giallo	*gelb*
dopo	*nach, hinter*
Di niente!	*Keine Ursache.*
stanco	*müde*
ritornare	*zurückkehren*
purtroppo	*leider*
alcuni	*einige*
il cancello	*Tor*

1

 TR. 25

Hören Sie sich diese Begriffe an und lesen Sie sie laut mit.

il palazzo	*das Wohnhaus*	la porta	*die Tür*
il cancello	*das Gittertor*	la finestra	*das Fenster*
il balcone	*der Balkon*	il tetto	*das Dach*
il giardino	*der Garten*	il garage	*die Garage*
la scala	*die Treppe*	il citofono	*die Gegensprechanlage*

2

 TR. 26

Hören Sie sich die Ortsangaben an. Sehen Sie sich dabei die Bilder an und sprechen Sie die Begriffe nach.

vicino – *neben*
sopra – *über, auf*
in fondo – *dort hinten*
sotto – *unten*
dietro – *hinten*
di fronte – *gegenüber*
davanti – *vorne*
lontano – *weit entfernt*

vicino   in fondo   dietro   davanti

sopra   sotto   di fronte   lontano

 TR. 27

3

Chiara ist aus dem Taxi ausgestiegen. Vor dem Elternhaus wird sie von
einer Passantin angesprochen. Dann klingelt sie bei einer Nachbarin,
bei der sie den Schlüssel für die Wohnung ihrer Eltern holen muss. Hören
Sie sich zuerst den Dialog an, ohne den Text im Anhang zu lesen.

4

Lesen Sie den gesamten Dialog im Anhang und tragen Sie die neue Form
für *wie geht's?* in die Sprechblase ein. Sie können diese Frage stellen, wenn
Sie jemanden duzen oder in informellen Situationen, wenn Sie Zweifel
haben, ob jemand geduzt oder gesiezt werden soll.

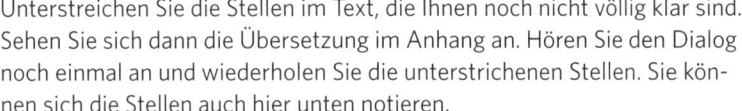

Unterstreichen Sie die Stellen im Text, die Ihnen noch nicht völlig klar sind.
Sehen Sie sich dann die Übersetzung im Anhang an. Hören Sie den Dialog
noch einmal an und wiederholen Sie die unterstrichenen Stellen. Sie kön-
nen sich die Stellen auch hier unten notieren.

5

Lesen Sie vorher eventuell noch einmal den Dialog und beantworten Sie die Fragen.

1. Wonach fragt die Passantin?

    A Nach einem Supermarkt.
    B Nach einer Apotheke.
    C Nach einem Haus mit gelben Fenstern.

2. Wie reagiert Chiara?

    A Sie beschreibt den Weg.
    B Sie kann der Frau nicht helfen.
    C Sie sagt, es gibt keine Läden in der Nähe.

3. Wie lange bleibt Chiara in Mailand?

    A Länger als eine Woche.
    B Nur ein paar Tage.
    C Einen Monat.

4. Was holt Chiara bei der Nachbarin ab?

    A Den Wohnungs- und den Torschlüssel.
    B Den Wohnungsschlüssel.
    C Den Torschlüssel.

6

Chiara kommt in die Wohnung ihrer Eltern und findet einen Zettel ihrer Mutter auf dem Tisch in der Küche. Lesen Sie den Zettel und unterstreichen Sie die Stellen, die Sie verstehen. Schon viel, oder? Der Wortschatz auf der Seite wird Ihnen bei Bedarf helfen.

 TR. 28

il frigo, Abkürzung für **il frigorifero** –
der Kühlschrank

il tuo preferito
dein Lieblings-

il vitello tonnato
italienische Spezialität, kaltes Kalbsfleisch mit Thunfischsauce

avere fame
Hunger haben

il letto – *das Bett*

pronto – *fertig*

tornare
zurückkommen

Ciao Chiara!

Bentornata a casa!
In frigo c'è del succo d'arancia (il tuo preferito!) ...
C'è anche del vitello tonnato (se hai fame!) ...
Il letto è già pronto!
Io e il papà torniamo alle 3, a presto!

Un bacione
mamma

7

In der Lektion 4 haben Sie schon **al**, **alla**, **all**' gesehen. Es handelt sich um die Präposition **a**, die mit dem darauffolgenden bestimmten Artikel verschmolzen ist. Diese Verschmelzung ist im Italienischen obligatorisch, man spricht von **preposizioni articolate**.

Schreiben Sie die zusammengesetzten Präpositionen aus dem Kästchen in die Lücken und ergänzen Sie dabei das Schema zur Bildung der Singularformen.

a + il → _____

a + lo → _____

a + la → _____

a + l' → _____

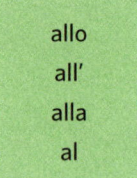

allo

all'

alla

al

Hier die Pluralformen:

a + i → **ai**   a + gli → **agli**   a + le → **alle**

Auch die Präpositionen **di**, **da**, **in**, **su** können mit dem Artikel verschmelzen:
Lei ha qui le chiavi dell'appartamento, vero?

8

Hier haben Sie einen Überblick über einige Präpositionen. Ergänzen Sie die Tabelle für die verschiedenen zusammengesetzten Präpositionen. Nehmen Sie die Liste der Präposition **a** als Beispiel für die Reihenfolge der Artikel.

a	di	in
al	del	
allo		nello
alla		
ai	dei	nei
agli	degli	
alle		nelle

9

Sehen Sie sich die Sätze an. Welche Präpositionen fehlen, um die Sätze zu vervollständigen? Unterstreichen Sie die passende Präposition (einfach oder zusammengesetzt).

1. Arriva a / allo / alla stazione alle cinque.

2. Ecco qui le chiavi del / di / della macchina.

3. I biglietti sono nel / nei / nella borsa.

4. Hai l'indirizzo degli / dei / dell' genitori di Paola?

10

In frigo c'è del succo d'arancia. heißt auf Deutsch *Im Kühlschrank ist Orangensaft.*

Ci sono delle mele e dei mandarini. wird durch *Es gibt Äpfel und Mandarinen.* wiedergegeben.

Möchten Sie eine unbestimmte Menge angeben, benutzen Sie im Italienischen den Teilungsartikel. Im Deutschen steht das Substantiv ohne Artikel. Die Formen des Teilungsartikels entsprechen denen der zusammengesetzten Präposition **di**.

11

Lesen Sie die Sätze und ergänzen Sie sie mit den Teilungsartikeln.

1. Desidera ancora _____ tiramisù?

2. Ha _____ buone arance?

3. Prende _____ vino bianco o rosso?

4. C'è _____ buona frutta.

5. Ha _____ monete in tasca?

TR. 29

12

Sehen Sie sich die Fotos an und hören Sie die Namen der verschiedenen Läden. Sprechen Sie die Namen nach.

la panetteria   la salumeria   la farmacia   la libreria

il negozio di   la macelleria   il negozio   l'edicola
frutta e verdura   d'abbigliamento

Vor Geschäftsnamen steht im Italienischen die Präposition **in**:
in panetteria, in tabaccheria.

Häufig sagen die Italiener **vado dal panettiere / dal tabaccaio / dal salumiere / dal macellaio**, d. h. es wird die Präposition **da** + Berufsbezeichnung verwendet.

Achtung: **il negozio di frutta e verdura – il fruttivendolo**

Ergänzen Sie den Satz mit den passenden Präpositionen.

Vado _____ salumeria, poi _____ fruttivendolo.

13

Einen Satz zu verneinen ist auf Italienisch ganz einfach! Es reicht, wenn Sie **non** vor das Verb stellen!
Una farmacia? ... mmh, sì, non è lontana.

Steht **c'è** oder **ci sono** im Satz, wird **non** vor **c'** bzw. **ci** eingefügt.
C'è Monica? – No, non c'è, torna alle 4.

Verneinen Sie die Sätze.

1. È italiana.   _____

2. Va a Siena.   _____

3. Parlano con Piero.   _____

14

Es kann sicher passieren, dass Sie etwas suchen und jemanden auf der Straße um Hilfe bitten müssen. Mit **scusi, c'è ... ?** *(Entschuldigen Sie bitte, gibt es ... ?)* oder **cerco ...** *(ich suche ...)* können Sie Auskünfte einholen.

Scusi, signora, c'è una farmacia qui vicino? / Scusi, cerco un tabaccaio ...

Wendet sich jemand an Sie, um nach einer Auskunft zu fragen, können folgende Formen ganz nützlich sein:

Vede là in fondo / dall'altra parte della strada ... ?
Ecco, davanti a / dietro a / vicino a / di fronte a ... c'è un / una ...
Non è lontano. / È vicino.

Falls Sie nicht in der Lage sind, die Auskunft zu geben, antworten Sie einfach so:

Mi dispiace, ma non lo so. *(Es tut mir leid, aber ich weiß es nicht.)*

15

Im Eingangsdialog haben Sie ein unregelmäßiges Verb gesehen:
Das Verb **venire** *(kommen)*.

Hören und lesen Sie die Konjugation des Verbs **venire**.

 TR. 30

vengo	veniamo
vieni	venite
viene	vengono

Mit **venire** und der Präposition **da** kann man die Herkunft angeben:
Da dove vieni? – Vengo da Roma.
(Woher kommst du? – Ich komme aus Rom.).

16

Ergänzen Sie die Sätze mit den passenden Formen von **venire**.

1. _____ anche tu da Marco?

2. Io _____ da Venezia, sono italiano.

3. Carla _____ da noi alle quattro.

17

Fügen Sie die Lösungen unten ein. Vergessen Sie die bestimmten Artikel nicht! Wenn Sie alle Lösungen eingefügt haben, ergibt sich aus den Buchstaben in den Kästchen die italienische Bezeichnung für einen sehr interessanten Laden.

1. ein Haus mit mehreren Stockwerken
2. damit können Sie ein Zimmer schließen
3. es schließt den Hof eines Gebäudes
4. dort parken Sie Ihr Auto
5. nicht alle Wohnungen haben einen
6. jede Wohnung hat mehrere davon
7. es bedeckt ein Haus
8. dort können Sie Fleisch kaufen
9. es ist wie ein Park, aber kleiner
10. man geht rauf und runter

1. _ _ _ _ _☐_ _ _ _ _

2. _ _ _ _ _ _ _ _☐

3. _ _ _ _ _ _ _ _☐_ _

4. ☐_ _ _ _ _ _ _

5. _ _ _ ☐_ _ _ _ _ _

6. _ _ _ _ _ _ _ _☐_

7. _ _ _ _☐_ _ _ _

8. _ _ _ _ _ _ _ _ _ _☐_ _

9. _ _ _ _ _ _ _☐_ _

10. _ _ _ _ _☐_ _

Lösungswort: ☐☐ ☐☐☐☐☐☐☐☐

seguire	*(ver)folgen*	
il trucco	*Schminke*	
uscire	*ausgehen*	
la cena	*Abendessen*	
qualcosa	*etwas*	
volentieri	*gerne*	
preparare	*vorbereiten, zubereiten*	
avere fame	*Hunger haben*	
sempre	*immer*	
la carne	*Fleisch*	
dopodomani	*übermorgen*	
domani	*morgen*	

1

TR. 31

Sehen Sie sich die Bilder an und hören Sie die Begriffe. Unten finden Sie die entsprechenden Wörter.

il riso   i ravioli   la pasta   la verdura

la carne   l'insalata   il pesce   il formaggio

le uova   il dolce

 TR. 32

2

Hören und lesen Sie die unten aufgeführten Begriffe. Versuchen Sie dann, diese Begriffe in die angegebenen Kategorien zu unterteilen.

curioso (*neugierig*) bravo (*gut*) gentile (*freundlich*)
capelli rossi (*rote Haare*) trucco pesante (*stark geschminkt*)
cattivo (*schlecht, böse*) pettegolo (*geschwätzig*)
insopportabile (*unerträglich*)

Aussehen _____

_____

Charakter _____

_____

 TR. 33

3

Chiaras Eltern sind inzwischen zurück-
gekommen. Die ganze Familie sitzt jetzt
zusammen und unterhält sich. Hören Sie sich
zuerst den Dialog an, ohne den Text im
Anhang mitzulesen. Hören Sie sich dann den
Dialog ein zweites Mal an und lesen Sie mit.

Gut zu wissen:

In Italien besteht eine
Mahlzeit üblicherweise
aus zwei Gängen:
il primo und **il secondo**.
Zum ersten Gang
gehören Nudeln oder
Reis, zum zweiten
Fleisch oder Fisch mit
Beilage (**il contorno**).

4

Lesen Sie die Ausdrücke auf der linken Seite. Ordnen Sie sie den richtigen
Übersetzungen zu.

1. seguire la moda	____ A Hunger haben
2. uscire dopo cena	____ B eine Party organisieren
3. andare a bere qualcosa	____ C etwas kochen
4. fare qualcosa da mangiare	____ D etwas trinken gehen
5. preparare qualcosa per secondo	____ E mit der Mode gehen
6. avere fame	____ F etwas als zweiten Gang vorbereiten
7. organizzare una festa	____ G abends nach dem Essen ausgehen

5

TR. 33

Hören Sie sich den Dialog noch einmal an. Lesen Sie dann die folgenden
acht Sätze: Welche Sätze stimmen?

1. La signora Costa è curiosa, ma brava e gentile. ■

2. Chiara ha i capelli rossi. ■

3. Chiara esce dopo cena con Monica. ■

4. La mamma di Chiara fa i ravioli di magro. ■

5. Chiara ha molta fame. ■

6. La mamma di Chiara prepara un'insalata. ■

7. Gli amici di Chiara organizzano una festa. ■

8. Il pacco nell'ingresso è per i genitori di Chiara. ■

6

TR. 33

Hören und lesen Sie nun den Dialog
ein letztes Mal und finden Sie das
Wort, das dreimal in der Bedeutung
von *wirklich* vorkommt, und eine Aus-
sage betonen oder verstärken kann.

7

TR. 34

Hier lernen Sie alle wichtigen Farben, **i colori**! Sehen Sie sich die verschie-
denen Farben an und hören Sie die entsprechenden italienischen Begriffe.

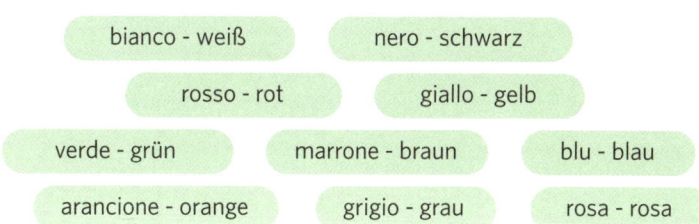

bianco - weiß   nero - schwarz

rosso - rot   giallo - gelb

verde - grün   marrone - braun   blu - blau

arancione - orange   grigio - grau   rosa - rosa

Gut zu wissen:

Farben können Sub-
stantive oder Adjektive
sein. Als Substantiv
sind sie männlich,
als Adjektiv werden
sie meistens wie alle
anderen Adjektive
angeglichen.

Hellblau heißt im
Italienischen **azzurro.**

TR. 35

8

Sollten Sie jemanden oder sich selbst beschreiben, können folgende
Sätze nützlich sein:

> **È basso / alto.** *(Er ist klein / groß.)*
>
> **È magro / grasso.** *(Er ist dünn / dick.)*
>
> **Ha i capelli lunghi / corti.** *(Er / Sie hat lange / kurze Haare.)*
>
> **Ha i capelli lisci / ricci.** *(Er /Sie hat glatte / lockige Haare.)*
>
> **Ha i capelli neri / castani / biondi / rossi.** *(Er / Sie hat schwarze / braune / blonde / rote Haare.)*
>
> **Ha gli occhi marroni / azzurri / verdi.** *(Er / Sie hat braune / blaue / grüne Augen.)*
>
> **Porta gli occhiali.** *(Er / Sie trägt eine Brille.)*
>
> **Ha le lentiggini / la barba / i baffi.** *(Er / Sie hat Sommersprossen / einen Bart / einen Schnurrbart.)*

TR. 36

Um den Charakter einer Person zu beschreiben, brauchen Sie Adjektive
wie die folgenden:

bravo *(gut)*, **gentile** *(nett)*, **intelligente** *(intelligent)*,
cattivo *(böse , schlecht)*, **pettegolo** *(geschwätzig)*, **vivace** *(lebhaft)*,
socievole *(gesellig)*, **curioso** *(neugierig)*

9

Beschreiben Sie sich selbst oder eine Fantasieperson, indem Sie über Größe, Haarfarbe, Haartyp, Augenfarbe usw. sowie Charakter berichten. Einen
Vorschlag finden Sie in den Lösungen.

Sono / È ...

Ho / Ha i capelli ...

Gli occhi sono ...

Sono / È ...

10

Im Eingangsdialog haben Sie die Verben **seguire** *(folgen)* und **sentire** *(hören)* gesehen. Beide gehören zur Gruppe der Verben auf **-ire**.

Hören und sehen Sie sich die Formen des Verbs **sentire** an.

 TR. 37

sent**o**	sent**iamo**
sent**i**	sent**ite**
sent**e**	sent**ono**

Chiara sagt **esco dopo cena** *(ich gehe nach dem Abendessen aus.)*.
Esco stammt von **uscire**, einem unregelmäßigen Verb auf **-ire**.

Hören und sehen Sie sich die Formen des Verbs **uscire** an. Achten Sie genau auf die Aussprache von **sc**.

 TR. 38

esco	usciamo
esci	uscite
esce	escono

11

Schreiben Sie die Präsensformen der Verben in Klammern in die Lücken.

1. Stasera (uscire, noi) _____ a cena con Andrea e Lisa.

2. Mariella (seguire) _____ sempre la moda.

3. Roberto (uscire) _____ alle 8.00 per andare al lavoro.

4. (sentire, voi) _____ ancora Rossella? - Purtroppo no.

5. Sai la strada? - No, (seguire, noi) _____ Giulio.

6. (uscire, loro) _____ spesso la sera, vanno sempre
    a bere qualcosa.

7. (sentire, tu) _____ ? - Che cosa?

8. (uscire, io) _____ , vado in panetteria.

12

Den Tageszeiten **mattino** *(Vormittag)*, **pomeriggio** *(Nachmittag)*, **sera** *(Abend)* und **notte** *(Nacht)* entsprechen die Zeitangaben bzw. die Zeitadverbien **questa mattina** oder **stamattina** *(heute Morgen)*, **questo pomeriggio** *(heute Nachmittag)*, **stasera** oder **questa sera** *(heute Abend)* und **questa notte** oder **stanotte** *(heute Nacht)*. Weitere Zeitadverbien sind **oggi** *(heute)*, **ieri** *(gestern)*, **domani** *(morgen)*, **l'altro ieri** *(vorgestern)* und **dopodomani** *(übermorgen)*.

Diese Adverbien können auch zusammen auftreten:
ieri sera *(gestern Abend)*, **domani mattina** *(morgen Vormittag)*.

TR. 39

13

Sehen und hören Sie sich die Uhrzeiten an.

Gut zu wissen:

Im Eingangsdialog haben Sie folgende Sätze gehört:
**Cosa fai stasera? / E la festa? La fate? –
Sì, dopodomani!**

Stasera und **dopo-domani** sind Zeit-adverbien.

1. Sono le quattro.
2. Sono le quattro e cinque.
3. Sono le quattro e un quarto.
4. Sono le quattro e venti.
5. Sono le quattro e mezza/mezzo.
6. Sono le quattro e trentacinque.
7. Sono le cinque meno venti.
8. Sono le cinque meno un quarto.
9. Sono le cinque meno dieci.
10. Sono le cinque meno cinque.

Auf die Frage **che ora è?** oder **che ore sono?** *(wie spät ist es?)* antwortet man mit **sono le** + Uhrzeit. Ausnahme sind folgende Fälle: **è l'una** *(es ist ein Uhr)*, **è mezzogiorno** *(es ist Mittag)*, **è mezzanotte** *(es ist Mitternacht)*. **Alle otto** heißt *um 8 Uhr*; **verso le nove e mezza** heißt *gegen halb zehn*.

14

Im Eingangsdialog haben Sie das unregelmäßige Verb **fare** *(machen, tun)* gesehen. Lesen Sie die Formen von **fare**.

faccio	facciamo
fai	fate
fa	fanno

Mit **cosa fai stasera?** fragt Chiaras Mutter nach den Plänen ihrer Tochter. Das Verb **fare** wird oft gebraucht, um ähnliche Fragen zu stellen.

E adesso che cosa facciamo? *(Und was machen wir jetzt?)*

Che cosa fate domani sera? *(Was macht ihr morgen Abend?)*

15

Im Eingangsdialog haben Sie zwei direkte Objektpronomen gesehen: **la** (*sie*, weiblich Singular) und **li** (*sie*, männlich Plural).

Mmh, li mangio volentieri! (**li** ersetzt **i ravioli di magro**)

E la festa? La fate? (**la** ersetzt **la festa**)

Dazu gibt es **lo** (*ihn/es*, männlich Singular), **le** (*sie*, weiblich Plural) und **l'** für **lo** und **la** vor Vokal oder **h**. Für die Höflichkeitsform gibt es **La** *(Sie)*, groß geschrieben.

Außer **lo**, **la**, **li** und **le**, die für die 3. Person Singular bzw. Plural stehen, lauten die anderen direkten Objektpronomen: **mi** *(mich)*, **ti** *(dich)*, **ci** *(uns)*, **vi** *(euch)*.

Mi senti? *(Hörst du mich?)*

Io ti sento bene. *(Ich höre dich gut.)*

Ci porti alla stazione? *(Bringst du uns zum Bahnhof?)*

Vi chiamo alle 9 stasera. *(Ich rufe euch um 9.00 Uhr heute Abend an.)*

16

Lesen Sie die Sätze. In jedem Satz ist ein Objekt (Person oder Sache) unterstrichen. Finden Sie das entsprechende Objektpronomen, das dieses ersetzt und wandeln Sie die Sätze um.

1. Stasera chiamo Simone. _____

2. Adesso seguiamo la macchina verde. _____

3. Conosci Bruno e Cecilia? _____

4. Prende un caffè. _____

5. Vedi Tina e Laura domani? _____

6. Faccio una torta. _____

Interkulturelles

Die Italiener essen normalerweise zweimal am Tag: Zum Mittag zwischen 12:00 und 14:00 Uhr und zum Abend zwischen 19:00 und 21:00 Uhr.

Das Frühstück ist nicht sehr üppig in Italien, die meisten trinken nur einen Kaffee oder nehmen eine Tasse **caffellatte** *(eine Art Milchkaffee)* mit ein paar Keksen. Viele frühstücken in einem Café mit **cappuccino** und **cornetto** *(Croissant)*. **Il pranzo** *(Mittagessen)* und **la cena** *(Abendessen)* sind dagegen zwei wichtige warme Mahlzeiten, und wer mittags wegen der Arbeit nicht zu Hause essen kann, isst in der Kantine oder in einem Café, wo oft neben **panini** *(belegte Brötchen)* und **toast** *(warme mit Toastbrot zubereitete Sandwichs)* auch warme Gerichte angeboten werden.

Zu jeder Mahlzeit gehört ein **primo piatto** und ein **secondo piatto**, d. h. ein erster Gang mit Nudeln, Reis oder (vor allem am Abend) einer Suppe und ein zweiter Gang mit Fisch, Fleisch oder Käse und Aufschnitt und dazu Gemüse als Beilage. Obst und am Schluss Kaffee beenden das Essen. **Antipasti** und **dessert** werden vor allem an Feiertagen und bei besonderen Anlässen angeboten.

Buon appetito!	*Guten Appetit!*
Grazie, altrettanto!	*Danke ebenfalls!*
preoccuparsi	*sich Sorgen machen*
alzarsi	*aufstehen*
il lavoro	*Arbeit*
sbrigare	*erledigen*
fare la spesa	*einkaufen*
rimanere	*bleiben*
chiamare	*anrufen*
occuparsi di	*sich kümmern um*
contento	*froh, zufrieden*
passare	*vorbeikommen, verbringen*

1

Hören Sie die Verwandtschaftsbezeichnungen und sprechen Sie diese nach. Die Übersetzung der Begriffe finden Sie auf der Seite.

 TR. 40

Gut zu wissen:
Eine genaue Übersetzung von *Geschwister* gibt es auf Italienisch nicht: Man sagt **fratelli e sorelle**.

la nonna
die Großmutter
il nonno
der Großvater
la madre – *die Mutter*
il padre – *der Vater*
il fratello – *der Bruder*
la sorella
die Schwester

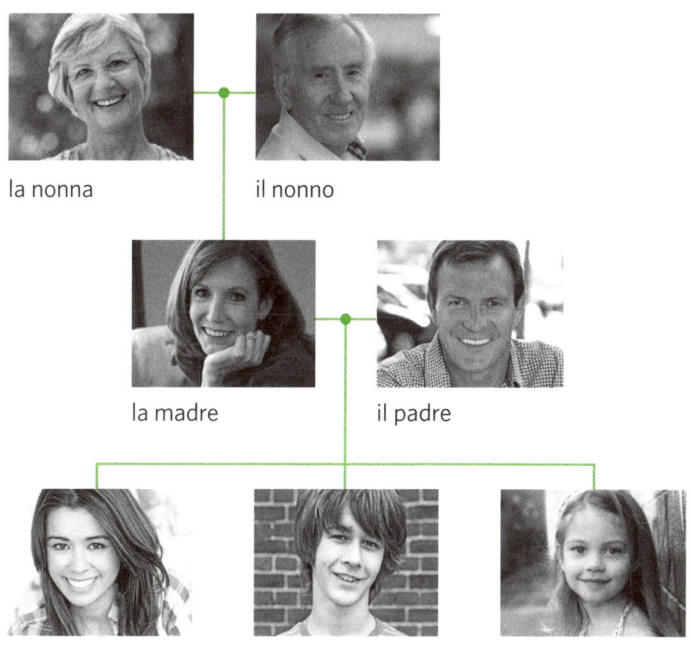

la nonna   il nonno

la madre   il padre

io   il fratello   la sorella

TR. 41

2

Lunedì, **martedì**, **mercoledì**, **giovedì**, **venerdì**, **sabato** und **domenica**
sind die sieben Wochentage. Hören und lernen Sie sie!

1. **Lunedì porti il bambino all'asilo.**
   Montag bringst du das Kind in den Kindergarten.

2. **Martedì vado a fare la spesa.**
   Dienstag gehe ich einkaufen.

3. **Mercoledì mi alzo presto.**
   Mittwoch stehe ich früh auf.

4. **Giovedì torni tardi dal lavoro.**
   Donnerstag kommst du spät von der Arbeit zurück.

5. **Venerdì l'ufficio è chiuso.**
   Freitag hat das Büro geschlossen.

6. **Sabato Giulia ritorna da Roma.**
   Samstag kommt Giulia aus Rom zurück.

7. **Domenica dormiamo un po'!**
   Sonntag schlafen wir ein bisschen!

 TR. 42

3

Es ist Donnerstagabend.
Monica und Franco unterhal-
ten sich beim Abendessen
und organisieren den darauf
folgenden Tag. Hören Sie sich
den Dialog zweimal an. Erst
beim zweiten Mal lesen Sie
den Text im Anhang mit.

 TR. 42

4

Hören Sie den Dialog noch einmal an und lesen Sie die Übersetzung
im Anhang. Versuchen Sie dann, den italienischen Ausdruck für *Danke,
ebenfalls* zu finden. Tragen Sie ihn in die Lücke ein.

_____

5

Wie wird Monicas und Francos Tagesablauf für den Freitag geschildert? Bringen Sie folgende Sätze in die richtige Reihenfolge. Schreiben Sie die Buchstaben in die Kästchen.

A Monica fa la spesa.

B La nonna di Luca si occupa del bambino, Franco e Monica escono.

C Franco porta il bambino all'asilo, poi va al lavoro.

D Franco e Monica passano la serata in pizzeria con gli amici.

E Monica si alza tardi.

F Monica sbriga diverse cose in centro.

1. ☐   2. ☐   3. ☐   4. ☐   5. ☐   6. ☐

6

Sehen Sie sich diese Sätze aus dem Dialog an. Welches Wort fehlt? Unterstreichen Sie das richtige Wort.

1. Buon appetito! – Grazie, prego / altrettanto / di niente!

2. Passa Chiara o vai tu da / a / di lei?

3. Stasera torno sicuramente presto / tardi.

4. Devo portare io Luca all'asilo / da mia madre / da tuo fratello ?

5. Nel pomeriggio devo fare la spesa / da mangiare / una pausa .

6. E per domani sera dobbiamo chiamare la baby-sitter / mia madre / tua sorella ?

7. Con i suoi nonni / nonna / nonno è contento!

8. Gianluca va a / allo / all'aeroporto …

Gut zu wissen:
Auf Italienisch kann das Personalpronomen nach dem Verb stehen, damit es hervorgehoben wird: **devo portare io ...?** (*muss ich ...bringen?*).

7

Sie kennen schon seit Lektion 3 **i miei genitori** *(meine Eltern)*. Im Eingangs-
dialog haben Sie mehrere Beispiele für Possessivbegleiter gesehen, u. a.:
... posso prendere la tua macchina?
Con i suoi nonni è contento, no?

il mio *(mein)*, **il** tuo *(dein)*, **il** suo *(sein/ihr)*, **il** nostro *(unser)*, **il** vostro
(euer) haben immer eine weibliche und zwei Pluralformen (männlich
und weiblich). Bei **il** loro *(ihr)* ändert sich nur der Artikel, **loro** bleibt
unverändert: **Ecco le loro valigie!** *(Hier sind ihre Koffer!)*

Die Possessivbegleiter werden in der Regel mit dem Artikel gebraucht, der
an das darauffolgende Substantiv angepasst wird.

il mio / i miei / la mia / le mie	il nostro / i nostri / la nostra / le nostre
il tuo / i tuoi / la tua / le tue	il vostro / i vostri / la vostra / le vostre
il suo / i suoi / la sua / le sue	il loro / i loro / la loro / le loro

Vor Verwandtschaftsbezeichnungen werden Possessivbegleiter im Singular
ohne Artikel verwendet:
Luca può rimanere da tuo fratello.
... viene mia madre ...

loro wird jedoch vom Artikel begleitet: **il loro nonno.**

Im Plural bleibt der Artikel: **Con i suoi nonni è contento, no?**

8

Hier unten sehen Sie einige Substantive mit einem Possessivbegleiter.
Werden sie mit oder ohne Artikel benutzt? Fügen Sie den richtigen Artikel
ein, wenn nötig.

1. _____ loro macchina
2. _____ mia madre
3. _____ nostro fratello
4. _____ vostro padre
5. _____ suo biglietto
6. _____ loro sorella
7. _____ tue amiche
8. _____ nostre sorelle
9. _____ tuo nonno
10. _____ vostra casa

9

 TR. 43

Im Dialog zwischen Franco und Monica haben Sie zwei Formen des Modalverbs **dovere** (*müssen*, *sollen*) gefunden: **devo** (*ich muss / soll*) und **dobbiamo** (*wir müssen / sollen*). Nach dem Verb **dovere** steht der Infinitiv.

Devo portare io Luca all'asilo?
E per domani sera dobbiamo chiamare la baby-sitter?

Hören und lesen Sie die Konjugation von **dovere**. Sprechen Sie die Formen nach.

devo	dobbiamo
devi	dovete
deve	devono

Mit **dovere** drückt man aus, was man machen muss oder soll.

Devo sbrigare diverse cose in centro. *(Ich muss verschiedene Sachen im Zentrum erledigen.)*

Oder man erteilt einen Befehl: **Devi lavare i piatti!** *(Du musst abwaschen!)*

10

 TR. 44

Potere (*können / dürfen*) ist das zweite Modalverb, das Sie lernen. Auch nach ihm steht der Infinitiv.

Posso prendere la tua macchina?
... domani ... posso dormire un po'!

Hören und lesen Sie die Konjugation des Verbs **potere**. Sprechen Sie die Formen nach.

posso	possiamo
puoi	potete
può	possono

Mit **potere** haben Sie die Möglichkeit, höflich um ein Erlaubnis zu bitten ...

Posso fare una telefonata? *(Darf ich bitte kurz telefonieren?)*
Posso sedermi? *(Darf ich mich hinsetzen?)*

... oder etwas vorzuschlagen:

Possiamo andare al cinema stasera. *(Heute Abend können wir ins Kino gehen.)*

Gut zu wissen:
Posso sedermi? Oder
Mi posso sedere?
Sind beide korrekt!
Die Reflexiv- sowie
Objektpronomen
können vor dem
Modalverb stehen
oder an den Infinitiv
angehängt werden.

11

Schreiben Sie die konjugierten Präsensformen von **potere** oder **dovere** in die Lücken. Achten Sie auf die vorgegebenen Personalpronomen.

1. dovere, io _____

2. potere, tu _____

3. potere, lui _____

4. dovere, noi _____

5. potere, voi _____

6. dovere, loro _____

 TR. 45

12

Hören Sie sich einige Sätze mit den Verben **potere** und **dovere** an. Denken Sie daran, dass mit **potere** etwas höflich gefragt wird, mit **dovere** dagegen etwas befohlen wird. Sprechen Sie die Sätze mehrmals nach.

1. Scusi, posso sedermi qui?

2. Prima devo fare anche questo lavoro!

3. Possiamo venire anche domani mattina?

4. Adesso dobbiamo proprio andare!

5. Posso avere ancora dell'acqua, per favore?

13

Lesen Sie die Sätze und wandeln Sie sie um, indem Sie eine höfliche Frage mit dem Verb **potere** stellen. Der Satz **Prendo la tua macchina.** wird z. B. in **Posso prendere la tua macchina?** umgewandelt.

1. Faccio una telefonata. _____

2. Veniamo verso le cinque. _____

3. Guardo la televisione. _____

4. Porti il bambino all'asilo. _____

5. Vai a fare la spesa. _____

6. Ci sediamo qui. _____

14

Reflexive Verben werden von Reflexivpronomen begleitet: **mi** *(mich)*, **ti** *(dich)*, **si** *(sich)*, **ci** *(uns)*, **vi** *(euch)*, **si** *(sich)*.

Seit der Lektion 2 kennen Sie **mi chiamo** *(ich heiße)*, im Eingangsdialog haben Sie auch **mi alzo** *(ich stehe auf)* gesehen.

Lesen Sie die Formen des Verbs **alzarsi.**

mi alzo	**ci** alziamo
ti alzi	**vi** alzate
si alza	**si** alzano

Wie Sie sehen, steht das Reflexivpronomen vor dem Verb. Wird ein reflexives Verb verneint, steht **non** vor dem Reflexivpronomen.

Domani non ci alziamo presto. *(Morgen stehen wir nicht früh auf.)*

15

Lesen Sie die Sätze und schreiben Sie die passenden Reflexivpronomen in die Lücken.

1. E lui come _____ chiama? – Michele.

2. Di solito, io _____ sveglio verso le 8.00.

3. _____ sediamo vicino alla finestra?

4. I miei genitori _____ alzano sempre alle 6.30.

5. Tu _____ vesti sempre alla moda!

6. Fabrizio fa sport e poi _____ lava.

7. Stasera _____ vestiamo bene per andare a teatro.

8. Voi, _____ chiamate Bernardi di cognome? – No, Bernardo!

Kennt man nur den Vor- oder Nachnamen einer Person, kann man fragen:
Come si chiama di cognome / di nome? *(Wie heißen Sie mit Familiennamen / mit Namen?).*

Gut zu wissen:

Nicht immer können die reflexiven Verben im Italienischen mit einer Reflexivform ins Deutsche übersetzt werden. Manchmal ist das entsprechende deutsche Verb kein reflexives: **alzarsi** *(aufstehen)*, **chiamarsi** *(heißen)*.

TR. 46

16

Hören und lesen Sie. Die Fotos helfen Ihnen die Bedeutung der Ausdrücke zu verstehen.

Mi sveglio.

Mi alzo.

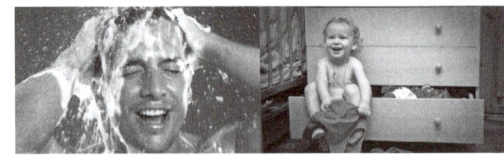

Mi lavo.   Mi vesto.

Faccio colazione.   Vado al lavoro.

Pranzo in mensa.   Faccio la spesa.

Preparo la cena.   Vado a letto.

Um Ihren eigenen Tagesablauf zu schildern, brauchen Sie die Zeitangaben und die Uhrzeiten, die Sie in Lektion 6 gelernt haben und kleine Wörter wie **prima** *(zuerst, vorher)*, **poi** *(dann)* oder **dopo** *(dann, danach)*.

Mi preparo e poi alle 8.00 vado in ufficio.
Ich mache mich fertig und dann gehe ich um 8.00 Uhr ins Büro.

Verso le otto mangio, dopo guardo la televisione.
Gegen 20.00 Uhr esse ich, dann sehe ich fern.

piacere	*gefallen*
cambiare lavoro	*die Arbeitsstelle wechseln*
l'offerta	*Angebot*
il capo	*Chef*
essere in gamba	*fähig sein, es drauf haben*
il/la collega	*Kollege/Kollegin*
l'ufficio	*Büro*
avere ragione	*Recht haben*
trovarsi bene con qualcuno	*sich mit jdm gut verstehen*
lo stipendio	*Gehalt*
trasferirsi	*umziehen*
finire	*aufhören, beenden*

1

Sehen Sie sich die Fotos an und hören Sie sich die italienischen Berufsbe-
zeichnungen an. Sprechen Sie die Wörter laut nach. Können Sie mit Hilfe
der Fotos erraten, um welche Berufe es sich handelt? Wenn Sie unsicher
sind, sehen Sie sich die Übersetzungen links an.

TR. 47

l'insegnante
der / die Lehrer / -in

il grafico
der / die Grafiker / -in

la commessa
die Verkäuferin

il cameriere
der Kellner

la giornalista
die Journalistin

il medico
der Arzt / die Ärztin

l'operaio
der Facharbeiter

l'ingegnere
der / die Ingenieur / -in

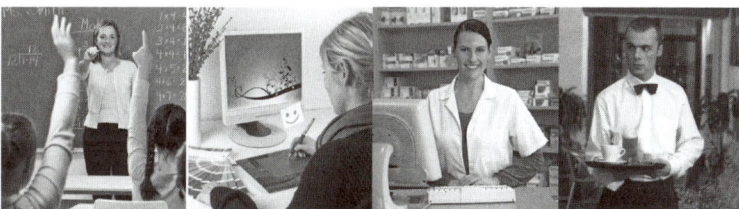

l'insegnante   il grafico   la commessa   il cameriere

la giornalista   il medico   l'operaio   l'ingegnere

65

facile – *leicht*

difficile – *schwer, schwierig*

vario – *vielfältig*

noioso – *langweilig*

ben / mal pagato
gut /schlecht bezahlt

2

Hier werden Sie ein paar Adjektive lernen, die Sie benutzen können, um eine Arbeit zu beschreiben. Lesen Sie die Sätze links und finden Sie auf der rechten Seite die passenden Antworten.

1. Il Suo lavoro è vario?	____ **A** No, è difficile!
2. Ho un lavoro ben pagato.	____ **B** No, il mio lavoro è interessante!
3. È un lavoro facile!	____ **C** E io invece ho un lavoro mal pagato.
4. Fai un lavoro noioso?	____ **D** No, purtroppo è monotono!

 TR. 48

3

Monica und Chiara haben sich wieder getroffen. Jetzt sind sie in einer Bar. Sie haben etwas bestellt und Chiara erzählt, dass sie eine neue Stelle hat. Hören Sie sich den Dialog zweimal an. Beim zweiten Mal lesen Sie den Text im Anhang mit.

4

Versuchen Sie jetzt, folgende Frage bezüglich Andrea – Chiaras Mann – zu beantworten. Falls Sie Schwierigkeiten haben, sehen Sie sich die Übersetzung des Dialogs im Anhang an.

Andrea ha già un lavoro a Milano? _____

5

Hier finden Sie einige Ausdrücke, die Sie im Dialog gehört und gelesen haben. Sehen Sie sich die deutschen Übersetzungen an und tragen Sie die Wörter im Kasten in die passenden Lücken ein.

studio   stipendio   colleghi   progetto   capo   offerta   lavoro

1. cambiare _____   – *Arbeit wechseln*

2. lavorare in uno _____   – *in einer Agentur arbeiten*

3. avere una buona _____   – *ein gutes Arbeitsangebot*
   di lavoro   *haben*

4. avere un _____ in gamba – *einen fähigen Chef haben*

5. avere dei _____ simpatici – *sympathische Kollegen haben*

6. avere un buon _____   – *einen guten Lohn haben*

7. finire un _____   – *ein Projekt beenden*

6

Welche von den folgenden Aussagen stimmen für Chiara, welche für Monica und welche für beide?

	Chiara	Monica
1. Ritorna a vivere a Milano.	■	■
2. Cambia lavoro.	■	■
3. Lavora come grafico.	■	■
4. Va volentieri al lavoro.	■	■
5. I colleghi sono simpatici.	■	■
6. Ha un lavoro mal pagato.	■	■
7. Lavora come ingegnere.	■	■

7

Auf Italienisch haben Sie drei Möglichkeiten, um zu sagen, was Sie von Beruf sind:

1. das Verb **essere** + Berufsbezeichnung:
   Sono insegnante. *(Ich bin Lehrer / -in.)*

2. das Verb **fare** + Artikel + Berufsbezeichnung:
   Faccio l'insegnante. *(Ich bin Lehrer / -in.)*

3. das Verb **lavorare** + **come** + Berufsbezeichnung:
   Lavoro come grafico. *(Ich arbeite als Grafiker / -in.)*

Um zu erfahren, was jemand von Beruf ist, fragen Sie **che lavoro fa?** *(Was sind Sie von Beruf?)*, wenn Sie die Person siezen, oder **che lavoro fai?** *(Was bist du von Beruf?)*, wenn Sie die Person duzen.

Vermuten Sie schon den Beruf Ihres Gesprächspartners, fragen Sie direkt!
Sei cuoco? *(Bist du Koch?)* / **Fai la segretaria?** *(Bist du Sekretärin?)*

Gut zu wissen:

Viele Berufsbezeichnungen bleiben unverändert, auch wenn man von einer Frau spricht: **l'architetto** heißt *Architekt* und *Architektin*, **il medico** *Arzt* und *Ärztin* usw.

 TR. 49

l'avvocato
der / die Rechtsanwalt, -anwältin

il meccanico
der Mechaniker

**il contadino /
la contadina**
der / die Landwirt / -in

**il parrucchiere /
la parrucchiera**
der / die Friseur / -in

**il segretario /
la segretaria**
der / die Sekretär / -in

l'architetto
der / die Architekt / -in

**l'impiegato /
l'impiegata di banca**
der / die Bankangestellte

**l'infermiere /
l'infermiera**
der / die Krankenpfleger / -schwester

8

Hier lernen Sie weitere Berufe. Hören Sie sich die Namen der Berufsbezeichnungen an und schauen Sie sich die Fotos an. Schreiben Sie unter jedem Foto die jeweils richtige Bezeichnung.

> l'avvocato   il meccanico   la parrucchiera   il contadino
> la segretaria   l'architetto   l'impiegato di banca   l'infermiera

1. _____ 2. _____ 3. _____ 4. _____

5. _____ 6. _____ 7. _____ 8. _____

9

Ein paar Adjektive, mit denen man die Arbeit beschreiben kann, haben Sie schon gesehen. Hier finden Sie noch einige:

duro *(hart)*, **pesante** *(schwer)*, **pericoloso** *(gefährlich)*, **creativo** *(kreativ)*, **faticoso** *(anstrengend)*, **gratificante** *(befriedigend)*

Und hier finden Sie ein paar Ausdrücke, die Ihnen nützlich sein könnten:

lavorare a casa / in ufficio / in fabbrica *(zu Hause / im Büro / in einer Fabrik arbeiten)*

lavorare in proprio *(selbstständig sein)*

guadagnare tanto / poco / abbastanza *(gut / schlecht / genug verdienen)*

guadagnare bene / male *(gut / schlecht verdienen)*

lavorare a tempo pieno / part-time *(Vollzeit / Teilzeit arbeiten)*

cercare lavoro *(Arbeit suchen)*

cambiare lavoro *(Arbeit wechseln)*

Hier finden Sie einige Begriffe, die mit der Arbeitswelt verbunden sind: **il contratto di lavoro** *(der Arbeitsvertrag)*, **il capo** *(der Chef)*, **i colleghi** *(die Kollegen)*, **l'orario di lavoro** *(die Arbeitszeit)*, **le ferie** *(der Urlaub)*, **lo stipendio** *(das Gehalt)*.

10

Lesen Sie die Sätze und schreiben Sie jeweils das Gegenteil der unterstrichenen Satzteile in die Lücken.

1. Michela lavora part-time. _____

2. I suoi colleghi sono antipatici. _____

3. L'ingegner Goldini guadagna tanto. _____

4. Il mio lavoro è monotono. _____

5. Ha un lavoro mal pagato. _____

6. È un lavoro difficile. _____

11

Im Dialog haben Sie **mi** und **ti** als indirekte Objektpronomen gesehen. Die meisten indirekten Objektpronomen entsprechen den direkten Objektpronomen. Hier ein Überblick über alle Personalpronomen.

Subjekt	Direkt	Indirekt
io	mi	mi
tu	ti	ti
lui / lei / Lei	lo / la / La	gli / le / Le
noi	ci	ci
voi	vi	vi
loro	li / le	gli

Verlangt ein Verb eine Ergänzung im Akkusativ (*was? wen?*), steht ein direktes Objektpronomen im Satz:

Ama Michela. – La ama. (*Er liebt Michela. – Er liebt sie.*)

Wird das Verb mit der Präposition **a** eingeleitet, verlangt es eine Ergänzung im Dativ (*was? wem?*), d.h. es steht ein indirektes Objektpronomen im Satz:

Regala una rosa a Michela. – Le regala una rosa.
(*Er schenkt Michela eine Rose. – Er schenkt ihr eine Rose.*)

Beachten Sie, dass italienische Verben nicht immer dieselbe Ergänzung haben wie das entsprechende deutsche Verb:

Telefono a Gianni. / Gli telefono.
(*Ich rufe Gianni an. / Ich rufe ihn an.*)

Chiedo un favore a Carla. / Le chiedo un favore.
(*Ich bitte Carla um einen Gefallen. / Ich bitte sie um einen Gefallen*).

12

Lesen Sie die Sätze und tragen Sie die fehlenden indirekten Objektpronomen in die Lücken ein.

1. Stasera andiamo al ristorante, Lucia _____ paga la cena.

2. Signora, io _____ credo.

3. Hai chiamato Sandro? – Non ancora, _____ telefono adesso.

4. Ecco, _____ faccio un regalo, è per te! – Davvero!?

5. Ti piace viaggiare? – Sì, _____ piace molto.

13

Mit dem Verb **piacere** *(mögen, gefallen)* und dem indirekten Objekt-pronomen drückt man aus, was man mag. Man benutzt **piace** mit Substantiven im Singular und mit dem Infinitiv: **Vi piace la Sicilia?** *(Gefällt euch Sizilien?)* **Ti piace vivere in Sicilia?** *(Gefällt es dir, in Sizilien zu leben?)* Folgt ein Substantiv im Plural, wird **piacciono** benutzt: **Mi piacciono le vacanze.** *(Mir gefällt der Urlaub.).*

Ergänzen Sie mit **piace** oder **piacciono.**

1. Ti _____ ascoltare la musica?

2. Ci _____ i concerti.

Adverbien wie **moltissimo / tantissimo** *(sehr viel)*, **molto / tanto** *(viel)*, **abbastanza** *(ziemlich)*, **poco** *(wenig)* oder die verneinte Form **non … molto** *(nicht so sehr)* und **non … affatto** *(überhaupt nicht)* drücken aus, wie sehr man etwas mag oder nicht. **Ci piace tantissimo! / Non mi piace affatto.**

14

Sie haben die Verben auf **-ire** schon gelernt. Es gibt aber eine Gruppe von Verben auf -ire mit einer Besonderheit. Ein Beispiel haben Sie im Dialog gefunden: **finisco**. Bei den drei Personen im Singular und bei der 3. Person Plural wird zwischen Stamm und Endung **-isc-** eingeführt.

Hören Sie sich die Formen an. Achten Sie auf die Aussprache von **sc** vor den verschiedenen Vokalen!

 TR. 50

finisco	finiamo
finisci	finite
finisce	finiscono

15

Schreiben Sie jeweils die passende Form des Verbs in die Lücke.

1. (finire, lui) _____ il suo lavoro, poi arriva.

2. (capire, tu) _____ il francese?

3. (capire, voi) _____ sempre tutto!

4. (trasferirsi, io) _____ a Roma.

Gut zu wissen:
trasferirsi *(umziehen)* und **capire** *(verstehen)* gehören auch zur selben Gruppe und werden wie **finire** konjugiert. (Achtung: **trasferirsi** ist ein reflexives Verb.)

Interkulturelles

EIN BESONDERER JOB:

Fischfang auf Sizilien

Jahrhundertelang lebte die Küstenbevölkerung Siziliens vor allem vom Fischfang (**la pesca**). Durch Überfischung und anhaltende Verschmutzung der Gewässer ist das Mittelmeer heute lange nicht mehr so ertragreich wie früher. Dennoch stellt die Fischerei nach wie vor eine wichtige Einnahmequelle dar. Man ist spezialisiert auf den Fang von Thunfisch und Sardellen, aber der Schwertfisch gilt als die Haupttrophäe der Fischer der Insel, denn er ist eines der Symbole der sizilianischen Küche.

Urlaub mit Fischern

Um sich finanziell über Wasser halten zu können, haben sich einige Fischer zusammengetan und den sogenannten **pescaturismo** gegründet, eine ganz neue Urlaubsart: Der Tourist wird zum Fischfang mitgenommen und kann so an einem ganz normalen Arbeitstag eines Fischers teilnehmen. Er erfährt Interessantes über vorkommende Fischarten und traditionelle Fischfangtechniken. Besonders exotisch und spektakulär ist die **mattanza**, die traditionelle Thunfischjagd vor den Küsten Siziliens und Sardiniens.

prenotare	*reservieren, vorbestellen*
il tavolo	*Tisch*
fare un giro	*einen Spaziergang machen*
la mostra	*Ausstellung*
la rivista	*Zeitschrift*
il giornale	*Zeitung*
l'orario	*Zeit, Öffnungszeiten*
essere d'accordo	*einverstanden sein*
i mezzi pubblici	*öffentliche Verkehrsmittel*
a piedi	*zu Fuß*
la sede	*Sitz, Niederlassung*
il colloquio (di lavoro)	*Vorstellungsgespräch*

1

 TR. 51

Sehen Sie sich die Fotos an und hören Sie die Begriffe dazu. Sprechen Sie sie nach.

il semaforo   la zona pedonale   la fermata dell'autobus   la stazione della metropolitana

il sottopassaggio   le strisce pedonali   il parcheggio   il cartello stradale

2

Die Antworten auf der rechten Seite passen nicht zu den Fragen auf der
linken Seite. Ordnen Sie jede Antwort der passenden Frage zu.

1. Pronto?	___	A Alle 8 e mezza.
2. Per quante persone?	___	B Carrera.
3. E a che ora?	___	C Per quattro.
4. A che nome?	___	D Vorrei prenotare un tavolo per stasera.

TR. 52

3

Chiara und Monica möchten gern den Freitag zusammen verbringen.
Sie haben vor, ins Zentrum zu gehen, um sich eine Ausstellung anzusehen.
Aber zuerst muss Monica in der Pizzeria einen Tisch reservieren. Hören Sie
sich den Dialog an.

TR. 53

4

Hören Sie sich die Sätze aus dem Dialog an und schreiben Sie die fehlen-
den Wörter und Ausdrücke in die Lücken.

1. Che ne dici di andare in _____ ?

2. Facciamo prima un _____ ...

3. Andiamo in _____ fino a piazza Wagner ...

4. In macchina c'è poi il problema del _____ !

5. Ci andiamo con i _____ .

6. ... e poi in centro giriamo _____ .

5

Lesen Sie die Sätze. Wie könnten sie weitergehen? Kreuzen Sie jeweils
die richtige Fortsetzung an. Mehrere Sätze können richtig sein. Als Hilfe
können Sie den Dialog im Anhang anschauen.

1. Monica prenota un tavolo …

   - A … per due persone.
   - B … per 12 persone.
   - C … per una o due persone.
   - D … per circa 12 persone.

2. Chiara e Monica vanno a vedere …

   - A …. la mostra di Picasso.
   - B … un museo.
   - C … piazza Cadorna.
   - D … la sede dell'agenzia
     di Chiara.

3. Le due amiche vanno
   in centro …

   - A … in macchina.
   - B … in autobus e
     in metropolitana.
   - C … a piedi.
   - D … con i mezzi pubblici.

4. In centro Monica e Chiara
   girano …

   - A …a piedi.
   - B …in macchina per
     trovare parcheggio.
   - C … in autobus.
   - D … in tram.

Gut zu wissen:

la metropolitana
(die U-Bahn) wird oft
mit **la metro** abgekürzt.
In Mailand ist auch die
aus dem Französischen
gekürzte Form **il metrò**
zu hören.

6

Tragen Sie die folgenden Begriffe in die richtigen Lücken ein.

persone domani prenotare sera signor ora tre

signore: Buongiorno, vorrei _____ un tavolo

per domani _____ .

cameriera: Certo, per quante _____ ?

signore: Per due … no, mi scusi, per _____ .

cameriera: A che _____ ?

signore: Alle otto.

cameriera: Sì, va bene. Lei è il _____ …?

signore: Mazzini.

cameriera: D'accordo. Allora a _____ .

Gut zu wissen:
Auch auf Italienisch
sagt man kaum
le venti *(20.00 Uhr)*.
Normalerweise sagt
man **le otto**, auch wenn
abends gemeint ist.

7

Gehen Sie in ein Restaurant, ohne reserviert zu haben, dann sagen Sie dem Kellner: **Per favore, un tavolo per due**. oder einfach **Siamo in due**.

Einen Tisch in einem Restaurant zu reservieren ist ganz einfach!
Mit **vorrei prenotare un tavolo** *(ich möchte einen Tisch reservieren)*
fangen Sie an. Sie können Ihren Satz auch so formulieren:

È possibile prenotare un tavolo per domani sera?
Ist es möglich, einen Tisch für morgen Abend zu reservieren?

Avete un tavolo libero per stasera?
Haben Sie einen freien Tisch für heute Abend?

Dann sagen Sie dazu, wann und für wie viele Personen Sie den Tisch reservieren möchten: **per stasera / domani sera / domani a pranzo**
(für heute Abend / morgen Abend / morgen zum Mittag), **alle 8 e mezza**
(um 20.30 Uhr) und **per due persone / per quattro** *(für zwei Personen / für vier)*.

Am Ende wird immer nach Ihrem Namen gefragt: **a che nome?** *(auf welchen Namen?)* oder **Lei è il signor / la signora … ?** *(Sie sind Herr / Frau … ?)*.

Der Kellner kann Ihnen eine positive Antwort geben. Wenn das Restaurant jedoch voll ist, werden Sie Folgendes hören: **Mi dispiace, ma stasera il ristorante è già pieno.** *(Es tut mir leid, aber heute Abend ist kein Tisch mehr frei.)*.

Möchten Sie zurückrufen und Ihre Reservierung stornieren, dann sagen Sie z. B.:

Sono Stefani, ho prenotato ún tavolo per stasera, ma devo disdire la prenotazione. *(Mein Name ist Stefani, ich habe für heute Abend einen Tisch reserviert, aber ich muss die Reservierung stornieren.)*

8

Im Dialog haben Sie einige neue Verbformen gesehen, z. B. **hai prenotato** (*du hast reserviert*), **ho guardato** (*ich habe geschaut*), **ho capito** (*ich habe verstanden*). Es handelt sich um Vergangenheitsformen im **Passato prossimo.**

Das **Passato prossimo** besteht aus zwei Elementen: Der Präsensform vom Hilfsverb (**avere**) und dem Partizip Perfekt.

ho + guardato (von **guardare**)
ho + capito (von **capire**)

Im Dialog haben Sie auch **ho letto** (*ich habe gelesen*) und **hai fatto** (*du hast gemacht*) gesehen. **leggere** und **fare** bilden das **Passato prossimo** mit unregelmäßigen Partizipien: **letto** bzw. **fatto**. Das Hilfsverb **avere** bleibt aber gleich.

Gut zu wissen:

Um die verneinte Form des **Passato prossimo** zu bilden, reicht es **non** vor das Hilfsverb zu stellen: **Non hai fatto il colloquio qui a Milano?**

9

Um das **Passato prossimo** zu bilden, brauchen Sie das Partizip Perfekt.

Die Partizipien der regelmäßigen Verben werden so gebildet:

* Verben auf -**are**: Stamm + Endung -**ato**
  guardare – guardato

* Verben auf -**ere**: Stamm + Endung -**uto**
  credere – creduto

* Verben auf -**ire:** Stamm + Endung -**ito**
  capire – capito

Einige Partizipien sind unregelmäßig. Im Dialog haben Sie schon **leggere / letto** und **fare / fatto** gesehen. Unter den Verben, die Sie schon kennen, sind z. B. auch folgende Partizipien unregelmäßig:

prendere / preso	*nehmen / genommen*
conoscere / conosciuto	*kennen / gekannt*
offrire / offerto	*anbieten / angeboten*
bere / bevuto	*trinken / getrunken*
chiedere / chiesto	*fragen / gefragt*
vedere / visto	*sehen / gesehen*

10

Fügen Sie die unten aufgeführten Partizipien in die entsprechende Gruppe ein.

> visto   guardato   creduto   letto   fatto   capito
> mangiato   sentito   preso   venduto   bevuto   chiesto

Regelmäßige Partizipien: _____

_____

Unregelmäßige Partizipien: _____

_____

11

Lesen Sie die Sätze und ergänzen Sie sie mit den fehlenden Formen des **Passato prossimo.**

1. Stamattina Laura (fare) _____ colazione presto.

2. Oggi, dopo pranzo, (bere, io) _____ un caffè.

3. Ieri non (leggere, noi) _____ il giornale.

4. A che ora (finire, voi) _____ di lavorare?

5. Dopo il lavoro, Sandro (preparare) _____ la cena.

6. (telefonare, tu) _____ a Manuela?

7. I Bianchi (vendere) _____ la loro casa.

12

Diese Sätze im **Passato prossimo** sind leider durcheinandergeraten. Schreiben Sie diese in der richtige Reihenfolge auf.

1. letto | hai | sulla | l' | articolo | mostra | Non | ?

_____

2. A | lavato | piatti | non | i | ho | mezzogiorno | .

_____

3. iniziato | lavorare | Ha | a | part-time | .

_____

13

Wollen Sie mit jemandem etwas unternehmen, schlagen Sie etwas vor. Wie Sie schon wissen, können Sie das Verb **potere** *(können)* benutzen, wie es Monica auch macht – **Possiamo scendere a Cadorna ...** *(Wir können in Cadorna aussteigen ...)*.

Es gibt auch die Möglichkeit, etwas direkt zu fragen:

Andiamo a vedere la mostra? *(Gehen wir zur Ausstellung?)*

Hai voglia di andare a ballare? *(Hast du Lust, tanzen zu gehen?)*

Cosa ne pensi di andare al ristorante? *(Was hältst du davon, ins Restaurant zu gehen?)*

Gefällt Ihnen der Vorschlag, können Sie mit **buona / ottima idea!** *(gute Idee!)*, **volentieri!** *(gerne!)*, **certo!** *(sicher!)*, **bene / benissimo!** *(gut / sehr gut!)* oder **d'accordo!** *(einverstanden!)* antworten.

Haben Sie keine Lust oder schon etwas anderes vor, dann müssen Sie eine negative Antwort geben:

No, grazie, non posso. *(Nein, danke, ich kann nicht.)*

Mi dispiace, ma ho già un altro impegno. *(Es tut mir leid, aber ich habe schon etwas anderes vor.)* / **Stasera no, magari la prossima settimana.** *(Heute Abend nicht, vielleicht nächste Woche.)*

Sind Sie unsicher, dann sagen Sie z. B. **mah, non so ...** *(ich weiß nicht ...)* oder Sie machen einen Gegenvorschlag, z. B. **perché invece non ...?** *(warum nicht lieber ...?)*.

14

Hören Sie sich die Fragen an und lesen Sie die Aussagen. Beantworten Sie die Fragen, indem Sie die richtige Antwort ankreuzen. Nur jeweils eine davon ist richtig.

1. Track 54

   ■ A Ottima idea!
   ■ B Faccio un giro in centro.
   ■ C Abbiamo un'idea.

2. Track 55

   ■ A Dove hai mangiato?
   ■ B Sì, dove andiamo?
   ■ C Non esci a cena?

3. Track 56

   ■ A No, ho già un impegno.
   ■ B Possiamo andare da Luisa.
   ■ C No, domenica io vado da Luisa.

4. Track 57

   ■ A Mi vedi?
   ■ B Vieni da me?
   ■ C D'accordo, ci vediamo dopo.

 TR. 54

 TR. 55

 TR. 56

 TR. 57

15

Chiara und Monica möchten sich die Picasso-Ausstellung ansehen. Nachdem Chiara zugestimmt hat, sagt Monica **Allora ci andiamo**. *(Dann fahren wir dorthin.)*. Kurz danach wird entschieden: **Ci andiamo con i mezzi pubblici.** *(Wir fahren mit den öffentlichen Verkehrsmitteln dorthin.)*

ci ersetzt Richtungs- und Ortsangaben, um Wiederholungen zu vermeiden, und heißt auf Deutsch *dort* oder *dorthin*.

ci steht immer vor dem Verb und in einem verneinten Satz nach **non. Vai in ufficio? – No, oggi non ci vado.** *(Fährst du ins Büro? – Nein, heute fahre ich nicht dorthin.)*

16

Sie kennen schon einige Namen von Verkehrsmitteln. **In** ist die Präposition, die im Italienischen bei Verkehrsmitteln benutzt wird.

Andiamo in autobus fino a piazza Wagner. *(Wir fahren mit dem Bus bis zum Wagnerplatz.)*
Vado a fare un giro in bicicletta. *(Ich mache eine Tour mit dem Fahrrad.)*

Ausnahme ist der Ausdruck **a piedi** *(zu Fuß)*.

Wollen Sie jemandem mitteilen, welches Verkehrsmittel Sie nehmen, dann benutzen Sie einfach das Verb **prendere:**

Prendo la metropolitana. *(Ich nehme die U-Bahn.)*
Prendiamo il tram o l'autobus? *(Nehmen wir die Straßenbahn oder den Bus?)*

17

Schreiben Sie die Sätze um, indem Sie den Ort durch **ci** ersetzen.

1. Vado in vacanza con Carla. _____
2. Ogni anno va a Bologna. _____
3. Torna a casa per il week-end. _____
4. Vanno spesso al ristorante. _____
5. Quando andate a teatro? _____
6. Di solito non vado a letto presto. _____

caro	*teuer*	
la riduzione	*Ermäßigung*	
sembrare	*scheinen*	
credere	*glauben*	
il tesserino universitario	*Studentenausweis*	
il quadro	*Bild*	
il disegno	*Zeichnung*	
esposto	*ausgestellt*	
a testa	*pro Kopf*	
il colore	*Farbe*	
rappresentare	*darstellen*	
mancare	*fehlen*	

1

 TR. 58

Hören Sie sich die Begriffe an und lesen Sie die Übersetzungen. Hören Sie diese Begriffe dann ein zweites Mal und sprechen Sie sie nach.

la statua – *die Statue*
il disegno – *die Zeichnung*
la guida – *der / die Führer / -in*
il quadro – *das Bild*

il catalogo – *der Katalog*
il visitatore – *der Besucher*
il dépliant – *die Broschüre*
la scultura – *die Skulptur*

2

Was würden Sie auf Italienisch fragen? Lesen Sie die Sätze auf Deutsch auf der linken Seite und ordnen Sie sie den Aussagen auf Italienisch rechts zu.

Sie fragen ...

Gut zu wissen:
La terza età (wörtlich *das dritte Alter*) wird statt dem direkten Wort **la vecchiaia** (*das Alter*) benutzt: **sconti per la terza età** (*Ermäßigungen für Senioren*).

1. nach zwei Eintrittskarten für die Ausstellung.	___	**A** Due biglietti per la mostra, per favore.
2. nach einer Eintrittskarte für Studenten.	___	**B** Ci sono riduzioni per la terza età?
3. nach einer Broschüre der ausgestellten Bilder.	___	**C** Un biglietto per studenti, grazie.
4. ob es Ermäßigungen für Senioren gibt.	___	**D** Ecco il tesserino universitario.
5. Sie zeigen Ihren Studentenausweis.	___	**E** Ha un dépliant sui quadri esposti?

 TR. 59

3

Monica und Chiara sind im Zentrum angekommen und haben schon einen
kleinen Spaziergang gemacht. Jetzt kaufen sie Eintrittskarten für
die Picasso-Ausstellung und sehen sie sich an.

Hören Sie sich den Dialog an und lesen Sie den Text im Anhang mit.

4

Lesen Sie einige Sätze aus dem Dialog und tragen Sie die fehlenden,
untenstehenden Wörter in die Lücken ein.

riduzioni
studentesse
biglietti
dépliant
tesserino
universitario
la terza età
normali

1. Buongiorno, due _____ per favore.

2. 16?! È caro! Non ci sono _____ ?

3. Solo per studenti e per _____ .

4. E noi due non sembriamo due _____ ?

5. Signora, io Le credo pure, ma devo vedere il _____ !

6. Eh, sì! Allora, due _____ .

7. Ecco il resto e un _____ sui quadri e i disegni esposti.

5

 TR. 60

Hören Sie sich einen Teil des Dialogs an. Sehen Sie sich anschließend die Übersetzung dieses Dialogteils im Anhang an.

Lesen Sie nun den Teil des Dialogs und achten Sie auf die Ausdrücke, die Meinungsäußerungen oder Fragen nach Meinungsäußerungen entsprechen. Markieren Sie diese und fügen Sie sie hier unten ein. Überprüfen Sie dann Ihre Antworten im Anhang.

6

 TR. 60

Hören Sie sich den gesamten Dialog noch einmal an und entscheiden Sie dann, ob diese Aussagen stimmen.

	richtig	falsch
1. Un biglietto costa 16 euro.	■	■
2. Ci sono riduzioni solo per studenti.	■	■
3. C'è un dépliant sui quadri esposti.	■	■
4. Chiara ha visto una mostra fotografica a Palermo.	■	■
5. A Monica e Chiara piacciono i colori di un quadro.	■	■
6. Secondo le due amiche un disegno rappresenta una donna.	■	■

7

Ordnen Sie die Ziffern auf der linken Seite den entsprechenden ausgeschriebenen Zahlen auf der rechten Seiten zu.

1. 132	___ A cinquecentocinquantacinque
2. 203	___ B centotrentadue
3. 555	___ C duecentotré
4. 928	___ D novecentoventotto

 TR. 61

Gut zu wissen:

Beim Datum wird im Italienischen die Grundzahl verwendet: **oggi è il 2 marzo.** Ausnahme ist der erste Tag im Monat: **il 1° (primo) luglio.** Die Zahl wird jedoch immer ohne Punkt geschrieben!

8

Im Dialog haben Sie folgenden Satz gehört: **Di che anno è? – Del '39.**

'39 steht für *1939*. Man benutzt im Italienischen fast immer die Abkürzung mit einem Apostroph, wenn man nur das Jahr angeben muss: **In che anno sei nato? – Nel '61.** *(Wann bist du geboren? – 1961.)*

Hat man ein volles Datum zu nennen, wird der bestimmte Artikel + Grundzahl angegeben: **Oggi è il 15 settembre (del) 2012.** *(Heute ist der 15. September 2012.)* **Il mio compleanno è il 20 febbraio.** *(Mein Geburtstag ist am 20. Februar.)*

Um ein Datum anzugeben, brauchen Sie auch die Monate. Hier sind sie:

> **gennaio – febbraio – marzo – aprile – maggio – giugno – luglio – agosto – settembre – ottobre – novembre – dicembre**

Vor einem Monat steht die Präposition **in** oder **a**: **In giugno andiamo al mare.** *(Im Juni fahren wir ans Meer.)* **A giugno iniziano le vacanze.** *(Im Juni fangen die Ferien an.)*

Die Zahlen ab 1000 = **mille**

Für die folgenden Zahlen wird **mille** + Zahl als ein Wort geschrieben:

1001	= **milleuno**
1100	= **millecento**
1996	= **millenovecentonovantasei**

Ab 2000 wird **mille** zu **mila**:

2000	= **duemila**

Für die folgenden Zahlen wird Zahl + **mila** (+ Zahl) geschrieben:

2003	= **duemilatré**
5230	= **cinquemiladuecentotrenta**
20000	= **ventimila**
100000	= **centomila**
1000000	= **un milione**
2000000	= **due milioni**
1000000000	= **un miliardo**
2000000000	= **due miliardi**

9

In der Lektion 9 haben Sie das **Passato prossimo** mit dem Hilfsverb **avere** gesehen und hier im Dialog haben Sie noch ein paar Beispiele gefunden: **abbiamo pagato, hai pensato, ho pensato.**

Einige Verben verlangen aber das Hilfsverb **essere.** Es handelt sich normalerweise um Verben der Bewegung wie **andare, venire, arrivare** usw. – aber nicht **camminare** *(laufen)* und **viaggiare** *((ver-)reisen)* – und um einige weitere Verben (**restare, rimanere, stare**) sowie um das Verb **essere** selbst. (Sehen Sie sich die Liste dieser Verben rechts an.)

Im Dialog haben Sie folgende Beispiele gesehen:

Chiara e Monica sono andate all'università alcuni anni fa.
Chiara è stata con Andrea ad una mostra fotografica a Palermo.

Woran wird das Partizip angeglichen? Sehen Sie sich die Beispiele hier oben an und ergänzen Sie die Regel, indem Sie die richtige Antwort markieren.

Mit dem Hilfsverb **essere** wird das Partizip ans Objekt / Subjekt angeglichen.

Und hier im Überblick:

männlich Singular, Endung **-o**	**Franco è andato.**
weiblich Singular, Endung **-a**	**Monica è andata.**
männlich Plural, Endung **-i**	**Andrea e Chiara sono andati.**
weiblich Plural, Endung **-e**	**Monica e Chiara sono andate.**

Gut zu wissen:

Hier einige wichtige Verben, die Ihnen schon begegnet sind und die das **Passato prossimo** mit dem Hilfsverb **essere** bilden:

essere
andare
venire
arrivare
tornare
ritornare
partire
uscire
scendere
restare
rimanere
stare
passare
nascere
sembrare
piacere
dispiacere
costare
bastare

10

Sehen Sie sich die Sätze an und unterstreichen Sie die richtige Form des **Passato prossimo**.

1. Carla è andata / è andato / sono andate a casa.

2. Luca è venuto / sono venuti / è venuta da me ieri sera.

3. Io e mia moglie siamo arrivati / siamo arrivate / è arrivata lunedì.

4. Mario è scesa / è sceso / siamo scese dal treno.

5. Sono rimaste / Sono rimasti / È rimasta solo due birre.

6. Quanto sono costati / sono costate / è costato i biglietti?

7. Allora Claudia, sei stata / sei stato / siamo stati in Germania?

8. A Paola sono piaciuti / sono piaciute / è piaciuta le rose?

TR. 62

Gut zu wissen:

Der Begriff *Sehenswürdigkeiten* existiert in der italienischen Sprache nicht. Als Tourist sucht man normalerweise nach den **monumenti** oder nach den **cose da vedere**, die meistens im **centro storico** *(Altstadt)* zu finden sind.

11

Sehen Sie sich die Bilder an und hören Sie die Begriffe. Im Kästchen unten finden Sie die durcheinandergemischten Übersetzungen dieser Begriffe, ordnen Sie sie den italienischen Wörtern zu.

1. **il ponte**   2. **la fontana**   3. **il monumento**   4. **la chiesa**

5. **la fortezza**   6. **il palazzo**   7. **la torre**   8. **le mura della città**

___ **A** die Kirche	___ **E** das Denkmal
___ **B** die Festung	___ **F** das Gebäude / der Palast
___ **C** die Brücke	___ **G** der Turm
___ **D** die Stadtmauer	___ **H** der Brunnen

Hier finden Sie weitere Begriffe, die nützlich sein könnten.

il campanile – *der Kirchturm*   **l'anfiteatro** – *das Amphitheater*

il tempio – *der Tempel*   **l'arco di trionfo** – *der Triumphbogen*

gli scavi – *die Ausgrabungen*   **il chiostro** – *das Kloster*

12

Wenn Sie ein Museum besuchen wollen, können Sie sich so zunächst nach den Öffnungszeiten erkundigen:
A che ora apre il museo? *(Wann / Um wie viel Uhr öffnet das Museum?)* /
A che ora chiudete? *(Wann / Um wie viel Uhr schließen Sie?)*

Es kann sein, dass es **entrata libera** *(freier Eintritt)* gibt, sonst müssen Sie **il biglietto** *(die Eintrittskarte)* kaufen. Fragen Sie aber, ob es Ermäßigungen gibt:
Ci sono riduzioni per studenti / per la terza età / per gruppi?
(Gibt es Ermäßigungen für Studenten / Senioren / Gruppen?)

Und hier noch ein Ausdruck, der Ihnen nützlich sein kann:
Ci sono visite guidate in tedesco / in inglese?
(Gibt es Führungen auf Deutsch / Englisch?)

Sind Sie auch an der Stadt allgemein interessiert, dann können Sie z. B. beim Fremdenverkehrsamt folgende Fragen stellen:

Ha una piantina della città? *(Haben Sie einen Stadtplan?)*

Che cosa c'è da vedere? *(Was für Sehenswürdigkeiten gibt es?)*

È possibile fare un giro turistico organizzato della città?
(Ist es möglich, eine Stadtrundfahrt zu machen?)

C'è una guida turistica per visitare il duomo / il castello / gli scavi?
(Gibt es eine Führung für den Dom / das Schloss / die Ausgrabungen?)

13

 TR. 63

Hier sind ein paar Fragen, die Sie in einem Fremdenverkehrsamt stellen könnten. Ordnen Sie die Fragen den richtigen Antworten zu. Wenn Sie möchten, können Sie dann die Antworten hören.

1. Che cosa c'è da vedere?	____ **A** Certo, ecco qui. Ci sono anche tutti i monumenti e gli hotel.
2. Ci sono giri turistici organizzati della città?	____ **B** Il castello, le mura, la cattedrale e il chiostro. Poi, se vuole …
3. Ci sono visite guidate in tedesco?	____ **C** Sì, ogni ora. Il prossimo è alle 11.
4. Ha una piantina della città?	____ **D** Sì, deve però chiedere davanti agli scavi.
5. C'è una guida turistica per visitare gli scavi?	____ **E** Sì, in tedesco, in inglese e in francese.

14

Im Dialog haben Sie den Ausdruck **anche a me** *(mir auch)* gesehen. Die Form **me** ist Ihnen schon begegnet: Es handelt sich um das betonte Objektpronomen der 1. Person Singular.

Die betonten Objektpronomen stehen meistens nach Präpositionen, bei Gegenüberstellungen und Hervorhebungen. Außer **me** und **te** entsprechen die betonten Formen denen der Subjektpronomen.

Mit **anche** und Pronomen sagen Sie, dass Sie mit einer Aussage einverstanden sind:

Mi piace la pizza. – Anche a me. *(Pizza schmeckt mir. – Mir auch.)*
Io vado a casa. – Anch'io. *(Ich gehe nach Hause. – Ich auch.)*

Wollen Sie zeigen, dass Sie anderer Meinung sind, benutzen Sie das Pronomen gefolgt von **no.**

Mi piace la pizza. – A me no. *(Pizza schmeckt mir. – Mir nicht.)*
Io vado a casa. – Io no. *(Ich gehe nach Hause. – Ich nicht.)*

Eine negative Aussage können Sie wiederum mit **neanche** + Pronomen bestätigen oder ihr mit Pronomen gefolgt von **sì** widersprechen.

A me non piace la pizza. – Neanche a me. / A me sì.
(Pizza schmeckt mir nicht. – Mir auch nicht. / Mir schon.)

Io non vado a casa – Neanch'io. / Io sì.
(Ich gehe nicht nach Hause. – Ich auch nicht. / Ich schon.)

15

Hören Sie sich die Aussagen an. Reagieren Sie, indem Sie eine kurze Antwort in die Lücken schreiben. Benutzen Sie **anch'io / pure io, anche a me / pure a me, neanch'io / neppure io / nemmeno io, neanche a me / neppure a me / nemmeno a me, io sì, a me sì, io no, a me no.**

TR. 64   1. _____

TR. 65   2. _____

TR. 66   3. _____

TR. 67   4. _____

prendere	*nehmen*
ai ferri	*gegrillt, vom Grill*
Mica male!	*Nicht schlecht!*
però	*jedoch, aber*
lo stesso	*trotzdem*
in tutto	*insgesamt*
il conto	*Rechnung*
subito	*sofort*
ordinare	*bestellen*
trovarsi	*sich fühlen; sich treffen*
Mi raccomando!	*Denk(t) daran!*
raccogliere	*sammeln*

1

 TR. 68

Hören Sie sich die Wörter an und sprechen Sie sie nach. Die Übersetzungen finden Sie auf der Seite.

le tagliatelle
Bandnudeln

i funghi – *Pilze*

l'acqua frizzante
Sprudel

il vino bianco
Weißwein

il risotto
Reis / Risotto

il salmone – *Lachs*

i frutti di mare
Meeresfrüchte

la bistecca – *Steak*

la birra – *Bier*

il prosciutto
Schinken

le tagliatelle   i funghi   l'acqua frizzante   il vino bianco

il risotto   il salmone   i frutti di mare   la bistecca

la birra   il prosciutto

89

TR. 69

2

Hören und wiederholen Sie folgende Sätze. Die Übersetzungen finden Sie unter jedem Satz.

1. **Cosa vi porto?**
   Was darf ich Ihnen bringen?

2. **Prendiamo tutti la pizza?**
   Nehmen wir alle Pizza?

3. **Io vorrei le tagliatelle al salmone.**
   Ich möchte die Bandnudeln mit Lachs.

4. **Per me una pizza prosciutto e funghi.**
   Für mich eine Pizza Schinken und Pilze.

5. **Io prendo il risotto ai frutti di mare.**
   Ich nehme den Risotto mit Meeresfrüchten.

6. **E da bere che cosa prendete?**
   Und was möchten Sie zu trinken?

7. **Ci porta il conto, per favore?**
   Bringen Sie uns bitte die Rechnung!

TR. 70

mica male!
nicht schlecht!

lo stesso
hier: *trotzdem*

in tutto – *insgesamt*

sotto casa di Giulia
vor/um die Ecke von Giulias Haus

mi raccomando! *denkt daran!*

3

Chiara, Monica, Gianluca und ihre Freunde sind in der Pizzeria. Alle haben Chiara schon begrüßt und bestellen jetzt das Essen und die Getränke. Nach dem Essen verabreden sie sich für den nächsten Abend.

Hören Sie sich den Dialog zweimal an. Konzentrieren Sie sich, um den Sinn zu verstehen, und nicht z. B. die einzelnen Bestellungen herauszufinden! Beim ersten Hören können Sie die Wörter auf der Seite als Hilfe benutzen. Beim zweiten Hören lesen Sie den Dialog im Anhang mit.

4

In Italien zahlt entweder einer die ganze Rechnung oder man sammelt das Geld ein: Die Rechnung wird durch alle Beteiligten gleichermaßen geteilt, egal, wer wie viel konsumiert hat.

Lesen Sie den zweiten Teil des Dialogs im Anhang. Können Sie aus dem Dialog verstehen, welcher Ausdruck für so eine Art Bezahlung benutzt wird? Finden Sie ihn im Dialog und tragen Sie ihn hier ein.

5

 TR. 71

Hören Sie sich den ersten Teil des Dialogs an. Was wird bestellt? Kreuzen Sie die Gerichte an, die genannt wurden.

1. ■ pizza alla rucola
2. ■ ravioli di magro
3. ■ frutta
4. ■ bistecca ai ferri
5. ■ uova
6. ■ insalata di mare
7. ■ birra
8. ■ acqua frizzante
9. ■ vino rosso
10. ■ vino bianco

Gut zu wissen:
In Italien trinken die meisten Leute Wein zum Essen. Es ist jedoch sehr ungewöhnlich, Wein zur Pizza zu bestellen. Normalerweise trinkt man dazu Bier oder Cola.

6

Entscheiden Sie, ob die folgenden Aussagen stimmen oder nicht.

		richtig	falsch
1.	Mangiano tutti la pizza.	■	■
2.	Due persone ordinano la pizza alla rucola.	■	■
3.	Una persona mangia la carne.	■	■
4.	Tutti bevono la birra.	■	■
5.	Una persona ordina dell'acqua naturale.	■	■
6.	Tutti si trovano sotto casa di Giulia alle 8.	■	■
7.	Monica deve fare la spesa.	■	■
8.	Ogni persona deve pagare 13 euro.	■	■

TR. 72

Gut zu wissen:
Hier haben Sie neue Namen von Gegenständen gesehen, die auch auf den Tisch kommen. Es handelt sich um
das Geschirr (**le stoviglie**) und um *das Besteck*
(**le posate**).

7
Sehen Sie sich die Bilder an und hören Sie, wie die folgenden Gegenstände auf Italienisch heißen. Sprechen Sie die Wörter nach.

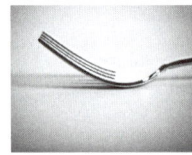 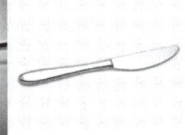 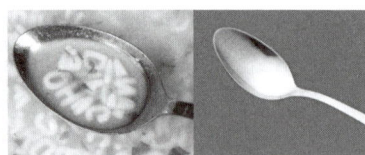

la forchetta   il coltello   il cucchiaio   il cucchiaino

  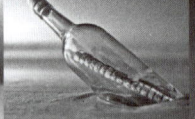 

il piatto   il bicchiere   la bottiglia   il tovagliolo

8
Volere *(wollen / mögen)* ist ein unregelmäßiges Verb und gehört mit **potere** und **dovere**, die Sie schon kennen, zu den Modalverben.

TR. 73

Hören und sehen Sie sich die Formen des Verbs **volere** im Präsens an.

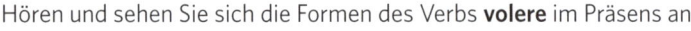

voglio	vogliamo
vuoi	volete
vuole	vogliono

Auch **vorrei** *(ich möchte)* ist Ihnen im Dialog bereits begegnet. **Vorrei** ist die Konditionalform von **volere**, deshalb klingt sie höflicher als **voglio** *(ich will)* und wird daher häufig verwendet.

TR. 74

Hören und lesen Sie folgende Beispiele:

Buongiorno, vorrei una cioccolata calda, per favore.

Mamma, voglio una cioccolata calda!

9

Welcher Satz passt am besten zu dem jeweiligen Bild? Achten Sie darauf,
dass manchmal ein höflicher Ausdruck sicher korrekter ist, in anderen Situationen dagegen muss man die Präsensformen von **volere** verwenden.

1. ▪ **A** Vorrei quattro panini,
      per favore.
   ▪ **B** Voglio quattro panini.
   ▪ **C** Ho quattro panini.

2. ▪ **A** Voglio le tagliatelle.
   ▪ **B** Dove sono le mie tagliatelle?
   ▪ **C** Vorrei le tagliatelle,
      per piacere.

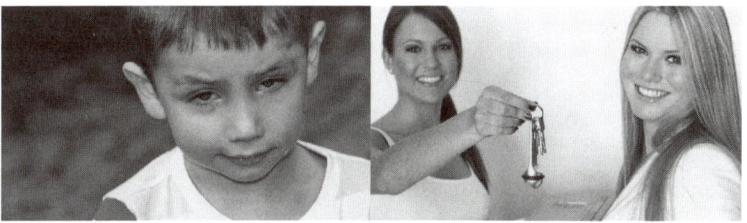

3. ▪ **A** Vorrei la mia mamma,
      grazie.
   ▪ **B** Voglio la mamma.
   ▪ **C** Una mamma, per favore.

4. ▪ **A** Voglio le chiavi.
   ▪ **B** Vorrei le chiavi, per piacere.
   ▪ **C** Io ho le chiavi.

10

Um nach einer Menge zu fragen, verwendet man **quanto** + Substantiv.
Quanto wird in diesem Fall wie ein Adjektiv an das nachfolgende
Substantiv angeglichen:

Quanto vino hai bevuto? *(Wie viel Wein hast du getrunken?)*
quanto / il vino

Quanta carne compri? *(Wie viel Fleisch kaufst du?)*
quanta / la carne

Quanti bambini ha? *(Wie viele Kinder hat sie?)*
quanti / i bambini

Quante persone sono venute? *(Wie viele Leute sind gekommen?)*
quante / le persone

11

Ergänzen Sie die Fragen, indem Sie das richtige Satzende auswählen.
Es gibt immer nur eine Möglichkeit.

1. Quanti ... ?
   - A ... panini hai comprato?
   - B ... cioccolate hai preso?
   - C ... coca cola hai bevuto?

2. Quante ... ?
   - A ... fratelli hai?
   - B ... anni hai?
   - C ... amiche hanno?

3. Quanta ... ?
   - A ... vino compri?
   - B ... dolci fate?
   - C ... frutta c'è?

4. Quante ... ?
   - A ... musei hai visitato?
   - B ... cose hai comprato?
   - C ... spesa hai fatto?

 TR. 75

Nach allen diesen Ausdrücken folgt im Italienischen die Präposition **di**: **una scatola di cioccolatini** (*eine Schachtel Pralinen*). Vor Wörtern, die mit einem Vokal anfangen, kann man **di** bzw. **d'** sagen: **un bicchiere di acqua / un bicchiere d'acqua** (*ein Glas Wasser*).

12

Hören Sie sich diese Ausdrücke an und sprechen Sie sie nach.

1. **un etto / 100 grammi** – *100 Gramm*

2. **mezzo chilo** – *ein halbes Kilo*

3. **un chilo** – *ein Kilo*

4. **un litro** – *ein Liter*

5. **mezzo litro** – *ein halber Liter*

6. **una bottiglia** – *eine Flasche*

7. **una lattina** – *eine Dose*

8. **un pezzo** – *ein Stück*

9. **un pacco / un pacchetto** – *eine Packung / ein Päckchen*

10. **una scatola** – *eine Schachtel/Dose*

13

Fügen Sie entweder **di** oder **d'** in die Lücken ein.

1. Vorrei un etto _____ prosciutto.

2. C'è solo un litro _____ latte!

3. Hai una lattina _____ aranciata?

14

Im Dialog haben Sie das Fragewort **perché** *(warum)* gesehen.
Perché la spesa? *(Warum das Einkaufen?)*

Mit **perché** fragt man nach dem Grund oder der Ursache von etwas.
Im Italienischen verwendet man das gleiche Wort, um die entsprechende
Antwort zu geben:

Perché non sei andato a teatro? – Perché sono stanco.
(Warum bist du nicht ins Theater gegangen? – Weil ich müde bin.)

Manchmal kann **perché** in der Antwort ausgelassen werden:

Perché non sei andato a teatro? – Sono stanco.
(Warum bist du nicht ins Theater gegangen? – Ich bin müde.)

Die Antwort auf eine Frage mit **perché** kann auch **per** *(wegen, aus)* + Subs-
tantiv lauten – wie Sie schon gesehen haben:

Perché viaggia spesso? – Per lavoro.
(Warum verreisen Sie oft? – Wegen der Arbeit.)

Ergänzen Sie die Sätze mit **perché** oder **per**.

1. _____ esci a cena?

2. Andiamo in macchina _____ è comodo.

3. L'aereo non parte _____ la forte nebbia.

Gut zu wissen:

Statt **perché** kann man
bei Fragen auch den
Ausdruck **come mai?**
(wieso?) verwenden.
Die Antwort gibt man
aber weiterhin mit
perché (**Come mai non
mangi? – Perché non
ho fame.**).

15

Lesen Sie die Fragen und wählen Sie die richtigen Antworten aus.
Mehrere können richtig sein.

1. Perché prendi il vino?

    - A Ho voglia di bere
         questo Chianti.
    - B Perché mi piace.
    - C Come mai il vino?
    - D Per bere qualcosa.

2. Come mai va a piedi?

    - A Perché non ha la macchina.
    - B Perché va a piedi.
    - C Per la macchina.
    - D La sua macchina è
         dal meccanico.

3. Perché non vieni?

    - A Sono venuto ieri.
    - B Perché sono stanco.
    - C Come sono stanco.
    - D Io non vengo.

4. Perché viaggia tanto?

    - A Perché gli piace.
    - B Per lavoro.
    - C Per piacere.
    - D Lui viaggia spesso.

Interkulturelles

Haben Sie **il menù** *(die Speisekarte)* und eventuell **la carta dei vini** *(die Weinkarte)* gesehen, fragt Sie der Kellner **cosa vi porto?** *(was kann ich Ihnen bringen?)* oder **avete già scelto?** *(haben Sie schon etwas ausgewählt / gefunden?)*.

Als Antwort haben Sie verschiedene Möglichkeiten: **come/per antipasto / primo / secondo / dessert …** *(als Vorspeise / ersten Gang / zweiten Gang / Dessert …)* gefolgt von **per me …** *(für mich …)* / **(io) prendo …** *(Ich nehme …)* / **(io) vorrei …** *(Ich möchte …)*.

Sie können auch **È possibile avere …?** *(Ist es möglich … zu bekommen?)* oder **Posso avere …?** *(Kann ich … bekommen?)* sagen:

È possibile avere degli spaghetti in bianco?
(Ist es möglich, Spaghetti mit Butter / Öl zu bekommen?)

Al posto delle zucchine posso avere dei pomodori?
(Kann ich Tomaten anstatt Zucchini haben?)

Nachdem Sie das Essen bestellt haben, fragt Sie der Kellner, was Sie gerne trinken möchten:

E da bere che cosa prendete? / E che cosa desidera da bere?

Möchten Sie während des Essens etwas haben, können Sie z. B. sagen:

Possiamo avere un'altra bottiglia d'acqua?
(Können wir noch eine Flasche Wasser haben?)

Ci può portare ancora del pane?
(Können Sie uns bitte noch ein bisschen Brot bringen?)

Um **il conto** *(die Rechnung)* zu verlangen, können Sie – wie Sie im Dialog gesehen haben – **ci porta il conto, per favore?** *(Bringen Sie uns bitte die Rechnung!)* oder ganz einfach **il conto, per favore.** *(Die Rechnung bitte.)* sagen.

Beim Zahlen kann der Kellner fragen, ob Sie **in contanti** *(bar)* zahlen, und Sie können ihn wiederum fragen, ob es möglich ist, mit **la carta di credito** *(Kreditkarte)* zu zahlen.

cercare	*suchen*
la vetrina	*Schaufenster*
pesante	*dick, warm*
la taglia	*Größe*
scuro	*dunkel*
mi dispiace	*tut mir leid*
chiaro	*hell*
provare	*anprobieren*
colore	*Farbe*
il camerino	*Umkleidekabine*
decidere	*entscheiden*
Buongiorno, mi dica!	*Guten Tag, was kann ich für Sie tun?*

1

Hören Sie sich die Begriffe zweimal an und sprechen Sie diese beim zweiten Mal nach.

 TR. 76

Gut zu wissen:
Achten Sie darauf, dass **i pantaloni** *(die Hose)* im Italienischen ein Wort im Plural ist!

la gonna

la camicetta

il tailleur

il cappotto

il vestito

la giacca

i pantaloni

il maglione

la maglietta

la camicia

2

Sie sind in einem Bekleidungsgeschäft und die Verkäuferin stellt Ihnen verschiedene Fragen. Lesen Sie die Fragen bzw. Aussagen der Verkäuferin und ordnen Sie sie den entsprechenden deutschen Sätzen auf der rechten Seite zu.

Gut zu wissen:

Im Satz **quale colore preferisce?** (*Welche Farbe haben Sie lieber?*) bedeutet **quale** *welcher.* Die Pluralform lautet **quali** (*quali colori ti piacciono?*).

1. **Buongiorno, dica!**		___ A	*Haben Sie schon eine Vorstellung vom Modell?*
2. **Ha già un'idea del modello?**		___ B	*Wie ist Ihre Größe?*
3. **Che taglia porta?**		___ C	*Also, sehen Sie, wir haben drei Modelle.*
4. **Quale colore preferisce?**		___ D	*Guten Tag, was kann ich für Sie tun?*
5. **Ecco, guardi, abbiamo tre modelli.**		___ E	*Welche Farbe gefällt Ihnen am besten?*

 TR. 77

Ecco, guardi ... *Hier, sehen Sie...*

... no? - *... stimmt's? /* **... oder?**

maniche – *Ärmel*

3

Es ist Samstagvormittag. Chiara ist auf der Suche nach einem Kostüm für die Feier. Hören Sie den Dialog an und sehen Sie sich die Wörter auf der Seite an, sie werden Ihnen helfen, den Dialog besser zu verstehen. Hören Sie sich den Dialog ein zweites Mal an und lesen Sie im Anhang mit.

4

Haben Sie verstanden, was man sagt, wenn man mit einer Kreditkarte bezahlen möchte? Schreiben Sie die Frage, die Chiara der Verkäuferin stellt, in die Sprechblase.

5

Hören Sie sich den gesamten Dialog nochmals an und ergänzen Sie die Sätze, indem Sie das richtige Satzende ankreuzen.

 TR. 77

Gut zu wissen:
Mi sa che ... heißt *ich glaube, dass ...* .

1. Chiara cerca ...

    ■ A ... un tailleur.
    ■ B ... una giacca.
    ■ C ... dei pantaloni.

2. Chiara porta ...

    ■ A ... la 40.
    ■ B ... la 42.
    ■ C ... la 44.

3. La commessa non ha più ...

    ■ A ... il marrone chiaro.
    ■ B ... il marrone scuro.
    ■ C ... il rosso scuro.

4. Chiara vede ...

    ■ A ... tre vetrine.
    ■ B ... tre modelli.
    ■ C ... tre camerini.

5. Chiara prova ...

    ■ A ... solo l'ultimo modello.
    ■ B ... tutti e tre i tailleur.
    ■ C ... una giacca corta di maniche.

6. Chiara paga ...

    ■ A ... 120 euro.
    ■ B ... in contanti.
    ■ C ... con la carta di credito.

6

Ergänzen Sie die Sätze aus dem Dialog, indem Sie die fehlenden Wörter in die Lücken schreiben. Beachten Sie die Hinweise in den Klammern.

Gut zu wissen:
Questo kann auch allein als Pronomen stehen: **Questo tailleur è moderno, questo invece è classico.**

1. *(Ich suche)* _____ un tailleur pantaloni e giacca.

2. Circa come quel tailleur in *(Schaufenster)* _____ .

3. Che *(Größe)* _____ porta?

4. E quale *(Farbe)* _____ preferisce?

5. Questo è un *(Modell)* _____ più classico.

6. Là, c'è il *(Umkleidekabine)* _____ .

7. Può *(anprobieren)* _____ anche questo.

8. La giacca mi *(steht)* _____ bene, no?

7

Im Dialog sind Ihnen die Ausdrücke **più classico** *(klassischer)* und **più chiaro** *(heller)* begegnet.

Mit **più** + Adjektiv wird der Komparativ des Adjektivs gebildet:
Questo è più economico. *(Das ist billiger.)*

Dasselbe gilt auch für **meno** + Adjektiv, das im Deutschen durch *weniger* + Adjektiv wiedergegeben wird: **meno caro** *(weniger teuer)*.

Tragen Sie jeweils den entsprechenden italienischen Ausdruck in die Lücke ein.

1. Scusi, non ha una taglia *(kleiner)* _____ ?

2. Perché non prendi degli stivali *(bequemer)* _____ ?

3. Non ha una gonna *(weniger lang)* _____ ?

4. Avete anche dei maglioni *(leichter)* _____ ?

8

Im Dialog haben Sie Ausdrücke wie **... la giacca non mi piace molto** ...
(... die Jacke gefällt mir nicht sehr ...) / **... la giacca è troppo lunga ...**
(... die Jacke ist zu lang ...) gehört.

In diesen Beispielen beschreiben **molto** und **troppo** das Verb oder das Adjektiv (nicht das Substantiv!), d. h. sie sind Adverbien und bleiben daher unverändert. Zu dieser Gruppe gehören z. B. auch **poco** *(wenig)* und **tanto** *(viel / sehr)*.

Stanotte ho dormito poco. *(Heute Nacht habe ich wenig geschlafen.)*
Mi piace tanto. *(Das gefällt mir sehr.)*

Begleiten **molto**, **troppo**, **poco** und **tanto** ein Substantiv, werden sie als Adjektive angeglichen: **Ho molti amici.** *(Ich habe viele Freunde.)* /
Ci sono troppe persone. *(Hier sind zu viele Leute.)*

9

Lesen Sie die Sätze und wählen Sie das passende Wort, um die Sätze zu vervollständigen. Achten Sie darauf, dass es sich um Adjektive und Adverbien handelt!

1. Bravo! Hai lavorato proprio buono / bene / buon.

2. No, non va bene, la gonna è troppa / troppo / bene stretta.

3. Bere troppi / troppa / troppe caffè fa male.

4. Marco è stanco, ha dormito poco / cattivo / pochi.

10

Sie kennen schon den Demonstrativbegleiter **questo** *(dieser / diese / dieses)*, der wie ein Adjektiv angeglichen wird **(questo maglione, questa gonna** usw.).

Mit **questo** werden Personen oder Dinge in der Nähe des Sprechers gezeigt. Um Personen oder Dinge weiter entfernt vom Sprecher zu zeigen, wird **quello** verwendet.

Circa come quel tailleur in vetrina. *(Ungefähr wie das Kostüm im Schaufenster.)*

Hier wird von etwas gesprochen, das nicht in unmittelbarer Nähe ist. Deswegen verwendet man **quello** statt **questo.**

Die Formen von **quello** entsprechen den Formen des bestimmten Artikels. Sehen Sie sich das Schema hier unten an.

Demonstrativbegleiter:	
männlich Singular: **quel / quello** **quel signore / quello studente / quell'amico**	männlich Plural: **quei / quegli** **quei signori / quegli studenti / quegli amici**
weiblich Singular: **quella** **quella signora / quell'amica**	weiblich Plural: **quelle** **quelle signore / quelle amiche**

11

Vervollständigen Sie die Sätze mit der richtigen Form von **quello.**

1. Ti piacciono _____ pantaloni?

2. Cosa ne pensi di _____ camicetta?

3. _____ maglione è proprio bello!

4. _____ vestito è molto classico.

5. _____ maglietta rosa non mi piace.

6. _____ scarpe sono troppo alte!

7. Guarda _____ stivali. Sono belli, vero?

8. Ti piace _____ abito?

12

Sie kennen schon die Verneinung mit **non,** im Dialog haben Sie zwei weitere Formen der Verneinung gesehen:

Mi dispiace, ma il marrone chiaro non l'ho più.
(Es tut mir leid, aber ich habe das hellbraune Modell nicht mehr.)

Oh, non ho mai portato un modello simile ...
(Oh, ich habe ein ähnliches Modell noch nie getragen.)

Bei **non ... più** *(nicht / kein mehr)* und **non ... mai** *(nie)* handelt es sich um eine doppelte Verneinung. Das Gleiche passiert mit **non ... niente** *(nichts)* und **non ... nessuno** *(niemand).*

Non ho bevuto niente. *(Ich habe nichts getrunken.)*
Non risponde nessuno. *(Niemand antwortet.).*

Wie Sie bemerkt haben, steht **non** immer vor dem Verb während **mai, più, niente** und **nessuno** danach kommen.

Bei zusammengesetzten Zeiten (z. B. beim **Passato prossimo**) stehen **niente** und **nessuno** nach dem Partizip.

Non ha mangiato niente. *(Er / Sie hat nichts gegessen.)*
Non ha visto nessuno. *(Er hat niemanden gesehen.).*

Più und **mai** können zwischen Hilfsverb und Partizip gestellt werden:

Non ho mai mangiato i ravioli. *(Ich habe nie Ravioli gegessen.)*
Non ho più visto Valeria. *(Ich habe Valeria nicht mehr gesehen.).*

13

Lesen Sie die vorgegebenen Sätze auf Italienisch und wählen Sie die richtige Übersetzung aus.

1. **Non ho niente da leggere.**

   ■ A *Lesen ist nichts für mich.*
   ■ B *Ich habe nichts gelesen.*
   ■ C *Ich habe nichts zu lesen.*

2. **Non vengo più!**

   ■ A *Ich komme nie mehr!*
   ■ B *Ich komme nicht mehr!*
   ■ C *Es kommt nichts.*

3. **La macchina non l'ho più.**

   ■ A *Ich habe kein Auto mehr.*
   ■ B *Er hat kein Auto mehr.*
   ■ C *Ich habe kein Auto.*

4. **Giulio non ha raccontato niente.**

   ■ A *Giulio hat nie etwas erzählt*
   ■ B *Giulio hat nichts erzählt.*
   ■ C *Giulio erzählt nichts.*

14

In einem Bekleidungsgeschäft können Sie mit **cerco** *(ich suche)* oder
vorrei *(ich möchte)* Ihren Wunsch äußern:

Cerco un tailleur … *(Ich suche ein Kostüm …)*

Man könnte sonst auch die Frage **avete dei tailleur?** *(haben Sie Kostüme?)*
stellen, wenn Sie nicht sicher sind, zu finden, was Sie suchen.

Im Dialog haben Sie verschiedene wichtige Ausdrücke gehört. Hier finden
Sie weitere ähnliche Fragen und deren mögliche Antworten:

Che taglia porta / ha? – La 42. / Porto / Ho la 42.
(Welche Größe tragen / haben Sie? – 42. / Ich trage/habe (die Größe) 42.)

Ha già un'idea del modello? – Sì, come quell'abito in vetrina. / No, non so.
*(Haben Sie schon eine Idee vom Modell? – Ja, wie der Anzug im Schaufenster.
/ Nein, ich weiß nicht.)*

Che modello preferisce? – Classico / Moderno / Originale / Sportivo.
(Welches Modell möchten Sie? – Klassisch / Modern / Originell / Sportlich.)

Quale colore preferisce? / **Di che colore? – Marrone chiaro** / **Grigio scuro.**
*(Welche Farbe gefällt Ihnen am besten? / Welche Farbe? – Hellbraun / Dun-
kelgrau.)*

Come va? / **Come Le stanno? – Va bene.** / **Sono perfetti.** / **Mi stanno
benissimo.** / **È troppo stretto / largo / corto / lungo / grande / piccolo.**
*(Wie passt es? / Wie steht es Ihnen? – Gut. / Perfekt. / Sie steht mir sehr gut.
/ Es ist zu eng / weit / kurz / lang / groß / klein.)*

Sie können auch folgende Fra-
gen stellen:

Posso provarlo?
(Darf ich es anprobieren?)

Dov'è il camerino?
(Wo ist die Umkleidekabine?)

Quanto costa / viene …?
(Wie viel kostet …?)

Beim Zahlen können Sie fragen, ob Kreditkarten angenommen werden:

Posso pagare con la carta di credito? *(Kann ich mit Kreditkarte zahlen?)*
Accettate le carte di credito? *(Nehmen Sie Kreditkarten?)*

Interkulturelles

In Italien kauft man Schuhe in **un negozio di scarpe/calzature** *(ein Schuh-geschäft).* Man fragt z. B.:

Vorrei vedere un paio di scarpe chiuse con il tacco. *(Ich möchte ein Paar geschlossene Schuhe mit Absatz sehen.),* **Cerco delle scarpe aperte basse.** *(Ich suche Halbschuhe ohne Absätze.)* oder **Vorrei delle scarpe con le stringhe / senza stringhe / con lo strappo.** *(Ich möchte ein paar Schuhe mit Schnürsenkeln. / ohne Schnürsenkel. / mit Klettverschluss.).*

Oft weiß man aber schon, welche Schuhe man möchte, weil man sie z. B. im Schaufenster gesehen hat. In diesem Fall kann man sagen:

Ho visto in vetrina dei sandali di stoffa. *(Ich habe im Schaufenster Stoffsan-dalen gesehen.)* / **Posso provare gli stivali di camoscio? Come quelli in vetrina.** *(Darf ich die Stiefel aus Velours anprobieren? Wie die im Schaufenster.)* / **Cerco delle scarpe da ginnastica di pelle come quelle in vetrina.** *(Ich suche Lederturnschuhe wie die im Schaufenster.)*

Die Verkäuferin wird Sie dann nach **il numero** *(die Größe)* fragen:

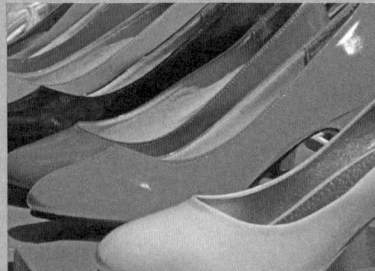

Quale numero porta? / Che numero ha? *(Welche Größe haben Sie?).*

Mit z. B. **Il 38.** *(38.)* beantworten Sie die Frage.

Haben Sie die Schuhe an, können Sie entweder sagen, dass sie gut passen oder folgende Ausdrücke verwenden:

No, non vanno bene. Sono troppo strette. *(Nein, sie passen nicht. Sie sind zu eng.)* / **Ho bisogno di un numero in meno, sono troppo larghe.** *(Ich brauche eine Größe kleiner, sie sind zu groß.)* / **Non ha un numero in più? Sono troppo strette.** *(Haben Sie eine Größe größer? Sie sind zu klein.)* / **Posso provare anche il 39?** *(Darf ich auch die 39 anprobieren?)* / **Avete questo modello anche in nero?** *(Haben Sie das gleiche Modell in Schwarz?)*

Dazu können vielleicht auch die folgenden Fragen hilfreich sein:

Scusi, ha un calzascarpe? *(Entschuldigung, haben Sie einen Schuhlöffel?)*
Scusi, non ha una soletta? *(Entschuldigung, haben Sie eine Einlegesohle?)*

l'annuncio	*Anzeige*
il locale	*Zimmer, Raum*
i servizi	*Badezimmer und Toilette*
la vendita	*Verkauf*
l'affitto	*Miete*
le spese	*Nebenkosten*
cambiare	*umsteigen*
a destra	*rechts*
di fronte a	*gegenüber von*
l'appuntamento	*Verabredung, Termin*
il piano	*Stockwerk, Etage*
dare un'occhiata	*einen Blick werfen*

1

Hören Sie sich die Begriffe an und sprechen Sie sie nach. Bei Bedarf können Sie auch die Übersetzungen auf der Seite lesen.

 TR. 78

il posto macchina
der Autostellplatz

il box / il garage
die Garage

la cantina
der Keller

l'ascensore
der Aufzug

la terrazza
die Terrasse

il balcone
der Balkon

il posto macchina   il box / il garage   la cantina

l'ascensore   la terrazza   il balcone

 TR. 79

2

Hören Sie sich die Sätze an. Können Sie sich vorstellen, was sie bedeuten? Lesen Sie jetzt die Erklärungen unten im Kasten und ordnen Sie sie den richtigen Sätzen zu.

1. Quant'è l'affitto?

2. Sono 750 euro al mese, più spese.

3. A che piano è l'appartamento?

4. Ho visto fuori l'annuncio per un appartamento.

5. L'appartamento è in vendita?

6. Di quanti metri quadrati è?

____ **A** Sie fragen nach dem Stockwerk.

____ **B** Sie fragen, ob die Wohnung zu verkaufen ist.

____ **C** Man sagt, die Miete betrage 750 € plus Nebenkosten.

____ **D** Sie sagen, Sie sahen eine Wohnungsanzeige.

____ **E** Sie erkundigen sich nach den Quadratmetern.

____ **F** Sie fragen, wie teuer die Miete sei.

 TR. 80

3

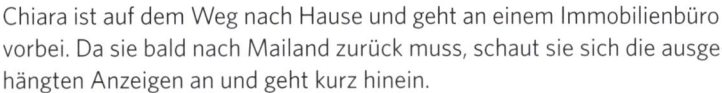

Chiara ist auf dem Weg nach Hause und geht an einem Immobilienbüro vorbei. Da sie bald nach Mailand zurück muss, schaut sie sich die ausgehängten Anzeigen an und geht kurz hinein.

Hören Sie sich den Dialog zweimal an. Beim zweiten Hören lesen Sie den Text im Anhang mit.

 TR. 80

4

Hören und lesen Sie den Dialog noch einmal. Können Sie herausfinden, wie man auf Italienisch *ich bin verabredet* sagt? Schreiben Sie den entsprechenden Satz auf.

_____

5

Welche dieser Eigenschaften treffen auf die Wohnung zu, für die sich Chiara interessiert? Kreuzen Sie unter **Sì** für *ja*, unter **No** für *nein* an.

	Sì	No
1. 90 metri quadrati	▦	▦
2. in vendita	▦	▦
3. in affitto	▦	▦
4. 500 euro di affitto	▦	▦
5. spese	▦	▦
6. quarto piano	▦	▦
7. posto macchina	▦	▦
8. garage	▦	▦
9. cantina	▦	▦
10. ascensore	▦	▦

6

Vervollständigen Sie folgende Sätze aus dem Dialog. Im Kästchen unten finden Sie die fehlenden Wörter. Achtung! Zwei Wörter bleiben übrig!

> a destra   annuncio   affitto   mese
> seguire   vendita   di fronte   prendere

1. Ho visto fuori l' _____ per quell'appartamento

   di tre locali più servizi.

2. Quello in _____ , di 90 metri quadrati.

3. Deve _____ la linea 1 fino a "Duomo",

   poi cambiare e prendere la linea 3 fino a "Porta Romana".

4. Ecco, poi deve _____ l'uscita per Corso Lodi

   e prendere la seconda, no, la terza strada _____ .

5. È una palazzina bianca, _____ ad una farmacia.

7

In Lektion 12 haben Sie den Demonstrativbegleiter **quello** kennengelernt. **Quello** kann auch ein Pronomen sein, seine Formen aber entsprechen nicht immer denen des Demonstrativbegleiters.

Quale? Quello in vendita in Via Solari?
(Welche? Die, die in der Via Solari zu verkaufen ist?)
No, quello in affitto ... *(Nein, die zum Mieten ...)*

männlich Singular: **quell**o
weiblich Singular: **quell**a
männlich Plural: **quell**i
weiblich Plural: **quell**e

Quello bezieht sich in beiden Sätzen auf **l'appartamento.**
Quello ersetzt das Wort, das nicht mehr genannt wird.
Quello ist die männliche Form im Singular.

Hier finden Sie noch ein paar Beispiele:

Quel quadro non è male, ma preferisco quello.
(Das Bild ist nicht schlecht, aber mir gefällt das dort besser.)

Quei pantaloni sono proprio belli! – Quali? – Quelli rossi.
(Die Hose da ist wirklich schön! – Welche? – Die rote.)

Andiamo in agenzia? – In quale? – In quella di via Roma.
(Gehen wir zum Maklerbüro? – Zu welchem? – Zu dem in der Via Roma.)

Queste mele non sembrano belle. – Guarda quelle!
(Diese Äpfel sehen nicht gut aus. – Schau' mal die da an!)

8

Sehen Sie sich die Bilder an und schreiben Sie dann die entsprechenden Formen von **quello** in die Lücken.

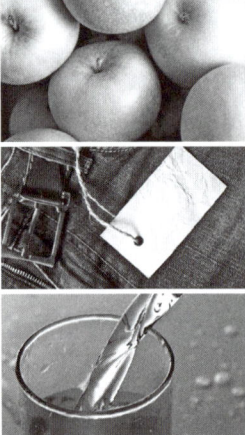

1. _____ verdi mi sembrano

   più belle.

2. Questi sono cari, ma

   _____ blu no.

3. Non c'è più acqua frizzante,

   c'è _____ naturale.

9

 TR. 81

Hören Sie sich die Wörter an und sprechen Sie sie nach. Daneben finden Sie die entsprechenden Übersetzungen.

il palazzo	*das Wohnhaus / das Mietshaus*
la palazzina	*das kleinere Wohnhaus / das Mehrfamilienhaus*
la villa	*die Villa*
la villetta	*die kleine Villa (das Einfamilienhaus)*
la villetta a schiera	*das Reihenhaus*
il grattacielo	*der Wolkenkratzer*
l'attico	*die elegante Dachwohnung / das Penthouse*
il casolare	*das abgelegene Landhaus*
la cascina	*das Bauernhaus*

10

Sie kennen schon die erste Ordnungszahl wegen des Datums aus der Lektion 10 (**il primo agosto**). Im Dialog dieser Lektion haben Sie **seconda** *(zweite)*, **terza** *(dritte)* sowie **quarto** *(vierter)* gesehen.

Hören Sie nun die Ordnungszahlen bis 10:

 TR. 82

primo – secondo – terzo – quarto – quinto – sesto – settimo – ottavo – nono – decimo

Ab der 11. Zahl wird die Endung **-esimo** an die Grundzahlen angehängt. Der letzte Vokal der Grundzahl fällt dann weg:
undici wird zu **undic-esimo.**

Hören Sie noch einige Beispiele:

 TR. 83

dodicesimo – ventesimo – ventunesimo – ventiduesimo – trentesimo – trentacinquesimo

Bei **tre** und **sei** bleibt der Endvokal erhalten: **33° trentatreesimo – 46° quarantaseiesimo.**

Schreiben Sie die Ordnungszahlen in die Lücken.

Gut zu wissen:
Den italienischen Ordnungszahlen folgt kein Punkt, sondern ein hochgestellter kleiner Vokal: ° für männliche und ª für weibliche Formen:

6° _____   23° _____

14° _____

1° (**primo**),
2ª (**seconda**).

Die Ordnungszahlen werden wie normale Adjektive dem Geschlecht angepasst – wie Sie schon im Dialog bemerkt haben: **il quarto piano** *(der vierte Stock)* / **la seconda strada** *(die zweite Straße).*

11

Um jemandem den Weg zu erklären, benutzen Sie wie der Makler im Dialog das Verb **dovere** und folgende Ausdrücke:

girare a destra / a sinistra *(rechts/links abbiegen)*, **attraversare la strada / la piazza** *(die Straße / den Platz überqueren)*, **seguire la strada principale** *(der Hauptstraße folgen)*, **andare/continuare diritto/dritto** *(geradeaus gehen/weitergehen/weiterfahren)*, **prendere la prima/seconda/terza strada ...** *(die erste/zweite/dritte Straße ... nehmen)*

Hier einige Beispiele:

Deve andare sempre dritto e al semaforo girare a sinistra.
(Sie müssen immer geradeaus gehen und an der Ampel links abbiegen.)

All'incrocio deve girare a destra e poi continuare fino alla strada principale. *(An der Kreuzung müssen Sie rechts abbiegen und dann weiter bis zur Hauptstraße.)*

Erklären Sie jemanden, wie er sich mit den Verkehrsmitteln bewegen soll, so können Sie folgende Ausdrücke verwenden:

prendere l'autobus / la metropolitana ... *(den Bus / die U-Bahn nehmen)*, **cambiare autobus / tram ...** *(umsteigen)*, **cambiare alla terza/quarta fermata** *(an der 3. / 4. Haltestelle / Station umsteigen)*, **scendere alla prima / seconda fermata** *(an der ersten / zweiten Haltestelle / Station aussteigen)*, **fare due fermate** *(zwei Haltestellen / Stationen fahren)*.

Wenn Sie nach dem Weg fragen, haben Sie verschiedene Möglichkeiten:

Scusi, sa dov'è Piazza Garibaldi? *(Entschuldigen Sie, wissen Sie, wo die Piazza Garibaldi ist?)* / **Scusi, per l'aeroporto?** *(Entschuldigung, wo geht es zum Flughafen?)* / **Scusi, come faccio ad arrivare alla fiera?** *(Entschuldigen Sie, wie komme ich zur Messe?)* / **Scusa, per andare in centro?** *(Entschuldigung, wo geht es zum Zentrum?)* / **Scusi, il museo è lontano da qui?** *(Entschuldigung, ist das Museum weit weg?)* / **Scusi, è questa la strada per la stazione?** *(Entschuldigen Sie, ist das der Weg zum Bahnhof?)*

Benutzen Sie die öffentlichen Verkehrsmittel, brauchen Sie folgende Fragen:

Quale autobus devo prendere per arrivare in via Roma? *(Welchen Bus muss ich nehmen, um in die via Roma zu kommen?)* / **A quale fermata devo scendere per la stazione?** *(An welcher Haltestelle muss ich aussteigen, um zum Bahnhof zu kommen?)* / **Dove devo cambiare per arrivare al duomo?** *(Wo muss ich umsteigen, um zum Dom zu kommen?)* / **Quante fermate devo fare?** *(Wie viele Stationen muss ich fahren?)*

12

Im Dialog haben Sie zwei neue Verbformen gesehen (**sarebbe** von **essere** und **andrebbe** von **andare**): Es handelt sich um zwei Präsensformen des **Condizionale** – ein Modus, mit dem man der Aussage eine höfliche, zurückhaltende und vorsichtige Form gibt (Sie kennen schon **vorrei!**).

Man benutzt das **Condizionale**:

* um höfliche Fragen zu stellen
  E sarebbe possibile vederlo? *(Und wäre es möglich, es zu sehen?)*
  Potrebbe passarmi il sale, per favore? *(Könnten Sie mir das Salz reichen?)*

* um eine Meinung in abgeschwächter Form auszudrücken
  Mi andrebbe meglio verso le tre ... *(Gegen 15.00 Uhr würde es mir besser passen ...)* / **Stasera preferirei rimanere a casa.** *(Heute Abend würde ich lieber zu Hause bleiben.)*

Unregelmäßige Verben:

essere
sarei	saremmo
saresti	sareste
sarebbe	sarebbero

andare
andrei	andremmo
andresti	andreste
andrebbe	andrebbero

avere
avrei	avremmo
avresti	avreste
avrebbe	avrebbero

essere (sarebbe) und **andare (andrebbe)** haben unregelmäßige Formen im **Condizionale**, das Gleiche gilt für **avere.**

Die regelmäßigen Verben bilden den **Condizionale** auf folgende Art:

An den Infinitiv ohne den Endvokal **-e** werden die Endungen des Condizionale **-ei, -esti, -ebbe, -emmo, -este, -ebbero** angehängt. Bei den Verben auf **-are** wird das **-a** von **-are** zu **-e**.

parl**erei**, parl**eresti**, parl**erebbe**, parl**eremmo**, parl**ereste**, parl**erebbero**

creder**ei**, creder**esti**, creder**ebbe**, creder**emmo**, creder**este**, creder**ebbero**

dormir**ei**, dormir**esti**, dormir**ebbe**, dormir**emmo**, dormir**este**, dormir**ebbero**

13

Sehen Sie sich das Verb an. Schreiben Sie die **Condizionale**-Form des vorgegebenen Verbs in die Lücke.

1. (essere) _____ meglio andarci domani.

2. Noi (potere) _____ portare il tiramisù, d'accordo?

3. Leo e Mirella, (venire) _____ anche voi al cinema stasera?

4. Sandra, mi (aprire, tu) _____ la porta, per piacere?

5. (dire, io) _____ di andare a casa adesso.

6. Gli stivali non (essere) _____ male, ma il colore non mi piace.

14

Um Zeit- und Treffpunkt zu vereinbaren, kann man allgemein fragen:
A che ora ci vediamo? *(Um wie viel Uhr sehen wir uns?)* und **Dove ci
troviamo?** *(Wo treffen wir uns?)* oder man kann schon eine Uhrzeit und den
Ort vorschlagen:

• die Uhrzeit:

Vogliamo incontrarci di sera? *(Wollen wir uns am Abend treffen?)* /
Facciamo domani alle quattro? *(Sagen wir morgen um 16.00 Uhr?)* /
Ti va bene alle ...? *(Passt es dir um ...?)* / **Le andrebbe bene verso le ...?**
(Würde Ihnen gegen ... passen?) / **Ti vengo a prendere alle ...** *(Ich hole dich
um ... ab.)*

• der Ort:

Ci possiamo trovare davanti a ... *(Wir
können uns vor ... treffen.)* /
Ti aspetto davanti a ... *(Ich warte
vor ... auf dich.)* / **Ci incontriamo alla
fermata dell'autobus?** *(Treffen wir uns
an der Bushaltestelle?)*

Chiara sagt **Alle cinque non posso,
ho un appuntamento.** *(Um 17.00 Uhr
kann ich nicht, ich habe einen Termin.).*
Sie hätte auch Folgendes sagen
können: **Alle cinque ho già un altro
impegno.** *(Um 17.00 Uhr habe ich
schon einen anderen Termin.).*
Und falls es ihr zu früh gewesen wäre,
hätte sie sagen können:
**Mi dispiace, alle cinque è troppo
presto.** *(Es tut mir leid, 17.00 Uhr ist zu
früh.)*

Sie verabschiedet sich mit **Benissimo, allora a oggi pomeriggio.** *(Sehr gut,
also bis heute Nachmittag.).* Man kann auch **Ci vediamo più tardi.** *(Wir sehen
uns später.)*, **A più tardi.** *(Bis später.)* oder **A dopo.** *(Bis nachher.)* sagen.

luminoso	*hell*
il salotto	*Wohnzimmer*
la stanza	*Raum, Zimmer*
sistemare	*ordnen, erledigen, regeln*
la cucina	*Küche*
abitabile	*groß, Wohn-*
spazioso	*geräumig*
lo studio	*Arbeitszimmer, Büro*
la camera da letto	*Schlafzimmer*
il ripostiglio	*Abstellraum*
libero	*frei*
traslocare	*umziehen*

1

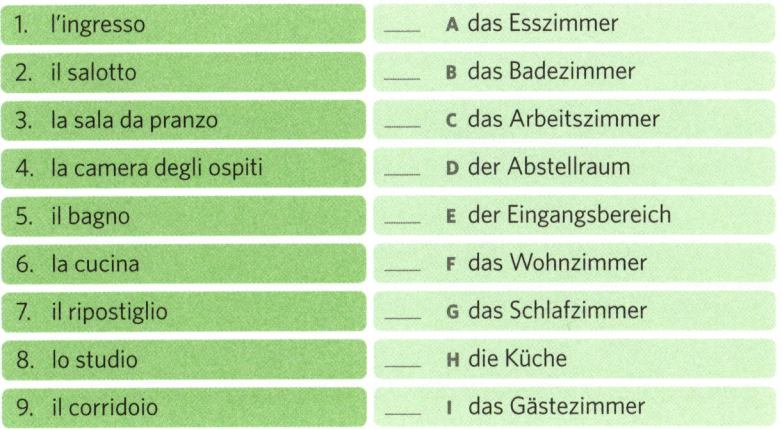

TR. 84

Hier werden Sie die Namen der verschiedenen Zimmer einer Wohnung kennenlernen. Hören Sie sich die Begriffe an und versuchen Sie sie der entsprechenden Übersetzung zuzuordnen.

1. l'ingresso	____	**A** das Esszimmer
2. il salotto	____	**B** das Badezimmer
3. la sala da pranzo	____	**C** das Arbeitszimmer
4. la camera degli ospiti	____	**D** der Abstellraum
5. il bagno	____	**E** der Eingangsbereich
6. la cucina	____	**F** das Wohnzimmer
7. il ripostiglio	____	**G** das Schlafzimmer
8. lo studio	____	**H** die Küche
9. il corridoio	____	**I** das Gästezimmer
10. la camera da letto	____	**J** der Flur

 TR. 85

2

Hören Sie sich die Ausdrücke zweimal an. Achten Sie auf die Satzmelodie. Sprechen Sie die Sätze nach.

1. **Oh, che bella casa!**	*Eine sehr schöne Wohnung!*
2. **Complimenti!**	*Glückwunsch!*
3. **Ah abitabile, è molto spaziosa!**	*Ah, groß, geräumig!*
4. **Bello grande!**	*Sehr groß!*
5. **Una signora casa!**	*Eine super Wohnung!*

 TR. 86

3

Chiara und Monica treffen sich mit Gianluca. Die beiden Freundinnen betreten die Wohnung von Giulia. Nachdem sie sich die Wohnung der Freundin angesehen haben (Chiara sieht sie zum ersten Mal), bereiten sie alles für das Büffet vor. Hören Sie den Dialog zweimal. Beim zweiten Mal lesen Sie den Text im Anhang mit.

 TR. 87

4

Hören Sie diese Sätze des Dialogs und vervollständigen Sie sie, indem Sie das richtige Wort auswählen.

1. Devo di / — / a fare i complimenti a Giulia!

2. Beh, ma ora cominciamo di / — / a sistemare le cose ...

3. Ho pensato di / — / a preparare il buffet qui in salotto.

4. Allora finisco di / — / a raccogliere queste carte ...

5. ... poi possiamo di / — / a allungare il tavolo ...

6. Vado di / — / ad aprire ...

5

Hören Sie sich den Dialog noch einmal an und entscheiden Sie dann, ob die Aussagen stimmen oder nicht.

 TR. 86

Gut zu wissen:
Der Ausdruck **fare vedere** heißt *zeigen*.

	richtig	falsch
1. Chiara è già stata a casa di Giulia.	■	■
2. La casa di Giulia ha un salotto con delle finestre molto grandi.	■	■
3. Gianluca fa vedere la casa a Chiara.	■	■
4. L'appartamento di Giulia è di tre locali più servizi.	■	■
5. L'appartamento di via Piacenza è più piccolo di quello di Giulia.	■	■
6. L'appartamento sotto quello di Giulia è più grande.	■	■
7. Al piano di sotto una coppia trasloca.	■	■
8. Chiara, Monica e Gianluca hanno ordinato tre pizze.	■	■

6

Hören und lesen Sie die einzelnen Sätze des ersten Teils des Dialogs. Achten Sie auf die Intonation und die Satzmelodie. Sprechen Sie Satz für Satz nach. Versuchen Sie, vor allem bei den Komplimenten auf die Intonation zu achten.

 TR. 88

Gut zu wissen:
Bevor man in Italien eine Wohnung betritt, sagt man **Permesso**? (von **permettere** – *erlauben*). Die Antwort lautet **Avanti**! *(Herein!)*.

Chiara / Monica: Permesso.

Gianluca: Avanti!

Chiara: Oh, che bella casa!

Gianluca: Bella luminosa, vero?

Chiara: Sì, subito il salotto con delle finestre così grandi. Complimenti!

Gianluca: Dai, ti faccio vedere un po' anche le altre stanze, poi vediamo come sistemare le cose.

Chiara: Va bene, ti seguo. Sono curiosa!

7

Im Italienischen werden die Infinitive auf unterschiedliche Weise an das Verb angeschlossen – wie Sie in dieser Lektion erneut gesehen haben. Einige Verben werden von einer Präposition gefolgt:

Comincio a fare la valigia. *(Ich fange an, den Koffer zu packen.)*
Andiamo a prendere un caffè insieme? *(Gehen wir einen Espresso zusammen trinken?)*
Hai finito di leggere quel libro? *(Hast du das Buch zu Ende gelesen?)*
Pensa di partire sabato. *(Sie hat vor, am Samstag abzufahren.)*

Neben diesen Verben gibt es auch andere, denen ein direkt angeschlossener Infinitiv folgt, jedoch ohne Präposition dazwischen. Bei diesen handelt es sich vor allem um die Modalverben (**volere, potere, dovere**), sowie um einige Verben, die Vorlieben ausdrücken (**preferire, desiderare, piacere**).

Può prendere l'autobus 30. *(Sie können den 30er Bus nehmen.)*
Preferite dormire nella nostra camera? *(Möchtet ihr lieber in unserem Zimmer schlafen?)*

Verben mit der Präposition di:	Verben mit der Präposition a:	Verben ohne Präposition:
pensare di – *die Absicht haben, vorhaben*	**andare a** – *gehen*	**potere** – *können, dürfen*
finire di – *zu Ende bringen, beenden*	**cominciare a** – *anfangen*	**volere** – *wollen, mögen*
chiedere di – *fragen*	**aspettare a** – *warten*	**dovere** – *müssen, sollen*
dire di – *sagen*	**iniziare a** – *beginnen*	**preferire** – *bevorzugen*
offrire di – *anbieten*	**continuare a** – *weitermachen*	**desiderare** – *wünschen*
scegliere di – *wählen*		**amare** – *lieben*
decidere di – *entscheiden*		**piacere** – *gefallen*
credere di – *glauben*		
sembrare di – *scheinen*		
accettare di – *annehmen, akzeptieren*		

8

Sie sehen hier sechs Sätze, die Sie vervollständigen sollten, indem Sie die jeweils konjugierte Präsensform des Verbs in Klammern und eventuell die anschließende Präposition in die Lücken schreiben.

1. Sandra, quando (credere) _____ venire da me?

2. I signori Pieri (pensare) _____ non poter traslocare

   a fine marzo.

3. A Elena e Giorgia (piacere) _____ andare al mare.

4. Alfonso (continuare) _____ arrivare tardi.

5. Signora, (volere) _____ provare anche il tailleur marrone?

6. (iniziare) _____ risparmiare perché vogliamo

   comprare una casa.

9

 TR. 89

Sehen Sie sich diese Fotos an und hören Sie die Namen einiger wichtiger Möbelstücke. Sprechen Sie sie nach.

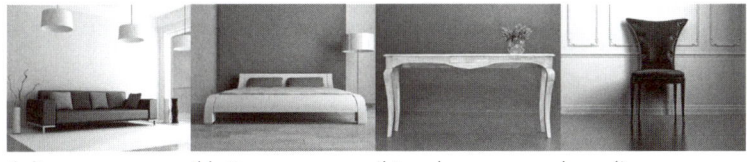

il divano   il letto   il tavolo   la sedia

l'armadio   la libreria   il comodino   la scrivania

Alle oben genannten Wörter kann man durch den allgemeinen Begriff **mobili** *(Möbel)* definieren.

Eine möblierte Wohnung nennt man **appartamento ammobiliato.**

Arredamento *(Einrichtung)* ist wiederum all das, was in einer Wohnung zu finden ist, d. h. Möbel, Bilder, Vorhänge usw. Das entsprechende Verb heißt **arredare** *(einrichten)*.

Gut zu wissen:
Nicola è più alto di Silvia, ma è più basso di me: Nach der Präposition **di** wird das betonte Pronomen benutzt!

10

Sie kennen schon die Steigerung des Adjektivs aus Lektion 12 (**più chiaro, meno caro**). Vergleicht man zwei oder mehrere Personen oder Gegenstände, verwendet man die Steigerungsform gefolgt von der Präposition **di**, wenn **di** vor Eigennamen, Substantiven oder Pronomen steht, denen keine Präposition und kein Adverb vorangeht:

L'appartamento di via Piacenza è un po' più grande di questo.
(Die Wohnung in der via Piacenza ist ein bisschen größer als diese.)

Steht ein Artikel da, verschmilzt **di** mit dem Artikel:

Questo è più piccolo dell'appartamento di via Piacenza. *(Diese ist kleiner als die Wohnung in der via Piacenza.)*

Wenn vor den zu vergleichenden Eigennamen, Substantiven oder Pronomen hingegen eine Präposition steht, verwendet man **che** anstatt **di**:

È più facile andarci in treno che in macchina. *(Es ist einfacher, mit dem Zug dorthin zu fahren als mit dem Auto.)*

Ebenso verwendet man **che**, wenn zwei Adjektive miteinander verglichen werden, die sich auf dasselbe Nomen beziehen und wenn Verben, Adverbien und mengenmäßig auch Substantive miteinander verglichen werden:

Quella donna è più stanca che vecchia. *(Diese Frau ist eher müde als alt.)*

È meno faticoso leggere che studiare. *(Lesen ist weniger anstrengend als Lernen.)*

Möchte man eine Gleichheit ausdrücken, wird das Adjektiv in der normalen Form, gefolgt von **come** benutzt – was im Deutschen mit *wie* wiedergegeben wird:

Il loro appartamento è come questo. *(Ihre Wohnung ist wie diese.)*

11

Lesen Sie die Sätze und schreiben Sie die fehlenden Wörter in die Lücken.

1. Le tagliatelle sono più larghe _____ spaghetti.

2. La macchina è più comoda _____ autobus.

3. Marco è intelligente _____ suo fratello.

4. Ernesto è più interessante _____ bello.

5. Mia sorella è meno alta _____ me.

6. Viaggiare è più importante _____ studiare.

7. Il nostro vicino è più curioso _____ gentile.

8. La mia gonna è meno corta _____ gonna di Sara.

12

Anna und Nina sind Freundinnen. Vervollständigen Sie den Text. Manchmal fehlt **più** oder **meno**, in den meisten Fällen fehlt die passende Präposition bzw. Konjunktion für den Vergleich.

Anna è alta **1** _____ Nina, ma Nina è più magra

2 _____ Anna.

I capelli di Nina sono **3** _____ scuri di quelli di Anna, ma sono

lunghi **4** _____ quelli dell'amica.

Per Nina essere eleganti è meno importante **5** _____ essere

comodi. Difatti Nina si veste più sportiva **6** _____ elegante

e porta spesso scarpe **7** _____ comode **8** _____

quelle di Anna. Anna invece ama le scarpe con i tacchi alti e fa attenzione

a come si veste.

13

Im Dialog kommen einige kleine Wörter vor, die man nur schwer übersetzen kann, z. B. **oh**, **dai**, **beh** usw.

Oh wird zusammen mit **ah** und **eh** verwendet, um Überraschung und Begeisterung zu zeigen: **Oh, che bella casa! / Ah, abitabile ...! Eh, che bel vestito!**

vero? sowie **no?** oder **eh?** verwendet man, um nach einer Bestätigung zu fragen: **Le finestre sono due, no? / Ti piace, eh?**

Möchte man jemanden zum Zuhören auffordern, kann man **senti**, **ascolta** oder **sai** sagen: **Senti, quante camere ha? / Ascolta, quando parti per Roma?**

Um zu zeigen, dass man nicht einverstanden ist, gibt es Wörter wie **no**, **ma no**, **ma**, **però**:
No! Non puoi dire queste cose! / Ma no! Non è possibile! / Ma cosa fai?

  TR. 90

Ist man einverstanden, sagt man z. B. **sì, ecco, certo, ok, esatto**:
Ecco, ha proprio ragione lui! / Certo, è sempre così! / Ok, anche questo è vero! / Esatto, come dico io!

 TR. 91

Ist man nicht überzeugt, kann man **mah** oder **mah**, **non so** sagen. Es gibt dann noch einige Füllwörter oder Wörter, die das Ende eines Gespräches einleiten, um mit einem neuen Thema anzufangen. (**Beh, ma ora ... / Allora finisco di ... / Dai, ti faccio vedere ...**).

14

Sie haben im Dialog gesehen, dass Chiara große Begeisterung für Giulias Wohnung zeigt und Komplimente macht. Wie Chiara können Sie z. B. folgende Ausdrücke verwenden: **Oh, che bella casa! / Una signora casa! / Bella luminosa!** Chiara sagt auch **Complimenti! Complimenti** kann auch im Sinne von Gratulieren verwendet werden – z. B. wenn ein Kind zur Welt kommt, eine Prüfung bestanden wurde oder jemand etwas gewonnen hat.

Komplimente werden in vielen anderen Situationen gemacht, hier finden Sie einige Beispiele.

TR. 92

über das Essen:

Hai fatto un pranzo delizioso! *(Du hast ein köstliches Mittagessen gemacht!)*
È stata una cena coi fiocchi! *(Es war ein hervorragendes Abendessen!)*
Hai cucinato proprio bene! *(Du hast wirklich sehr gut gekocht!)*
Che buone le tue lasagne! *(Wie lecker, deine Lasagne!)*
Complimenti! I tuoi ravioli sono squisiti. *(Glückwunsch! Deine Ravioli sind ausgezeichnet.)*

TR. 93

über das Aussehen:

Come stai bene! *(Wie gut du aussiehst!)*
Questo vestito ti sta benissimo! *(Dieses Kleid steht dir super gut!)*
Ti trovo in ottima forma! *(Du siehst blendend aus!)*

TR. 94

über Dinge oder Personen, die man schön oder gut findet:

Mica male i tuoi occhiali! *(Nicht schlecht, deine Brille!)*
Hai proprio due bravi bambini! *(Du hast wirklich zwei artige Kinder.)*

Hier können Sie z. B. das Verb **piacere** oder das Adjektiv **bello** verwenden und dadurch verschiedene Komplimente formulieren:

Gut zu wissen:

Achten Sie darauf, dass der Ausdruck **non fare complimenti** eine ganz andere Bedeutung hat. Man verwendet ihn, um jemanden aufzufordern, ein Angebot anzunehmen.

Il tuo maglione mi piace proprio!
(Dein Pullover gefällt mir wirklich!)
Hai una macchina proprio bella!
(Du hast ein wirklich schönes Auto!)

Als Antwort auf ein Kompliment können Sie sich ganz einfach bedanken oder z. B. **Mi fa piacere!** *(Ich freue mich!)*, **Davvero, ti piace?** *(Wirklich? Gefällt es dir?)* oder
Trovi? *(Findest du?)* sagen.

la camera singola	Einzelzimmer
la notte	Nacht
qualche	einige
la telefonata	Telefongespräch
la carta di credito	Kreditkarte
tranquillo	ruhig
la vista	Blick
rumoroso	laut
la firma	Unterschrift
la fattura	Rechnung
ricordarsi	sich erinnern
fermarsi	halten, sich aufhalten

1

 TR. 95

Hören Sie sich die Begriffe mehrmals an und sprechen Sie sie nach. Ordnen Sie sie dann den entsprechenden Übersetzungen auf der rechten Seite zu.

1. la chiave	___ A das Bett
2. il numero della camera	___ B der Fernseher
3. il minibar	___ C der Schlüssel
4. il televisore	___ D das Telefon
5. la vista sul parco	___ E die Zimmernummer
6. il bagno	___ F die Minibar
7. il telefono	___ G der Blick auf den Park
8. il letto	___ H das Bad

TR. 96

2

Hier sehen Sie einige Sätze, die Sie im Hotel brauchen und hören könnten. Hören Sie sich die Sätze an und sprechen Sie sie nach. Die Erklärung der Ausdrücke finden Sie im Anhang bei den Lösungen.

1. Vorrei una camera singola per due notti.
2. Ha preso qualcosa dal minibar?
3. Ha fatto qualche telefonata?
4. Vorrei prenotare per il mese prossimo.
5. Desidera una camera singola?
6. Desidererei una camera tranquilla.
7. La camera dà sulla strada.
8. Per quando vuole prenotare?
9. Per quante notti?

 TR. 97

di nuovo – *wieder / nochmals*

possibilmente *möglicherweise*

non ci sono problemi *Kein Problem!*

la fattura *die Rechnung*

vedersi con qualcuno *sich mit jemandem treffen*

3

Giulia checkt aus und bucht schon ein Zimmer für ihre nächste Reise nach Rom. Auf der Seite finden Sie einige Wörter als kleine Hilfe. Hören Sie sich den Dialog zweimal an und lesen Sie im Anhang mit.

 TR. 97

4

Hören Sie sich den Dialog noch einmal an. Können Sie aus dem Dialog erschließen, wie man auf Italienisch *ich fahre gerade ...* sagt? Schreiben Sie den entsprechenden italienischen Ausdruck in die Sprechblase.

5

Lesen Sie sich die Sätze genau durch und ersetzen Sie die unterstrichenen Wörter durch Wörter, die dieselbe oder eine ähnliche Bedeutung haben und die im Dialog verwendet wurden. Schreiben Sie diese Wörter neben jedem Satz.

1. Una camera singola per due notti, <u>vero</u>? _____

2. E ha fatto <u>delle telefonate</u>? _____

3. <u>Ancora</u> una singola? _____

4. Stasera <u>ritorno</u>. _____

5. Quanto tempo <u>rimani</u>? _____

6. Possiamo <u>incontrarci</u> domani. _____

Gut zu wissen:

Das Präfix **ri**- oder **re**-, das in einigen italienischen Verben zu finden ist, entspricht einer Wiederholung der Handlung: **partire / ripartire** (*abfahren/ wieder abfahren*).

6

Die Antworten auf der rechten Seite passen nicht zu den Fragen auf der linken Seite. Ordnen Sie die Fragen den entsprechenden Antworten zu.

1. Ha preso qualcosa dal minibar?

_____ **A** Per il 14.

2. Ha fatto qualche telefonata?

_____ **B** No, niente.

3. Per quando?

_____ **C** Sì, ma tranquilla …

4. Una camera singola?

_____ **D** Nessuna … poi vorrei prenotare …

7

Im Dialog dieser Lektion haben Sie den Ausdruck **sto andando** gesehen:
Io adesso sono a Roma, ma sto andando in aeroporto ....

Sto ist die Präsensform von **stare,** ein Verb, das Sie schon kennen.
Andando ist ein Gerundium.

Man verwendet die Präsensform von **stare** + Gerundium, um eine Handlung zu beschreiben, die gerade stattfindet.

Das Gerundium wird auf folgende Art gebildet:

* Verben auf **-are:** Infinitivstamm + **-ando:** **parl-are → parl-ando**

* Verben auf **-ere:** Infinitivstamm + **-endo:** **cred-ere → cred-endo**

* Verben auf **-ire:** Infinitivstamm + **-endo:** **sent-ire → sent-endo**

Nur ein paar wenige Verben haben ein unregelmäßiges Gerundium, unter diesen sind die Verben **fare, dire** und **bere:**
fare – facendo / dire – dicendo / bere – bevendo

Lesen Sie die Sätze und schreiben Sie die Formen **stare** + Gerundium in die Lücken.

1. Noi (andare) _____ al lavoro.

2. Laura (dormire) _____ .

3. I miei amici (arrivare) _____ .

8

Lesen Sie die Sätze durch und wandeln Sie die Präsensform des markierten Verbs in **stare** + Gerundium um. Schreiben Sie die neuen Formen auf.

1. Cosa fai qui? _____

2. Noi guardiamo un film e tu? _____

3. Lisa e Laura vengono qui. _____

4. Ma cosa dite? _____

5. Leggo il giornale. _____

6. Con chi esce? _____

9

 TR. 98

Hören Sie sich folgende Begriffe an. Unten finden Sie die Übersetzungen.

Gut zu wissen:
Albergo ist das italienische Wort für *Hotel* und wird im selben Sinne wie **hotel** benutzt. Auch in Italien werden die Hotels mit **stelle** *(Sterne)* klassifiziert: **un hotel a tre stelle** *(ein 3-Sterne-Hotel)*.

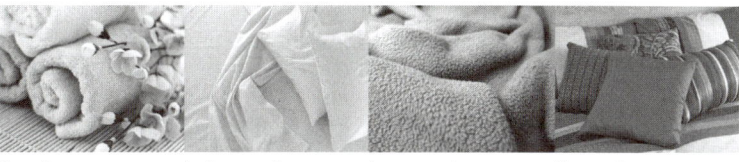

l'asciugamano   le lenzuola   la coperta   il cuscino

la carta igienica   il sapone   l'aria condizionata la cassaforte

l'asciugamano – *das Handtuch*
le lenzuola – *die Bettwäsche*
la coperta – *die Decke*
il cuscino – *das Kopfkissen*
la carta igienica – *das Toilettenpapier*
il sapone – *die Seife*
l'aria condizionata – *die Klimaanlage*
la cassaforte – *der Safe / der Geldschrank*

10

Beim Futur I der regelmäßigen Verben werden an den Infinitiv ohne den Endvokal **-e** die Endungen des Futurs **-ò**, **-ai**, **-à**, **-emo**, **-ete**, **-anno** angehängt. Bei den Verben auf **-are** wird das **-a** von **-are** zu **-e**.

parler**ò**, parler**ai**, parler**à**, parler**emo**, parler**ete**, parler**anno**

creder**ò**, creder**ai**, creder**à**, creder**emo**, creder**ete**, creder**anno**

dormir**ò**, dormir**ai**, dormir**à**, dormir**emo**, dormir**ete**, dormir**anno**

Die Verben dare, fare und stare behalten jedoch den Vokal **-a** bei:

da**r**ò, fa**r**ò, sta**r**ò ...

Weiteres zum Futur I der unregelmäßigen Verben finden Sie in der Grammatik **§13**.

11

Lesen Sie aufmerksam die Tabelle und vervollständigen Sie die Lücken.

	torn**are**	legg**ere**	sent**ire**
io	torner**ò**	legger**ò**	_____
tu	torner**ai**	_____	sentir**ai**
lui / lei	_____	legger**à**	sentir**à**
noi	torner**emo**	legger**emo**	_____
voi	torner**ete**	_____	sentir**ete**
loro	_____	legger**anno**	sentir**anno**

12

Gut zu wissen:

Alle oben genannten unbestimmten Begleiter, außer **qualche** und **ogni,** können auch als Pronomen verwendet werden. Dann stehen sie ohne Substantiv, wie Sie im Dialog schon gesehen haben:
Ha fatto qualche telefonata? – Nessuna.

Es gibt Adjektive, die eine unbestimmte Menge bezeichnen. Einige dieser Adjektive kennen Sie schon: **poco** *(wenig)*, **tanto** *(viel)*, **molto** *(viel)*, **troppo** *(zu viel)*.
Pochi giorni, dopodomani mattina riparto.

Im Dialog haben Sie auch die Frage **E ha fatto qualche telefonata?** gehört.

Qualche *(einige)* sowie **ogni** *(jeder/s/e)*, **alcuni** *(einige)*, **altro** *(anderer)*, **tutto** *(alle, jede/r/s)* und **nessuno** *(kein)* sind weitere unbestimmte Begleiter.

• **altro** verhält sich wie alle Adjektive, verlangt aber den Artikel:
  Vorrei provare l'altra gonna. *(Ich möchte den anderen Rock anprobieren.)*

• **qualche** und **ogni** bleiben unverändert und werden immer vor ein Substantiv im Singular gestellt:
  Rimane qualche giorno. *(Er bleibt einige Tage.)*
  Va a trovarla ogni settimana. *(Er besucht sie jede Woche.)*

• **alcuni** wird dem Geschlecht angepasst und wird immer von einem Substantiv im Plural gefolgt:
  Lea ha comprato alcune riviste. *(Lea hat einige Zeitschriften gekauft.)*

• **tutto** verhält sich wie ein ganz normales Adjektiv, wird aber vom Artikel gefolgt:
  Viene tutte le domeniche. *(Sie kommt jeden Sonntag.)*

• **nessuno** steht nur im Singular und wird dem Geschlecht angepasst. **nessuno** verlangt die Doppelverneinung:
  Non ho fatto nessuna telefonata. *(Ich habe keinen Anruf getätigt.)*

13

Wählen Sie den passenden unbestimmten Begleiter bzw. Pronomen aus.

1. Ho comprato alcuni / qualche / nessuno regali per i bambini.

2. Ogni / Tutte / Altra sera va nel bar sotto casa.

3. Tu puoi prendere l' altra / alcuna / ogni bicicletta.

4. Ha chiamato Andrea? – No, nessuno / alcune / qualche.

5. Qualche / Alcune / Molte pizzeria la trovi anche lì.

6. Vanno tutti / molti / ogni gli anni al mare.

14

Inzwischen kennen Sie das **Passato prossimo**, und Sie kennen auch die reflexiven Verben. Im Dialog haben Sie das **Passato prossimo** von **ricordarsi** (*sich erinnern*), einem reflexiven Verb, gesehen: **ti sei ricordata.**

Die reflexiven Verben bilden das **Passato prossimo** mit **essere**, deswegen wird das Partizip an das Subjekt angeglichen:

Marco si è trasferito a Milano.
(*Marco ist nach Mailand umgezogen.*)

Michela si è seduta sul divano.
(*Michela hat sich auf das Sofa gesetzt.*)

Io e Luigi ci siamo fermati un giorno a Torino.
(*Luigi und ich sind einen Tag in Turin geblieben.*)

Monica e Luisa si sono alzate tardi.
(*Monica und Luisa sind spät aufgestanden.*)

15

Sehen Sie sich die Sätze an und ergänzen Sie sie mit den Formen im **Passato prossimo** der vorgegebenen Verben.

1. Il treno (fermarsi) _____ a Roma.

2. Daniela, (ricordarsi, tu) _____ del regalo?

3. I Righi (svegliarsi) _____ presto stamattina.

4. Noi in quell'hotel (trovarsi) _____ bene.

5. Luca (prepararsi) _____ per uscire.

6. Ma voi quando (incontrarsi) _____ con Paola?

16

Im Dialog haben Sie gesehen, wie Giulia ein Zimmer bucht. Es ähnelt der Situation, wenn Sie z. B. einen Tisch im Restaurant reservieren. Hier lesen Sie einige Beispiele.

Vorrei prenotare una camera matrimoniale dal 12 al 19 agosto. *(Ich möchte ein Doppelzimmer vom 12. bis zum 19. August reservieren.)* / **Avete una camera doppia per questo week-end?** *(Haben Sie ein Doppelzimmer für dieses Wochenende?)* / **Mi scusi, avete ancora una singola con bagno libera?** *(Entschuldigen Sie, haben Sie noch ein Einzelzimmer mit Bad frei?)* / **La colazione è compresa nel prezzo o è a parte?** *(Ist das Frühstück im Preis enthalten oder extra?)* / **La doppia quanto costa/viene a notte?** *(Was kostet das Doppelzimmer pro Nacht?)*

Eventuell können Sie sich auch über die Hochsaison informieren:

In giugno è ancora bassa stagione, vero? *(Im Juni ist noch Nebensaison, oder?)* / **E l'alta stagione quando inizia?** *(Und wann fängt die Hochsaison an?)*

Hier finden Sie weitere wichtige Ausdrücke, damit Sie auch das Zimmer bekommen, das Sie sich wünschen:

Vorrei una camera con bagno. *(Ich möchte ein Zimmer mit Bad.)* / **Avete una camera con vista sul mare / parco / giardino / cortile?** *(Haben Sie ein Zimmer mit Blick auf das Meer / den Park / den Garten / den Hof?)* / **La camera deve essere luminosa / tranquilla / silenziosa / spaziosa / grande.** *(Das Zimmer sollte hell / ruhig / leise / geräumig / groß sein.)* / **C'è il telefono / il minibar / l'aria condizionata in camera?** *(Ist ein Telefon / eine Minibar / eine Klimaanlage vorhanden?)* / **Vorrei una camera a mezza pensione / a pensione completa.** *(Ich möchte ein Zimmer mit Halbpension / Vollpension.)*

Falls Sie nicht zufrieden sind, könnten Sie z. B. Folgendes sagen:

Questa camera è troppo buia. *(Dieses Zimmer ist zu dunkel.)* / **Scusi, non avete una camera più grande?** *(Entschuldigen Sie, haben Sie nicht ein größeres Zimmer?)* / **Io ho prenotato una camera con vista sul mare. Questa dà sul parcheggio!** *(Ich habe ein Zimmer mit Blick aufs Meer reserviert. Dieses geht auf den Parkplatz!)* / **Il bagno non è pulito!** *(Das Bad ist nicht sauber!)* / **Il televisore non funziona.** *(Der Fernseher funktioniert nicht.)* / **La doccia è rotta.** *(Die Dusche ist kaputt.)* / **Il rubinetto perde!** *(Der Wasserhahn ist undicht!)* / **Non c'è acqua calda!** *(Es ist kein warmes Wasser da!)* / **La camera è rumorosa!** *(Das Zimmer ist laut!)*

fare gli auguri	*gratulieren*	
compiere … anni	*den … Geburtstag feiern*	
riempirsi	*sich füllen*	
la cera	*Wachs*	
sufficiente	*genügend, ausreichend*	
spegnere	*löschen, ausmachen*	
Tanti auguri!	*Herzlichen Glückwunsch!*	
il compleanno	*Geburtstag*	
la sorpresa	*Überraschung*	
comosso	*gerührt*	
il consiglio	*Rat(schlag)*	
suggerire	*empfehlen, raten*	

1

Hören Sie die Begriffe. Die Fotos helfen Ihnen, die Bedeutung der Begriffe zu verstehen. Sollten Sie noch unsicher sein, lesen Sie die Übersetzungen nebenan.

 TR. 99

lo spumante
der Sekt

**il festeggiato /
la festeggiata**
das Geburtstagskind

la torta – *der Kuchen*

le candeline
die Kerzen

il biglietto d'auguri
die Geburtstagskarte

il regalo
das Geschenk

lo spumante   la festeggiata   la torta

le candeline   il biglietto d'auguri   il regalo

Buon compleanno!
Alles Gute zum Geburtstag!

Tanti auguri!
Herzlichen Glückwunsch!

TR. 100

2

Hier hören Sie einige Ausdrücke, die bei einem Geburtstag nützlich sein können. Hören Sie sich die Ausdrücke an und sprechen Sie sie nach.

1. **Auguri!**   *Herzlichen Glückwunsch!*

2. **Buon compleanno!**   *Alles Gute zum Geburtstag!*

3. **Che sorpresa!**   *Was für eine Überraschung!*

4. **Tanti auguri!**   *Alles Gute!*

5. **Sono commosso.**   *Ich bin gerührt.*

 TR. 101

secondo voi
eurer Meinung nach

sentire qualcuno
jemanden anrufen

non male
nicht schlecht

a proposito – *übrigens*

in fondo – *im Grunde genommen*

Gut zu wissen:

In Italien zieht man das Geburtstagskind an den Ohren, und zwar für jedes Lebensjahr einmal.

3

Alle Freunde sind zu Hause bei Giulia und warten darauf, dass sie mit Gianluca heimkommt. Hören Sie den Dialog. Eine kleine Hilfe finden Sie auf der Seite.

Hören Sie sich den Dialog ein zweites Mal an und lesen Sie den Text im Anhang mit.

4

Können Sie aus dem Dialog erschließen, wie man auf Italienisch *Wie alt wird sie?* sagt? Schreiben Sie die Frage in die Sprechblase.

5

 TR. 101

Hören Sie sich den Dialog noch einmal an und ergänzen Sie die Sätze, indem Sie das richtige Satzende ankreuzen.

1. Chiara ha sentito Giulia ...

   ◾ **A** ... in giornata.
   ◾ **B** ... ieri.
   ◾ **C** ... giovedì.

2. Giulia compie ...

   ◾ **A** ... 45 anni.
   ◾ **B** ... 25 anni.
   ◾ **C** ... 35 anni.

3. Giulia è ...

   ◾ **A** ... sicura di sognare.
   ◾ **B** ... stanca per il viaggio.
   ◾ **C** ... contenta per la sorpresa.

4. Il regalo per Giulia arriva **...**

   ◾ **A** ... dalla Sicilia.
   ◾ **B** ... da Roma.
   ◾ **C** ... da Milano.

5. Chiara e Giulia si incontrano ...

   ◾ **A** ... il giorno dopo, nel pomeriggio.
   ◾ **B** ... il giorno dopo, in mattinata.
   ◾ **C** ... dopodomani.

6. Chiara e Giulia si incontrano ...

   ◾ **A** ... a casa di Giulia.
   ◾ **B** ... in un bar, per un caffè.
   ◾ **C** ... a casa dei genitori di Chiara.

6

 TR. 102

Hören Sie die einzelnen Sätze des zweiten Teils des Dialogs und sprechen Sie sie nach. Achten Sie auf die Intonation!

Giulia: Beh, allora hai avuto il posto nell'agenzia vicino a Cadorna?

Chiara: Sì. E ho già visto un primo appartamento non male.

Giulia: Ah!

Chiara: E a proposito, avrei bisogno di un consiglio, perché in fondo la zona è buona, ma l'appartamento non è troppo funzionale. Forse tu mi puoi suggerire qualcosa!

Giulia: Ma certo, ti aiuto volentieri. Se vuoi possiamo vederci domani e parlare con calma.

Chiara: Volentieri, hai tempo domani pomeriggio?

Giulia: Sì, io sono libera.

Chiara: Che ne dici di venire dai miei a prendere un caffè dopo pranzo?

Giulia: Volentieri, così rivedo anche i tuoi genitori. Vengo verso le tre, va bene?

7

Giulia hat Geburtstag. Ihre Freunde singen ihr ein Geburtstagslied und sagen anschließend: **Auguri! Buon compleanno!**

Das Adjektiv **buon** vom Substantiv gefolgt sowie das Wort **auguri** und das entsprechende Verb **augurare** verwendet man zum Gratulieren, jedoch nicht nur zum Geburtstag, sondern auch bei vielen anderen Gelegenheiten:

- an Weihnachten und zum neuen Jahr:
  Buon Natale! / Vi auguriamo buone feste! / Buon anno! / Felice anno nuovo!

- zu Ostern:
  Auguri di buona Pasqua!

- zur Hochzeit:
  Tanti auguri agli sposi! / Vi auguro tanta felicità! / Felicitazioni!

- zur Geburt eines Kindes:
  Congratulazioni alla mamma e al papà! / Auguri per la piccola Sara!

- zu einem Diplom:
  Tanti auguri! / Congratulazioni!

 TR. 103

Sehen Sie sich die Bilder an und hören Sie weitere Wünsche.

Cin cin! Alla salute!   Salute!

8

Lesen Sie die Sätze und tragen Sie die Wörter in die richtigen Lücken ein.

congratulazioni
salute
buona
buon
buone

1. Auguri di _____ Natale!

2. Ti auguro una _____ Pasqua!

3. Allora, alla _____ !

4. Vi auguro _____ vacanze!

5. Ecco gli sposi! _____ !

9

Inzwischen kennen Sie schon einige Adverbien. Im Dialog dieser Lektion sind Ihnen zwei neue Adverbien begegnet, die auf **-mente** enden: **completamente** (*völlig*) und **immediatamente** (*sofort*).

Die meisten Adverbien werden von der weiblichen Form des Adjektivs abgeleitet, an die man das Suffix **-mente** hängt:
sicuro – sicura-mente
aperto – aperta-mente

Endet das Adjektiv auf **e,** unterscheidet sich die weibliche Form nicht von der männlichen. An das Adjektiv wird einfach **-mente** gehängt:
dolce – dolce-mente
elegante – elegante-mente

Bei Adjektiven, die auf **-re** oder **-le** enden, fällt der letzte Vokal weg:
puntuale – puntual-mente
regolare – regolar-mente

Sehen Sie sich die Adjektive an und schreiben Sie jeweils das entsprechende Adverb dazu.

1. chiaro   _____

2. facile   _____

3. pesante   _____

10

Lesen Sie die Sätze und schreiben Sie die richtigen Adverbien in die Lücken.

1. I bambini giocano (tranquillo) _____ in giardino.

2. Sandra balla (elegante) _____ .

3. Le cose, le devi chiedere (gentile) _____ .

4. Massimo va (regolare) _____ a teatro.

5. Lo stipendio arriva (puntuale) _____ a fine mese.

6. Il tuo tiramisù è (vero) _____ buono!

Gut zu wissen:
Das Adverb für das Adjektiv **leggero** (*leicht*) ist eine Ausnahme, es lautet **leggermente.**

11

Wenn man einen Rat, einen Tipp oder eine Empfehlung braucht, kann man das Verb **consigliare** *(raten)* oder **suggerire** *(empfehlen)* sowie den Ausdruck **dare un consiglio** *(einen Rat geben)* verwenden oder einfach fragen: **Cosa posso fare?** *(Was kann ich tun?)* / **Che cosa mi consigli di fare?** *(Was rätst du mir zu tun?)* / **Non so quale colore prendere! Tu quale mi consigli?** *(Ich weiß nicht, welche Farbe ich nehmen soll. Welche empfiehlst du mir?)* / **Mah, non so cosa fare! Mi dai un consiglio?** *(Ich weiß nicht, was ich tun soll! Gibst du mir einen Rat?)*

Einen Rat oder eine Empfehlung können Sie so erteilen:

- Sie benutzen **consigliare, suggerire** oder **consiglio:**
  Vi consiglio di prendere quell'appartamento!
  (Ich empfehle euch, die Wohnung zu nehmen!)
  Le posso suggerire i ravioli di magro? Sono molto buoni!
  (Kann ich Ihnen die Ravioli di magro empfehlen? Sie sind sehr gut!)

- Sie benutzen das **Condizionale:**
  Io non ci andrei più. *(Ich würde nicht mehr hingehen.)*
  Potresti venderla ... *(Du könntest sie verkaufen ...)*

- Sie benutzen den Ausdruck **al tuo/suo/vostro posto:**
  Al tuo posto io non gli darei più soldi.
  (An deiner Stelle würde ich ihm kein Geld mehr geben.)

Einen Rat kann man annehmen (**Buona idea! Grazie. / Grazie per il consiglio!**) oder ablehnen (**Mah, non posso fare così. / No, però grazie lo stesso.**).

12

Sehen Sie sich die Bilder an. Lesen Sie dann die Sätze. Einige sind Ratschläge, andere nicht. Wählen Sie die Sätze aus, die Ratschläge sind. Mehrere können richtig sein.

1. ■ A Al tuo posto la porterei dal meccanico.
   ■ B Perché non vai dal meccanico?
   ■ C Dovresti andare dal meccanico.
   ■ D Posso prendere la tua macchina?

2. ■ A Ti consiglio di prendere l'altra.
   ■ B Ho comprato una maglietta rossa.
   ■ C Potresti provare quella rossa.
   ■ D Al tuo posto prenderei l'altra.

13

Seit der Lektion 9 kennen Sie das **Passato prossimo** und Sie wissen, dass beim **Passato prossimo** mit dem Hilfsverb **avere** das Partizip unverändert bleibt.

Gli amici di Giulia hanno organizzato una festa.
(Giulias Freunde haben eine Party organisiert.)

Im Dialog haben Sie jedoch folgenden Satz gesehen:
... oggi l'ho sentita per farle gli auguri ...
(... Heute habe ich mit ihr telefoniert, um ihr zu gratulieren ...)

Wenn vor dem **Passato prossimo** eines der direkten Objektpronomen **lo, la, li, le** steht, wird das Partizip in Geschlecht und Zahl nach dem Pronomen angeglichen:

Il vaso, l'hai portato tu dalla Sicilia?
(Die Vase, hast du die aus Sizilien mitgebracht?)
La torta? L'abbiamo mangiata noi.
(Den Kuchen? Den haben wir gegessen.)
I miei amici li ho visti ieri.
(Meine Freunde, die habe ich gestern gesehen.)
Queste scarpe le ho comprate a Firenze.
(Diese Schuhe, die habe ich in Florenz gekauft.)

Mit den direkten Objektpronomen der 1. und 2. Person Singular (**mi, ti**) und Plural (**ci, vi**) ist die Angleichung nicht obligatorisch:
Vi ha chiamati? / Vi ha chiamato? *(Hat er / sie euch angerufen?)*

Mit dem Pronomen **La** endet das Partizip immer auf **-a,** auch wenn man einen Mann anspricht:
Signor Pungetti, L'ho già ringraziata?
(Herr Pungetti, habe ich mich bei Ihnen schon bedankt?)

Gut zu wissen:
Steht vor dem **Passato prossimo** ein indirektes Objektpronomen, darf nicht angeglichen werden: **Le hai dato le chiavi?** *(Hast du ihr den Schlüssel gegeben?)*

14

Wandeln Sie die Sätze um, indem Sie das Objekt durch das direkte Objektpronomen ersetzen.

1. Due giorni fa ho visto Giovanna. _____

2. Hai già provato i pantaloni? _____

3. Avete chiamato Sara e Lucia? _____

4. Abbiamo bevuto tutta l'acqua. _____

5. Hai finito tu il pane? _____

6. Hanno comprato la casa. _____

Gut zu wissen:
Die direkten Objektpronomen **lo** und **la** können vor Vokal oder stummem **h** zu **l'** werden.

15

Chiara lädt Giulia in die Wohnung ihrer Eltern ein:
Che ne dici di venire dai miei a prendere un caffè ...?

Weitere Ausdrücke, die Sie schon kennen, können Ihnen für Einladungs-vorschläge nützlich sein: **hai voglia di ... ?** *(Hast du Lust ... ?)* / **ti va di ... ?** *(Hast du Lust ... ?)* / **perché non ... ?** *(Warum ... nicht ... ?)*

Sie können sonst direkt das Verb **invitare** *(einladen)* verwenden:

Ti posso invitare a cena domani sera?
(Kann ich dich morgen Abend zum Essen einladen?)
Per il mio compleanno vi invito tutti a casa mia!
(An meinem Geburtstag lade ich euch alle zu mir nach Hause ein!)
Ci piacerebbe invitarvi a mangiare fuori, vi va?
(Wir würden euch gern ins Restaurant einladen, habt ihr Lust?)

Auch das Verb **offrire** *(anbieten, einla-den)* wird oft verwendet:

Questa volta posso offrire io?
*(Darf ich dieses Mal zahlen /
dich einladen?)*
Le posso offrire un caffè?
*(Kann ich Ihnen einen Kaffee anbieten /
Sie auf einen Kaffee einladen?)*

Auf eine Einladung, **un invito**, können Sie u. a. wie Giulia mit **volentieri** oder mit **Sì, mi fa piacere.** *(Ja, gerne.)* antworten.

TR. 104

Oft fragt man aus Höflichkeitsgründen, ob man vielleicht stört:

Ma no, non è necessario! Sei proprio sicuro? *(Nein, das ist nicht nötig! Bist du wirklich sicher?)* / **Non so, forse disturbiamo ...** *(Ich weiß nicht, vielleicht stören wir ...)* / **Non è che disturbiamo?** *(Stören wir nicht?)* / **Non vorrei disturbare.** *(Ich möchte nicht stören.)*

Die Einladung wird aber letztendlich angenommen und falls die Einladung zu jemandem nach Hause ist, fragt man normalerweise, ob und was man mitbringen kann: **Devo portare qualcosa?** *(Soll ich etwas mitbringen?)* / **Cosa posso portare?** *(Was kann ich mitbringen?)*

Wenn Sie aber eine Einladung wirklich nicht annehmen können, dann sagen Sie einfach, dass Sie nicht können (**No, mi dispiace ma non posso.**) oder dass Sie schon verabredet sind (**No, domani ho già un impegno.**).

1

Wo kann man sich verabreden? Sehen Sie sich die Bilder an und ordnen Sie
ihnen den passenden Ausdruck zu.

 TR. 105

____ A alla fermata dell'autobus   ____ D all'angolo della strada

____ B davanti al museo   ____ E sul ponte

____ C in piazza   ____ F ai giardini pubblici

2

Verbinden Sie die Sätze. Was sagen Sie, wenn ...?

1. ... Sie Auskünfte geben?	____ A Ti offro qualcosa.
2. ... Sie etwas vorschlagen?	____ B Non ti preoccupare.
3. ... Sie sich mit einem Freund verabreden?	____ C Devi prendere la prima strada a destra.
4. ... Sie jemanden beruhigen möchten?	____ D E perché invece non andiamo a mangiare pesce?
5. ... Sie einen Gegenvorschlag machen?	____ E Che ne dici se dopo il cinema andiamo in birreria?
6. ... Sie jemanden einladen?	____ F Facciamo così: ti vengo incontro e ci vediamo in piazza Vittorio.

Gut zu wissen:

Die **Piazza Vittorio
Veneto** in Turin – von
den Turinern „Piazza
Vittorio" genannt – ist
mit ihren 40 000 m²
einer der größten
Plätze der Welt und
ist aufgrund der vielen
Cafés und Restaurants
sehr beliebt.

TR. 106

3

Elena und Marco haben sich verabredet. Elena hat aber ein Problem und ruft Marco an. Hören Sie sich den Dialog an und versuchen Sie herauszufinden, wo der Treffpunkt ist.

Dove si vogliono incontrare? _____

 TR. 106

4

Hören Sie sich den Dialog noch einmal an und ergänzen Sie die Sätze, indem Sie das richtige Satzende ankreuzen.

1. Elena è in ritardo perché...
   - ◼ **A** le hanno preso la bicicletta.
   - ◼ **B** ha perso l'autobus.
   - ◼ **C** è andata a prendere i biglietti.

2. Marco...
   - ◼ **A** è davanti al cinema.
   - ◼ **B** è in ritardo anche lui.
   - ◼ **C** è in piazza Vittorio.

3. Elena...
   - ◼ **A** conosce quel cinema.
   - ◼ **B** non conosce quel cinema.
   - ◼ **C** è già stata in quel cinema.

4. Marco propone...
   - ◼ **A** di vedersi dentro al cinema.
   - ◼ **B** di andare a casa.
   - ◼ **C** di vedersi in piazza.

5. Elena...
   - ◼ **A** lo invita a bere una birra.
   - ◼ **B** non vuole più andare al cinema.
   - ◼ **C** vuole andare subito a mangiare.

6. Dopo il cinema Elena e Marco andranno...
   - ◼ **A** in pizzeria.
   - ◼ **B** in birreria.
   - ◼ **C** a mangiare pesce.

5

 TR. 106

Hören Sie ein weiteres Mal den Dialog und vervollständigen Sie die Sätze.

1. Io sono già _____ cinema.

2. Sono in piazza Vittorio, _____ ponte.

3. _____ pochi metri trovi il cinema.

4. Che ne dici se _____ il cinema andiamo in birreria?

6

Lesen Sie die Ortsangaben und ergänzen Sie anschließend die Sätze mit dem zum Bild passenden Ausdruck.

a destra di / a sinistra di	*rechts von / links von*	**di fronte a**	*gegenüber*
davanti a / dietro (a)	*vor / hinter*	**accanto a**	*neben*
sopra (a) / sotto (a)	*über / unter*	**in mezzo a**	*mitten*
prima di / dopo	*vor / nach*	**tra / fra**	*zwischen*
dentro (a) / fuori da	*in / außer*	**fino a**	*bis zu*
vicino a / lontano da	*in der Nähe von / weit entfernt von*	**oltre**	*jenseits*

Gut zu wissen:
Prima und **dopo** sowie **tra** und **fra** werden sowohl als Orts- als auch als Zeitangaben verwendet:

<u>prima</u> **del semaforo** – *vor der Ampel*

<u>prima</u> **dell'estate** – *vor dem Sommer*

<u>tra</u> **il cinema e il bar** – *zwischen dem Kino und dem Café*

<u>tra</u> **cinque minuti** – *in fünf Minuten*

1. Il gatto dorme _____ il cane.

2. Il cane è _____ la lavatrice.

3. Il bambino è _____ la tenda.

4. Sono _____ vetrina.

5. Sono _____ piazza.

6. I cavolfiori sono _____ i pomodori e le carote.

TR. 107

Gut zu wissen:

Nach einer Ordnungszahl in Ziffern steht im Unterschied zum Deutschen kein Punkt, sondern der letzte Buchstabe des Zahlwortes in hochgestellter Form, der sich entsprechend des Geschlechts des Substantivs ändert:

il 1° giorno – *der 1. Tag*

la 2ª settimana – *die 2. Woche*

7

Sie haben einige Ordnungszahlen bei der Wegbeschreibung im Dialog gehört. Ordnungszahlen verhalten sich wie Adjektive und richten sich in Geschlecht und Zahl nach dem Substantiv. Vom 1. bis 10. haben die Ordnungszahlen unregelmäßige Formen, ab dem 11. wird das Suffix **-esimo** direkt an die Grundzahl angehängt. Dabei entfällt der letzte Vokal. Bei Zahlen, die auf **-tré** und **-sei** enden, bleibt der Vokal jedoch erhalten, der Akzent (**é**) entfällt aber.

Ergänzen Sie jetzt die Tabelle mit den fehlenden Ordnungszahlen.

1°	primo	20°	vent**esimo**
2°	secondo	21°	_____
3°	terzo	23°	ventitr**eesimo**
4°	quarto	24°	_____
5°	quinto	25°	_____
6°	sesto	26°	_____
7°	settimo	30°	_____
8°	ottavo	45°	_____
9°	nono	63°	_____
10°	decimo	81°	_____
11°	undic**esimo**	99°	_____
12°	dodic**esimo**	100°	_____

Gut zu wissen:

Im Italienischen wird das Datum mit der Grundzahl gebildet, nur für den ersten des Monats wird die Ordnungszahl benutzt.

Für die Jahrhunderte kann man auch die römischen Ziffern verwenden:

il ventesimo secolo / il XX secolo – *das 20. Jahrhundert*

8

Ergänzen Sie die Sätze mit der passenden Ordnungszahl. Denken Sie an die Angleichung an das Substantiv.

1. Bravo! Hai vinto il _____ (2°) premio.

2. Per la stazione devi prendere la _____ (3ª) strada a sinistra.

3. Ho fatto goal al _____ (93°) minuto!

4. Abitiamo al _____ (12°) piano.

5. Mia nonna è nata nel _____ (19°) secolo.

6. Oggi è il _____ (1°) agosto.

7. Conosci la _____ (5ª) Sinfonia di Beethoven?

 TR. 108

9

Hören Sie, was Francesca und Paolo sagen. Wählen Sie jeweils den richtigen Satz aus.

1.

- ■ **A** Francesca e suo marito adorano l'arte, sia contemporanea che antica.
- ■ **B** Francesca andrebbe più volentieri in un museo archeologico, ma suo marito preferisce l'arte contemporanea.

2.

- ■ **A** Paolo è sommelier e lavora in un'enoteca vicino a casa sua.
- ■ **B** Paolo ama assaggiare diversi vini. I suoi preferiti sono quelli del Piemonte e del Friuli.

10

Im Dialog haben Sie zwei Sätze mit dem Adverbialpronomen **ci** gehört: **ci** bezieht sich auf zuvor genannte Orts- oder Richtungsangaben und bedeutet *dort / dorthin*. Es steht in der Regel vor dem konjugierten Verb und nach **non** in den verneinten Sätzen.

Ci sei mai stata? (in quel cinema) *Warst du mal schon dort? (in diesem Kino)*
Perché non ci andiamo? (in birreria) *Warum gehen wir nicht dorthin? (in die Bierkneipe)*

Beantworten Sie die Fragen, indem Sie das Adverbialpronomen **ci** benutzen. Unterstreichen Sie auch die zuvor genannte Orts- oder Richtungsangaben.

1. Venite a teatro stasera? Sì, _____.

2. Vai in discoteca domani? No, _____.

3. Torni spesso in Italia? Sì, _____.

4. Luigi abita ancora a Barcellona? Sì, _____.

5. Sei mai stato in Danimarca? No, _____.

6. Andate in enoteca sabato? Sì, _____.

TR. 109

11

Im Dialog haben Sie gehört, wie Elena und Paolo Vorschläge gemacht haben. Hier finden Sie diese und weitere nützliche Redewendungen, mit denen Sie etwas vorschlagen können. Hören Sie sich die Wendungen an und lesen Sie mit.

Che ne dici di uscire?	*Was hältst du davon, wenn wir ausgehen?*
Ti va di uscire?	*Hast du Lust auszugehen?*
Perché non usciamo?	*Warum gehen wir nicht aus?*
Potremmo uscire, no?	*Wir könnten ausgehen, oder?*
Facciamo così...	*Wir machen es so ...*

 TR. 110

12

Einen Vorschlag kann man ablehnen oder annehmen. Im Dialog haben Sie **volentieri** und **d'accordo** schon gehört. Schreiben Sie die folgenden Antworten in die passende Spalte.

Buona idea!   Mi dispiace, non ho tempo.   No, devo lavorare.   D'accordo.

Volentieri.   Facciamo un'altra volta.   Ho già un impegno.   Va bene!

1. _____   2. _____

_____   _____

_____   _____

_____   _____

 TR. 111

13

Hier finden Sie nun einige nützliche Redewendungen, um einen Gegenvorschlag zu machen. Hören Sie sich die Wendungen an und lesen Sie mit.

E perché invece non...?	*Und warum stattdessen nicht ...?*
Ho un'altra idea...	*Ich habe eine andere Idee ...*
Io preferirei...	*Ich würde lieber ...*
Non sarebbe meglio...?	*Wäre es nicht besser ...?*

14

In der Regel ist die Wortstellung des Aussagesatzes im Italienischen wie im Deutschen:

Subjekt   + Verb   + Objekt.

Io   prendo   i biglietti.   *Ich kaufe die Karten.*

Im Dialog haben Sie aber diesen Satz gehört: **I biglietti li prendo io.** (wörtl. *Die Karten sie kaufe ich.*)

In diesem Fall wurde das direkte Objekt (**i biglietti**) betont, indem es vorangestellt und dann durch das entsprechende Pronomen (**li**) wieder aufgenommen wurde.

Hier zur Erinnerung nochmals die direkten Objektpronomen: **mi**, **ti**, **lo / la / La**, **ci**, **vi**, **li / le**.

Schreiben Sie die Sätze um, indem Sie das direkte Objekt durch Voranstellung betonen. Vergessen Sie nicht, das entsprechende Pronomen aufzunehmen.

1. Io preparo la cena. _____.

2. Lui stira le camicie. _____.

3. Voi pulite il bagno. _____.

4. Io faccio la spesa. _____.

5. Noi prepariamo il dolce. _____.

6. Tu non lavi i pavimenti. _____.

7. Loro non riparano la lavatrice. _____.

15

Sie sehen hier verschiedene Anlässe und die dazu passenden Glückwünsche. Schreiben Sie nun die passenden Anlässe zum Bild.

| la laurea | il matrimonio | la nascita di un figlio | il compleanno |

  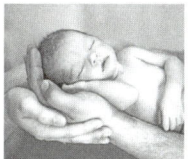

Auguri!   Congratulazioni!   Viva gli sposi!   Felicitazioni!

1. _____ 2. _____ 3. _____ 4. _____

TR. 112

16

Bei einer Verabredung oder Einladung werden besondere Ausdrücke benutzt. Verbinden Sie die Fragen mit den entsprechenden Antworten. Hören Sie sich anschließend die Minidialoge an.

1.	Cosa facciamo stasera?	___ A	Buona idea, che film danno?
2.	Venite a cena da noi?	___ B	Potremmo andare a mangiare fuori.
3.	Avete programmi per domani?	___ C	Siamo in birreria, ci raggiungi?
4.	Dove siete?	___ D	Volentieri, portiamo il dolce?
5.	Che ne dici di andare al cinema?	___ E	Sì, tu che cosa le regali?
6.	A che ora ci vediamo?	___ F	Ti va bene alla fermata dell'autobus?
7.	Dove ci incontriamo?	___ G	Sì, andiamo a pranzo da mia sorella.
8.	Vieni al compleanno di Giulia?	___ H	Verso le tre.

Interkulturelles

Un invito a cena

In Italia, quando si è invitati a cena a casa di amici, di solito si fa un regalo o si contribuisce (*beitragen*) al menù della serata portando per esempio un dolce. Se si vuole, si può chiedere prima ai padroni di casa (*Gastgeber*) che cosa può servire (*nützen*) per la cena. Altri regali tipici sono dei fiori o una bottiglia di vino, che a volte viene aperta durante il pasto e bevuta insieme. Il giorno dopo è buona regola ringraziare per la bella serata con un messaggio o una telefonata. Ricordatevi che un invito a cena si ricambia (*revanchiert sich*) sempre!

1

Überall stehen wir in verschiedenen Beziehungen zu anderen Menschen.
Sehen Sie sich die Bilder an und schreiben Sie die vorgegebenen Begriffe
unter den Bildern.

a scuola	in ufficio	a casa

1. _____   3. _____   5. _____

il capo
il vicino
il compagno
il collega
la coinquilina
l'insegnante

2. _____   4. _____   6. _____

2

TR. 113

Im Alltag sprechen wir oft über diese Beziehungen zu unseren Mitmen-
schen. Lesen Sie die Sätze links und verbinden Sie sie mit den passenden
deutschen Übersetzungen. Alle Sätze können Sie auf der CD hören.

1. La relazione a distanza era troppo pesante per me.	____ A Ich habe einen sehr guten Lehrer und die Kursteilnehmer sind sympathisch.
2. Ho un ottimo insegnante e i miei compagni sono simpatici.	____ B Er hat einen neuen Chef, der ständig nervös ist, und einige unsympathische Kollegen.
3. I nostri vicini sono molto gentili e disponibili.	____ C Ich habe erfahren, dass du nicht mehr bei deinen Eltern wohnst.
4. Ho conosciuto persone davvero carine qui e devo dire che non mi sento mai sola.	____ D Die Fernbeziehung hat mich zu stark belastet.
5. Ha un nuovo capo sempre nervoso e un paio di colleghi antipatici.	____ E Unsere Nachbarn sind sehr nett und hilfsbereit.
6. Ho saputo che non vivi più con i tuoi.	____ F Ich habe hier wirklich sehr nette Leute kennen gelernt und ich muss sagen, ich fühle mich nie einsam.

 TR. 114

3

Simona führte seit zwei Jahren eine Fernbeziehung zu Andreas in Köln. Nun ist sie zu ihm gezogen. Lesen Sie die E-Mail, die sie einer Freundin geschrieben hat. Kreuzen Sie dann an, ob die Aussagen richtig oder falsch sind.

Carissima Claudia,
come stai?
Lo sai che mi sono trasferita a Colonia? La relazione a distanza era troppo pesante per me, quindi ho deciso di raggiungere Andreas. Lui è felice come un bambino!
Ho iniziato subito a studiare il tedesco,
seguo un corso di lingua in una scuola in centro. Ho un ottimo insegnante e i miei compagni sono simpatici. Certo, imparare una nuova lingua a trent'anni è più faticoso che a diciotto, ma il tedesco mi piace molto, anche se è molto più difficile dell'inglese.

Abitiamo vicino al Reno, in un appartamento al quarto piano. I nostri vicini sono molto gentili e disponibili. Spesso ci incontriamo in giardino per bere qualcosa insieme e fare quattro chiacchiere (e io faccio pratica con la lingua). Sai, ho conosciuto persone davvero carine qui e devo dire che non mi sento mai sola. Anche se ogni tanto mi prende un po' di nostalgia... Ma cambiamo argomento! ☺

Purtroppo per Andreas è un brutto periodo, ha un nuovo capo sempre nervoso e un paio di colleghi antipatici. Allora ieri sera siamo andati nel migliore ristorante italiano della città e abbiamo mangiato benissimo. Ci siamo divertiti e almeno per una sera Andreas non ha pensato al lavoro e si è rilassato!

Bene, queste erano le mie notizie... e le tue?
Ho saputo che hai trovato lavoro e che non vivi più con i tuoi.
Dai, racconta... Sono curiosa!
Un abbraccio,
Simona

	vero	falso
1. L'insegnante di Simona è molto bravo.	▨	▨
2. Il tedesco è difficile e non le piace per niente.	▨	▨
3. Simona non va d'accordo con i suoi vicini di casa.	▨	▨
4. Andreas ha dei problemi sul lavoro.	▨	▨
5. Andreas e Simona ieri sera si sono divertiti.	▨	▨
6. Claudia abita con la sua famiglia.	▨	▨

4

Mit dem Komparativ werden unterschiedliche Dinge miteinander verglichen. Wie Sie schon wissen, bezeichnet der Komparativ den höheren (ausgedrückt durch **più**) oder den niedrigeren (ausgedrückt durch **meno**) Grad einer Eigenschaft.

In Lektion 14 haben Sie schon das Vergleichselement kennengelernt, das durch **di** (+ Artikel bei den Substantiven) bzw. **che** eingeleitet wird, was dem deutschen *als* entspricht.
Zur Wiederholung: **Di** wird vor Substantiven, Eigennamen und Pronomen ohne Präposition verwendet und **che** dagegen vor Adjektiven, Verben im Infinitiv und Präpositionen.

Sehen Sie hier zwei Beispiele aus der E-Mail:
Il tedesco è più difficile dell'inglese.
Deutsch ist schwerer als Englisch.
Imparare una nuova lingua a trent'anni è più faticoso che a diciotto.
Es ist schwieriger, eine neue Sprache mit dreißig Jahren zu lernen als mit achtzehn.

5

 TR. 115

Sehen Sie sich die Bilder an und ergänzen Sie die Sätze mit **di** oder **che**.

1. Sono più alto _____ te.
2. Sono più forte _____ veloce.
3. È più facile ingrassare _____ dimagrire.

4. Le tue scarpe sono più nuove _____ mie.
5. Silvia è più felice _____ Paolo.
6. È più comodo viaggiare in treno _____ in macchina.

6

Die Grundstufe des Vergleichs wird mit **come** gebildet, was dem deutschen *(genau) so ... wie* entspricht.

Lui è felice come un bambino! *Er ist froh wie ein Kind!*

Bilden Sie jetzt die Sätze mit **come**.

1. Lucia – forte – Giovanni
2. lumaca piccola – veloce – quella grande
3. tu – piccolo – me

_____   _____   _____

_____   _____   _____

7

Gut zu wissen:

Diese besonderen Adjektive haben auch regelmäßige Steigerungsformen, wie z.B.:

buono – più buono – buonissimo

Zwar sind regelmäßige und unregelmäßige Steigerungsformen in der Regel gleichwertig, die unregelmäßigen werden jedoch häufig für abstrakte Begriffe oder im übertragenen Sinn verwendet.

Sie haben in der E-Mail von Simona zwei unregelmäßige Steigerungsformen der Adjektive gesehen. Suchen Sie sie, um die Tabelle zu vervollständigen.

Positiv	Komparativ	Superlativ
buono *(gut)*	_____	_____
cattivo / brutto *(schlecht)*	peggiore	pessimo
grande *(groß)*	maggiore	massimo
piccolo *(klein)*	minore	minimo

Ergänzen Sie nun die Sätze mit den passenden unregelmäßigen Adjektiven.

migliore	maggiore	minore	pessimo

1. Luca ha tre anni in meno di me, è il mio fratello _____.
2. Io e Chiara siamo inseparabili: è la mia _____ amica!
3. Il mio capo è sempre nervoso: ha un _____ carattere!
4. Dante e Petrarca sono i _____ poeti del Trecento.

8

Die reflexiven Verben bilden die zusammengesetzten Zeiten mit dem Hilfsverb **essere**. Dabei richten sich das Partizip in Geschlecht und Zahl nach dem Subjekt.
Ergänzen Sie diese Beispiele aus der E-Mail und sehen Sie sich den letzten Satz an.

er hat sich entspannt – si è _____

ich bin umgezogen – mi sono _____

wir haben uns amüsiert – ci siamo _____

sie haben sich getroffen – si sono incontrate

Gut zu wissen:

Die reflexiven Verben stehen immer mit einem Reflexivpronomen: **mi vesto**, **ci laviamo** ...

Einige reflexive Verben im Italienischen sind nicht reflexiv im Deutschen und umgekehrt (**mi alzo** = *ich stehe auf*; **ringrazio** = *ich bedanke mich*).

9

Lesen Sie die Sätze im Präsens und schreiben Sie das Verb im **passato prossimo** auf.

1. Il mio collega non si sente bene. _____.

2. Le mie amiche si divertono molto con te. _____.

3. Mia sorella si sveglia presto. _____.

4. I miei vicini di casa si sposano a maggio. _____.

5. Mio figlio si addormenta con la luce accesa. _____.

10

Beim Erzählen werden viele kleine Wörter verwendet, die dazu dienen, auf bestimmte Dinge zu lenken oder der Erzählung einen Rhythmus zu geben. Lesen Sie die E-Mail noch einmal, finden Sie im Text die folgenden Wörter und wählen Sie die richtige Übersetzung aus.

1. Certo...	___ A Weißt du ...
2. Allora...	___ B Also gut ...
3. Sai...	___ C Los!
4. Bene...	___ D Selbstverständlich ...
5. Dai...	___ E Dann ...

11

Ergänzen Sie die Sätze mit einem der folgenden Wörter.

bene   certo   dai   allora

1. Mi sono trasferito in Alaska. _____ stavo meglio in Italia, ma qui ho un lavoro.

2. Hai fatto tutti i compiti. _____, ora puoi andare a giocare!

3. Perché piangi? _____ non fare così!

4. Stamattina c'era lo sciopero dei mezzi pubblici. _____ ho preso un taxi per andare al lavoro.

Gut zu wissen:

Lernen mit Karteikarten

Karteikarten erleichtern das Lernen! Sie können sich selbst Karteikarten anlegen, z. B. auch für Redewendungen, und diese auch zum Lernen für unterwegs mitnehmen.

12

Lesen Sie die folgenden Ausdrücke, die in einer E-Mail oder in einem Brief benutzt werden. Handelt es sich um eine Anredeformel (**inizio**) oder um eine Schlussformel (**fine**)? Ist es eher informell oder formell? Kreuzen Sie an.

	inizio	fine	informale	formale
1. Carissima Claudia	■	■	■	■
2. Cordiali saluti	■	■	■	■
3. Un abbraccio	■	■	■	■
4. Bacioni	■	■	■	■
5. Gentile signora	■	■	■	■

13

Ergänzen Sie Claudias Antwort mit den vorgegebenen Wörtern.

 TR. 116

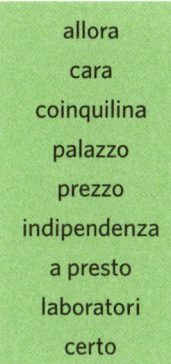

allora

cara

coinquilina

palazzo

prezzo

indipendenza

a presto

laboratori

certo

_____ Simona,

grazie mille per la tua mail, sono contenta per te e per Andreas!
Io stavo bene a casa con i miei, ma avevo bisogno di un po' di
_____…
_____ appena ho trovato lavoro ho affittato una stanza in un bel
_____ in centro. _____ era comodo avere mia madre che
cucinava, lavava, stirava… ma la libertà ha sempre un _____!
La mia _____ è un po' riservata, ma gentile. Di sera esco spesso
con i miei nuovi colleghi, ah mi sono scordata! Lavoro in un museo, orga-
nizzo _____ per bambini. Così ho unito le mie passioni: il mondo
dell'infanzia e l'arte!
Ora ti saluto, è tardi.
Un abbraccio e _____,
Claudia

14

Sie haben schon die Possessivbegleiter kennengelernt. Während diese
<u>vor</u> dem Bezugswort stehen, stehen die Possessivpronomen <u>an Stelle</u> des
Bezugswortes. Die Formen sind aber identisch.

Queste erano le mie notizie, e le tue?
Diese waren meine Nachrichten und deine?

Erinnern Sie sich an die Possessivbegleiter? Ergänzen Sie die Tabelle der
Possessivpronomen.

Gut zu wissen:
Die Possessivpronomen
stehen immer mit Arti-
kel, auch bei Verwandt-
schaftsbezeichnungen!

**Mia figlia va a scuola,
e <u>la</u> tua?**

_Meine Tochter geht zur
Schule, und deine?_

	Singular (m. / f.)			Plural (m. / f.)
mein / meine	il _____ / la mia		meine	i miei / le _____
dein / deine	il tuo / la _____		deine	i _____ / le _____
sein, ihr, Ihr / seine,	il _____, il Suo / la		seine, ihre, Ihre	i _____, i Suoi / le sue,
ihre, Ihre	_____, la Sua			le Sue
unser / unsere	il nostro / la _____		unsere	i _____ / le _____
euer / eure	il _____ / la _____		eure	i vostri / le _____
ihr / ihre	il _____ / la loro		ihre	i _____ / le _____

TR. 117

Gut zu wissen:
Possessivpronomen
werden auch
in bestimmten
Wendungen benutzt,
wie Sie auch zum Teil
in der E-Mail gesehen
haben:

**Non vivi più con i tuoi
(genitori).**

*Du wohnst nicht mehr bei
deinen Eltern.*

**Dico sempre la mia
(opinione).**

*Ich sage immer meine
Meinung.*

**Alla tua (salute)! / Alla
nostra (salute)!**

Prost!

15
Ergänzen Sie die kurzen Dialoge mit den entsprechenden Possessivpronomen.

1. – Sono tue le scarpe?
   – No, non sono _____.

2. – Sono i calzini di Diego?
   – Sì, sono _____.

3. – Sono le posate di Benedetta?
   – Sì, sono _____.

4. – Mia sorella è molto dolce.
   – _____ invece non la sopporto!

5. – È il cane di Gianni e Teresa?
   – No, _____ è più vivace!

6. – La mia casa è grande e luminosa. E _____?
   – Beh, è un po' piccola...

Interkulturelles

La famiglia italiana
Più del 60% dei giovani italiani tra i 18 e i 34 anni vive ancora con i genitori (Istat - *das italienische Statistikamt* - 2017). Le ragioni sono diverse, soprattutto economiche (la disoccupazione e gli affitti alti), ma si tratta anche di una questione di comodità (*Bequemlichkeit*). In Italia, al di là degli stereotipi, la famiglia riveste ancora un ruolo fondamentale nella vita quotidiana, anche quando i figli si sono sposati e hanno dei bambini. I nonni per esempio contribuiscono (*beitragen*) economicamente e fisicamente alla gestione familiare, occupandosi (*sich um jdn kümmern*) dei nipoti. Senza il supporto della famiglia alcune coppie si troverebbero in difficoltà, anche a causa dei pochi servizi che lo Stato dovrebbe garantire, come gli asili nido. Per questo da alcuni decenni si fanno sempre meno figli – l'Italia è il Paese europeo con il tasso di natalità più basso – e di conseguenza la popolazione diminuisce e invecchia (quasi un quarto degli abitanti della penisola ha più di 65 anni).

1

 TR. 118

Hören Sie sich die Namen der italienischen Regionen an und schreiben Sie sie zu den entsprechenden Zahlen.

1. _____   8. _____

2. _____   9. _____

3. _____   10. _____

4. _____   11. _____

5. _____   12. _____

6. _____   13. _____

7. _____   14. _____

15. _____

16. _____

17. _____

18. _____

19. _____

20. _____

il Piemonte
la Sardegna
il Lazio
la Campania
l'Emilia-Roma-
gna
la Lombardia
la Sicilia
la Liguria
il Molise
la Valle d'Aosta
l'Abruzzo
la Calabria
l'Umbria
il Friuli-Venezia
Giulia
la Puglia
le Marche
il Trentino-Alto
Adige
la Toscana
il Veneto
la Basilicata

2

Fit in Geographie? Testen Sie Ihre Kenntnisse über Italien und schreiben Sie die passende Region zur Erklärung. Hören Sie sich dann die Sätze an.

 TR. 119

1. Le due regioni e isole d'Italia: la _____ e la

   _____

2. In questa regione si trova la capitale d'Italia: nel _____

3. La regione dove nasce il fiume Po: il _____

4. In questa regione si parla anche il tedesco: nel _____

5. In questa regione c'è il monte più alto d'Europa, il Monte Bianco: in

   _____

TR. 120

Gut zu wissen:

Lernen im Alltag

Wenn Sie einkaufen, achten Sie auf die Namen der italienischen Produkte: **mozzarella**, **prosciutto di Parma**, **gnocchi** usw. Die Supermarktregale bieten heutzutage sehr viele italienische Spezialitäten an und es wird nicht schwierig, neue Wörter zu entdecken und zu lernen!

3

Lesen Sie die folgenden Texte über einige italienische Regionen und beantworten Sie dann die Fragen. Hören Sie sich anschließend die Texte an und lesen Sie mit.

1. In Piemonte si prepara la bagna cauda che è una salsa a base di olio, aglio e acciughe. Ma questa regione è anche la patria del cioccolato!

2. La Lombardia è conosciuta per alcune specialità: il risotto, la polenta, il gorgonzola... Anche il panettone, un dolce che si mangia solo a Natale, è tipico della regione e, in particolare, di Milano.

3. Anche in Veneto il riso è uno degli ingredienti fondamentali di molte ricette. Viene coltivato soprattutto nel Delta del Po, un'area protetta dove si osservano diverse specie di uccelli e qualche mammifero come il topolino delle risaie.

4. La Toscana è una regione celebrata per i suoi ottimi vini, che si abbinano perfettamente ai vari piatti tradizionali. Per degustarli si può andare nelle numerose cantine della regione.

6. La Campania, con Napoli in prima linea, non è famosa solo per la pizza. Il caffè, a Napoli, è un qualcosa di particolare, un simbolo, come i maccheroni o il babà.

7. La Puglia, una striscia di terra che si allunga nel mare, è una regione produttrice di olio extravergine d'oliva, ma anche di diversi tipi di frutta e tanti ortaggi.

5. L'Emilia-Romagna è famosa per il Parmigiano Reggiano e il prosciutto crudo di Parma, ma anche la mortadella è un prodotto che tutti conoscono.

1. Quale alimento è utilizzato nella cucina lombarda e veneta?
   _____.

2. Quali salumi sono tipici dell'Emilia-Romagna? _____ e
   _____.

4

Das deutsche *man* wird mit **si** und dem Verb in der 3. Person wiederge-
geben. Steht kein Objekt, wird die 3. Person Singular verwendet und man
spricht vom **si impersonale**.
Si può andare nelle numerose cantine della regione. *Man kann zu den
zahlreichen Weinkellern der Region gehen.*

Bei einem Objekt wird die 3. Person Singular benutzt, wenn das Objekt
im Singular ist und die 3. Person Plural, wenn das Objekt im Plural ist. In
diesen Fällen spricht man von **si passivante**.
Il panettone si mangia solo a Natale. *Man isst den Panettone nur zur Weih-
nachtszeit.*
Si osservano diverse specie di uccelli. *Man beobachtet mehrere Vogelarten.*

Wenn das **si** von **essere**, **diventare** oder **sembrare** + einem Substantiv oder ei-
nem Adjektiv gefolgt wird, stehen diese immer in der männlichen Form Plural.

Dopo tre anni di università si diventa dottori. *Nach drei Jahren an der Uni
wird man Diplominhaber.*

5

Verbinden Sie die Satzteile. Ergänzen Sie dabei die Sätze mit dem **si imper-
sonale** und dem Verb im Präsens.

1. Nella zona pedonale	___ **A** ... _____ (arrivare) puntuali.
2. Negli uffici pubblici	___ **B** ... non _____ (parlare) al conducente.
3. A un colloquio di lavoro	___ **C** ... non _____ (passare) con l'auto.
4. Sull'autobus	___ **D** ... non _____ (fumare).

6

Ergänzen Sie die Sätze mit dem **si impersonale** und dem Verb im Präsens.
Gleichen Sie das Substantiv oder das Adjektiv entsprechend an.

1. Quando _____ (essere) troppo _____ (stanco), non si
riesce a lavorare.

2. Con il passare del tempo _____ (diventare) più _____
(saggio).

3. Con l'attività fisica _____ (diventare) _____ (atletico).

4. Se _____ (essere) _____ (studente), si fanno tre mesi di
vacanza.

Gut zu wissen:
Achtung falscher
Freund!
Cantina ist keine
Kantine, sondern ein
Weinkeller! *Kantine*
heißt auf Italienisch
mensa.

Gut zu wissen:
Bei der unpersönlichen
Form der reflexiven
Verben werden die
zwei Pronomen (**si
impersonale** und
Reflexivpronomen **si**)
zu **ci si**:

In vacanza ci si riposa.
– *Im Urlaub entspannt
man sich.*

Gut zu wissen:
Das Pronomen **si**
wird oft benutzt, um
Regeln oder Verbote
auszudrücken.

TR. 121

7

Was macht man in Italien zu Weihnachten? Und zu Silvester? Und beim Karneval? Und zu Ostern? Bilden Sie Sätze mit dem **si passivante** und dem Verb im Präsens.

1. scartare – i regali

_____

2. fare – l'albero di Natale

_____

3. mangiare – le lenticchie

_____

4. guardare – i fuochi d'artificio

_____

5. tirare – i coriandoli

_____

6. mettersi – un costume

_____

7. regalare – le uova di cioccolato

8. mangiare – la colomba pasquale

_____

Gut zu wissen:

Die schwarzen Trüffel kommen aus Umbrien, die weißen wachsen jedoch in Alba (Piemont).

Die sizilianische **granita** ist ein Sorbet aus zerstoßenem Eis und Fruchtsäften oder Kaffee.

Die **farinata** ist ein typisch ligurischer Imbiss, aus Kichererbsenmehl, Öl und Salz.

8

Bilden Sie aus den vorgegebenen Elementen ganze Sätze. Sie lernen so, über eine Region zu sprechen. Die Texte in Übung 3 können Ihnen dabei helfen.

1. Piemonte – la patria – cioccolato _____.

2. Lombardia – conosciuta – alcune specialità _____.

3. Emilia-Romagna – famosa – Parmigiano Reggiano _____

_____.

4. Umbria – conosciuta – tartufi neri _____.

5. Sicilia – patria – granite _____.

6. Liguria – famosa – farinata _____.

9

Sie haben in den Texten der Übung 3 mehrere Relativpronomen gesehen. Das Relativpronomen **che** kann sich auf Personen und Sachen im Singular und Plural beziehen und ist unveränderlich. Es wird als Subjekt oder als direktes Objekt benutzt.

In Piemonte si prepara la bagna cauda che **è una salsa.** – als Subjekt (**la bagna cauda**)
Il panettone è un dolce che **si mangia solo a Natale.** – als Objekt (**il dolce**)

Gut zu wissen:
Im Italienischen muss vor dem Relativsatz nur dann ein Komma stehen, wenn der Relativsatz inmitten des Hauptsatzes steht: **Siena, che si trova in Toscana, è famosa per il palio.**

 TR. 122

10

Verbinden Sie die Satzteile. In welchen Sätzen wird das Relativpronomen **che** als Subjekt benutzt?

1. Sono andata da alcune amiche ____ **A** ... che abbiamo ricevuto per sabato.

2. Ho comprato il vino ____ **B** ... che era nell'inserto viaggi?

3. Non trovo più la guida turistica ____ **C** ... che abitano a Venezia.

4. Siamo molto sorpresi dell'invito ____ **D** ... che è arrivata prima alla gara.

5. Hai letto l'articolo sulla Sicilia ____ **E** ... che mi hai prestato per le vacanze.

6. Mi piacciono molto i regali ____ **F** ... che mi hai consigliato per la cena.

7. Conosco la ragazza ____ **G** ... che ho ricevuto per Natale.

Sätze mit **che** als Subjekt: ____ , ____ und ____.

11

Ordnen Sie die Landschaftsbegriffe den passenden Bildern zu.

il fiume
il lago
la pianura
la montagna
la spiaggia
la collina
il vulcano
la costa

1. _____ 2. _____ 3. _____ 4. _____

5. _____ 6. _____ 7. _____ 8. _____

TR. 123

Gut zu wissen:

Der bestimmte Artikel wird vor Namen von Kontinenten, Ländern, Regionen und großen Inseln (nicht aber im Zusammenhang mit der Präposition **in**) gebraucht. Vor Namen von Städten steht dagegen kein Artikel!

12

Wie beschreibt man eine Region? Lesen Sie den kurzen Werbeartikel über Sizilien und kreuzen Sie die Sätze an, die richtig sind.

> La Sicilia è la più grande isola del Mediterraneo. Colline, montagne e pianure caratterizzano il suo paesaggio. In Sicilia si trovano ben tre vulcani, tutti attivi: l'Etna, Stromboli e Vulcano. Le spiagge siciliane sono una grande attrazione turistica, ma non c'è solo il mare: in Sicilia si possono visitare meravigliose città d'arte, come Palermo, Noto, Ragusa, e numerosi siti archeologici, primo fra tutti la Valle dei Templi ad Agrigento.

1. Il territorio siciliano è prevalentemente montuoso.　■
2. L'Etna è l'unico vulcano attivo d'Italia.　■
3. La Sicilia attira turisti solo per il mare.　■
4. La Sicilia è famosa per le sue città d'arte.　■
5. Ad Agrigento si possono ammirare i templi greci.　■

TR. 124

Gut zu wissen:

Die Himmelsrichtungen auf Italienisch sind:

il nord – *der Norden*

il sud – *der Süden*

l'ovest – *der Westen*

l'est – *der Osten*

13

Hören Sie jetzt die Beschreibungen von zwei weiteren Regionen Italiens. Ergänzen Sie dann die hier unten zusammengefassten Texte.

1. L'Umbria è una regione dell'Italia
_____ e non ha sbocco sul
_____. Il suo _____ è costituito da colline, _____ e fiumi.
In Umbria ci sono città ricche di storia e _____. Assisi è una delle
_____ principali. A Perugia si trova un'importante università per _____.
Le principali _____ culturali sono
l'*Umbria Jazz* e il *Festival dei Due Mondi*.

2. La Liguria è compresa tra le catene montuose a _____ e il mare a sud.
Le _____ sono in genere rocciose.
È una terra ricca di _____ naturali e ospita numerosi _____, tre riserve naturali e due riserve _____.
In Liguria ci sono due _____ dell'Unesco: il _____ storico di Genova e le Cinque Terre.

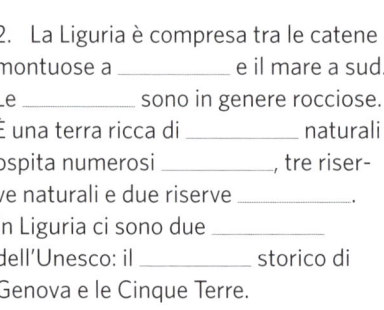

14

Ergänzen Sie die Sätze aus der Übung 3 mit den folgenden Wörtern. Nehmen Sie die Texte eventuell als Hilfe.

1. La Lombardia è conosciuta per _____ specialità.

2. Il riso è uno degli ingredienti fondamentali di _____ ricette.

3. Nel Delta del Po si osservano _____ specie di uccelli e

   _____ mammifero.

4. I vini toscani si abbinano perfettamente ai _____ piatti tradizionali.

5. La mortadella è un prodotto che _____ conoscono.

6. Il caffè, a Napoli, è un _____ di particolare.

7. La Puglia è una regione produttrice di _____ ortaggi.

tutti
tanti
alcune
vari
molte
diverse
qualcosa
qualche

15

Sie haben gerade Sätze mit einigen Indefinita ergänzt. Lesen Sie die Regeln und vervollständigen Sie die Beispiele.

Gut zu wissen:
Indefinita beschreiben nicht näher bestimmte Personen oder Sachen.

1. Indefinita mit nur adjektivischem Gebrauch, wie **qualche** (*einige / ein paar*), das nur im Singular gebraucht wird und unveränderlich ist (ähnlich wie **alcuni**).

   _____ **mammifero** – *einige Säuger*

2. Indefinita mit nur pronominalem Gebrauch, wie **qualcosa** (*etwas*), das unveränderlich ist und mit einem Adjektiv oder einem Verb verwendet werden kann.

   _____ **di particolare** – *etwas Besonderes*   **qualcosa da mangiare** – *etwas zu essen*

3. Indefinita mit adjektivischem und pronominalem Gebrauch.
   – **molto** und **tanto** (*viel / e*), das über vier Formen (**-o**, **-a**, **-i** und **-e**) verfügen.

   _____ **ricette** – *viele Rezepte*   _____ **ortaggi** – *viele Gemüse*

   – **alcuni / e** (*einige*), meistens im Plural verwendet (Im Singular wird es nur in verneinten Sätzen benutzt.)

   _____ **specialità** – *einige Spezialitäten*

   – **diversi / e** und **vari / e** (*mehrere*)

   _____ **specie di uccelli** – *mehrere Vogelarten*   _____ **piatti** – *mehrere Gericht*

   – **tutto** (*alle*): als Pronomen steht es ohne Artikel; als Adjektiv steht es vor einem Substantiv und wird vom bestimmten Artikel oder einem Demonstrativadjektiv gefolgt.

   _____ **conoscono la mortadella.** – *Alle kennen die Mortadella.*

   Hai mangiato tutti gli spaghetti? – *Hast du alle Spaghetti gegessen?*

16

Qualche und **alcuni / alcune** haben die gleiche Bedeutung. Schreiben Sie die Ausdrücke um.

1. qualche parco – _____ parchi

2. _____ monumento – alcuni monumenti

3. qualche spiaggia – _____ spiagg____

4. _____ castell____ – alcuni castelli

TR. 125

Gut zu wissen:

Lernen mit Bildern

Visualisieren hilft, den Wortschatz zu behalten. Erstellen Sie ein Italienplakat, indem Sie eigene Fotos oder Fotos aus Zeitschriften aufkleben und mit den Landschaftsbegriffen versehen. Sie können das Plakat immer wieder um neue Begriffe erweitern.

17

Ergänzen Sie den kurzen Text über die Hauptstadt Rom mit den folgenden Indefinita.

> qualcosa   tante   diversi   tutte

Roma è la capitale d'Italia. A Roma ci sono _____ monumenti importanti e _____ chiese da visitare: il Colosseo, la Fontana di Trevi, i Fori Imperiali, la Basilica di San Pietro e quella di Santa Maria Maggiore. A Roma c'è sempre _____ da fare! Viene soprannominata "Caput Mundi", data l'estensione raggiunta dall'Impero romano. Un proverbio italiano infatti dice: "_____ le strade portano a Roma"!

Interkulturelles

Mari e monti

L'Italia è una penisola (*Halbinsel*) al centro del Mar Mediterraneo e presenta più di 7000 km di coste.

Una gran parte d'Italia è però occupata da catene montuose (*Bergketten*). Tutte le regioni italiane sono attraversate dalle Alpi o dagli Appennini, ad eccezione della Sardegna.

Le spinte sotterranee (*unterirdische Stöße*) che milioni di anni fa hanno dato origine alle montagne continuano ancora oggi il loro corso e sia i terremoti sia l'attività dei vulcani ne sono la testimonianza. L'Italia – insieme all'Islanda – presenta la maggiore concentrazione di vulcani attivi in Europa ed è uno dei Paesi a maggiore rischio sismico del Mediterraneo.

1

Kennen Sie den italienischen Film "La stanza del figlio" (auf Deutsch „Das Zimmer meines Sohnes")? Vervollständigen Sie die Filmdaten mit den vorgegebenen Wörtern.

> genere   attori protagonisti   anno   regista   colonna sonora
> titolo   premi   durata

1. _____: La stanza del figlio

2. _____: Nanni Moretti

3. _____: 2001

4. _____: Nanni Moretti
   e Laura Morante

5. _____: drammatico

6. _____: 99 minuti

7. _____: Nicola Piovani

8. _____: Palma d'oro

2

Verbinden Sie die Begriffe rund um Filme mit den entsprechenden Erklärungen.

 TR. 126

1. la colonna sonora	___ A un film breve
2. la trama	___ B chi finanzia il film
3. il produttore	___ C la musica del film
4. la programmazione	___ D il riassunto di un film
5. la scena	___ E breve commento e giudizio sul film sotto forma di articolo
6. la recensione	___ F la proiezione di un film nei cinema
7. il cortometraggio	___ G una delle varie vicende che accadono in un film
8. il montaggio	___ H fase finale della lavorazione di un film: le scene vengono selezionate e collegate

Gut zu wissen:
Denken Sie daran: Substantive, die auf einen Konsonanten enden (**il film** – **i film**) oder abgekürzte Substantive (**il cinema** – **i cinema**, **la foto** – **le foto**, **la radio** – **le radio**) bleiben im Plural unverändert.

 TR. 127

3

Michele und Giorgia chatten über Filme. Lesen Sie, was sie schreiben und unterstreichen Sie die Wörter und Ausdrücke, die mit Filmen zu tun haben. Anschließend können Sie sich den Chat auch anhören.

> Ciao Giorgia! Scusa per ieri sera, ma è stata una giorna-taccia... Alla fine al cinema ci sei andata con Lucia?

> Ciao Michele! No, l'ho chiamata, ma non poteva nemmeno lei. Così ci sono andata da sola.

> Ah, e com'era il film?

> Davvero toccante. È in programmazione anche domani. Secondo me dovresti andare a vederlo.

> Ma è quello ambientato ad Ancona?

> Sì, è il film per cui Nanni Moretti ha vinto la Palma d'Oro a Cannes. La colonna sonora è di Nicola Piovani, assoluta-mente coinvolgente! Racconta la storia di una famiglia, lui psicanalista, lei responsabile di una casa editrice e due figli adolescenti.

> L'armonia si spezza quando il figlio durante un'immersione in mare...

> Aspetta Giorgia!!! Non voglio sapere tutta la storia!

> Ops, scusa, stavo per raccontarti tutta la trama! Ma li hai visti gli altri suoi film, vero?

> Non tutti. Uno l'abbiamo visto insieme, *Mia madre*, sugli ultimi giorni di vita della mamma del regista. Ti ricordi?

> Sì sì. Tra gli attori protagonisti c'era anche Marg-herita Buy, bravissima, con cui il regista ha lavora-to anche in un altro film. Che film interessante!

> Non sono d'accordo, io l'ho trovato noioso.

> Già, mi ricordo. Ti sei fatto un bel riposino! ☺

4

Im Gespräch zwischen Michele und Giorgia kamen einige direkte Objekt-
pronomen vor. Beachten Sie: Stehen die direkten Objektpronomen **lo**, **la**, **li**
und **le** vor zusammengesetzten Zeiten mit dem Hilfsverb **avere**, wird das
Partizip Perfekt in Geschlecht und Zahl an die Pronomen angeglichen.
Die Objektpronomen **lo** und **la** können vor Vokal apostrophiert werden.

Lesen Sie nochmals die Nachrichten von Michele und Giorgia und vervoll-
ständigen Sie die Sätze mit dem Objektpronomen. Passen Sie, wo nötig,
das Partizip Perfekt an.

1. ___ ho chiamat___, ma non poteva nemmeno lei.

2. Ma ___ hai vist___ gli altri suoi film?

3. Uno ___ abbiamo vist___ insieme.

4. Io ___ ho trovat___ noioso.

5

 TR. 128

Sehen Sie sich die Bilder an und ergänzen Sie die Antworten mit dem pas-
senden Objektpronomen. Denken Sie auch an die Anpassung des Partizips.

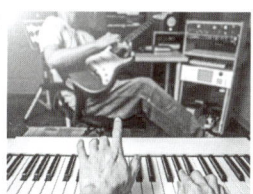

1. – Hai selezionato gli
   attori?

   – Sì, ___ ho selezio-
   nat___.

2. – Hai truccato la
   protagonista?

   – Sì, ___ ho truc-
   cat___.

3. – Hai scelto le musi-
   che?

   – Sì, ___ ho scelt___.

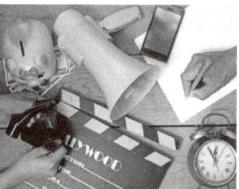

4. – Hai girato le
   scene?

   – Sì, ___ ho girat___.

5. – Hai fatto il mon-
   taggio?

   – Sì, ___ ho fatt___.

6. – Ma hai trovato un
   produttore?

   – No, non ___ ho
   trovat___.

TR. 129

Gut zu wissen:
Weitere Filmgenres sind auf Italienisch identisch wie auf Deutsch: **horror**, **western**, **fantasy**, **thriller**.

6

Verbinden Sie die Erklärungen links mit den entsprechenden Filmgenres rechts.

1.	Un film divertente con un lieto fine:	____	**A**	di animazione
2.	Un film con disegni animati, spesso per bambini:	____	**B**	commedia
3.	Un film con eventi tragici e toni seri:	____	**C**	documentario
4.	Un film con tante avventure e scene d'azione:	____	**D**	drammatico
5.	Un film che racconta battaglie o campagne militari:	____	**E**	di fantascienza
6.	Un film ambientato in un ipotetico futuro:	____	**F**	di guerra
7.	Un film che approfondisce un determinato tema (storico, scientifico, ecc.):	____	**G**	d'avventura

TR. 130

Gut zu wissen:
„Das Leben ist schön" erhielt zahlreiche Preise, unter anderem 1999 den Oscar für den besten fremdsprachigen Film, die beste Musik und den besten Hauptdarsteller.

Gut zu wissen:
„Die große Schönheit" erhielt 2013 unter anderem den Oscar für den besten fremdsprachigen Film.

7

Lesen Sie hier die Inhaltsangabe von zwei berühmten italienischen Filmen. Ergänzen Sie die Inhaltsangabe mit den vorgegebenen Wörtern.

> crisi   vita   splendida   vicende   salvarsi   quando
> gioco   guerra   riflette   racconta   eventi   figlio

1. "La vita è bella", di Roberto Benigni

Il film _____ la vita di Guido, un giovane ebreo, e di Dora, sua moglie. I due vivono felici con il _____ Giosuè, ma quando scoppia la _____, la famiglia viene deportata in un campo di concentramento. La _____ nel campo è durissima, allora Guido fa credere al figlio che in realtà è un _____ a premi per vincere un carro armato. Grazie al suo sacrificio, Giosuè riuscirà a _____ e a tornare dalla madre.

2. "La grande bellezza", di Paolo Sorrentino

Il film narra le _____ di Jep, giornalista e scrittore che da anni vive nella mondanità di una Roma _____ ma decadente. _____ compie 65 anni, entra in _____ e viene colto dalla malinconia. Dopo alcuni tristi _____ Jep _____ sulla sua vita trovando la forza di ricominciare a scrivere.

8

Sie haben in der Übung 3 ein weiteres Relativpronomen gesehen: **cui**. **Cui** kann sich auf Personen und Sachen im Singular und Plural beziehen und ist unveränderlich. Es wird von einer Präposition begleitet.

È il film per cui Nanni Moretti ha vinto la Palma d'Oro a Cannes. (per questo film Nanni Moretti ha vinto la Palma d'Oro a Cannes)

Tra gli attori c'era anche Margherita Buy, con cui il regista ha lavorato anche in un altro film. (con Margherita Buy il regista ha lavorato anche in un altro film)

9

Wählen Sie die richtige Präposition + Relativpronomen **cui** aus.

1. Il cinema _____ vado spesso si trova in pieno centro.
   - A a cui
   - B in cui
   - C per cui

2. "Fuocoammare" è il titolo del documentario _____ ti ho parlato ieri.
   - A di cui
   - B su cui
   - C con cui

3. Laura è l'amica _____ sono andata al festival del cinema di Venezia.
   - A da cui
   - B di cui
   - C con cui

4. L'aereo _____ viaggiava il regista è arrivato in orario.
   - A su cui
   - B da cui
   - C per cui

5. Ho trovato dei vecchi dischi, _____ alcuni classici del jazz.
   - A a cui
   - B con cui
   - C tra cui

6. Il corso di recitazione _____ ho partecipato è stato molto interessante.
   - A a cui
   - B di cui
   - C su cui

Gut zu wissen:

Beachten Sie:

in cui = dove

Il quartiere in cui / dove abito è molto vivace.

Gut zu wissen:

"Fuocoammare" (*„Seefeuer"*) ist ein italienischer Dokumentarfilm von Gianfranco Rosi, der bei der Berlinale 2016 mit dem Goldenen Bär ausgezeichnet wurde.

10

Verbinden Sie die Sätze mit einer Präposition + **cui**.

1. Abbiamo letto la recensione del film. Ci hai parlato della recensione ieri.

   _____ .

2. Ho visto il documentario. Per il documentario il regista ha vinto un premio.

   _____ .

3. L'attore è Toni Servillo. A lui il regista ha dato il ruolo principale.

_____

4. Cinisi è in provincia di Palermo. Nel paese è stato girato il film "I cento passi".

_____

11

toccante
coinvolgente
interessante
noioso
monotono
convincente
brutto
complicato
ripetitivo
emozionante

Als Michele und Giorgia über die Filme von Moretti gesprochen haben, haben Sie einige Adjektive verwendet, um sie zu beschreiben. Ordnen Sie nun die folgenden Adjektive, mit denen man einen Film, einen Schauspieler oder die Filmmusik beschreiben kann, in die entsprechende Kategorie (positiv oder negativ) ein.

1. aggettivi positivi	2. aggettivi negativi

TR. 131

Gut zu wissen:

Lernen mit Filmen

Im Internet können Sie sich Videos oder Filme auf Italienisch ansehen. Dabei können Untertitel sehr hilfreich sein. Beim ersten Sehen stellen Sie die deutschen Untertitel ein und beim zweiten Mal italienische. So können Sie das Hörverstehen verbessern und prägen sich die gesprochene Sprache, die Intonation und die Sprachmelodie ein. So werden Sie jedes Mal ein bisschen mehr verstehen.

12

Lesen Sie vier Rezensionen und kreuzen Sie an, ob der Film dem jeweiligen Journalisten gefällt oder nicht.

☺ ☹

1. "La stanza del figlio", di Nanni Moretti
   Il regista rinuncia finalmente a interpretare se stesso, ma c'è qualcosa nel suo modo di trattare il dolore che non convince. ■ ■

2. "La vita è bella", di Roberto Benigni
   Un perfetto mix di comicità e drammaticità, di tristezza e ottimismo... un vero capolavoro. ■ ■

3. "La grande bellezza", di Paolo Sorrentino
   Attori bravissimi, colonna sonora coinvolgente, regia raffinata. Ma manca la trama e i personaggi sono troppo stereotipati. ■ ■

4. "Fuocoammare", di Gianfranco Rosi
   Il film parla con grande rispetto di Lampedusa e delle migliaia di persone morte nel suo mare. E conferma il talento del regista. ■ ■

TR. 132

13

Hören Sie vier Dialoge, in denen zwei Leute über einen Film sprechen. Entscheiden Sie, ob die zwei Personen derselben Meinung sind oder nicht.

	sono d'accordo	non sono d'accordo
1. dialogo 1	■	■
2. dialogo 2	■	■
3. dialogo 3	■	■
4. dialogo 4	■	■

14

Giorgia hätte Michele fast den ganzen Film verraten: **Stavo per raccontarti tutta la trama!** (*Ich war im Begriff, dir die ganze Handlung zu erzählen.*)

Steht der Infinitiv nach einer Form von **stare per**, so wird damit ausgedrückt, dass man im Begriff ist, etwas zu tun:
Sto per andare al cinema. *Ich bin im Begriff, ins Kino zu gehen.*
Der Ausdruck kann auch in weiteren einfachen Zeiten benutzt werden (Vergangenheit oder Futur) wie auch im Beispiel aus der Übung 3.

Was sind diese Personen gerade im Begriff zu tun? Ergänzen Sie jetzt die folgenden Sätze mit den vorgegebenen Verben und der Konstruktion **stare per**. Achten Sie auf die Zeiten!

uscire
cadere
mangiare
piangere
partire
parlare

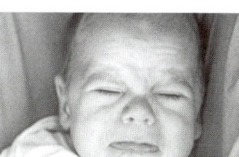

1. Non posso aiutarti, _____!

2. Luca _____, guarda che espressione!

3. Finalmente anche tu _____!

4. Quando mi ha chiamato _____ con il mio cane.

5. Ecco i due relatori che _____.

6. L'acrobata _____, ma poi ha ritrovato l'equilibrio.

15

Substantive können im Italienisch durch bestimmte Endungen wertende Färbungen erhalten:

zur Verkleinerung: **-ino**, **-etto**, **-ello**, wie **il ripos**in**o** – *das Nickerchen*
zur Vergrößerung: **-one**, wie **la macchin**on**a** – *das große Auto*
als Koseform: **-uccio**: **il lett**uccio – *das Bettchen*
mit abwertender Funktion: **-accio**, **-astro**, wie **la giornat**accia – *der schwarze Tag*.

Hier sehen Sie einige Verkleinerungs-, Vergrößerungs-, Kose- oder abwertenden Formen.
Schreiben Sie die passende Ausgangsform hin, also z. B. **giornataccia - giornata**.

Gut zu wissen:

Achtung! Einige Substantive haben die gleichen Endungen wie Verkleinerungs- oder Vergrößerungsformen, aber sind keine!

Hier einige Beispiele:

il bambino – *das Kind*

il fratello – *der Bruder*

il biglietto – *die Fahr- / Eintrittskarte*

l'ombrellone – *der Sonnenschirm*

1. casetta: _____ 2. librone: _____ 3. paesino: _____

4. boccuccia: _____ 5. caratteraccio: _____ 6. piedone: _____

Interkulturelles

Festival del cinema

La *Mostra Internazionale d'Arte Cinematografica* è il festival del cinema più antico del mondo e il *Leone d'oro* (simbolo della città) è uno dei più prestigiosi (*namhaft*) riconoscimenti della critica cinematografica, al pari dei premi assegnati (*vergeben*) al *Festival di Cannes* e al *Festival internazionale del cinema di Berlino*.

La *Mostra* si inserisce in un evento più ampio, la *Biennale di Venezia*, manifestazione culturale che ha il fine di promuovere le nuove tendenze artistiche e organizza esposizioni internazionali d'arte contemporanea.

Gli amanti del cinema, però, non si perdono nemmeno la *Festa del Cinema di Roma*, che si tiene presso l'auditorium *Parco della Musica*, e il *Torino Film Festival*, dedicato prevalentemente al cinema di produzione indipendente (*unabhängig*).

1

Sehen Sie sich die Bürogegenstände an und ordnen Sie ihnen die passenden Substantive zu.

 TR. 133

  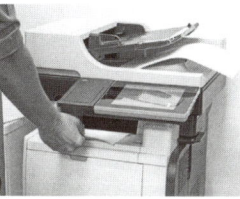

1. _____ 2. _____ 3. _____

la stampante
lo schermo
la tastiera
il mouse
il raccoglitore
la spillatrice

 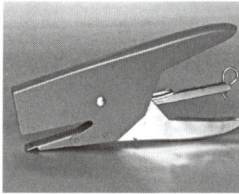 

4. _____ 5. _____ 6. _____

2

Lesen Sie die Begriffe aus der Arbeitswelt und verbinden Sie sie mit den entsprechenden Erklärungen.

1. il colloquio	____ **A** lavoro da casa
2. i requisiti	____ **B** orari variabili, non fissi
3. lo stage	____ **C** rapporto di lavoro di una certa durata
4. il telelavoro	____ **D** qualità richieste per un determinato lavoro
5. gli orari flessibili	____ **E** lavoro sicuro basato su un contratto a tempo indeterminato
6. la precarietà	____ **F** condizione di lavoro instabile e incerta
7. il posto fisso	____ **G** soldi ricevuti ogni mese per il proprio lavoro
8. lo stipendio	____ **H** incontro e conversazione tra un datore di lavoro e un candidato
9. il contratto a tempo determinato	____ **I** periodo di addestramento per lo svolgimento di una determinata professione

TR. 134

3

Federico hatte ein Vorstellungsgespräch und erzählt seiner Freundin Emma seine Eindrücke. Hören Sie sich den Dialog an und beantworten Sie die Frage.

Che cosa cerca Emma?

_____

 TR. 134

Gut zu wissen:

Le faremo sapere ist der Satz, mit dem ein Prüfer normalerweise ein Vorstellungsgespräch beendet. Das bedeutet, dass der Kandidat demnächst eine Antwort bekommt – egal ob positiv oder negativ.

4

Lesen Sie jetzt die folgenden Sätze. Welche haben Sie im Dialog gehört? Kreuzen Sie an. Hören Sie dann den Dialog noch einmal und überprüfen Sie Ihre Antworten.

1. Allora com'è andato il colloquio?

2. Ho tutti i requisiti richiesti e anche un paio d'anni di esperienza. ■

3. Mi hanno fatto una proposta di lavoro molto interessante. ■

4. Dovrei lavorare da casa, ma io ho sempre lavorato in un ufficio. ■

5. Mi offrirebbero un ufficio tutto per me e un buono stipendio. ■

6. A casa con orari flessibili posso gestire meglio il mio tempo. ■

7. Preferisco lavorare a casa. In ufficio ci sono troppi telefoni che squillano. ■

8. E la sicurezza del posto fisso? Lo stipendio a fine mese? ■

 TR. 134

5

Hören Sie den Dialog noch einmal und verbinden Sie die Sätze. Was sagt Federico bzw. Emma, wenn …?

1. … er / sie nach einem Ratschlag fragt?	___ **A** Adesso mi aiuti tu nella ricerca di uno stage?
2. … er / sie um Hilfe bittet?	___ **B** Aspetta la loro risposta.
3. … er / sie Unsicherheit ausdrückt?	___ **C** Certo, ti do una mano.
4. … er / sie eine Aufforderung macht?	___ **D** Dammi un consiglio!
5. … er / sie Erstaunen ausdrückt?	___ **E** Ma come?!?
6. … er / sie Hilfe anbietet?	___ **F** Non so che cosa fare.

6

Sie haben im Dialog der Übung 3 einige Imperative mit Pronomen gehört. Normalerweise stehen die Pronomen vor dem konjugierten Verb. Das ist auch der Fall bei der Höflichkeitsform des Imperativs. Bei der Du-Form dagegen werden die Pronomen an den bejahten Imperativ angehängt, beim verneinten Imperativ vor- oder nachgestellt.

Übersetzen Sie diese Befehle aus dem Dialog.

1. *Nehmen Sie Platz!* _____

2. *Erzähl mir mal!* _____

3. *Mach dir keine Sorge!* _____ oder *Non ti preoccupare!*

7

Wandeln Sie die informellen Sätze in formelle um und umgekehrt. Achten Sie auf die Possessiva!

1. Mi parli delle Sue precedenti esperienze lavorative.

   _____

2. Accomodati su quella sedia.

   _____

3. Mostrami il tuo portfolio.

   _____

4. Dimmi quali sono i tuoi obiettivi professionali.

   _____

5. Mi racconti una Sua giornata tipo in ufficio.

   _____

8

 TR. 135

Wandeln Sie die Sätze in Imperativ-Sätze um. Achten Sie auf die Stellung der Pronomen! In einem Fall sind beide Stellungen möglich.

1. Non devi agitarti.   2. Mi può scusare?   3. Mi passi i documenti?

   _____   _____   _____

9

Bei einsilbigen Imperativen in der Du-Form (**da'**, **di'**, **fa'**, **sta'**, **va'**) verdop-
pelt sich der Konsonant des Pronomens (außer **gli**).
Dammi **un consiglio!** – *Gib mir einen Rat!*   **Fa**mmi **vedere!** – *Zeig mir!*

Schreiben Sie die folgenden Imperativformen auf.

1. da' + le = _____   4. sta' + mi = _____

2. di' + lo = _____   5. va' + ci = _____

3. fa' + ti = _____   6. da' + gli = _____

TR. 136

Gut zu wissen:
Stammi bene sagt man
auf Italienisch unter
Freunden zum Gruß
und es bedeutet *Mach's
gut.*

10

Schreiben Sie mit den vorgegebenen Wörtern Sätze in der Du-Form des
Imperativs.

1. dare – le – una mano 2. dire – gli – la verità 3. fare – mi – un favore

_____   _____   _____

4. fare – ti – assumere 5. andare – mi – a fare   6. stare – mi – bene
                            un caffè

_____   _____   _____

TR. 137

11

Hier finden Sie einige Ausdrücke rund um die Arbeit. Verbinden Sie die
Verben links mit den entsprechenden Substantiven rechts.

1. scrivere	___ A	... un contratto di lavoro
2. firmare	___ B	... una lettera di presentazione
3. fare	___ C	... lo stipendio
4. rispondere	___ D	... a un annuncio di lavoro
5. andare	___ E	... gli straordinari
6. aumentare	___ F	... in pensione

12

Die unbetonten Objektpronomen werden nicht nur beim bejahten Imperativ der Du-Form (**raccontami**) angehängt, sondern auch in zwei weiteren Fällen:

- an den Infinitiv, der dabei seine Endung **-e** verliert:
  Ero stufa di aspettarti. *Ich war müde, auf dich zu warten.*
- an das Adverb **ecco**:
  Eccomi! *Da bin ich!*

Bei den Modalverben + Infinitiv können sie dagegen vor- oder nachgestellt werden:
Non mi vogliono assumere. oder **Non vogliono assumermi.** *Sie wollen mich nicht anstellen.*
Non posso aiutarti. oder **Non ti posso aiutare.** *Ich kann dir nicht helfen.*

13

 TR. 138

Steht das Objektpronomen vor oder nach dem Verb? Schreiben Sie die Sätze um, wenn es möglich ist.

prima	dopo
1. Le posso chiedere un favore?	_____
2. _____	Eccoti finalmente!
3. Non ne parlare con nessuno.	_____
4. _____	Sono felice di rivedervi!
5. Mi mostri il Suo curriculum.	_____
6. _____	Salutami la tua collega.
7. Ti vorrei parlare.	_____

14

Lesen Sie, was die folgenden Personen über ihre Arbeitsbedingungen sagen. Sind sie zufrieden oder nicht? Kreuzen Sie an.

1. Sono ben pagato, ho un ufficio tutto per me e il lavoro che faccio è molto interessante.

2. Il mio stipendio è basso, devo fare molti straordinari, le mie mansioni sono ripetitive.

3. Io faccio anche i turni di notte. Non è facile, ma il mio lavoro è utile e sempre vario.

15

Lesen Sie die Stellenangebote. Ergänzen Sie dann die Tabelle mit den Informationen.

1 Casa editrice specializzata in editoria per bambini e ragazzi, con sede a Bologna, cerca un redattore per uno stage di tre mesi. Si richiede una laurea in Lettere e una buona conoscenza di una lingua straniera.

2 Azienda di Firenze cerca un neolaureato in Economia e Commercio per un tirocinio di sei mesi nell'ufficio comunicazione e marketing. Si richiede un'ottima conoscenza del web e spiccate doti creative.

3 Importante società di ricerca e selezione del personale cerca per la sua sede di Roma uno/a stagista per un tirocinio retribuito di un anno. Sono richiesti i seguenti requisiti: laurea in Scienze umanistiche, master in Risorse Umane, flessibilità e determinazione.

Gut zu wissen:

Einige Personen-bezeichnungen haben unveränderte Formen bei der Bildung der weiblichen Substantive. Hier ein paar Beispiele:

il / la stag**ista**
il / la cant**ante**
il / la consul**ente**

ANNUNCIO	1.	2.	3.
sede:			
durata:			
settore:			
titolo di studio:			
altri requisiti:			

TR. 139

master
annuncio
curriculum
laureata
candidatura
appassionata
cordiali
letteratura
settore
stage

16

Emma ist auf der Suche nach einem Praktikum. Sie hat gerade die erste interessante Anzeige gelesen und bewirbt sich. Ergänzen Sie ihr Anschreiben mit den vorgegebenen Wörtern.

Egregio signor Rossi,
in risposta all'_____ sul vostro sito, vorrei sottoporLe la mia

_____.

Mi sono _____ in Lettere due anni fa, con una tesi sulla
_____ italiana per l'infanzia del Novecento, da Emilio Salgari a
Gianni Rodari. Ho da poco concluso un _____ in Editoria a Milano
e sono alla ricerca di uno _____. Mi piacerebbe molto lavorare nel
_____ ragazzi perché sono un'_____ di illustrazioni.
Conosco molto bene il mercato editoriale francese, dato che ho lavorato in una libreria
per bambini a Parigi.
Le invio dunque il mio _____ e nell'attesa di una Sua risposta Le porgo
i miei più _____ saluti.
Emma Cavalli

17

Im Dialog haben Sie das Adverbialpronomen **ne** gehört. **Ne** drückt eine Teilmenge einer bereits erwähnten Sache aus, im Sinne von *davon*. Es steht in der Regel vor dem konjugierten Verb und nach **non** in den verneinten Sätzen.

Ne ho trovati due. (di stage) *Ich habe davon zwei gefunden.* (*Praktika*)

Schreiben Sie auf, worauf sich das Adverbialpronomen **ne** bezieht.

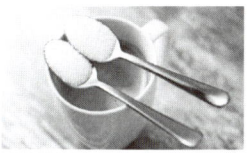

1. Ne vorrei due cuc-
   chiaini.

   _____

2. Ne ho letti tanti.

   _____

3. Ne ho pochissimi.

   _____

4. Ne compio due.

   _____

5. Ne ho fatte tante.

   _____

6. Ne bevo un bicchiere.

   _____

18

Wenn das Adverbialpronomen **ne** vor zusammengesetzten Zeiten steht, wird das Partizip Perfekt in Geschlecht und Zahl entsprechend angeglichen.

Quanti stage hai trovato? Ne ho trovato uno.
Quanti stage hai trovato? Ne ho trovati due.

Vervollständigen Sie die Sätze mit dem Adverbialpronomen **ne**. Denken Sie daran, das Partizip anzugleichen.

1. Quanti biglietti hai comprato?   _____ ho comprat__ tre.

2. Quante mail hai mandato sta-
   mattina?   _____ ho mandat__ dieci.

3. Hai stampato i documenti?   _____ ho stampat__ solo uno.

4. Vuoi ancora della pasta?   No, _____ ho mangiat__ abbastanza.

5. Quante pizze hai ordinato?   _____ ho ordinat__ due.

19

Lesen Sie, was Federico über Homeoffice sagt. Unterstreichen Sie die Vorteile rot und die Nachteile blau.

A casa con orari flessibili posso gestire meglio il mio tempo, ma temo di sentirmi solo, lontano dal

mondo reale. Tutto virtuale! Solo mail e computer. E poi la precarietà... E la pausa caffè con i colleghi?

E la sicurezza del posto fisso? E lo stipendio a fine mese? Non so che cosa fare.

TR. 140

Gut zu wissen:

Wörter nachschlagen

Wörter, die Sie nicht kennen, können Sie jederzeit im Wortverzeichnis am Ende des Buches oder in einem Wörterbuch nachschlagen oder kostenlos unter **www.pons.de**. Wörter nachzuschlagen ist zwar manchmal ein bisschen mühsam, aber es ist eine gute Möglichkeit, Ihren Wortschatz zu festigen und zu erweitern.

20

Lesen Sie weitere Meinungen über Homeoffice. Wer ist dagegen? Kreuzen Sie an. Hören Sie sich die Aussagen anschließend an.

1. Io non potrei mai lavorare da solo. Ho bisogno di uscire, di avere degli orari e dei colleghi. ■

2. Il posto fisso mi attira, ma con due bambini piccoli mi organizzo meglio a casa. ■

3. Preferisco lavorare in ufficio, fare le mie 8 ore e poi godermi il fine settimana! ■

Interkulturelles

I giovani italiani e il lavoro

Da alcuni anni in Italia la disoccupazione giovanile (*Jugendarbeitslosigkeit*) è molto alta: tocca quasi il 35% (dato Istat 2017), uno dei tassi (*Rate*) più alti in tutta Europa. È finita l'era del posto fisso (*Festanstellung*) e i ragazzi italiani, finiti gli studi, hanno difficoltà a trovare un lavoro stabile e devono continuare a dipendere (*abhängen*) economicamente dai genitori. Spesso si

devono accontentare di un lavoro precario (*zeitlich befristet*) o inventarsi una nuova professione. Ecco che ultimamente sono nati nuovi lavori, come i cuochi a domicilio, i blogger, gli sviluppatori di app... Tuttavia, sempre più laureati si trasferiscono in un altro Paese per trovare migliori opportunità lavorative: si parla di "cervelli in fuga" (*Brain-Drain / Talentschwund*), un problema per l'Italia che perde così sempre più manodopera (*Arbeitskräfte*) qualificata.

1

Suchen Sie im Buchstabengitter acht Wörter zum Thema „Buch" und ergänzen Sie damit die Sätze.

1. La parte esterna di un libro è la _____.

2. La persona che legge un libro è un _____.

3. Sulla copertina c'è scritto il _____ del libro.

4. La persona che scrive un libro è uno _____.

5. Il personaggio principale di un libro è il _____.

6. La "storia" di un romanzo è la _____.

7. Il colore dei romanzi "polizieschi" è il _____.

8. Un componimento letterario più breve del romanzo è un _____.

S	C	R	I	T	T	O	R	E	U	M	O
U	L	G	S	I	G	I	A	L	L	O	T
E	E	P	L	T	O	N	C	U	S	T	L
R	T	A	U	O	N	G	C	Q	D	I	A
T	T	H	S	L	H	E	O	G	E	N	T
Z	O	P	H	O	O	N	N	H	E	Q	R
D	R	C	O	P	E	R	T	I	N	A	A
I	E	F	L	B	A	H	O	L	I	C	M
P	R	O	T	A	G	O	N	I	S	T	A

TR. 141

Gut zu wissen:

Krimis heißen auf Italienisch **gialli**, weil die Umschläge der ersten Bücher dieses Genres, die in Italien veröffentlicht wurden, gelb waren.

2

Können Sie die Bedeutung der folgenden Wörter herausfinden? Verbinden Sie sie mit den entsprechenden Erklärungen bzw. Synonymen. Vielleicht müssen Sie ein wenig raten.

1. sedile	___ **A** nascere
2. accarezzare	___ **B** grido
3. spuntare	___ **C** dove ci si siede in auto
4. indagine	___ **D** senza nessuno
5. frenata	___ **E** ricerca volta a scoprire qualcosa
6. deserto	___ **F** fare una carezza
7. urlo	___ **G** quando si frena per fermarsi
8. sparire	___ **H** non esserci più

 TR. 142

3

Lesen Sie den folgenden Auszug aus dem Roman "In attesa della notte". Kreuzen Sie dann an, ob die Aussagen richtig oder falsch sind.

Si sentiva stanco perché aveva guidato tutta la notte. Si girò per guardarla mentre dormiva: era bellissima tutta rannicchiata sul sedile e con i capelli spettinati. "Sono proprio un uomo fortunato", pensò. Aveva voglia di accarezzarle il viso, ma non lo fece per non svegliarla.

Decise di ascoltare la radio, a basso volume. Mentre fumava una sigaretta, il sole cominciava a spuntare all'orizzonte.

Improvvisamente vide un'ombra scura che veloce gli tagliò la strada. Frenò. Una volpe.

"Sono troppo stanco, è meglio fermarsi", disse a Giulia che si era svegliata a causa della frenata.

20

"D'accordo Carlo", rispose lei con un filo di voce.

Trovarono un piccolo albergo all'inizio del paese. Sembrava aperto. Entrarono, ma non c'era nessuno.

"Tu resta qui", disse a Giulia.

Carlo salì al primo piano alla ricerca di qualcuno. Il corridoio era lungo, stretto e stranamente deserto. Salì al secondo piano. Nessuno.

A un certo punto sentì un urlo. Un urlo spaventoso. Era la voce di una donna.

Tornò di corsa di sotto. Giulia era sparita. In quel momento Carlo ricevette una telefonata...

21

Gut zu wissen:

Leider sind dieser Autor und dieser Romanausschnitt hier nur frei erfunden, aber wer weiß, vielleicht wird der Krimi mit Kommissar Carlo Fontana doch noch eines Tages geschrieben ...

Dopo "La luna d'inverno" e "Il sorriso del ragno" questo è il terzo romanzo giallo di Andrea Manzone, che ha come protagonista Carlo Fontana, il commissario milanese scontroso e cinico. Questa volta dovrà affrontare la più difficile delle indagini: la scomparsa della sua fidanzata Giulia in un piccolo albergo di provincia. (dalla quarta di copertina)

	vero	falso
1. Carlo e Giulia stanno viaggiando all'alba.	■	■
2. Hanno un incidente in macchina.	■	■
3. Carlo vuole fermarsi per prendere un caffè al bar.	■	■
4. Trovano un albergo aperto, ma vuoto.	■	■
5. Carlo e Giulia salgono ai piani di sopra.	■	■
6. Carlo sente Giulia urlare.	■	■

4

Sie haben im Romanauszug zwei neue Zeitformen der Vergangenheit gesehen. Bei der einen Form handelt sich um das **trapassato prossimo**, das dem deutschen Plusquamperfekt entspricht (also der Vorvergangenheit) und für Handlungen verwendet wird, die vor anderen vergangenen Handlungen stattgefunden haben. Das **trapassato prossimo** wird mit dem **imperfetto** der Hilfsverben **avere** bzw. **essere** und dem Partizip Perfekt gebildet.

Ergänzen Sie die Sätze aus dem Buchauszug. Lesen Sie dazu den Text in Übung 3 nochmals.

1. Si sentiva stanco perché _____ tutta la notte.

2. "È meglio fermarsi", disse a Giulia che _____ a causa della frenata.

3. Tornò di corsa di sotto. Giulia _____.

5

Ergänzen Sie nun die Sätze mit den vorgegebenen Verben im **trapassato prossimo**.

1. Quando mi hai telefonato, _____ appena _____ (uscire) dalla doccia.

2. Vittorio era felice, perché _____ (trovare) un nuovo lavoro.

3. Credevo di aver perso il cellulare, ma lo _____ (lasciare) in ufficio.

4. L'allarme suonò perché Ivan _____ (dimenticarsi) di staccare l'antifurto.

5. Francesca mi mostrò il libro che _____ (comprare) il giorno prima.

Gut zu wissen:

Wie Sie sehen, wird das **trapassato prossimo** in Verbindung mit Verben im **passato prossimo, imperfetto** oder **passato remoto** vewendet.

6

 TR. 143

Luisa und Fabrizio sprechen über Bücher. Was lesen die zwei Freunde gerne? Hören Sie sich den Dialog an und beantworten Sie die Fragen.

1. Quanti libri legge alla settimana Luisa? _____

2. Quale genere preferisce in questo momento? _____

3. Come viene definita Luisa dall'amico in merito alle sue abitudini di lettura? _____

4. Cosa preferisce fare Fabrizio invece di leggere? _____

5. Quale tipo di libro legge occasionalmente Fabrizio? _____

6. Su quali argomenti? _____ e _____

7

Lesen Sie die Umschlagrückseiten der Bücher und ergänzen Sie jeweils das passende Genre aus dem Kasten.

per ragazzi
storico
di formazione
poliziesco
di fantascienza
rosa

Tra Silvio e Claudia fu amore a prima vista. Incontro a una festa di amici, matrimonio dopo sei mesi, un figlio dopo un anno... Ma era davvero tutto così perfetto?

Il libro è una lunga lettera dove l'imperatore Adriano parla della sua vita pubblica e privata, dei suoi successi militari e del proprio amore per la poesia, la musica e la filosofia.

Prima di un concerto a Roma, viene trovato morto nel suo camerino il famoso cantante rock Luciano Rossi. A essere sospettata è l'ex fidanzata, chitarrista del gruppo. Ma le cose non sono mai così semplici...

1. _____   2. _____   3. _____

Il romanzo è un lungo flashback narrato in prima persona dal protagonista che ricorda gli anni della sua adolescenza: la scuola, le amicizie, il primo amore e la morte del suo migliore amico. Un percorso di dolore e crescita personale.

Alice è una bambina che deve stare con la nonna quando i genitori sono al lavoro. Ma la nonna è insopportabile! Allora decide di prepararle una medicina con tutto quello che trova in casa. Quando la nonna la beve, iniziano i guai...

Il libro racconta la storia di una scuola speciale in cui i ragazzi più dotati vengono addestrati per fronteggiare l'imminente invasione dei marziani che vogliono distruggere la razza umana e conquistare l'intero sistema solare.

4. _____   5. _____   6. _____

TR. 144

Gut zu wissen:
Umberto Eco hat sich für seinen Roman von der **Sacra di San Michele** inspirieren lassen, einer Abtei des Benediktinerordens im Susatal, in der Nähe von Turin, im Piemont. Der Film zum Buch wurde jedoch teilweise im deutschen Kloster Eberbach gedreht.

8

Fast jeder kennt diesen berühmten italienischen Roman. Ergänzen Sie die Zusammenfassung der Geschichte mit den vorgegebenen Wörtern.

biblioteca   indagini   monastero   incendio   scoprirà
romanzo   monaci   segreto

"Il nome della rosa", di Umberto Eco Il _____ è ambientato nel 1327 in un _____ benedettino. Quando Guglielmo da Baskerville, monaco inglese, e il suo allievo Adso da Melk giungono all'abbazia, nel giro di una settimana muoiono sette _____: tutti i delitti sembrano ruotare attorno alla _____ del monastero, che nasconderebbe un misterioso _____. Guglielmo da Baskerville, con l'aiuto del suo allievo, _____ il colpevole e il movente: impedire la lettura del secondo libro della Poetica di Aristotele, dedicato alla commedia e in particolare al riso. Un terribile _____ che distrugge l'abbazia e il manoscritto conclude il romanzo e le _____ di Guglielmo.

9

Im Auszug "In attesa della notte" findet sich noch eine weitere Zeit der Vergangenheit: das **passato remoto**, die historische Vergangenheit. Es ersetzt das **passato prossimo**, wenn man etwas erzählt, das vor langer Zeit passierte. Das **passato remoto** wird hauptsächlich in der Schriftsprache benutzt, insbesondere als Erzählzeit.

Lesen Sie den Auszug noch einmal und suchen Sie die 15 Verben, die im **passato remoto** sind. Unterstreichen Sie sie und schreiben Sie sie dann hier neben dem jeweiligen Infinitiv.

Gut zu wissen:

In Süditalien wird das **passato remoto** auch in der gesprochenen Sprache benutzt, auch wenn die Handlungen oder die Vorgänge kürzlich geschehen sind.

passato remoto	infinito	passato remoto	infinito	passato remoto	infinito
_____	girare	_____	tagliare	_____	entrare
_____	pensare	_____	frenare	_____	salire
_____	fare	_____	dire	_____	sentire
_____	decidere	_____	rispondere	_____	tornare
_____	vedere	_____	trovare	_____	ricevere

10

Die meisten Formen des **passato remoto** sind regelmäßig. Sehen Sie sich die Tabelle an und ergänzen Sie sie mit den Formen aus der Übung 9.

	1. Konjugation	2. Konjugation	3. Konjugation
	pens**are**	ricev**ere**	sent**ire**
io	pens**ai**	ricev**etti** / ricev**ei**	sent**ii**
tu	pens**asti**	ricev**esti**	sent**isti**
lui, lei, Lei	_____	_____ / _____	
		ricev**é**	
noi	pens**ammo**	ricev**emmo**	sent**immo**
voi	pens**aste**	ricev**este**	sent**iste**
loro	_____	ricev**ettero** / ricev**erono**	sent**irono**

11

Ergänzen Sie die Fortsetzung der Geschichte mit den vorgegebenen Verben im **passato remoto**.

In quel momento Carlo ricevette una telefonata, rispose, ma _____ *(udire) solo queste parole: "La aspetto vicino al pozzo". Carlo* _____ *(finire) la sigaretta e* _____ *(iniziare) a riflettere: quella voce gli era davvero familiare e improvvisamente* _____ *(credere) di averla riconosciuta. "Ma certo!". Mentre usciva dall'albergo* _____ *(incrociare) un uomo, alto e robusto.* _____ *(loro - guardarsi) un attimo e Carlo* _____ *(capire) subito che c'era qualcosa che non andava...*

12

Gut zu wissen:

Viele Verben der 2. Konjugation haben unregelmäßige Formen im **passato remoto**!

In der Übung 9 haben Sie einige unregelmäßigen Formen des **passato remoto** aufgelistet. Sehen Sie sich die Tabelle an und ergänzen Sie die fehlenden Formen.

	fare	dire	rispondere	decidere	vedere
io	feci	dissi	risposi	decisi	vidi
tu	facesti	dicesti	rispondesti	decidesti	vedesti
lui, lei, Lei	_____	_____	_____	_____	_____
noi	facemmo	dicemmo	rispondemmo	decidemmo	vedemmo
voi	faceste	diceste	rispondeste	decideste	vedeste
loro	fecero	dissero	risposero	decisero	videro

 TR. 145

Gut zu wissen:

Dante Alighieri ist auf der Rückseite der italienischen 2-Euro-Münze zu sehen.

13

Ergänzen Sie die Biographie von Dante Alighieri, dem „Vater" der italienischen Sprache, mit den Verben im **passato remoto**. Hören Sie sich anschließend den Text an.

fece

nacque

visse

incontrò

scrisse

morì

iniziò

partecipò

dovette

Dante Alighieri _____ a Firenze nel 1265 da una nobile famiglia. Negli anni della sua formazione _____ amicizia con alcuni dei poeti più importanti della scuola del Dolce Stil Novo. Poi _____ Beatrice, figura femminile centrale nella sua opera, e _____ a scrivere poesie per lei. Beatrice _____ nel 1290 e dopo questa disgrazia, Dante _____ un periodo di grande crisi. A partire dal 1295 _____ alla vita politica della sua città, ma a causa delle sue idee contro il potere del Papa, _____ lasciare Firenze. Durante il suo esilio _____ la "Divina Commedia", la sua opera più famosa.

14

Sie kennen nun drei verschiedene Zeitformen der Vergangenheit. Kreuzen Sie an, welche Zeitform in der jeweiligen Situation verwendet wird.

	passato remoto	imperfetto	trapassato prossimo
1. raccontare abitudini nel passato	■	■	■
2. raccontare un fatto storico	■	■	■
3. raccontare un fatto concluso accaduto molto tempo fa	■	■	■
4. descrivere luoghi e persone nel passato	■	■	■
5. raccontare un'azione del passato accaduta prima di un'altra	■	■	■

15

Zwei gleichzeitige Ereignisse – verbunden durch die Konjunktion **mentre** (*während*) – können parallel oder nicht parallel verlaufen.

Lesen Sie die zwei Sätze und vervollständigen Sie die Regel.

Parallel:
Mentre fumava una sigaretta, il sole cominciava a spuntare all'orizzonte.
Zeitform im Hauptsatz: _____; Zeitform im Nebensatz: _____.

Nicht parallel:
Si girò per guardarla mentre dormiva.
Zeitform bei einem einsetzenden, abgeschlossenen Ereignis im Hauptsatz: _____

Zeitform bei einer andauernden Handlung im Nebensatz: _____.

Gut zu wissen:
Bei Ereignissen, die nicht parallel verlaufen, können Sie auch das **passato prossimo** anstatt des **passato remoto** benutzen.

16

Vervollständigen Sie die Sätze mit den vorgegebenen Verben im **imperfetto** oder im **passato prossimo**.

> lavorare   aspettare   fare   addormentarsi   finire   giocare

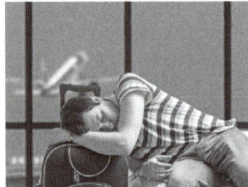  

TR. 146

1. Mentre _____ l'aereo, _____.

2. Mentre i bambini _____, la mamma _____ a maglia.

3. Mentre Lia _____ la doccia, _____ l'acqua.

Gut zu wissen:

Il **Premio Strega** ist einer der wichtigsten italienischen Literaturpreise und wird seit 1947 jährlich Anfang Juli in der Villa Giulia in Rom vergeben. Er ist nach dem berühmten Kräuterlikör **Strega** (Hexe) benannt. Auch Umberto Eco erhielt 1981 den Preis für das Buch "Il nome della rosa".

17

Hören Sie sich die Radiosendung „Quale libro hai sul comodino?" an. Über welches Buch wird darin gesprochen? Vervollständigen Sie die Tabelle.

1. Titolo del libro: _____

2. Nome dell'autrice: _____

3. Genere: _____

4. Ambientato a: _____

5. Nome del protagonista: _____

6. Premi: _____

TR. 146

Gut zu wissen:

Bücher lesen

Die Literatur kann dabei helfen, Ihre Kenntnisse der italienischen Sprache und Kultur zu vertiefen. Auf Ihrem Niveau können Sie schon kurze Romane auf Italienisch lesen, Kinderbücher oder einfache Lektüren. Oder wie wäre es mit einem italienischen Comic (**un fumetto**)?

18

Hören Sie sich die Radiosendung noch einmal an und schreiben Sie die Adjektive auf, die Valentina und Daniele benutzen, um ihre Meinung zu dem Buch zu äußern.

Valentina: È un romanzo di formazione davvero _____, il protagonista adolescente Arturo è molto _____.

Daniele: Per i miei gusti personali devo ammettere di averlo trovato in alcune parti un po' _____, per esempio nelle pagine piene di descrizioni, troppo _____ e _____...

1

Ordnen Sie die angegebenen Verben und Ausdrücke in die richtige Kategorie ein.

1. Meinungen
   _____
   _____

2. Gefühle (Angst, Freude usw.)
   _____
   _____

3. Zweifel und Unsicherheit
   _____
   _____

4. Hoffnungen und Wünsche
   _____
   _____

penso che
vorrei che
sono del parere che
ho paura che
credo che
desidero che
spero che
non sono sicuro che
non so se
dubito che
mi dispiace che
mi fa piacere che

2

Verbinden Sie die Begriffe rund um Politik mit den entsprechenden Erklärungen.

1. il ministro degli Interni	____ **A** decidere se si è a favore o contro una legge
2. votare una legge	____ **B** la modifica della legge con cui si va a votare
3. le elezioni politiche	____ **C** persona del governo che si occupa di pubblica sicurezza
4. il partito d'opposizione	____ **D** procedimento per scegliere i candidati politici per il governo del Paese
5. la riforma elettorale	____ **E** gruppo di politici che non fa parte del governo e in genere è contrario alle sue decisioni

 TR. 147

3

Lesen und hören Sie die folgenden Sätze, die bei einem politischen Treffen zu hören waren. Lesen Sie dann die Aussagen unten dazu und kreuzen Sie an, ob diese stimmen. Bei einem können Sie es nicht wissen, da es aus den Sätzen nicht hervorgeht.

1. Speriamo che il ministro stavolta arrivi puntuale!

2. Credo che la riunione cominci alle nove.

3. È importante che il testo della legge sia pronto per domani!

4. Penso che voi abbiate ragione. Dobbiamo fare un referendum per l'autonomia!

5. Dubito che il partito d'opposizione voti la legge.

6. Sono sicuro che oggi arriveremo a un accordo.

7. È necessario che tu prenda subito una decisione!

8. Desidero che voi sentiate cosa abbiamo da proporvi.

9. Temo che gli altri non vengano alla riunione.

10. Non sono sicuro che il ministro degli Interni faccia bene il suo lavoro.

11. Peccato che le elezioni politiche siano ancora lontane.

12. È strano che il senatore Rossi non sia ancora arrivato, ci sarà traffico?

13. So che alcuni parlamentari sono passati all'opposizione.

14. Sono felice che abbiate votato a favore della riforma elettorale.

	vero	falso	non si sa
1. Il ministro arriva sempre puntuale.	■	■	■
2. Il testo della legge non è ancora pronto.	■	■	■
3. Il partito d'opposizione voterà sicuramente la legge.	■	■	■
4. Il ministro degli Interni sta facendo certamente un buon lavoro.	■	■	■
5. Presto ci saranno le elezioni politiche.	■	■	■
6. C'è traffico.	■	■	■
7. La maggioranza è d'accordo sulla riforma elettorale.	■	■	■

4

Lesen Sie einige Sätze aus der Übung 3 nochmals und entscheiden Sie, ob sie Objektivität (eine Tatsache) oder Subjektivität (eine Meinung) ausdrücken.

	Objektivität	Subjektivität
1. Credo che la riunione cominci alle nove.	■	■
2. Dubito che il partito d'opposizione voti la legge.	■	■
3. Oggi arriveremo a un accordo.	■	■
4. Alcuni parlamentari sono passati all'opposizione.	■	■

5

In den Sätzen der Übung 3 sind einige Formen im **congiuntivo**, einem neuen Modus, dem Modus der Subjektivität. Er wird meistens in Nebensätzen verwendet, die mit **che** eingeleitet werden. Auslöser für den **congiuntivo** sind einige Verben und Ausdrücke im Hauptsatz, wie die, die Sie in der Übung 1 gesehen haben.

Lesen Sie nun die Sprechblasen der Übung 3 nochmals und ergänzen Sie die Tabelle mit den regelmäßigen Formen des **congiuntivo presente**. Vervollständigen Sie dann die Regel.

Gut zu wissen:

Achtung! Der **congiuntivo** entspricht nicht dem deutschen Konjunktiv! Es gibt im Deutschen keine Entsprechung dafür.

	1. Konjugation	2. Konjugation	3. Konjugation
	arriv**are**	prend**ere**	sent**ire**
io	arriv**i**	prend**a**	sent**a**
tu	arriv**i**	_____	sent**a**
lui, lei, Lei	_____	prend**a**	sent**a**
noi	arriv**iamo**	prend**iamo**	sent**iamo**
voi	arriv**iate**	prend**iate**	_____
loro	arriv**ino**	prend**ano**	sent**ano**

1. Die Formen der drei Personen _____ sind gleich.

2. Die 1. Person Plural ist mit der Form des _____ Indikativ identisch.

Gut zu wissen:
Gut zu wissen:
Der Singular und die 3. Pers. Pl. lassen sich vom Stamm der 1. Pers. Sg. des Präsens Indikativ ableiten:

venire: veng**o** ➞ **ven**g**a,** **ven**g**ano**

6

Sie haben auch einige unregelmäßigen Formen des **congiuntivo presente** gesehen. Sehen Sie sich die Tabelle an und ergänzen Sie die fehlenden Formen.

	1., 2., 3. Pers. Sg.	1. Pers. Pl.	2. Pers. Pl.	3. Pers. Pl.
essere	_____	siamo	siate	siano
avere	abbia	abbiamo	_____	abbiano
fare	_____	facciamo	facciate	facciano
venire	venga	veniamo	veniate	_____

 TR. 148

venire
avere
vincere
essere
dormire
parlare

7

Ergänzen Sie die Sätze mit den vorgegebenen Verben im **congiuntivo presente**.

1. Mi pare che Simona _____ ancora.

2. Spero che la mia squadra _____ la partita.

3. Ho paura che nessuno _____ alla mia festa.

  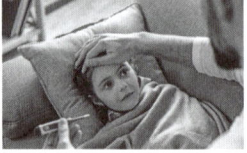

4. Temo che _____ troppo tardi per venire.

5. Immagino che i tuoi figli _____ bene il francese.

6. Credo che tu _____ la febbre.

Gut zu wissen:
Der **congiuntivo passato** wird im Nebensatz verwendet, wenn das Verb des Hauptsatzes im Präsens steht. Die Handlung im Nebensatz hat vor der Handlung im Hauptsatz stattgefunden.

8

Der **congiuntivo passato** wird mit dem **congiuntivo presente** von **avere** bzw. **essere** + dem Partizip Perfekt gebildet.

Ergänzen Sie die Sätze 12 und 14 aus der Übung 3.

1. È strano che il senatore Rossi non _____ ancora _____.

2. Sono felice che _____ a favore della riforma elettorale.

9

Hier wird von einem Politiker gesprochen. Bilden Sie sinnvolle Sätze aus den vorgegebenen Elementen und verwenden Sie dabei den **congiuntivo passato**.

1. Credo che _____ (occuparsi) in pensione.

2. Mi pare che _____ (approvare) numerosi saggi.

3. Penso che _____ (andare) di politica economica.

4. Mi sembra che _____ (scrivere) delle leggi importanti.

10

Wie kann man eine Meinung ausdrücken? Wann benutzt man den Indikativ und wann den **congiuntivo**? Fügen Sie die Verben oder Ausdrücke in die richtige Spalte ein.

1. Indikativ

2. congiuntivo

_____ _____

_____ _____

| penso che |
| secondo me |
| credo che |
| per me |
| sono del parere che |
| trovo che |
| a mio avviso |

11

Hören Sie sich die drei Sätze an. Formulieren Sie diese als Ihre Meinung, indem Sie die folgenden Sätze mit dem passenden Verb vervollständigen. Es gibt dabei immer zwei Möglichkeiten, um das Gleiche auszudrücken.

 TR. 149

1. A mio avviso lo Stato _____ il dovere di aiutare i giovani.

   Penso che lo Stato _____ il dovere di aiutare i giovani.

2. Secondo noi _____ meglio rimandare la votazione.

   Crediamo che _____ meglio rimandare la votazione.

3. Per me il presidente _____ per problemi con la giustizia.

   Immagino che il presidente _____ per problemi con la giustizia.

12

Verbinden Sie die Synonyme.

1. opinione, 2. argomento, 3. discussione,
4. spiegazione, 5. accordo

____ **A** chiarimento, ____ **B** punto di vista, ____ **C** sintonia,
____ **D** tema, ____ **E** dibattito

Gut zu wissen:

Weitere unpersönliche
Verben und Ausdrücke:

bisogna che – *es ist
erforderlich, dass*

basta che – *es genügt,
dass*

 TR. 150

13

Der **congiuntivo** wird auch mit einigen unpersönlichen Verben und Ausdrücken verwendet. Ergänzen Sie die Sätze mit Hilfe der Übung 3.

1. _____ il testo della legge sia pronto per domani!

2. _____ tu prenda subito una decisione!

3. _____ le elezioni politiche siano ancora lontane.

4. _____ il senatore Rossi non sia ancora arrivato.

14

Ergänzen Sie die Sätze mit dem passenden Ausdruck und der richtigen Verbform.

> è difficile   peccato   basta   è meglio

1. Piove, _____ che
   _____ (voi - prendere)
   l'ombrello.

2. _____ che tu non
   _____ (essere) qui.

3. Non hanno studiato nulla,
   _____
   che _____ (superare)
   l'esame.

4. Potete giocare, _____ che
   non _____ (voi - rompere)
   niente!

15

Es gibt Ausnahmen: Wenn ein Verb oder ein Ausdruck Sicherheit oder eine Wahrheit ausdrückt (wie z. B. **è vero che** / **è certo che** / **è sicuro che** / **è chiaro che...**), verwendet man den Indikativ. Ergänzen Sie die Sätze: Indikativ oder **congiuntivo**?

TR. 151

Gut zu wissen:
Wird jedoch der Satz, der Sicherheit ausdrückt, verneint, wird der **congiuntivo** verwendet (außer bei **non è vero che**):

è sicuro che + Indikativ

non è sicuro che + congiuntivo

1. È sicuro che Paolo _____ (svegliarsi) presto la mattina.

2. È importante che voi _____ (considerare) anche il mio punto di vista.

3. È vero che oggi _____ (essere) il compleanno di Caterina! L'avevo dimenticato...

4. È chiaro che tutti _____ (dovere) pagare le tasse.

5. Non è sicuro che _____ (essere) la decisione giusta.

16

Welche Gefühle empfinden die abgebildeten Leute? Ordnen Sie zu.

tristezza
felicità
stress
calma
paura
rabbia

1. _____ 2. _____ 3. _____

4. _____ 5. _____ 6. _____

17

Mit den folgenden Wendungen kann man Gefühle ausdrücken. Verbinden Sie die Ausdrücke in der linken Spalte mit den entsprechenden Gegenteilen rechts.

1. sono felice che	___ A non mi sorprende che
2. mi dispiace che	___ B sono triste che
3. sono sorpreso che	___ C sono tranquillo che
4. ho paura che	___ D mi meraviglio che
5. non mi stupisce che	___ E mi fa piacere che

TR. 152

sono contento
mi dispiace
sono sorpreso
non sopporto
non mi meraviglio

18

Welche Reaktion passt in diesen Fällen? Wählen Sie den richtigen Ausdruck aus.

1. _____ che abbiate vinto al lotto. Ricordatevi degli amici!

2. _____ che la gente mi telefoni mentre sto mangiando!

3. _____ che lo abbiano licenziato, era un collega simpatico.

4. _____ che la sua salute sia peggiorata. Ieri stava così bene.

5. _____ che ti abbiano rubato la bici: non la chiudi mai!

19

Lesen Sie den folgenden Satz. Was drückt das Futur hier aus?
È strano che il senatore Rossi non sia ancora arrivato, ci sarà traffico?

Es handelt sich um keine zukünftige Handlung oder Projekt, sondern um eine Vermutung.

TR. 153

Gut zu wissen:
Eigene Wünsche
Überlegen Sie sich, was Sie sich persönlich wünschen und wovor Sie sich fürchten: Formulieren Sie Ihre Beispielsätze, wie etwa: **Spero che il prossimo anno sia pieno di sorprese!** *Ich wünsche mir, dass das nächste Jahr voll Überraschungen wird!*

20

Hören Sie nun vier Sätze und kreuzen Sie an, ob das Futur jeweils ein Projekt oder eine Vermutung ausdrückt.

	Projekt	Vermutung
1.	■	■
2.	■	■
3.	■	■
4.	■	■

1

Wie kann man sich informieren? Ordnen Sie jedem Bild das passende Medium zu.

Gut zu wissen:

Zeitschriften werden **settimanali** genannt, wenn sie wöchentlich erscheinen, oder **mensili**, wenn sie einmal im Monat veröffentlicht werden. **I quotidiani** erscheinen dagegen jeden Tag. Die drei wichtigsten italienischen Tageszeitungen sind **Corriere della Sera** aus Mailand, **La Repubblica** aus Rom und **La Stampa** aus Turin.

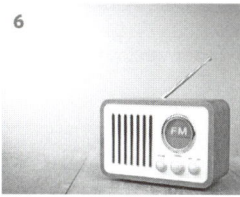

____ **A** la radio

____ **B** la televisione

____ **C** i giornali

____ **D** Internet

____ **E** le riviste

____ **F** lo smartphone

2

Welche Nachricht erscheint unter welcher Rubrik? Verbinden Sie jede Rubrik einer Zeitung mit der entsprechenden Nachricht.

1. Politica interna	____ **A**	La Borsa di Milano ha chiuso in netto ribasso.
2. Politica estera	____ **B**	Terremoto in Umbria, ma senza vittime.
3. Economia e finanza	____ **C**	Al via il Festivaletteratura di Mantova.
4. Cronaca	____ **D**	Roberta Vinci ha deciso: lascerà il tennis.
5. Cultura	____ **E**	La Cina ha avviato un piano antismog.
6. Spettacoli	____ **F**	Termometro sopra i 40°C in molte città italiane.
7. Sport	____ **G**	Sono iniziati i lavori per il nuovo Auditorium di Milano.
8. Previsioni del tempo	____ **H**	Il Parlamento ha eletto il nuovo presidente della Repubblica Italiana.

TR. 154

3

Valerio sieht die Fernsehnachrichten und spricht dann mit seiner Freundin Caterina darüber. Hören Sie sich den Dialog an und beantworten Sie die Frage.

Perché Caterina non può vedere il telegiornale?

_____

_____

TR. 154

4

Lesen Sie jetzt die folgenden Nachrichten. Welche haben Sie in den Fernsehnachrichten gehört? Kreuzen Sie sie an. Hören Sie dann den Dialog noch einmal und überprüfen Sie Ihre Antworten.

1. La terra torna a tremare: forte scossa di terremoto in Umbria. ▪

2. Ci sono due vittime sotto le macerie. ▪

3. Eletto il nuovo vicepresidente del Parlamento europeo. ▪

4. La Cina vara un piano per ridurre lo smog. ▪

5. Oggi la Borsa di Milano non è andata molto bene. ▪

6. Al via i lavori per il nuovo museo della musica di Roma. ▪

7. A Milano presto una nuova sede per la musica. ▪

5

Sie kennen schon die Formen des **condizionale presente**. Im Dialog der Übung 3 waren Formen des **condizionale passato** zu hören.
Diese Zeit wird mit den Formen des **condizionale presente** von **essere** bzw. **avere** und dem Partizip Perfekt des Verbs gebildet.

Hören Sie den mittleren Teil des Dialogs noch einmal und ergänzen Sie die zwei Sätze.

1. La Cina _____ un piano sulle energie rinnovabili e tagli per ridurre l'inquinamento.

2. _____ i lavori per il nuovo Auditorium di Milano.

TR. 155

6

Wann wird das **condizionale passato** benutzt? Lesen Sie die Anwendungs-
situationen links und verbinden Sie sie mit den entsprechenden Beispielen
rechts.

1. zum Ausdruck eines Vorschlags in der Vergangenheit	___ **A** Secondo la radio il presidente del Consiglio avrebbe dato le dimissioni.
2. zum Ausdruck eines nicht realisierten Wunsch oder Handlung der Vergangenheit	___ **B** Sarei venuto volentieri alla festa, ma mi sono ammalato.
3. zum Ausdruck der vorsichtigen Wiedergabe eines Berichts oder einer Nachricht	___ **C** Ieri Giovanni mi ha detto che oggi sarebbe arrivato puntuale in ufficio.
4. zum Ausdruck der Nachzeitig-keit in der indirekten Rede	___ **D** Al posto tuo avrei fatto il pieno prima di partire.

7

 TR. 156

Bilden Sie aus den vorgegebenen Stichwörtern Sätze als unrealisierbare
Wünsche (*Ich wäre ja gerne mit euch ins Theater gegangen, aber ...*) und
benutzen Sie dabei das **condizionale passato** in der 1. Person Singular.
Überprüfen Sie Ihre Antworten mithilfe der CD.

1. venire a teatro con voi _____, ma...

2. dormire fino a tardi _____, ma...

3. andare in montagna _____, ma...

4. dare l'esame _____, ma...

5. fermarsi a cena _____, ma...

6. fare una passeggiata _____, ma...

8

Geben Sie diese Nachrichten als unsicher wieder. Benutzen Sie die passenden Formen des **condizionale presente** oder **passato**.

> La nevicata di questa notte ha isolato diversi paesini delle valli minori.

> Il sindaco di Napoli vuole investire sulla raccolta differenziata.

> Ieri c'è stato un incontro dei ministri degli Esteri europei sull'emergenza migranti.

1. La nevicata di questa notte _____ diversi paesini delle valli minori.

2. Il sindaco di Napoli _____ investire sulla raccolta differenziata.

3. Ieri _____ un incontro dei ministri degli Esteri europei sull'emergenza migranti.

 TR. 157

9

In dem Dialog der Übung 3 haben Sie eine Interjektion gehört, die Erstaunen ausdrückt: **Ma dai!** Wenn man auf etwas reagiert, kommen solche Ausrufe oft vor, besonders in der gesprochenen Sprache.

Hören Sie sich zuerst die acht Beispielsätze an. Ordnen Sie dann die angegebenen Ausrufe in die richtige Kategorie (Enttäuschung, Überraschung, Freude oder Anregung) ein. Die Intonation der Beispielsätze hilft Ihnen dabei!

> Accidenti! Coraggio! Che bello! Che peccato!
> Ma è incredibile! Che meraviglia! Non posso crederci! Forza!

1. Enttäuschung
_____
_____

2. Überraschung
_____
_____

3. Freude
_____
_____

4. Anregung
_____
_____

10

Ordnen Sie die angegebenen Begriffe rund um die Medien in die richtige Kategorie ein.

1. Televisione

canale

2. Radio

frequenza

3. Giornale

testata

4. Internet

motore di ricerca

11

Im Dialog sagt Valerio:

Non ho capito se **sarà pronto per la prossima stagione sinfonica.**
Der Nebensatz ist eine indirekte Frage. Wie würden Sie in diesem Fall die Konjunktion **se** übersetzen? _____

Die indirekte Frage wird von Verben wie **chiedere**, **domandare**, **non sapere**, **non capire** usw. eingeleitet.
Wenn die direkte Frage mit einem Fragewort steht, wird die indirekte Frage anstatt durch **se** durch das Fragewort (**che cosa**, **perché**, **come**, **dove**, **quando** usw.) eingeführt.
Luca chiede a Ivan: "Che cosa ascolti?" → **Luca chiede a Ivan** che cosa **ascolta.**

12

Wandeln Sie die folgenden direkten Fragen in indirekte Fragen um.

1. Chiedo al dottore: "Posso uscire anche con la febbre?"

    _____

2. Mi domando: "Perché l'autobus non è passato?"

    _____

3. Davide mi ha chiesto: "Dove abiti?"

    _____

Gut zu wissen:

In der indirekten Frage kann das Verb im Indikativ oder im **congiuntivo** stehen. Der Indikativ wird eher in der gesprochenen, der **congiuntivo** eher in der geschriebenen Sprache benutzt.

Gut zu wissen:

Anders als im Deutschen wird in der indirekten Rede im Italienischen in der Regel der Indikativ verwendet.

13

Die indirekte Rede wird von einem Verb des Sagens (z. B. **dire**, **raccontare**, **rispondere** usw.) eingeleitet und durch **che** eingeführt.

Wenn der einleitende Hauptsatz der direkten Rede in einer Zeit der Gegenwart (**presente**, **futuro**, **passato prossimo**, **condizionale presente**) steht, bleiben die Zeitformen in der indirekten Rede unverändert.
Wandeln Sie nun die indirekten Sätze aus dem Dialog der Übung 3 in direkte Sätze um.

1. Il giornalista ha detto che la Borsa di Milano non è andata bene.

   Il giornalista ha detto: "_____".

2. Il giornalista ha detto che ha chiuso in netto ribasso.

   Il giornalista ha detto: "_____".

14

oggi
quell
lì
qua
suo
venire

Will man einen direkten in einen indirekten Satz umwandeln, muss man auf einige Wörter achten. Die Subjekt-, Objekt- und Reflexivpronomen werden sinngemäß verändert und einige Adverbien sowie weitere Pronomen müssen auch ersetzt werden.

Paolo dice: "Non sono a casa mia." → **Paolo dice che non è a casa sua.**
Ergänzen Sie die Tabelle mit den vorgegebenen Wörtern.

1. qui → _____ 2. _____ → là

3. questo → _____ 4. _____ → andare

5. mio/tuo → _____ 6. _____ → quel giorno

 TR. 158

15

Wandeln Sie die indirekten Sätze in direkte Sätze um und überprüfen Sie Ihre Antworten mit der CD.

1. Piero chiede a Luca se gli presta la sua bicicletta.

2. Il mio amico tedesco ha detto che là nevica da giorni.

3. Sara domanda a Edoardo se va al cinema con lei.

4. Federica pensa che deve assolutamente finire quel lavoro.

1. _____

2. _____

3. _____

4. _____

16

Sie haben in den ersten Lektionen **ne** und **ci** als Adverbialpronomen kennengelernt.

Im Satz **Che ne dici di guardare il telegiornale?** bezieht sich das Adverbialpronomen **ne** auf den Infinitivsatz **di guardare il telegiornale**. Es steht also anstelle eines Teilsatzes.

Ne ersetzt Verbergänzungen, die von der Präposition **di** eingeleitet werden, und bedeutet *davon, dazu, darüber* usw.

Worauf bezieht sich das Adverbialpronomen **ne** in diesem Satz?
Ecco un buon caffè! Ne avevo proprio bisogno!
ne = di _____

Das Adverbialpronomen **ci** ersetzt Verbergänzungen, die von der Präposition **a**, **su** oder **in** eingeleitet werden. Es wird mit *daran, darauf* usw. übersetzt.

Im Dialog haben Sie folgenden Satz gehört: **Ma non ci credo che cambierà qualcosa...**
Worauf bezieht sich in diesem Fall das Adverbialpronomen **ci**?
ci = _____

Hier einige Verben, die mit **ci** benutzt werden können: **credere a / in** (*an jdn. / etw. glauben*), **pensare a** (*an jdn. / etw. denken*), **riuscire a** (*etw. schaffen*), **contare su** (*auf jdn. zählen*).

Hier einige Verben, die mit **ne** benutzt werden können: **avere bisogno di** (*etw. brauchen*), **avere voglia di** (*Lust auf etw. haben*), **parlare di** (*über etw. sprechen*), **discutere di** (*über etw. diskutieren*).

17

 TR. 159

Ergänzen Sie die Sätze mit **ne** oder **ci**. Hören Sie sich anschließend die kurzen Dialoge an.

1. – Hai saputo di Luca?
   – No, non ___ so nulla!

2. – Dove andrai in vacanza?
   – ___ sto ancora pensando!

3. – Hai bisogno di soldi?
   – Sì, ___ ho bisogno!

4. – Vieni in palestra con me?
   – No, non ___ ho voglia!

5. – Posso contare sul tuo aiuto?
   – Sì, ___ puoi contare!

6. – Flavio si è sposato!
   – No! Non ___ posso credere!

TR. 160

18

Wie kann man ein Geschehen kommentieren? Verbinden Sie die Nachrichten mit den entsprechenden Reaktionen und überprüfen Sie die Lösungen mit der CD.

1. In uscita l'ultimo libro di Roberto Saviano.	___ A Che tempo matto, siamo a fine aprile!
2. Torino festeggia la Pasqua sotto dieci centimetri di neve!	___ B Bello! Non vedo l'ora di leggerlo!
3. Taranto: imprenditore ucciso mentre usciva di casa.	___ C Ma non l'hanno ancora ritrovato? Che strano...
4. Oslo: quattro anni fa il furto del celebre quadro di Edvard Munch.	___ D Beh, sicuramente conosceva bene l'assassino!

19

Lesen Sie den Artikel und fassen Sie ihn dann zusammen.

L'articolo racconta che è possibile studiare l'_____
dell'atmosfera tramite l'uso di un _____ nello _____.
Secondo i dati forniti, le _____ più _____ d'Europa
risultano essere la Pianura Padana, i Paesi Bassi, la Ruhr e alcune parti della
Spagna.

L'inquinamento visto dallo spazio con un satellite
Pianura Padana, Paesi Bassi, la regione tedesca della Ruhr e alcune zone della Spagna: sono queste le aree più inquinate d'Europa con le maggiori concentrazioni dei gas prodotti dalle industrie e dalle auto. Sono risultati definiti "eccezionali" dagli esperti e inaugurano una nuova era nello studio dell'inquinamento atmosferico.

1

Wie geht es diesen Personen? Ordnen Sie jedem Bild das passende Gesundheitsproblem zu.

___ A febbre	___ D dolore alla spalla	___ G mal di denti
___ B tosse	___ E crampo	___ H mal di schiena
___ C raffreddore	___ F mal di testa	___ I mal di pancia

2

Können Sie erraten, was folgende italienische Begriffe bedeuten? Verbinden Sie die Begriffe rund um die Gesundheit mit den entsprechenden deutschen Übersetzungen.

1. la pomata	___ A das Röntgenbild
2. il disturbo	___ B die Salbe
3. la causa	___ C das Gelenk
4. l'articolazione	___ D die Beschwerden
5. la radiografia	___ E die Ursache

Gut zu wissen:

Wenn Sie besondere Beschwerden oder Allergien haben, sollten Sie die Begriffe dafür schon vor einer Reise nach Italien zur Sicherheit in einem Wörterbuch nachschlagen. So können Sie in einem Notfall erklären, welche Probleme Sie haben.

TR. 161

3

Chiara hat ein gesundheitliches Problem und fragt in einem Onlineforum für Gesundheitsfragen um Rat. Lesen Sie den Austausch zwischen Chiara und der Ärztin Maria Provenzale. Beantworten Sie anschließend die Fragen, mehrere Antworten können richtig sein.

20 settembre, ore 12.45
Buongiorno, sono una signora di 45 anni. Le scrivo perché da alcuni mesi ho un forte dolore alla spalla. Sto mettendo una pomata all'arnica, ma la situazione non migliora. Certi giorni mi fa meno male, ma poi se faccio uno sforzo, anche piccolo, sto peggio e il dolore torna. C'è da dire che sto sempre seduta davanti al computer...
Grazie! Chiara V.

21 settembre, ore 18.24
Buonasera signora Chiara,
il dolore alla spalla è un disturbo molto frequente, non si preoccupi, ma bisogna ricercare le cause. In effetti l'uso del mouse può infiammare le articolazioni. Quindi Le consiglio di evitare posizioni sbagliate davanti al computer. Ci sono degli esercizi (clicchi qui) di rilassamento e meditazione che può fare anche in ufficio. Se poi il dolore non dovesse passare, sarebbe utile fare una radiografia alla spalla.
Cordiali saluti, dottoressa Maria Provenzale, osteopata e nutrizionista

25 settembre, ore 10.15
Grazie mille per la risposta dottoressa! Da un paio di giorni sto provando gli esercizi che mi ha consigliato e mi sento molto meglio. Non immaginavo che fossero così efficaci! La ringrazio molto, Chiara V.

25 settembre, ore 17.30
Gentile signora Chiara,
bene! Vorrei aggiungere un'ultima cosa: una volta si pensava che l'alimentazione non influisse sul dolore alle articolazioni. Invece ci sono alimenti che aiutano a guarire e sono quelli naturali. Sono assolutamente sconsigliati i salumi e mi raccomando, eviti i dolci industriali! Se avesse bisogno di altre informazioni sull'argomento, sarei contenta di aiutarLa.
dottoressa Maria Provenzale

25 settembre, ore 17.38
Gentile dottoressa, io sono vegana e mangio solo biologico! ☺ Chiara V.

1. Qual è il problema di Chiara?
   - A Ha problemi sul lavoro.
   - B Ha un problema di salute.
   - C Vuole diventare vegana.

2. La dottoressa le consiglia...
   - A di fare subito una radiografia.
   - B di fare degli esercizi rilassanti.
   - C di tenere una posizione corretta davanti al computer.
   - D di mettersi a dieta.
   - E di seguire un'alimentazione sana.

4

Sie haben die Formen des **congiuntivo presente** und **passato** schon kennen-
gelernt. In den Texten der Übung 3 ist der **congiuntivo imperfetto** zu finden.
Suchen Sie die fehlenden regelmäßigen Formen und ergänzen Sie die Tabelle.

Gut zu wissen:

Die Verben auf **-ire** mit
Stammerweiterung **-isc-**
weisen im **congiuntivo
imperfetto** keine
Erweiterung auf.

**Speravo che Luca finisse
in tempo quel lavoro.**
*Ich hoffte, dass Luca
rechtzeitig diese Arbeit
beenden würde.*

	1. Konjugation	**2. Konjugation**	**3. Konjugation**
	cur**are**	dov**ere**	influ**ire**
io	cur**assi**	dov**essi**	influ**issi**
tu	cur**assi**	dov**essi**	influ**issi**
lui, lei, Lei	cur**asse**	_____	_____
noi	cur**assimo**	dov**essimo**	influ**issimo**
voi	cur**aste**	dov**este**	influ**iste**
loro	cur**assero**	dov**essero**	influ**issero**

5

Es gibt auch unregelmäßige Formen des **congiuntivo imperfetto**. Sehen Sie
sich die Tabelle an und ergänzen Sie die fehlende Form, die in Übung 3 zu
finden ist.

Gut zu wissen:

Das Verb **avere** hat im
congiuntivo imperfetto
regelmäßige Formen!

	dire	**essere**	**fare**	**stare**
io	dicessi	fossi	facessi	stessi
tu	dicessi	fossi	facessi	stessi
lui, lei, Lei	dicesse	fosse	facesse	stesse
noi	dicessimo	fossimo	facessimo	stessimo
voi	diceste	foste	faceste	steste
loro	dicessero	_____	facessero	stessero

6

Der **congiuntivo imperfetto** wird in Nebensätzen verwendet, wenn das Verb
des Hauptsatzes in der Vergangenheit steht, und beide Handlungen gleichzei-
tig sind. Ergänzen Sie die Sätze mit den Formen des **congiuntivo imperfetto**.

1. Speravo che Edoardo _____ (uscire) oggi dall'ospedale.

2. Ah sei già a casa? Credevo che _____ (essere) ancora dal dottore.

3. Non sapevo che Flavia _____ (stare) male. Ma è grave?

4. Era ora che ti _____ (fare) visitare da uno specialista!

5. Era importante che Laura _____ (prendere) quella medicina…

6. Avevo l'impressione che ieri i tuoi figli non si _____ (sentire) bene.

 TR. 162

7

Welches dieser häufigen Verben verwendet man in welchem Zusammenhang? **Prendere**, **mettere** oder **fare**? Überprüfen Sie Ihre Antworten mithilfe der CD.

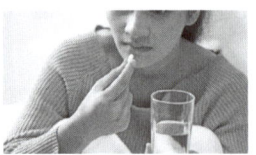

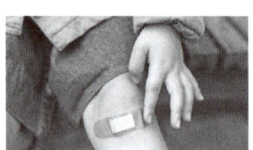

1. _____ una pastiglia

2. _____ l'esame del sangue

3. _____ un cerotto

4. _____ un'iniezione

5. _____ un collirio

6. _____ uno sciroppo

8

Zu welchem Facharzt sollten die Leute gehen?

oculista
~~ginecologo~~
cardiologo
pediatra
psicologo
dermatologo

1. Eleonora è incinta. _dal ginecologo_

2. Mio zio soffre di cuore. _____

3. Angela ha delle macchie rosse sulla pelle. _____

4. Davide è depresso. _____

5. Mia nonna non ci vede bene. _____

6. Mio figlio di cinque anni ha la tosse. _____

 TR. 163

9

Hören Sie drei Dialoge beim Arzt und beantworten Sie die Fragen.

Quali sono i sintomi del paziente?	Che cos'ha?	Cosa prescrive il medico?
1. _____	_____	_____
2. _____	_____	_____
3. _____	_____	_____

10

Man unterscheidet drei Arten von Bedingungssätzen: **real**, **möglich** und **irreal** (unmöglich). Suchen Sie in Übung 3 die jeweiligen Sätze und schreiben Sie sie hier auf.

1. **Realer Bedingungssatz:** Es ist **sehr wahrscheinlich**, dass ein Ereignis eintritt.

   Se _____ peggio.

2. **Möglicher Bedingungssatz:** Es ist zweifelhaft, aber **möglich**, dass ein Ereignis eintritt.

   Se il dolore non _____ radiografia.

   Se _____ di aiutarLa.

3. **Irrealer Bedingungssatz:** Es ist **unmöglich**, dass das Ereignis eintritt, weil die Bedingung unmöglich ist oder in der Vergangenheit liegt (mehr dazu in Lektion 10).

Welche Verbform verwendet man? Verwendet man im **se**-Satz das **Präsens**, so verwendet man im Hauptsatz das **Präsens** oder den **Imperativ**. Verwendet man im **se**-Satz das **Futur**, so verwendet man im Hauptsatz das **Futur**. Verwendet man im **se**-Satz den **congiuntivo imperfetto**, so verwendet man im Hauptsatz das **condizionale presente**.

Gut zu wissen:
Einige Adverbien haben unregelmäßige Steigerungsformen, wie z.B.:

bene (*gut*) – **meglio** (*besser*)

male (*schlecht*) – **peggio** (*schlechter*)

Gut zu wissen:
Achtung! Im **se**-Satz darf nie das **condizionale** stehen!

11

Verbinden Sie die Bedingung mit der passenden Folge. Hören Sie sich die Bedingungssätze anschließend an.

 TR. 164

1. Se _____ (lui - seguire) i consigli del medico...

   ___ **A** devi ordinare il tiramisù.

2. Se ti _____ (piacere) i dolci...

   ___ **B** passa a trovarci.

3. Se _____ (tu - prendere) l'autobus...

   ___ **C** passerai sicuramente l'esame.

4. Se _____ (lei - finire) di lavorare prima delle sette...

   ___ **D** morirei di paura.

5. Se _____ (io - avere) i soldi...

   ___ **E** potremmo andare al mare.

6. Se _____ (tu - studiare) con impegno...

   ___ **F** si metterebbe a dieta.

7. Se domenica _____ (fare) bello...

   ___ **G** mi comprerei una casa con il giardino.

8. Se _____ (io - trovare) un topo in casa...

   ___ **H** non avresti problemi di parcheggio.

12

In den Texten der Übung 3 haben Sie Ratschläge und Verbote gefunden.
Ordnen Sie die verschiedenen Ausdrücke in die richtige Kategorie ein.

> Le consiglio di...   Eviti di...   Le conviene...   È sconsigliato...
> Potrebbe...   È vietato...

1. Ratschläge

_____

_____

_____

2. Verbote

_____

_____

_____

TR. 165

13

Verbinden Sie die Beschwerden in der linken Spalte mit den entsprechen-
den Ratschlägen rechts. Konjugieren Sie dabei die vorgegebenen Verben
im **condizionale presente**.

– Non mi sento bene,   **– Al posto tuo...**

1. ho mal di testa.   ____ **A** _____ (andare) dal dentista.

2. ho la tosse.   ____ **B** mi _____ (mettere) a letto.

3. ho la febbre.   ____ **C** _____ (comprare) altri
fazzoletti di carta.

4. ho mal di denti.   ____ **D** _____ (prendere) un'aspirina.

5. ho il raffreddore.   ____ **E** _____ (saltare) la cena.

6. ho mal di pancia.   ____ **F** mi _____ (bere) una tazza di
latte e miele.

14

Sie haben den Ausdruck **stare** + **gerundio presente** zwei Mal in der Übung 3 gesehen. Durch diesen Ausdruck wird betont, dass eine Handlung gerade im Gang ist bzw. zeitgleich abläuft.

Ergänzen Sie die Sätze aus Übung 3 und vervollständigen Sie dann die Regel.

1. Sto _____ una pomata all'arnica.

2. Sto _____ gli esercizi che mi ha consigliato.

Das **gerundio presente** wird bei den Verben der 1. Konjugation durch Anhängen der Endung _____ an den Verbstamm gebildet. Die Verben der 2. und der 3. Konjugation hängen die Endung _____ an. Das **gerundio** ist unveränderlich.

15

Hören Sie die Geräusche. Wählen Sie das entsprechende Verb aus und schreiben Sie, was die Personen gerade tun.

parlare   piangere   ridere   mangiare   dormire

1. Sta _____.   2. Stai _____.   3. Stanno ___.

4. Sto _____.   5. Sta _____.

16

Sehen Sie sich die Bilder an und ergänzen Sie die Sätze mit der Wendung **stare** und dem passenden Verb im **gerundio**.

perdere   partire   iniziare

1. Accidenti! _____ _____ a piovere!

2. Maddalena _____ _____ per la Germania.

3. Aiutatemi! _____ l'equilibrio!

Gut zu wissen:
Diese Verlaufsform wird im Präsens, im **imperfetto** und zum Ausdruck einer Vermutung auch im Futur verwendet:

Cosa starà facendo Lina in questo momento?

Was wird Lina wohl gerade machen?

TR. 166

TR. 167

fare
preferire
evitare
fare la spesa
moderare
bere
cucinare
saltare
mangiare
consumare

17

Chiara spricht über ihre Ernährungsgewohnheiten. Ergänzen Sie die zehn Gebote für eine gesunde Ernährung mit den vorgegebenen Verben im Infinitiv.

1. _____ cinque porzioni di frutta e verdura al giorno.

2. La mattina _____ una ricca colazione.

3. _____ molta acqua durante la giornata.

4. _____ le bevande gassate e zuccherate.

5. _____ con moderazione le bevande alcoliche.

6. _____ il pesce almeno 2-3 volte alla settimana.

7. _____ i prodotti biologici.

8. _____ al mercato a chilometro zero.

9. _____ il consumo del sale.

10. Non _____ mai i pasti.

18

Kreuzen Sie nun die Namen der Personen an, die einen oder mehrere dieser Ratschläge aus der Übung 17 befolgen.

- A **Danilo:** ama la carne e non fa mai colazione.
- B **Clara:** mangia molta insalata e usa poco sale.
- C **Vittorio:** fa la spesa sempre al supermercato e compra molti surgelati.
- D **Matteo:** adora il pesce e la frutta.
- E **Nicoletta:** beve sempre coca.
- F **Beatrice:** beve due litri di acqua al giorno.

Interkulturelles

Slow Food

"Mangiare lentamente e con coscienza (*Bewusstsein*)", ecco il motto del movimento Slow Food, nato in Piemonte nel 1986 come antidoto (*Gegengift*) all'impero del "Fast Food", per la tutela (*Schutz*) e il diritto a un'alimentazione sana e sostenibile (*nachhaltig*). Oggi Slow Food è diventata una grande associazione internazionale no profit che si impegna a ridare il giusto valore al cibo, a rispettare l'ambiente, a tutelare la biodiversità e a costruire relazioni eque (*gerecht*) tra produttori e consumatori.

1

 TR. 168

Wo kann man im Urlaub übernachten? Ordnen Sie jedem Bild die passende Unterkunft zu.

____ A l'albergo   ____ C l'agriturismo   ____ E il camper

____ B il villaggio turistico   ____ D la tenda   ____ F l'ostello

2

Sagen Sie nun, welche dieser Unterkünfte für wen die passende wäre (zwei Unterkünfte bleiben übrig).

1. Mi piace guidare e voglio essere libero di spostarmi. _____

2. In vacanza voglio divertirmi, fare sport e conoscere un sacco di gente. __

3. Mi piace dormire all'aria aperta e voglio spendere poco. _____

4. Mi piace la campagna e il cibo genuino. _____

3

Verbinden Sie die Sätze. Was sagen Sie, wenn …

1. … Sie sich entschuldigen möchten?	____ A Come posso esserLe utile?
2. … Sie jemandem helfen möchten?	____ B È sopraggiunto un contrattempo.
3. … Sie absagen sollen?	____ C Dobbiamo rimandare la partenza.
4. … Sie jemanden beruhigen möchten?	____ D Non c'è problema.
5. … Sie etwas verschieben möchten?	____ E Scusi ancora per il disagio.
6. … Sie ein Problem melden?	____ F Purtroppo dobbiamo disdire la prenotazione.

 TR. 169

4

Gianluca hatte ein Doppelzimmer im „Agriturismo Vecchio Mulino" reserviert. Hören Sie sich das Telefongespräch an und beantworten Sie die Frage.

Perché Gianluca telefona all'agriturismo?

_____

_____

 TR. 169

 TR. 170

5

Kreuzen Sie an, ob folgende Aussagen richtig oder falsch sind. Hören Sie dann den Dialog noch einmal und überprüfen Sie Ihre Antworten.

	vero	falso
1. Gianluca ha avuto un problema con la prenotazione.	▣	▣
2. L'addetto della compagnia aerea non ha fatto partire Gianluca.	▣	▣
3. La sua carta d'identità era scaduta.	▣	▣
4. Il receptionist non vuole cancellare la prenotazione.	▣	▣
5. Gianluca rimanda la partenza.	▣	▣
6. Non ci sono più stanze libere perché sono in alta stagione.	▣	▣
7. Il receptionist ha dei dubbi sul fatto che abbiano perso l'aereo.	▣	▣

6

Der **congiuntivo** hat vier Zeiten. Im Dialog der Übung 4 haben Sie den **congiuntivo trapassato** gehört. Er wird mit den Formen des **congiuntivo imperfetto** von **essere** bzw. **avere** und dem Partizip Perfekt des Verbs gebildet.

Hören Sie sich einen Teil des Dialogs an und ergänzen Sie die Sätze.

1. Se _____ il documento, avrei visto che era scaduto.

2. Io invece pensavo che a quest'ora _____ ormai quasi _____ da noi...

7

Der **congiuntivo trapassato** wird in Nebensätzen verwendet, deren Handlung vor dem Geschehen des Hauptsatzes in der Vergangenheit stattfand. Es handelt sich also um eine Vorvergangenheit.

Ergänzen Sie die Sätze mit den Formen des **congiuntivo trapassato**.

1. Pensavo che Mattia _____ già _____ (partire) per la montagna.

2. Avevo paura che Gianni e Anna non _____ (arrivare) in tempo in stazione.

3. Pietro sospettava che al ristorante _____ (pagare) Carlo per tutti.

4. Temevo che mio marito non _____ (ricevere) il mio messaggio.

5. I bambini erano felici che la notte prima _____ (nevicare).

6. Ho suonato due volte perché credevo che tu non _____ (sentire).

7. Speravo che voi _____ (andare) in vacanza con loro.

8. Era tardissimo! Pensavo che quelli della compagnia aerea _____ già _____ (chiudere) il check-in.

8

Der Rezeptionist sagt: „**Spero di avere ancora una stanza libera.**"
Wenn Haupt- und Nebensatz das gleiche Subjekt haben, verwendet man die Konstruktion **di** + Infinitiv.

Schreiben Sie die Sätze mit **di** + Infinitiv um, wo es möglich ist. Achten Sie darauf, ob die Sätze immer das gleiche Subjekt haben. In einem Fall ist kein Infinitivsatz möglich!

1. Pensavi che (tu) lo avessi convinto? _____

2. Spera che (lui) riesca a venire alla festa. _____

3. Non credo che Anna si liberi per cena. _____

4. È contento che si sia alzato tardi. _____

5. Penso che (io) abbia già visto quel film. _____

9

In der Lektion 9 haben Sie schon die realen und möglichen Bedingungs-
sätze kennengelernt. Im Telefongespräch mit der Rezeption haben Sie
ein Beispiel für einen irrealen Bedingungssatz gehört. Bei diesem sind die
Bedingung und die Folge, die sich auf die Vergangenheit beziehen, unmög-
lich und nicht erfüllbar.

Lesen Sie den Bedingungssatz in der Übung 6 und schreiben Sie ihn hier
wieder auf.

Se _____ il documento, _____ che era scaduto.

Mit welchen Zeiten bildet man einen irrealen Bedingungssatz? Ergänzen
Sie.

	Zeit im se-Satz	Zeit im Hauptsatz
irrealer Bedingungssatz	_____	_____

TR. 171

parcheggiare
dire
mangiare
perdere
lavare
prendere

10

Ergänzen Sie die irrealen Bedingungssätze mit den vorgegebenen Verben.
Achten Sie bei der Wahl der Zeit darauf, ob Sie die Bedingung im **se**-Satz
oder die Folge ergänzen.

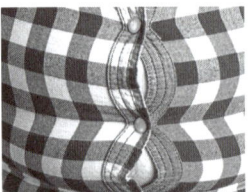

1. La camicia non si
   sarebbe ristret-
   ta se non la
   _____ a
   60°!

2. Se avessimo
   preso un taxi, non
   _____
   l'aereo...

3. Se _____ la
   verità, tuo papà non
   si sarebbe arrabbia-
   to così tanto!

4. Se avessi studiato di
   più, _____
   un voto migliore.

5. Se _____
   bene, non avremmo
   preso una multa!

6. Se non avesse pio-
   vuto, io e mio marito
   _____ in
   giardino.

11

Welche Sätze drücken aus, dass es ein Problem gibt oder gab? Kreuzen Sie an.

- ☐ **A** È sopraggiunto un contrattempo.
- ☐ **B** Come posso esserLe utile?
- ☐ **C** È stato un mio errore.
- ☐ **D** C'è un problema con la Sua carta d'identità.
- ☐ **E** Purtroppo dobbiamo disdire la prenotazione.
- ☐ **F** Non c'è problema.

12

Hören Sie die Beschwerden und ordnen Sie sie den passenden Bildern zu.

 TR. 172

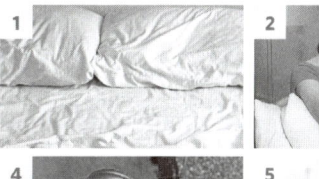

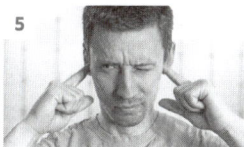

- ___ **A** La stanza è troppo rumorosa!
- ___ **B** Le lenzuola sono sporche!
- ___ **C** Il televisore è rotto!
- ___ **D** Non c'è accesso a Internet!
- ___ **E** L'aria condizionata non funziona!
- ___ **F** La doccia perde!

13

Verbinden Sie einen Begriff aus der linken Spalte mit einem Begriff aus der rechten Spalte und bilden Sie so zusammengesetzte Begriffe zum Thema „Reisen".

1. compagnia	___ **A** viaggi
2. camera	___ **B** aerea
3. carta	___ **C** stagione
4. alta	___ **D** orario
5. bagaglio	___ **E** della gioventù
6. fuso	___ **F** d'identità
7. agenzia	___ **G** matrimoniale
8. ostello	___ **H** a mano

14

Im Telefongespräch haben Sie auch das **futuro anteriore** gehört. Es wird mit den Formen des **futuro presente** von **essere** bzw. **avere** und dem Partizip Perfekt des Verbs gebildet. Es drückt Handlungen und Ereignisse aus, die vor anderen ebenfalls in der Zukunft liegenden Vorgängen stattfinden werden. Oft steht das **futuro presente** im Hauptsatz und der Nebensatz wird mit Konjunktionen wie **dopo che** *nachdem*, **quando** *wenn*, **appena** *sobald* eingeleitet.

La richiamo appena avrò rifatto la carta d'identità. *Ich rufe Sie wieder an, sobald ich den Personalausweis neu gemacht habe.*

15

Ergänzen Sie die Sätze mit den vorgegebenen Verben im **futuro anteriore**.

parlare
prendere
tornare
finire
arrivare
passare

1. Comincerò a sparecchiare la tavola, quando _____ il caffè.

2. Appena _____ in albergo, mi farò una bella doccia.

3. Mi chiamerai appena _____ con l'agenzia viaggi?

4. Quando Luca _____ questo lavoro, potrà finalmente andare in vacanza.

5. Dopo che _____ la frontiera, Anna e Leo cercheranno un albergo.

6. Faremo stampare le foto appena _____ in Italia.

 TR. 173

16

Das **futuro anteriore** wird auch verwendet, um Vermutungen oder Unsicherheiten in der Vergangenheit auszudrücken. Wandeln Sie die Sätze um.

sicher	unsicher
1. Mio marito ha fatto la spesa.	Mio marito _____ la spesa?
2. A quest'ora sono già partiti per Milano.	A quest'ora _____ già _____ per Milano?
3. Luca non è arrivato. Ha perso il treno.	Luca non è arrivato. _____ il treno?
4. Dov'è il cellulare? L'ho lasciato in ufficio.	Dov'è il cellulare? L'_____ in ufficio?
5. Mi sento male. Ho mangiato troppo.	Mi sento male. _____ troppo?
6. Non ho sentito il campanello. Era il postino.	Non ho sentito il campanello. _____ il postino?

17

Sie kennen schon die unbetonten Pronomen. Sie können auch miteinander verbunden werden. Hören Sie zwei Sätze aus dem Telefongespräch und ergänzen Sie die Tabelle.

TR. 174

Gut zu wissen:
Anders als im Deutschen steht das indirekte Pronomen an erster und das direkte Pronomen an zweiter Stelle. Auch die Reflexivpronomen können mit den unbetonten Pronomen verbunden werden: **me lo**, **te la**, **se li**, **ce le**, **ve ne** usw.

	lo	la	li	le	ne
mi	_____	me la	me li	me le	me ne
ti	te lo	te la	te li	te le	te ne
gli / le / Le	_____	gliela	glieli	gliele	gliene
ci	ce lo	ce la	ce li	ce le	ce ne
vi	ve lo	ve la	ve li	ve le	ve ne
gli	glielo	gliela	glieli	gliele	gliene

18

Ergänzen Sie die Sätze mit den entsprechenden kombinierten Pronomen.

1. Scrivo una mail a Marco, ma _____ mando domani.

2. Compro il giornale che mi avete chiesto e _____ porto subito a casa.

3. Cosa fa Francesco ancora in pigiama? Perché non _____ toglie?

4. Abbiamo comprato due poltrone. _____ consegnano la settimana prossima.

5. A Silvia piace lo champagne: per Natale _____ regalo una bottiglia.

6. Vorrei un nuovo gioco, ma mia mamma non _____ vuole comprare.

Gut zu wissen:
Das Partizip Perfekt wird an das direkte Objekt angeglichen: **Le chiavi? Te le ho già date!** *Den Schlüssel? Den habe ich dir schon gegeben!*

19

Mit Ausnahme von **gli** werden die kombinierten Pronomen getrennt geschrieben, es sei denn, sie werden an das Verb angehängt. Dann werden sie immer zusammengeschrieben. Beantworten Sie die Fragen, schreiben Sie die jeweiligen zwei Möglichkeiten.

  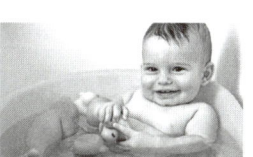

1. Puoi prestarmi l'auto? Sì, posso _____./ Sì, _____ posso prestare.

2. Vi dovete mettere i guanti? Sì, dobbiamo _____. / Sì, _____ dobbiamo mettere.

3. Ti vuoi fare un bagno? Sì, voglio _____./ Sì, _____ voglio fare.

TR. 175

20

Wenn man aus dem Urlaub kommt, erzählt man seinen Freunden davon.
Hören Sie sich die zwei Dialoge an und beantworten Sie die Fragen.

1. Perché è felice Isabella?
   - ■ A Perché ha incontrato Diego.
   - ■ B Perché sta per partire per le vacanze.
   - ■ C Perché è stata in montagna.

2. Che cosa ha fatto Diego in vacanza?
   - ■ A Ha fatto passeggiate in montagna.
   - ■ B Ha preso il sole.
   - ■ C Ha visitato delle città.

3. Come è stata la vacanza di Diego?
   - ■ A Deludente.
   - ■ B Avventurosa.
   - ■ C Rilassante.

4. Invece come è stata la vacanza di Dario?
   - ■ A Piena di disavventure.
   - ■ B Tranquilla.
   - ■ C Ben organizzata.

5. Dario ha avuto un problema...
   - ■ A con l'aereo.
   - ■ B con la prenotazione in albergo.
   - ■ C di salute.

6. Alla fine sono andati...
   - ■ A in pizzeria.
   - ■ B dalla polizia.
   - ■ C in birreria.

21

Gianluca sagt dem Rezeptionist: „**Le vacanze quest'anno non sono cominciate con il piede giusto."** Das bedeutet, dass die Ferien nicht gut angefangen haben.

Körperteile kommen in italienischen Redewendungen häufig vor. Verbinden Sie diese italienischen Ausdrücke mit den entsprechenden Erklärungen.

1.	non stare più nella pelle	___ A	bere troppo
2.	alzare il gomito	___ B	essere facile da accontentare
3.	essere in gamba	___ C	essere molto felici
4.	essere di bocca buona	___ D	fare finta di non sentire
5.	fare orecchie da mercante	___ E	essere in buona salute

Interkulturelles

Vacanze romane... anzi italiane!
Attenzione al 15 agosto, giorno in cui si celebra una festività antichissima di origine romana: il Ferragosto, da *Ferie Augusti* (riposo di Augusto)! In quel giorno quasi tutti i negozi chiudono, le città si svuotano e la sera si festeggia dappertutto con fuochi d'artificio (*Feuerwerk*).

1

Sehen Sie sich die vorgegebenen Substantive an und entscheiden Sie dann, welcher unbestimmte Artikel passt.

un	uno	una
_____	_____	_____
_____	_____	_____
_____	_____	_____
_____	_____	_____

sorpresa	aeroporto	stazione	città
sgabello	treno	studente	tiramisù

2

Entscheiden Sie, welche Substantive zu den jeweiligen Artikeln passen. Mehrere Antworten sind richtig.

1. IL
   - ■ **A** poliziotti
   - ■ **B** studente
   - ■ **C** taxi
   - ■ **D** signore

2. I
   - ■ **A** bagagli
   - ■ **B** alberghi
   - ■ **C** caffè
   - ■ **D** corridoio

3. LE
   - ■ **A** signori
   - ■ **B** signore
   - ■ **C** città
   - ■ **D** chiave

4. UNA
   - ■ **A** piazza
   - ■ **B** uscita
   - ■ **C** festa
   - ■ **D** scuola

5. UN
   - ■ **A** bacio
   - ■ **B** impiegato
   - ■ **C** aereo
   - ■ **D** scherzo

6. LA
   - ■ **A** grappa
   - ■ **B** chiave
   - ■ **C** signore
   - ■ **D** vicina

7. GLI
   - ■ **A** studenti
   - ■ **B** imbarchi
   - ■ **C** uscite
   - ■ **D** ingegneri

8. UNO
   - ■ **A** salatino
   - ■ **B** spumante
   - ■ **C** prodotto
   - ■ **D** studente

3

Ergänzen Sie die Sätze, indem Sie die richtigen Präsensformen der Verben in Klammern in die Lücken eintragen.

1. L'aereo (arrivare) _____ da Parigi.

2. (andare, loro) _____ a Genova.

3. Che cosa (vendere, lui) _____ ?

4. (conoscere, voi) _____ già Luciano?

5. (abitare, noi) _____ in piazza Garibaldi al numero 3.

6. Domani (stare, noi) _____ a casa.

7. Chi (pagare) _____ ?

8. Due cappuccini (costare) _____ 4 euro.

9. E voi, di dove (essere) _____ ?

10. Tu (portare) _____ la valigia e io il pacco!

4

Sehen Sie sich das Substantiv und die vorgegebenen Adjektive an. Welches Adjektiv passt nicht zum Substantiv? Streichen Sie es durch.

Due valigie rosse / bianchi / leggere.

Un bicchiere d'acqua leggero / gassata / minerale.

Un caffè freddo / dolce / calda.

5

Lesen Sie die Sätze mit den Possessivbegleitern. Sehen Sie sich dann
die drei Antwortmöglichkeiten an. Zwei davon sind richtig. Kreuzen Sie
diese an.

1. Sono i suoi occhiali.
   - A Sono di Claudio.
   - B Sono di Simona.
   - C Sono di Carlo e Claudio.

2. È suo padre.
   - A È il padre di Marta.
   - B È il padre di Marta e Paolo.
   - C È il padre di Paolo.

3. È la loro macchina.
   - A È di Federica.
   - B È di Federica e Sandra.
   - C È dei signori Fosco.

4. È la sua valigia.
   - A È di Bruno e Luca.
   - B È la valigia di Lisa.
   - C È la valigia di Ugo.

6

Tragen Sie jeweils die richtige Präsensform der vorgegebenen Verben
in die Lücken ein.

1. Adesso (venire) _____ qui Paolo.

2. Stasera rimango in casa e (guardare) _____ la televisione.

3. Scusi, (potere) _____ venire qui, per favore?

4. (dormire, loro) _____ ancora!?

5. (dovere, tu) _____ andare in banca!

6. (trasferirsi, noi) _____ a Napoli.

7. (fare, voi) _____ spesso sport?

8. Lo (chiedere, io) _____ a Barbara.

9. Al mattino (uscire, lei) _____ sempre alle otto.

10. (andare) _____ loro a fare la spesa?

11. (sedersi, io) _____ vicino a Vittorio, va bene?

12. Che lavoro (fare, tu) _____ ?

7

Sie sehen einige Sätze mit direkten und indirekten Objektpronomen. Unterteilen Sie diese Sätze in die angegebenen Kategorien und schreiben Sie diese in die entsprechende Spalte.

mit direkten Objektpronomen	mit indirekten Objektpronomen

Gli chiedo un favore.	Mi racconti qualcosa?	Ti telefono stasera.
Vi vediamo domani.	Ci chiami tu?	Non li conosciamo.
Le fai un regalo?	Mi sentite?	Le porto io alla stazione.

8

Schreiben Sie die entsprechenden zusammengesetzten Präpositionen in die Lücken.

1. (a) Porto io Katja _____ stazione.

2. (su) Lo sgabello è _____ balcone.

3. (da) Porto il bambino _____ nonni.

4. (in) C'è ancora un po' d'acqua _____ bicchiere.

5. (di) Ecco le chiavi _____ macchina.

6. (a) I bambini sono _____ asilo.

7. (su) Siamo _____ aereo.

8. (a) Il signor Borghi fa sempre colazione _____ bar.

9

Die Sätze auf der rechten Seite passen nicht zu den Aussagen auf
der linken Seite. Lesen Sie sie und ordnen Sie dann die Sätze rechts
den entsprechenden Ausdrücken links zu.

1. Vorrei del prosciutto.	____ **A** No, solo carne.
2. Posso provare la 44?	____ **B** Certo, lo porto subito!
3. Mi può portare un cucchiaio, per favore?	____ **C** La 44!? Ma è troppo grande per Lei!
4. Con le stringhe non le avete?	____ **D** Sì, visa e mastercard.
5. Quanto costa il biglietto?	____ **E** È leggero, molto buono.
6. Accettate le carte di credito?	____ **F** Lei è studente?
7. Prendo anche un pacchetto di pasta.	____ **G** No, è un modello senza stringhe.
8. Il vino rosso, com'è?	____ **H** Sì, c'è questa qui rossa.
9. Non ha una maglietta più sportiva?	____ **I** Un etto, va bene?
10. Scusi, vendete anche il salmone?	____ **J** Da mezzo chilo o più grande?

10

Hören Sie, was die Verkäuferin jeweils fragt. Beantworten Sie die Fragen,
indem Sie die richtige Antwort ankreuzen. Nur jeweils eine Antwort ist
richtig.

1. Track 176
   - ■ **A** La 42.
   - ■ **B** Una più grande.
   - ■ **C** Corta.

2. Track 177
   - ■ **A** Più piccolo.
   - ■ **B** Rosso scuro.
   - ■ **C** Classico.

3. Track 178
   - ■ **A** La cerco rosa.
   - ■ **B** Mi sta bene.
   - ■ **C** Ho la 40.

 TR. 176

 TR. 177

 TR. 178

11

Lesen Sie die Sätze und ergänzen Sie sie, indem Sie die Wörter in die Lücken schreiben. Wählen Sie die fehlenden Wörter aus dem unteren Kästchen.

1. C'è una _____ per visitare la fortezza?

2. Avete una _____ del centro storico?

3. Ci sono _____ in tedesco?

giri turistici	riduzioni	piantina
entrata libera	visite guidate	guida turistica

12

Sehen Sie sich die Fotos an und schreiben Sie jeweils den Namen des Verkehrsmittels mit der passenden Präposition in die Lücke, als ob Sie den Satz Ci vado ... ergänzen sollten.

1. _____ 2. _____

3. _____ 4. _____

13

Welche präpositionalen Ergänzungen brauchen diese Verben? Tragen Sie die Verben rechts in die richtige Spalte ein.

mit Präposition a	mit Präposition di	ohne Präposition
_____	_____	_____
_____	_____	_____
_____	_____	_____
_____	_____	_____
_____	_____	_____
_____	_____	_____
_____	_____	_____

amare / pensare

preferire / desiderare

decidere / sembrare

proporre / chiedere

andare / invitare

continuare / potere

finire / consigliare

volere / dovere

cominciare / iniziare

piacere

14

Sehen Sie sich die Bilder an und lesen Sie die drei untenstehenden Sätze. Welcher Satz passt zu welchem Bild? Ordnen Sie die Sätze den entsprechenden Bildern zu.

____ **A** Il pacchetto nero è meno grande del pacchetto grigio.

____ **B** Il pacchetto nero è più grande di quello grigio.

1   2   3

____ **C** Il pacchetto nero è grande come il pacchetto grigio.

15

Lesen Sie die Sätze und schreiben Sie die Form **stare** + Gerundium der unterstrichenen Verben auf.

1. I Fini <u>partono</u> per il mare.   _____

2. Ti <u>ascolto</u> ...   _____

3. <u>Cerchiamo</u> una nuova casa.   _____

223

16

Schreiben Sie für jedes Adjektiv das entsprechende Adverb auf.

1. regolare   _____

2. facile   _____

3. sicuro   _____

4. leggero   _____

5. pieno   _____

6. elegante   _____

17

Lesen Sie die Sätze. Was könnte das direkte Objektpronomen jeweils ersetzen? Achten Sie auf die Angleichung des Partizips und wählen Sie die richtige Antwort aus.

1. Le avete comprate al mercato?
   - ◼ A una mela
   - ◼ B delle mele
   - ◼ C dei pomodori

2. L'ho visto ieri.
   - ◼ A Stefano
   - ◼ B Luca e Marco
   - ◼ C Alessia

3. L'ha mangiato lui.
   - ◼ A una mela
   - ◼ B dei salatini
   - ◼ C un pezzo di formaggio

4. Li hai letti tutti?
   - ◼ A un libro
   - ◼ B delle riviste
   - ◼ C dei libri

5. Li abbiamo raccolti noi!
   - ◼ A dei funghi
   - ◼ B un fungo
   - ◼ C delle mele

18

Wo sind diese Dinge? Ergänzen Sie die Bildbeschreibung mit den passenden Ortsangaben. Denken Sie daran, dass sie eventuell auch Präpositionen und Artikel benötigen.

1. Il divano è _____ cassettiera e il tavolino.

2. I cuscini sono _____ divano.

3. Il tappeto è _____ divano.

4. La cassettiera è _____ divano.

5. Il tappeto è _____ stanza.

19

Ergänzen Sie die Sätze mit der passenden Ordnungszahl. Denken Sie an die Angleichung an das Substantiv.

1. Sono appena diventato papà! Sono al _____ (7°) cielo!

2. Ho preso i biglietti per il teatro, siamo in _____ (4a) fila.

3. John abita in un grattacielo di New York al _____ (36°) piano.

4. Alla gara di corsa sono arrivato _____ (10°).

5. George W. Bush è stato il _____ (43°) presidente degli Stati Uniti.

Gut zu wissen:
Essere al settimo cielo
(*im siebten Himmel sein*) sagt man auf Italienisch, wenn man sehr glücklich ist.

20

 TR. 179

Ergänzen Sie die Sätze mit dem passenden Adverbialpronomen: **ci** oder **ne**.

1. Vieni al cinema con noi? – No, non _____ posso venire.

2. Cosa metti nel tè? – _____ metto un po' di limone.

3. Quanti fratelli hai? – _____ ho due.

4. Hai visto i miei amici del mare? – Sì, _____ ho visto uno.

5. Studi tutti i giorni in biblioteca? – No, _____ studio solo il giovedì.

6. Vuole delle arance? – Sì, _____ vorrei un chilo.

7. Come vai a scuola? – _____ vado a piedi.

8. Mangi tutta la pizza? – No, _____ prendo solo un pezzo.

Gut zu wissen:
Zur Erinnerung:
– **ci** bezieht sich auf zuvor genannte Orts- oder Richtungsangaben und bedeutet *dort / dorthin*.
– **ne** drückt im Sinne von *davon* eine Teilmenge einer bereits erwähnten Sache aus.

TR. 180

21

Ergänzen Sie die Sätze mit den folgenden Indefinita.

| tutti |
| tanti |
| alcune |
| molto |
| diversi |
| qualcosa |
| qualche |

1. Posso fare _____ per aiutarti?

2. Se hai finito _____ i compiti, puoi andare a giocare.

3. Oggi ho dedicato _____ tempo alla mia famiglia.

4. Hai visto _____ film interessante di recente?

5. Mio cugino lavora nella pubblicità e guadagna _____ soldi.

6. _____ regioni italiane non hanno sbocco sul mare.

7. Nella mia vita ho fatto _____ lavori.

 TR. 181

22

Schreiben Sie die Sätze in Imperativ-Sätze um. Achten Sie dabei auf die Stellung der Pronomen! Manchmal sind beide Stellungen möglich.

1. Ti devi sbrigare. _____!

2. Mi fai un piacere? _____!

3. Non devi parlargli. _____!

4. Mi può passare l'agenda? _____!

5. Le dai un consiglio? _____!

6. Non puoi addormentarti. _____!

7. Gli può scrivere una mail? _____!

8. Devi andarci subito. _____!

9. Signora, non si deve preoccupare. _____!

10. Puoi metterti comodo. _____!

 TR. 182

23

Schreiben Sie die Sätze um und ersetzen Sie dabei die unterstrichenen Wörter durch die entsprechenden Pronomen. Achten Sie auf ihre Stellung: Manchmal sind beide Stellungen möglich.

1. Stasera vorrei andare al cinema. → _____.

2. Non comprare troppa frutta! → _____!

3. Chiuda la finestra! → _____!

4. Devo raccontare una cosa a Paola. → _____.

5. Dai una mano a Vittorio! → _____!

6. Sono felice di rivedere i miei compagni. → _____.

1

2
1. a; **2.** b; **3.** a, b; **4.** b

5
Pronto?

6
1. c; **2.** a; **3.** b; **4.** a

7
Richtige Reihenfolge: i; e; c; d; h; b; f; g; a

9
1. caffè; **2.** gas; **3.** chi; **4.** ciao; **5.** chiave

11
1. sono; **2.** è; **3.** sono; **4.** è

12
1. parla; **2.** arrivo; **3.** arrivi

13
1. parla; **2.** sono; **3.** sta; **4.** arrivi; **5.** stai; **6.** Arrivo;
7. è; **8.** Parli

15
1. c; **2.** b; **3.** a

18

S	O	B	U	N	G	I	B	A	S	E	A
A	R	O	M	I	A	O	U	N	I	C	R
I	B	U	O	N	A	N	O	T	T	E	R
E	U	N	U	D	Q	U	N	P	I	O	I
D	G	C	O	M	E	O	G	I	O	R	V
P	L	I	L	I	A	N	I	Z	E	R	E
V	M	A	C	A	N	O	O	V	U	R	D
B	U	O	N	A	S	E	R	A	A	B	E
T	A	C	E	C	D	E	N	F	G	H	R
D	D	D	I	I	L	M	O	N	O	P	C
I	S	A	L	V	E	R	S	T	U	V	I

2

2
1. c; **2.** d; **3.** b; **4.** a

4
a) Biglietto; Ha bagagli?; bagaglio a mano; Finestrino o corridoio?; Finestrino; l'uscita; imbarco; buon viaggio!
b) ecco qua

5
1. f; **2.** r; **3.** r; **4.** f; **5.** f; **6.** f

6
1. c; **2.** e; **3.** d; **4.** b; **5.** a

9
1. Le nove; **2.** Le quattro; **3.** Le due; **4.** Le sei

10
io ho; lui / lei / Lei ha

11
1. hai; **2.** è; **3.** arriva; **4.** Arrivo; **5.** ha; **6.** sta; **7.** Ho;
8. Sei

12
un biglietto; un'uscita; una chiave; un imbarco

13
1. una; **2.** una, un; **3.** uno; **4.** un; **5.** Un; **6.** una

15
il – i passaporti; la – le monete; l' – gli aerei; lo – gli studenti; la – le case; la – le; l' – gli ingegneri

3

1
1. c; **2.** d; **3.** a; **4.** j; **5.** e; **6.** g; **7.** h; **8.** b; **9.** i; **10.** f

2
1. d; **2.** a; **3.** b; **4.** c

4
Milano

5
Richtige Reihenfolge: c, e, b, d, a, f

6
1. a; **2.** b; **3.** c; **4.** c; **5.** b; **6.** b

7
parlate; abitiamo; abitano

8
2. Abitate … ; **3.** Adesso chiamiamo … ; **4.** Parlano … ;
5. Chiamate … ; **6.** Arrivano … ; **7.** Risparmiamo … ;
8. Volate …

10
1. stanno; **2.** ci sono; **3.** Siamo; **4.** stiamo; **5.** è;
6. Avete

12

1. Boris è russo.; **2.** Stefania e Giacomo sono italiani.;
3. Markus è tedesco.; **4.** Steve e Joe sono americani.;
5. Pilar e Nuria sono spagnole.; **6.** Elizabeth è inglese.

15

1. a, b; **2.** b, c, d; **3.** a, b, c; **4.** a, c, d

16

1. una spremuta; **2.** una grappa; **3.** un caffellatte;
4. uno spumante

4

2

1. f; **2.** e; **3.** d; **4.** a; **5.** c; **6.** b

3

Sicilia; Lombardia

4

1. f; **2.** r; **3.** r; **4.** f; **5.** r; **6.** r; **7.** r; **8.** f

5

1. c; **2.** c; **3.** a; **4.** b; **5.** b

7

Stadt

8

1. da; **2.** di

9

1. da; **2.** in; **3.** di; **4.** in; **5.** da; **6.** da

11

1. Dove; **2.** quant'; **3.** quanto; **4.** Da dove

13

Weich: conoscere, scena, sciarpa, sciare
Hart: schiuma, scala, schema, sgabello, scuola,
scherzo

14

conosco, conosci, conosce, conosciamo,
conoscete, conoscono

15

1. vende; **2.** conosce; **3.** Vendiamo; **4.** intende;
5. Conoscete; **6.** Conosco; **7.** vendono

5

4

Come va?

5

1. b; **2.** a; **3.** b; **4.** a

7

al; allo; alla; all'

8

dello – della – delle / nel – nella – negli

9

1. alla; **2.** della; **3.** nella; **4.** dei

11

1. del; **2.** delle; **3.** del; **4.** della; **5.** delle

12

in, dal

13

1. Non è italiana.; **2.** Non va a Siena.;
3. Non parlano con Piero.

16

1. Vieni; **2.** vengo; **3.** viene

17

1. un / il palazzo; **2.** la porta; **3.** il cancello;
4. il garage; **5.** il balcone; **6.** le finestre; **7.** il tetto;
8. la macelleria; **9.** il giardino; **10.** la scala
Lösungswort: la libreria

6

2

Aussehen: capelli rossi – trucco pesante
Charakter: curioso – bravo – gentile – cattivo – pett-
egolo – insopportabile

4

1. e; **2.** g; **3.** d; **4.** c; **5.** f; **6.** a; **7.** b

5

Richtige Aussagen: 1; 3; 4; 6; 7

6

proprio

9

Lösungsvorschlag:

Sono alta e magra. Ho i capelli biondi, lunghi e lisci.
Ho gli occhi azzurri e porto gli occhiali. Sono socie-
vole, curiosa e gentile.

11

1. usciamo; **2.** segue; **3.** esce; **4.** Sentite; **5.** seguiamo;
6. Escono; **7.** Senti; **8.** Esco

16

1. ... lo chiamo.; **2.** ... la seguiamo.; **3.** Li conosci?;
4. Lo prende.; 5. Le vedi domani?; **6.** La faccio.

7

4

Grazie, altrettanto.

5

1. c; **2.** e; **3.** f; **4.** a; **5.** b; **6.** d

6

1. altrettanto; **2.** da; **3.** tardi; **4.** all'asilo; **5.** la spesa;
6. la baby-sitter; **7.** nonni; **8.** all'

8

1. la; **2.** –; **3.** –; **4.** –; **5.** il; **6.** la; **7.** le; **8.** le; **9.** –; **10.** la

11

1. devo; **2.** puoi; **3.** può; **4.** dobbiamo; **5.** potete;
6. devono

13

1. Posso fare una telefonata?
2. Possiamo venire verso le cinque?
3. Posso guardare la televisione?
4. Puoi portare il bambino all'asilo?
5. Puoi andare a fare la spesa?
6. Possiamo sederci qui? / Ci possiamo sedere qui?

15

1. si; **2.** mi; **3.** Ci; **4.** si; **5.** ti; **6.** si; **7.** ci; **8.** vi

8

2

1. d; **2.** c; **3.** a; **4.** b

4

No

5

1. lavoro; **2.** studio; **3.** offerta; **4.** capo; **5.** colleghi;
6. stipendio; **7.** progetto

6

Chiara: 1, 2, 3, 4, 5. / **Monica:** 4, 5.

8

1. il meccanico; **2.** l'avvocato; **3.** l'infermiera;
4. la segretaria; **5.** l'impiegato di banca;
6. il contadino; **7.** la parrucchiera; **8.** l'architetto

10

1. a tempo pieno; **2.** simpatici; **3.** poco; **4.** vario /
interessante; **5.** ben pagato; **6.** facile

12

1. ci; **2.** Le; **3.** gli; **4.** ti; **5.** mi

13

1. piace; **2.** piacciono

15

1. Finisce; **2.** Capisci; **3.** Capite; **4.** Mi trasferisco / Io
mi trasferisco

9

2

1. d; **2.** c; **3.** a; **4.** b

4

1. centro; **2.** giro; **3.** autobus; **4.** parcheggio;
5. mezzi pubblici; **6.** a piedi

5

1. b, d; **2.** a, d; **3.** b, d; **4.** a

6

prenotare, sera, persone, tre, ora, signor, domani

10

Regelmäßige Partizipien: guardato; creduto; capito;
mangiato; sentito; venduto
Unregelmäßige Partizipien: visto; letto; fatto; preso;
bevuto; chiesto

11

1. ha fatto; **2.** ho bevuto; **3.** abbiamo letto;
4. avete finito; **5.** ha preparato; **6.** Hai telefonato;
7. hanno venduto

12

1. Non hai letto l'articolo sulla mostra?;
2. A mezzogiorno non ho lavato i piatti.;
3. Ha iniziato a lavorare part-time.

14

1. a; **2.** b; **3.** a; **4.** c

17

1. Ci vado con Carla.; **2.** Ci va ogni anno.;
3. Ci torna per il week-end.; **4.** Ci vanno spesso.;
5. Quando ci andate?; **6.** Di solito non ci vado presto.

10

2
1. a; **2.** c; **3.** e; **4.** b; **5.** d

4
1. biglietti; **2.** riduzioni; **3.** la terza età;
4. studentesse; **5.** tesserino universitario;
6. normali; **7.** dépliant

5
non ti pare?; ti piace?; Mi piacciono i colori;
Sì, anche a me.; E secondo te,; Per me; E tu, a cosa
hai pensato?; Sì, anch'io ho pensato ad; non sono
proprio sicura

6
1. f; **2.** f; **3.** r; **4.** r; **5.** r; **6.** r

7
1. b; **2.** c; **3.** a; **4.** d

9
Subjekt

10
1. è andata; **2.** è venuto; **3.** siamo arrivati;
4. è sceso; **5.** Sono rimaste; **6.** sono costati;
7. sei stata; **8.** sono piaciute

11
1. c; **2.** h; **3.** e; **4.** a; **5.** b; **6.** f; **7.** g; **8.** d

13
1. b; **2.** c; **3.** e; **4.** a; **5.** d

15
1. Anche a me. / Pure a me. / A me no.
2. Anch'io. / Pure io. / Io no.
3. Neanche a me. / Nemmeno a me. /
 Neppure a me. / A me sì.
4. Neanch'io. / Nemmeno io. / Neppure io. / Io sì.

11

4
(Facciamo) alla romana.

5
Richtige Antworten: 1; 4; 7; 8; 10

6
1. f; **2.** f; **3.** r; **4.** f; **5.** f; **6.** r; **7.** f; **8.** r

9
1. a; **2.** c; **3.** b; **4.** b

11
1. a; **2.** c; **3.** c; **4.** b

13
1. di; **2.** di; **3.** di / d'

14
1. Perché; **2.** perché; **3.** per

15
1. a, b, (d); **2.** a, d; **3.** a, b; **4.** a, b, c

12

2
1. d; **2.** a; **3.** b; **4.** e; **5.** c

4
Posso pagare con la carta di credito?

5
1. a; **2.** b; **3.** a; **4.** b; **5.** b; **6.** c

6
1. Cerco; **2.** vetrina; **3.** taglia; **4.** colore; **5.** modello;
6. camerino; **7.** provare; **8.** sta

7
1. più piccola; **2.** più comodi; **3.** meno lunga;
4. più leggeri

9
1. bene; **2.** troppo; **3.** troppi; **4.** poco

11
1. quei; **2.** quella; **3.** Quel; **4.** Quel; **5.** Quella;
6. Quelle; **7.** quegli; **8.** quell'

13
1. c; **2.** b; **3.** a; **4.** b

13

2
1. f; **2.** c; **3.** a; **4.** d; **5.** b; **6.** e

4
Ho un appuntamento.

5
1. sì; **2.** no; **3.** sì; **4.** no; **5.** sì; **6.** sì; **7.** sì; **8.** no; **9.** sì;
10. sì

6
1. annuncio; **2.** affitto; **3.** prendere;
4. Seguire, a destra; **5.** di fronte

8
1. Quelle; **2.** quelli; **3.** quella;

10

sesto; quattordicesimo; ventitreesimo

13

1. Sarebbe; 2. potremmo; 3. verreste; 4. apriresti;
5. Direi; 6. sarebbero

14

1

1. e; 2. f; 3. a; 4. i; 5. b; 6. h; 7. d; 8. c; 9. j; 10. g

4

1. –; 2. a; 3. di; 4. di; 5. –; 6. ad

5

1. f; 2. r; 3. r; 4. r; 5. f; 6. f; 7. r; 8. f

8

1. credi di / crede di; 2. pensano di; 3. piace;
4. continua a / ad; 5. vuole; 6. Iniziamo a

11

1. degli; 2. dell'; 3. come; 4. che; 5. di; 6. che; 7. che;
8. della

12

1. come; 2. di; 3. più / meno; 4. come; 5. che;
6. che; 7. più; 8. di

15

1

1. c; 2. e; 3. f; 4. b; 5. g; 6. h; 7. d; 8. a

2

Erklärung der Sätze:
1. Sie möchten ein Einzelzimmer für zwei Nächte.
2. Man fragt, ob etwas aus der Minibar genommen
   wurde.
3. Man fragt, ob Sie das Telefon benutzt haben.
4. Sie möchten für nächsten Monat buchen.
5. Man fragt, ob Sie ein Einzelzimmer möchten.
6. Sie möchten ein ruhiges Zimmer.
7. Man sagt, das Zimmer zeigt zur Straße.
8. Man fragt, für wann Sie buchen möchten.
9. Man fragt, für wie viele Nächte Sie buchen.

4

Sto andando

5

1. giusto; 2. qualche telefonata; 3. Di nuovo;

4. rientro; 5. ti fermi; 6. vederci

6

1. b; 2. d; 3. a; 4. c

7

1. stiamo andando; 2. sta dormendo;
3. stanno arrivando

8

1. stai facendo; 2. stiamo guardando;
3. stanno venendo; 4. state dicendo;
5. Sto leggendo; 6. sta uscendo

11

sentirò, leggerai, tornerà, sentiremo, leggerete,
torneranno

13

1. alcuni; 2. Ogni; 3. altra; 4. nessuno; 5. Qualche;
6. tutti

15

1. si è fermato; 2. ti sei ricordata; 3. si sono svegliati;
4. ci siamo trovati / ci siamo trovate; 5. si è prepara-
to; 6. vi siete incontrati / vi siete incontrate

16

4

Quanti anni compie?

5

1. a; 2. c; 3. c; 4. a; 5. a; 6. c

8

1. buon; 2. buona; 3. salute; 4. buone;
5. Congratulazioni

9

1. chiaramente; 2. facilmente; 3. pesantemente

10

1. tranquillamente; 2. elegantemente; 3. gentilmente;
4. regolarmente; 5. puntualmente; 6. veramente

12

1. a, b, c; 2. a, c, d

14

1. Due giorni fa l'ho vista. / L'ho vista due giorni fa.
2. Li hai già provati?
3. Le avete chiamate?
4. L'abbiamo bevuta tutta. / L'abbiamo bevuta.
5. L'hai finito tu?
6. L'hanno comprata.

17

1
1. B, **2.** F, **3.** D, **4.** A, **5.** E, **6.** C

2
1. C, **2.** E, **3.** F, **4.** B, **5.** D, **6.** A

3
In piazza Vittorio.

4
1. B, **2.** A, **3.** B, **4.** C, **5.** A, **6.** C

5
1. davanti al, **2.** vicino al, **3.** Dopo, **4.** dopo

6
1. sopra, **2.** dentro, **3.** dietro, **4.** davanti alla / di fronte alla, **5.** in mezzo alla, **6.** tra / fra

7
ventunesimo, ventiquattresimo, venticinquesimo, ventiseiesimo, trentesimo, quarantacinquesimo, sessantatreesimo, ottantunesimo, novantanovesimo, centesimo

8
1. secondo, **2.** terza, **3.** novantatreesimo, **4.** dodicesimo, **5.** diciannovesimo, **6.** primo, **7.** quinta

9
1. B, **2.** B

10
1. a teatro, ci veniamo, **2.** in discoteca, non ci vado, **3.** in Italia, ci torno spesso, **4.** a Barcellona, ci abita ancora, **5.** in Danimarca, non ci sono mai stato, **6.** in enoteca, ci andiamo

12
1. Buona idea! D'accordo. Volentieri. Va bene! **2.** Mi dispiace, non ho tempo. No, devo lavorare. Facciamo un'altra volta. Ho già un impegno.

14
1. La cena la preparo io, **2.** Le camicie le stira lui, **3.** Il bagno lo pulite voi, **4.** La spesa la faccio io, **5.** Il dolce lo prepariamo noi, **6.** I pavimenti non li lavi tu, **7.** La lavatrice non la riparano loro

15
1. il compleanno, **2.** la laurea, **3.** il matrimonio, **4.** la nascita di un figlio

16
1. B, **2.** D, **3.** G, **4.** C, **5.** A, **6.** H, **7.** F, **8.** E

Un invito a cena - *Eine Einladung zum Abendessen*
Wenn man in Italien zum Abendessen bei Freunden eingeladen ist, bringt man normalerweise ein Geschenk mit oder beteiligt sich am Menü des Abends zum Beispiel mit einem Nachtisch. Wenn Sie möchten, können Sie die Gastgeber zuerst fragen, was zum Abendessen passend sein kann. Weitere typische Geschenke sind Blumen oder eine Flasche Wein, die manchmal während des Essens geöffnet und zusammen getrunken wird. Am nächsten Tag ist es guter Brauch, sich für den schönen Abend mit einer Nachricht oder einem Anruf zu bedanken. Denken Sie daran: Für eine Einladung zum Abendessen revanchiert man sich immer!

18

1
1. l'insegnante, **2.** il compagno, **3.** il capo, **4.** il collega, **5.** il vicino, **6.** la coinquilina

2
1. D, **2.** A, **3.** E, **4.** F, **5.** B, **6.** C

3
1. vero, **2.** falso, **3.** falso, **4.** vero, **5.** vero, **6.** falso

5
1. di, **2.** che, **3.** che, **4.** delle, **5.** di, **6.** che

6
1. Lucia è forte come Giovanni. **2.** La lumaca piccola è veloce come quella grande. **3.** Tu sei piccolo come me.

7
migliore, ottimo; **1.** minore, **2.** migliore, **3.** pessimo, **4.** maggiori

8
rilassato, trasferita, divertiti

9
1. Il mio collega non si è sentito bene, **2.** Le mie amiche si sono divertite molto con te, **3.** Mia sorella si è svegliata presto, **4.** I miei vicini di casa si sono sposati a maggio, **5.** Mio figlio si è addormentato con la luce accesa.

10
1. D, **2.** E, **3.** A, **4.** B, **5.** C

11
1. Certo, **2.** Bene, **3.** Dai, **4.** Allora

12

1. inizio, informale, **2.** fine, formale, **3.** fine, informale, **4.** fine, informale, **5.** inizio, formale

13

Cara, indipendenza, Allora, palazzo, Certo, prezzo, coinquilina, laboratori, a presto

14

mio, tua, suo, sua, nostra, vostro, vostra, loro; mie, tuoi, tue, suoi, nostri, nostre, vostre, loro, loro

15

1. le mie, **2.** i suoi, **3.** le sue, **4.** La mia, **5.** il loro, **6.** la tua

La famiglia italiana - *Die italienische Familie*

Mehr als 60% der jungen Italiener im Alter zwischen 18 und 34 Jahren leben immer noch bei ihren Eltern (Istat 2017). Die Gründe sind verschieden, vor allem wirtschaftliche (Arbeitslosigkeit und hohe Mieten), aber es ist auch eine Frage der Bequemlichkeit. Jenseits der Stereotypen spielt in Italien die Familie immer noch eine wichtige Rolle im täglichen Leben, auch wenn die Kinder verheiratet sind und eine eigene Familie haben. Zum Beispiel tragen die Großeltern wirtschaftlich und körperlich zum Familienbetrieb bei, indem sie sich um die Enkelkinder kümmern. Ohne Unterstützung der Familie würden einige Paare in Schwierigkeiten geraten, zum Teil wegen der wenigen Dienstleistungen, die der Staat gewährleistet, wie zum Beispiel Kindergärten. Aus diesem Grund werden seit einigen Jahrzehnten immer weniger Kinder geboren - Italien ist das Land mit der niedrigsten Geburtenrate in Europa - und in der Folge nimmt die Bevölkerung ab und wird älter (fast ein Viertel der Einwohner der Halbinsel sind über 65 Jahre alt).

19

1

1. la Valle d'Aosta, **2.** il Piemonte, **3.** la Liguria, **4.** la Lombardia, **5.** il Trentino-Alto Adige, **6.** il Friuli-Venezia Giulia, **7.** il Veneto, **8.** l'Emilia-Romagna, **9.** la Toscana, **10.** le Marche, **11.** l'Umbria, **12.** il Lazio, **13.** l'Abruzzo, **14.** il Molise, **15.** la Puglia, **16.** la Campania, **17.** la Basilicata, **18.** la Calabria, **19.** la Sicilia, **20.** la Sardegna

2

1. Sicilia, Sardegna, **2.** Lazio, **3.** Piemonte, **4.** Trentino-Alto Adige, **5.** Valle d'Aosta

3

1. Il riso, **2.** Il prosciutto crudo, la mortadella

5

1. C si passa, **2.** D si fuma, **3.** A si arriva, **4.** B si parla

6

1. si è troppo stanchi, **2.** si diventa più saggi, **3.** si diventa atletici, **4.** si è studenti

7

1. Si scartano i regali, **2.** Si fa l'albero di Natale, **3.** Si mangiano le lenticchie, **4.** Si guardano i fuochi d'artificio, **5.** Si tirano i coriandoli, **6.** Ci si mette un costume, **7.** Si regalano le uova di cioccolato, **8.** Si mangia la colomba pasquale

8

1. Il Piemonte è la patria del cioccolato, **2.** La Lombardia è conosciuta per alcune specialità, **3.** L'Emilia-Romagna è famosa per il Parmigiano Reggiano, **4.** L'Umbria è conosciuta per i tartufi neri, **5.** La Sicilia è la patria delle granite, **6.** La Liguria è famosa per la farinata

10

1. C, **2.** F, **3.** E, **4.** A, **5.** B, **6.** G, **7.** D; Sätze mit *che* als Subjekt: **1.** C, **5.** B, **7.** D

11

1. la montagna, **2.** il fiume, **3.** il lago, **4.** il vulcano, **5.** la pianura, **6.** la spiaggia, **7.** la collina, **8.** la costa

12

richtig: 4, 5

13

1. centrale, mare, territorio, laghi, tradizioni, mete, stranieri, manifestazioni, **2.** nord, coste, bellezze, parchi, marine, patrimoni, centro

14

1. alcune, **2.** molte, **3.** diverse, qualche, **4.** vari, **5.** tutti, **6.** qualcosa, **7.** tanti

15

1. qualche, **2.** qualcosa, **3.** molte, tanti, alcune, diverse, vari, Tutti

16

1. alcuni, **2.** qualche, **3.** alcune spiagge, **4.** qualche castello

17

diversi, tante, qualcosa, tutte

Mari e monti - *Meer und Berge*
Italien ist eine Halbinsel im Zentrum des Mittelmeeres und hat mehr als 7000 km Küste. Ein großer Teil Italiens wird jedoch von Bergketten dominiert. Alle italienischen Regionen werden von den Alpen oder vom Apennin durchquert - mit der Ausnahme von Sardinien. Die unterirdischen Stöße, die vor Millionen von Jahren die Berge gebildet haben, setzen ihren Verlauf heute noch fort und sowohl die Erdbeben als auch die Vulkane zeugen davon. Italien hat - zusammen mit Island - die größte Konzentration aktiver Vulkane in Europa und gehört zu den Ländern mit dem höchsten Erdbebenrisiko im Mittelmeer.

20

1
1. titolo, **2.** regista, **3.** anno, **4.** attori protagonisti, **5.** genere, **6.** durata, **7.** colonna sonora, **8.** premi

2
1. C, **2.** D, **3.** B, **4.** F, **5.** G, **6.** E, **7.** A, **8.** H

3
cinema, il film, davvero toccante, è in programmazione, è ambientato a, ha vinto la Palma d'Oro, La colonna sonora è di..., assolutamente coinvolgente, Racconta la storia di..., trama, regista, Tra gli attori protagonisti c'era..., che film interessante, io l'ho trovato noioso

4
1. L'ho chiamata, **2.** li hai visti, **3.** l'abbiamo visto, **4.** l'ho trovato

5
1. li ho selezionati, **2.** l'ho truccata, **3.** le ho scelte, **4.** le ho girate, **5.** l'ho fatto, **6.** l'ho trovato

6
1. B, **2.** A, **3.** D, **4.** G, **5.** F, **6.** E, **7.** C

7
1. racconta, figlio, guerra, vita, gioco, salvarsi, **2.** vicende, splendida, Quando, crisi, eventi, riflette

9
1. B, **2.** A, **3.** C, **4.** A, **5.** C, **6.** A

10
1. Abbiamo letto la recensione del film di cui ci hai parlato ieri, **2.** Ho visto il documentario per cui il regista ha vinto un premio, **3.** L'attore è Toni Servillo a cui il regista ha dato il ruolo principale, **4.** Cinisi, in cui è stato girato il film "I cento passi", è in provincia di Palermo.

11
1. toccante, coinvolgente, interessante, convincente, emozionante, **2.** noioso, monotono, brutto, complicato, ripetitivo

12
1. ☹, **2.** ☺, **3.** ☹, **4.** ☺

13
1. non sono d'accordo, **2.** sono d'accordo, **3.** sono d'accordo, **4.** non sono d'accordo

14
1. sto per partire, **2.** sta per piangere, **3.** stai per mangiare, **4.** stavo per uscire, **5.** stanno per parlare, **6.** stava per cadere

15
1. casa, **2.** libro, **3.** paese, **4.** bocca, **5.** carattere, **6.** piede

Festival del cinema - *Filmfestival*
Das Internationale Filmfestspiel Venedig ist das älteste Filmfestival der Welt und der Goldene Löwe (Symbol der Stadt) ist eine der renommiertesten Auszeichnungen der Filmkritik, ebenso wie die Preise, die bei den Filmfestspielen von Cannes und beim Internationalen Filmfestival in Berlin (Berlinale) vergeben werden.
Die Mostra (Filmfestspiele Venedig) ist Teil eines größeren Ereignisses, der Biennale von Venedig, einer kulturellen Veranstaltung, die das Ziel hat neue künstlerische Tendenzen zu fördern und die internationale Ausstellungen zeitgenössischer Kunst organisiert.
Filmliebhaber sollten jedoch auch nicht das Filmfestival in Rom verpassen, das im Auditorium des Parco della Musica stattfindet, und das Filmfestival von Torino, das sich hauptsächlich der unabhängigen Filmproduktion widmet.

21

1
1. il mouse, **2.** lo schermo, **3.** la stampante, **4.** la tastiera, **5.** la spillatrice, **6.** il raccoglitore

2
1. H, **2.** D, **3.** I, **4.** A, **5.** B, **6.** F, **7.** E, **8.** G, **9.** C

3
Emma cerca uno stage.

4
1, 2, 4, 6, 8

5
1. D, **2.** A, **3.** F, **4.** B, **5.** E, **6.** C

6
1. Si sieda! **2.** Dai, raccontami! **3.** Non preoccuparti!

7
1. Parlami delle tue precedenti esperienze lavorative.
2. Si accomodi su quella sedia. **3.** Mi mostri il Suo
portfolio. **4.** Mi dica quali sono i Suoi obiettivi profes-
sionali. **5.** Raccontami una tua giornata tipo in ufficio.

8
1. Non agitarti! Non ti agitare! **2.** Mi scusi! **3.** Passami
i documenti!

9
1. dalle, **2.** dillo, **3.** fatti, **4.** stammi, **5.** vacci, **6.** dagli

10
1. Dalle una mano, **2.** Digli la verità, **3.** Fammi un
favore, **4.** Fatti assumere, **5.** Vammi a fare un caffè,
6. Stammi bene

11
1. B, **2.** A, **3.** E, **4.** D, **5.** F, **6.** C

13
1. Posso chiederLe un favore? **2.** –, **3.** Non parlarne
con nessuno, **4.** –, **5.** –, **6.** –, **7.** Vorrei parlarti.

14
1. ☺, **2.** ☹, **3.** ☺

15
1. Bologna, tre mesi, editoria, laurea in Lettere, buona
conoscenza di una lingua straniera, **2.** Firenze, sei
mesi, ufficio comunicazione e marketing, laurea
in Economia e Commercio, ottima conoscenza del
web e spiccate doti creative, **3.** Roma, un anno,
ricerca e selezione del personale, laurea in Scienze
umanistiche, master in Risorse Umane, flessibilità e
determinazione

16
annuncio, candidatura, laureata, letteratura, master,
stage, settore, appassionata, curriculum, cordiali

17
1. di zucchero, **2.** di libri, **3.** di soldi, **4.** di anni, **5.** di
foto, **6.** di latte

18
1. Ne ho comprati, **2.** Ne ho mandate, **3.** Ne ho stam-
pato, **4.** ne ho mangiata, **5.** Ne ho ordinate

19
Vorteile: gestire meglio il tempo, *Nachteile:* sentirsi
solo, lontano dal mondo reale, la precarietà, la sicu-
rezza del posto fisso, lo stipendio a fine mese

20
1, 3

**I giovani italiani e il lavoro - *Junge Italiener und die
Arbeit***
In Italien ist die Jugendarbeitslosigkeit seit einigen
Jahren sehr hoch: fast 35% (Istat 2017), eine der
höchsten Raten in ganz Europa. Die Zeit der Festan-
stellung ist vorbei und die italienischen Jugendlichen
haben nach Abschluss des Studiums Schwierigkei-
ten, einen festen Arbeitsplatz zu finden und sind
weiterhin von ihren Eltern wirtschaftlich abhängig.
Sie müssen sich oft mit zeitweise befristeter Arbeit
zufrieden geben oder einen neuen Beruf für sich
erfinden. In letzter Zeit entstanden so neue Jobs wie
Hausköche, Blogger, App-Entwickler … Immer mehr
Hochschulabsolventen ziehen jedoch in ein anderes
Land, um bessere Jobchancen zu finden: man spricht
von Braindrain bzw. Talentschwund, ein Problem für
Italien, das so immer mehr qualifizierte Arbeitskräfte
verliert.

22

1
1. copertina, **2.** lettore, **3.** titolo, **4.** scrittore, **5.** pro-
tagonista, **6.** trama, **7.** giallo, **8.** racconto

S	C	R	I	T	T	O	R	E	U	M	O
U	L	G	S	I	G	I	A	L	L	O	T
E	E	P	L	T	O	N	C	U	S	T	L
R	T	A	U	O	N	G	C	Q	D	I	A
T	T	H	S	L	H	E	O	G	E	N	T
Z	O	P	H	O	O	N	N	H	E	Q	R
D	R	C	O	P	E	R	T	I	N	A	A
I	E	F	L	B	A	H	O	L	I	C	M
P	R	O	T	A	G	O	N	I	S	T	A

2
1. C, **2.** F, **3.** A, **4.** E, **5.** G, **6.** D, **7.** B, **8.** H

3

1. vero, 2. falso, 3. falso, 4. vero, 5. falso, 6. vero

4

1. aveva guidato, 2. si era svegliata, 3. era sparita

5

1. ero appena uscito / -a, 2. aveva trovato, 3. avevo lasciato, 4. si era dimenticato, 5. aveva comprato

6

1. Un libro alla settimana. 2. I libri gialli. 3. Una grande lettrice. 4. Guardare un film. 5. Un saggio. 6. Politica e storia.

7

1. rosa, 2. storico, 3. poliziesco, 4. di formazione, 5. per ragazzi, 6. di fantascienza

8

romanzo, monastero, monaci, biblioteca, segreto, scoprirà, incendio, indagini

9

girò, pensò, fece, decise, vide, tagliò, frenò, disse, rispose, trovarono, entrarono, salì, sentì, tornò, ricevette

10

pensò, pensarono, ricevette, sentì

11

udì, finì, iniziò, credette, incrociò, si guardarono, capì

12

fece, disse, rispose, decise, vide

13

nacque, fece, incontrò, iniziò, morì, visse, partecipò, dovette, scrisse

14

1. imperfetto, 2. passato remoto, 3. passato remoto, 4. imperfetto, 5. trapassato prossimo

15

parallel: imperfetto, imperfetto,
nicht parallel: passato remoto, imperfetto

16

1. aspettava, si è addormentato, 2. giocavano, lavorava, 3. faceva, è finita

17

1. L'isola di Arturo, 2. Elsa Morante, 3. romanzo di formazione, 4. Procida, 5. Arturo, 6. premio Strega

18

emozionante, intenso, pesante, lunghe, noiose

23

1

1. penso che, sono del parere che, credo che, 2. ho paura che, mi dispiace che, mi fa piacere che, 3. non sono sicuro che, non so se, dubito che, 4. vorrei che, desidero che, spero che

2

1. C, 2. A, 3. D, 4. E, 5. B

3

1. falso, 2. vero, 3. falso, 4. falso, 5. falso, 6. non si sa, 7. vero

4

1. Subjektivität, 2. Subjektivität, 3. Objektivität, 4. Objektivität

5

arrivi, prenda, sentiate, 1. Singular, 2. Präsens

6

sia, abbiate, faccia, vengano

7

1. dorma, 2. vinca, 3. venga, 4. sia, 5. parlino, 6. abbia

8

1. sia ancora arrivato, 2. abbiate votato

9

1. Credo che sia andato in pensione. 2. Mi pare che si sia occupato di politica economica. 3. Penso che abbia approvato delle leggi importanti. 4. Mi sembra che abbia scritto numerosi saggi.

10

1. secondo me, per me, a mio avviso, 2. penso che, credo che, sono del parere che, trovo che

11

1. ha, abbia, 2. è, sia 3. si è dimesso, si sia dimesso

12

1. B, 2. D, 3. E, 4. A, 5. C

13

1. È importante che, 2. È necessario che, 3. Peccato che, 4. È strano che

14
1. è meglio, prendiate, **2.** peccato, sia, **3.** è difficile, superino, **4.** basta, rompiate

15
1. si sveglia, **2.** consideriate, **3.** è, **4.** devono, **5.** sia

16
1. felicità, **2.** calma, **3.** rabbia, **4.** tristezza, **5.** paura, **6.** stress

17
1. B, **2.** E, **3.** A, **4.** C, **5.** D

18
1. Sono contento, **2.** Non sopporto, **3.** Mi dispiace, **4.** Sono sorpreso, **5.** Non mi meraviglio

20
1. Projekt, **2.** Vermutung, **3.** Projekt, **4.** Vermutung

24

1
1. C, **2.** D, **3.** B, **4.** E, **5.** F, **6.** A

2
1. H, **2.** E, **3.** A, **4.** B, **5.** C, **6.** G, **7.** D, **8.** F

3
Perché deve uscire.

4
1, 4, 5, 7

5
avrebbe avviato, Sarebbero iniziati

6
1. D, **2.** B, **3.** A, **4.** C

7
1. Sarei venuto / -a a teatro con voi, **2.** Avrei dormito fino a tardi, **3.** Sarei andato / -a in montagna, **4.** Avrei dato l'esame, **5.** Mi sarei fermato / -a a cena, **6.** Avrei fatto una passeggiata

8
1. avrebbe isolato, **2.** vorrebbe, **3.** ci sarebbe stato

9
1. Accidenti! Che peccato! **2.** Ma è incredibile! Non posso crederci! **3.** Che bello! Che meraviglia! **4.** Coraggio! Forza!

10
1. telegiornale, telequiz, serie TV, **2.** giornale radio, programma radiofonico, notizie sul traffico, **3.** editoriale, articolo, rubrica, **4.** sito, home page, posta elettronica

11
ob

12
1. Chiedo al dottore se posso uscire anche con la febbre. **2.** Mi domando perché l'autobus non è passato. **3.** Davide mi ha chiesto dove abito.

13
1. "La Borsa di Milano non è andata bene", **2.** "Ha chiuso in netto ribasso"

14
1. qua, **2.** lì, **3.** quello, **4.** venire, **5.** suo, **6.** oggi

15
1. Mi presti la tua bicicletta? **2.** Qua nevica da giorni. **3.** Vieni al cinema con me? **4.** Devo assolutamente finire questo lavoro.

16
ne = di un buon caffè, ci = al fatto che qualcosa cambierà

17
1. ne, **2.** Ci, **3.** ne, **4.** ne, **5.** ci, **6.** ci

18
1. B, **2.** A, **3.** D, **4.** C

19
inquinamento, satellite, spazio, aree, inquinate

25

1
1. G, **2.** H, **3.** F, **4.** I, **5.** A, **6.** D, **7.** B, **8.** C, **9.** E

2
1. B, **2.** D, **3.** E, **4.** C, **5.** A

3
1. B, **2.** B, C, E

4
dovesse, influisse

5
fossero

6

1. uscisse, **2.** fossi, **3.** stesse, **4.** facessi, **5.** prendesse, **6.** sentissero

7

1. prendere, **2.** fare, **3.** mettere, **4.** fare, **5.** mettere, **6.** prendere

8

2. dal cardiologo, **3.** dal dermatologo, **4.** dallo psicologo, **5.** dall'oculista, **6.** dal pediatra

9

1. debole, pressione bassa, pastiglie a base di ginseng, **2.** febbre, infiammazione, esame del sangue, **3.** occhi rossi, occhio irritato, collirio

10

1. Se faccio uno sforzo, anche piccolo, sto peggio.
2. Se il dolore non dovesse passare, sarebbe utile fare una radiografia. Se avesse bisogno di altre informazioni sull'argomento, sarei contenta di aiutarLa.

11

1. F, seguisse, **2.** A, piacciono, **3.** H, prendessi, **4.** B, finisce, **5.** G, avessi, **6.** C, studierai, **7.** E, facesse, **8.** D, trovassi

12

1. Le consiglio di…, Le conviene…, Potrebbe…, **2.** Eviti di…, È sconsigliato…, È vietato…

13

1. D, prenderei, **2.** F, berrei, **3.** B, metterei, **4.** A, andrei, **5.** C, comprerei, **6.** E, salterei

14

1. mettendo, **2.** provando, *Regel:* -ando, -endo

15

1. dormendo, **2.** piangendo, **3.** parlando, **4.** mangiando, **5.** ridendo

16

1. Sta iniziando, **2.** sta partendo, **3.** Sto perdendo

17

1. Mangiare, **2.** fare, **3.** Bere, **4.** Evitare, **5.** Consumare, **6.** Cucinare, **7.** Preferire, **8.** Fare la spesa, **9.** Moderare, **10.** saltare

18

B, D, F

Slow Food - *Slow Food*

„Langsam und bewusst essen", das ist das Motto der Slow Food-Bewegung, die im Piemont 1986 als Gegenbewegung zum „Fast Food"-Imperium entstand, für den Schutz und das Recht auf eine gesunde und nachhaltige Ernährung.
Heutzutage ist Slow Food eine große internationale Non-Profit-Organisation geworden, die sich dafür engagiert, dem Essen den richtigen Stellenwert wiederzugeben, die Umwelt zu schonen, die Biodiversität zu schützen und gerechte Beziehungen zwischen Herstellern und Verbrauchern herzustellen.

26

1

1. C, **2.** A, **3.** F, **4.** B, **5.** D, **6.** E

2

1. il camper, **2.** il villaggio turistico, **3.** la tenda, **4.** l'agriturismo

3

1. E, **2.** A, **3.** F, **4.** D, **5.** C, **6.** B

4

Perché deve disdire la prenotazione.

5

1. falso, **2.** vero, **3.** vero, **4.** falso, **5.** vero, **6.** falso, **7.** vero

6

1. avessi controllato, **2.** foste arrivati

7

1. fosse già partito, **2.** fossero arrivati, **3.** avesse pagato, **4.** avesse ricevuto, **5.** avesse / fosse nevicato, **6.** avessi sentito, **7.** foste andati / -e, **8.** avessero già chiuso

8

1. Pensavi di averlo convinto? **2.** Spera di riuscire a venire alla festa. **3.** -, **4.** È contento di essersi alzato tardi. **5.** Penso di avere già visto quel film.

9

avessi controllato, avrei visto, *Tabelle:* congiuntivo trapassato, condizionale passato

10

1. avessi lavata, **2.** avremmo perso, **3.** avessi detto, **4.** avresti preso, **5.** avessimo parcheggiato, **6.** avremmo mangiato

11

A, C, D, E

12
1. B, **2.** D, **3.** E, **4.** F, **5.** A, **6.** C

13
1. B, **2.** G, **3.** F, **4.** C, **5.** H, **6.** D, **7.** A, **8.** E

15
1. avrò preso, **2.** sarò arrivato / -a, **3.** avrai parlato, **4.** avrà finito, **5.** avranno passato, **6.** saremo tornati / -e

16
1. avrà fatto, **2.** saranno già partiti, **3.** Avrà perso, **4.** avrò lasciato, **5.** Avrò mangiato, **6.** Sarà stato

17
me lo, glielo

18
1. gliela, **2.** ve lo, **3.** se lo, **4.** Ce le, **5.** gliene, **6.** me lo

19
1. prestartela, te la, **2.** metterceli, ce li, **3.** farmelo, me lo

20
1. B, **2.** A, **3.** C, **4.** A, **5.** B, **6.** C

21
1. C, **2.** A, **3.** E, **4.** B, **5.** D

Vacanze romane… anzi italiane! - *Römische Ferien … besser noch italienische!* *
Achtung: am 15. August ist der Tag, an dem ein sehr altes Fest römischen Ursprungs gefeiert wird: der Ferragosto, von *Ferie Augusti* (Augustus' Ruhe)! An diesem Tag schließen fast alle Läden, die Städte leeren sich und am Abend feiert man überall mit Feuerwerk.

* „Vacanze romane" ist der Titel einer Filmromanze von 1953 mit Audrey Hepburn und Gregory Peck, der in Rom spielt. Der deutsche Filmtitel lautet „Ein Herz und eine Krone".

TEST

1
un: aeroporto – treno – tiramisù;
uno: sgabello – studente;
una: sorpresa – stazione – città

2
1. c, d; **2.** a, c; **3.** b, c; **4.** a, c, d; **5.** a, b, c; **6.** a, b, d; **7.** a, b, d; **8.** b, d

3
1. arriva; **2.** Vanno; **3.** vende; **4.** Conoscete; **5.** Abitiamo; **6.** stiamo; **7.** paga; **8.** costano; **9.** siete; 10. porti

4
1. bianchi; **2.** leggero; **3.** calda

5
1. a, b; **2.** a, c; **3.** b, c; **4.** b, c

6
1. viene; **2.** guardo; **3.** può; **4.** Dormono / Loro dormono; **5.** Devi / Tu devi; **6.** Ci trasferiamo / Noi ci trasferiamo; **7.** Fate / Voi fate; **8.** chiedo; **9.** esce / lei esce; **10.** Vanno; **11.** Mi siedo / Io mi siedo; **12.** fai

7
Mit direkten Objektpronomen:
Vi vediamo domani.; Ci chiami tu?;
Non li conosciamo.; Mi sentite?;
Le porto io alla stazione.
Mit indirekten Objektpronomen:
Gli chiedo un favore.; Mi racconti qualcosa?;
Ti telefono stasera.; Le fai un regalo?

8
1. alla; **2.** sul; **3.** dai; **4.** nel; **5.** della; **6.** all'; **7.** sull'; **8.** al

9
1. i; **2.** c; **3.** b; **4.** g; **5.** f; **6.** d; **7.** j; **8.** e; **9.** h; **10.** a

10
1. a; **2.** c; **3.** b

11
1. guida turistica; **2.** piantina; **3.** visite guidate

12
1. in bicicletta; **2.** a piedi; **3.** in aereo; **4.** in treno

13
Mit Präposition di: pensare, decidere, sembrare, proporre, chiedere, finire, consigliare;
Mit Präposition a: andare, invitare, continuare, cominciare, iniziare;
Ohne Präposition: amare, preferire, desiderare, potere, volere, dovere, piacere

14
1. c; **2.** b; **3.** a

15
1. stanno partendo; **2.** sto ascoltando;
3. Stiamo cercando

16
1. regolarmente; **2.** facilmente; **3.** sicuramente;
4. leggermente; **5.** pienamente; **6.** elegantemente

17
1. b; **2.** a; **3.** c; **4.** c; **5.** a

18
1. tra / fra la, **2.** sopra il, **3.** davanti al, **4.** vicino
al / accanto al / a destra del, **5.** in mezzo alla

19
1. settimo, **2.** quarta, **3.** trentaseiesimo, **4.** decimo,
5. quarantatreesimo

20
1. ci, **2.** Ci, **3.** Ne, **4.** ne, **5.** ci, **6.** ne, **7.** Ci, **8.** ne

21
1. qualcosa, **2.** tutti, **3.** molto, **4.** qualche, **5.** tanti,
6. Alcune, **7.** diversi

22
1. Sbrigati, **2.** Fammi un piacere, **3.** Non parlargli
/ Non gli parlare, **4.** Mi passi l'agenda, **5.** Dalle
un consiglio, **6.** Non addormentarti / Non ti addor-
mentare, **7.** Gli scriva una mail, **8.** Vacci subito,
9. Signora, non si preoccupi, **10.** Mettiti comodo

23
1. Stasera ci vorrei andare / Stasera vorrei andarci,
2. Non ne comprare troppa / Non comprarne
troppa, **3.** La chiuda, **4.** Le devo raccontare una
cosa / Devo raccontarle una cosa, **5.** Dagli una
mano, **6.** Sono felice di rivederli

1

TR. 01
1. Ciao! – Ciao!
2. Buongiorno! – Buongiorno, dottor Marchesi.
3. Ciao! – Salve!
4. Arrivederci. – Arrivederci, signora Mariuccia!

TR. 02
1. Pronto? – Casa Carrera?
2. Chi parla? – Sono Chiara.
3. Come stai? – Sto bene, grazie.
4. E tu? – Non c'è male.
5. C'è Monica? – Sì, un attimo.

TR. 03

Franco:	Pronto?
Chiara:	Casa Carrera?
Franco:	Sì, chi parla?
Chiara:	Sono Chiara.
Franco:	Ah, ciao Chiara! Come stai?
Chiara:	Ciao Franco! Sto bene, grazie. E tu?
Franco:	Non c'è male.
Chiara:	C'è Monica?
Franco:	Sì, un attimo.
	...
Monica:	Pronto?
Chiara:	Ciao Mony!
Monica:	Ciao Chiara! Allora?
Chiara:	Sì. Arrivo!
Monica:	Benissimo! Sono contenta!
Chiara:	Ma la festa c'è, no?
Monica:	Certo! C'è, c'è! ... Tu quando arrivi?

Franco:	*Hallo?*
Chiara:	*Hallo! Bin ich bei Carrera richtig?*
Franco:	*Ja, wer ist dran?*
Chiara:	*Ich bin's, Chiara!*
Franco:	*Ah Chiara, hallo! Wie geht es dir?*
Chiara:	*Hallo Franco! Mir geht's gut, danke und dir?*
Franco:	*Nicht schlecht, danke.*
Chiara:	*Ist Monica da?*
Franco:	*Ja, ein Moment.*
	...
Monica:	*Hallo?*
Chiara:	*Hallo Mony!*
Monica:	*Hallo Chiara! Und?*
Chiara:	*Ja, ich komme mit!*
Monica:	*Sehr gut! Ich freue mich drauf!*
Chiara:	*Aber... die Party findet statt, oder?*
Monica:	*Ja, ja, sie findet statt. ... Wann kommst du?*

TR. 04
casa / gas / contenta

TR. 05
certo / giro / ciao

TR. 06
Chiara / margherita / che / alberghi

TR. 07
1. Ciao Giorgio! Come stai?
2. E Carlo, come sta?
3. Buongiorno, come sta?

2

TR. 08

l'aeroporto – l'aereo – la valigia – il bagaglio a mano – l'imbarco – il biglietto – il passaporto – il carrello

TR. 09

impiegato:	Buongiorno, signora!	Angestellter:	*Guten Tag!*
Chiara:	Buongiorno!	Chiara:	*Guten Tag!*
impiegato:	Biglietto, per favore.	Angestellter:	*Ihr Ticket, bitte.*
Chiara:	Ecco qua.	Chiara:	*Hier ist es.*
impiegato:	Grazie. Ha bagagli?	Angestellter:	*Danke. Haben Sie Gepäck?*
Chiara:	Una valigia … e ho anche un pacco, ma è leggero.	Chiara:	*Einen Koffer … und ein Paket, aber es ist leicht.*
impiegato:	Vediamo … Sì, come bagaglio a mano va bene.	Angestellter:	*Mal schauen … Ja, es geht als Hand- gepäck.*
Chiara:	Meno male!	Chiara:	*Zum Glück!*
impiegato:	Finestrino o corridoio?	Angestellter:	*Möchten Sie am Fenster oder am Gang sitzen?*
Chiara:	Finestrino …	Chiara:	*Am Fenster …*
	…		*…*
impiegato:	È l'uscita 5, imbarco alle 10.	Angestellter:	*Ihr Ausgang ist Nummer 5, das Boarding ist um 10 Uhr.*
Chiara:	Va bene, grazie, arriverderLa.	Chiara:	*Vielen Dank, auf Wiedersehen!*
impiegato:	ArriverderLa e buon viaggio!	Angestellter:	*Auf Wiedersehen und schönen Flug!*
	…		*…*
poliziotta:	Ha per caso monete o chiavi in tasca?	Polizistin:	*Haben Sie zufällig Kleingeld oder Schlüssel in der Tasche?*
Chiara:	Ah già, le chiavi! Scusi!	Chiara:	*Ach ja, die Schlüssel! Entschuldigen Sie!*

TR. 10

zero – uno – due – tre – quattro – cinque – sei – sette – otto – nove

3

TR. 11

un caffè – un succo d'arancia – una birra –
un bicchiere d'acqua – un'aranciata –
una coca cola – un cappuccino – un bicchiere
di vino – un tè – un succo di frutta

TR. 12

1. Da bere cosa desidera? – Un succo d'arancia.
2. Un bicchiere d'acqua gassata? – No, naturale.
3. È spagnolo? – No, italiano.
4. Che tempo fa? – È bello. Ci sono 20 gradi.

TR. 13

comandante:	Buongiorno, signori e signore. È il comandante che parla. Mi chiamo Marco Guffanti. In questo momento voliamo su Roma. L'arrivo a Milano è previsto tra 50 minuti circa. Il tempo a Milano è buono, cielo sereno, ci sono 20 gradi. Buon soggiorno a bordo!	Kapitän:	Guten Tag, meine Damen und Herren. Hier spricht Ihr Kapitän. Ich heiße Marco Guffanti. Wir fliegen gerade über Rom. Wir werden in ungefähr 50 Minuten auf dem Mailänder Flughafen landen. Das Wetter in Mailand ist gut, heiterer Himmel, 20 Grad. Ich wünsche Ihnen einen angenehmen Aufenthalt an Bord!
	...		...
hostess:	Dolce o salato?	Flugbegleiterin:	Etwas Süßes oder etwas Salziges?
Chiara:	Dolce.	Chiara:	Etwas Süßes, bitte.
hostess:	E da bere cosa desidera?	Flugbegleiterin:	Und zu trinken, was möchten Sie?
Chiara:	Un succo d'arancia, grazie.	Chiara:	Einen Orangensaft, bitte.
hostess:	Prego ... e Lei?	Flugbegleiterin:	Bitte ... und Sie?
vicino:	Salato, e un bicchiere d'acqua minerale.	Nachbar:	Etwas Salziges und ein Glas Mineralwasser.
hostess:	Gassata o naturale?	Flugbegleiterin:	Mit oder ohne Kohlensäure?
vicino:	Naturale, grazie.	Nachbar:	Ohne, bitte.
hostess:	Ecco a Lei.	Flugbegleiterin:	Hier ist es.
vicino:	Grazie.	Nachbar:	Danke.
	...		...
vicino:	Eh, solo un pacchetto di salatini ... Risparmiano!	Nachbar:	Wie? Nur ein Päckchen Salzgebäck? Man spart hier!
Chiara:	Sui voli nazionali, sì.	Chiara:	Auf Inlandflügen schon!
vicino:	Lei viaggia spesso?	Nachbar:	Fliegen Sie oft?
Chiara:	Abbastanza.	Chiara:	Ziemlich.
vicino:	Per lavoro?	Nachbar:	Wegen Arbeit?
Chiara:	No, i miei genitori abitano a Milano.	Chiara:	Nein, meine Eltern wohnen in Mailand.
vicino:	Ah ... per motivi familiari ... Un po' come me ... però io ho Italia–Spagna.	Nachbar:	Ah, aus familiären Gründen ... also ungefähr so wie ich ... aber ich fliege zwischen Italien und Spanien.
Chiara:	È spagnolo?	Chiara:	Sind Sie Spanier?
vicino:	Mezzo spagnolo mezzo italiano ...	Nachbar:	Halb Spanier und halb Italiener ...

TR. 14

undici – dodici – tredici – quattordici – quindici – sedici – diciassette – diciotto – diciannove – venti

4

TR. 15
Torino – Milano – Venezia – Genova – Firenze – Ancona – Roma – Napoli – Bari – Palermo

TR. 16

tassista:	Buongiorno, signora.	Taxifahrer:	*Guten Tag!*
Chiara:	Buongiorno.	Chiara:	*Guten Tag!*
tassista:	Dove andiamo?	Taxifahrer:	*Wo fahren wir hin?*
Chiara:	In via Monti, al 75, grazie.	Chiara:	*In die Montistr. 75, bitte.*
tassista:	Va bene!	Taxifahrer:	*In Ordnung!*
	...		*...*
tassista:	Da dove arriva di bello?	Taxifahrer:	*Woher kommen Sie?*
Chiara:	Da Palermo.	Chiara:	*Aus Palermo.*
tassista:	Ah, ... bella città ... Io sono di Cefalù, ma abito a Milano da tanti anni! Lei conosce Cefalù?	Taxifahrer:	*Ah ... eine schöne Stadt ... Ich komme aus Cefalù, aber ich wohne seit vielen Jahren in Mailand. Kennen Sie Cefalù?*
Chiara:	Sì ... abito in Sicilia da tre anni ... però sono milanese.	Chiara:	*Ja ... ich wohne seit 3 Jahren in Sizilien, aber ich bin Mailänderin.*
tassista:	E dalla Sicilia porta su i buoni prodotti siciliani?	Taxifahrer:	*Und aus Sizilien bringen Sie die leckeren sizilianischen Produkte mit?*
Chiara:	Che cosa intende?	Chiara:	*Was meinen Sie damit?*
tassista:	Beh, il pacco ...	Taxifahrer:	*Also, das Paket ...*
Chiara:	Ah, no, quello è un regalo, una sorpresa per un'amica!	Chiara:	*Ach nein, das ist ein Geschenk, eine Überraschung für eine Freundin!*
			...
	...		
tassista:	Signora, eccoci arrivati!	Taxifahrer:	*Also, wir sind angekommen!*
Chiara:	Quant'è?	Chiara:	*Wieviel macht es?*
tassista:	25 euro.	Taxifahrer:	*25 Euro.*
Chiara:	Ecco a Lei e grazie.	Chiara:	*Bitte schön.*
tassista:	Grazie a Lei e buona giornata.	Taxifahrer:	*Ich danke Ihnen. Einen schönen Tag noch!*
Chiara:	ArrivederLa.	Chiara:	*Auf Wiedersehen!*

TR. 17
all'aeroporto – alla stazione centrale – al museo d'arte moderna – al teatro Verdi

TR. 18
vado – vai – va – andiamo – andate – vanno

TR. 19
Dove andiamo? – A Roma.
Da dove arrivate? – Da Milano.

TR. 20
scena – sciarpa – sgelare

TR. 21
scala – sgabello

TR. 22
schema – schiuma

TR. 23
conoscere – schiuma – scena – scala – schema – sgabello – sciarpa – scuola – sciare – scherzo

TR. 24
io conosco – tu conosci – lui conosce – noi conosciamo – voi conoscete – loro conoscono

5

il palazzo – il cancello – il balcone –
il giardino – la scala – la porta – la finestra –
il tetto – il garage – il citofono

vicino – in fondo – dietro – davanti – sopra –
sotto – di fronte – lontano

signora:	Scusi, signora, c'è una farmacia qui vicino?
Chiara:	Una farmacia? ... mmh, sì, non è lontana. Vede là in fondo il supermercato?
signora:	Dove?
Chiara:	Allora, vede il palazzo con le finestre gialle?
signora:	Sì.
Chiara:	Ecco, davanti al palazzo c'è un supermercato e la farmacia è proprio dopo il supermercato.
signora:	Grazie mille!
Chiara:	Di niente!
	...
Chiara:	Buongiorno, signora.
vicina:	Chiara! Bentornata! Quanto tempo! Come va?
Chiara:	Bene. Sono un po' stanca per il viaggio, ma è sempre bello ritornare a casa.
vicina:	Viene sempre meno a Milano, eh! Quanto tempo rimane questa volta?
Chiara:	Purtroppo solo alcuni giorni. ... Lei ha qui le chiavi dell'appartamento, vero?
vicina:	Sì! ... Ecco qui, c'è anche la chiave del cancello.
Chiara:	Sì, lo so, grazie.
vicina:	Oh, scusi, un attimo.
Chiara:	No, signora, io vado. Grazie per le chiavi e arrivederci.
vicina:	Va bene. Arrivederci.

Frau:	Entschuldigung, ist eine Apotheke hier in der Nähe?
Chiara:	Eine Apotheke? ... Hmm, ja, sie ist nicht weit weg. Sehen Sie dort hinter dem Supermarkt?
Frau:	Wo?
Chiara:	Also, sehen Sie das Wohnhaus mit den gelben Fenstern?
Frau:	Ja.
Chiara:	So, vor dem Wohnhaus ist der Supermarkt und die Apotheke liegt genau hinter dem Supermarkt.
Frau:	Vielen Dank!
Chiara:	Keine Ursache!
	...
Chiara:	Guten Tag.
Nachbarin:	Chiara! Willkommen! Wir haben uns aber lange nicht gesehen! Wie geht's Ihnen?
Chiara:	Gut. Ich bin ein bisschen müde wegen der Reise, aber es ist immer schön, wieder nach Hause zurückzukehren.
Nachbarin:	Sie kommen immer seltener nach Mailand! Wie lange bleiben Sie diesmal?
Chiara:	Leider nur ein paar Tage. ... Sie haben den Wohnungsschlüssel, oder?
Nachbarin:	Ja! ... Hier ist er, es gibt auch einen Schlüssel für das Tor.
Chiara:	Ja, ich weiß, danke.
Nachbarin:	Entschuldigung, einen Augenblick bitte.
Chiara:	Nein, ich gehe schon. Danke für den Schlüssel und auf Wiedersehen.
Nachbarin:	Na gut. Auf Wiedersehen.

Ciao Chiara! Bentornata a casa! In frigo c'è del succo d'arancia (il tuo preferito!) ... C'è anche del vitello tonnato (se hai fame!) ... Il letto è già pronto!

Io e il papà torniamo alle 3, a presto!

Un bacione

mamma

la panetteria – la salumeria – la farmacia –
la libreria – il negozio di frutta e verdura –
la macelleria – il negozio d'abbigliamento – l'edicola

vengo – vieni – viene – veniamo – venite –
vengono

6

TR. 31
il riso – i ravioli – la pasta – la verdura –
la carne – l'insalata – il pesce – il formaggio – le uova
– il dolce

TR. 33

Chiara:	... la signora Costa è proprio curiosa!
mamma:	Sì, però è brava ed è gentile.
Chiara:	Adesso poi con i capelli rossi ...
papà:	Segue sempre la moda!
Chiara:	E il trucco poi è così pesante!
mamma:	Che cattivi ... Su, basta adesso, siete proprio pettegoli! Senti, piuttosto, cosa fai stasera? Mangi a casa?
Chiara:	Sì. Esco dopo cena con Monica, verso le nove e mezza. Andiamo a bere qualcosa in un locale nuovo.
mamma:	Allora per cena faccio i ravioli di magro.
Chiara:	Oh sì! Mmmh, li mangio proprio volentieri!
papà:	I ravioli della mamma in Sicilia non li trovi! E per secondo che cosa prepari?
Chiara:	Per me basta il primo. Non ho molta fame.
mamma:	Va bene un po' di insalata e formaggio?
papà:	Sempre formaggio! Perché non fai un po' di carne?
mamma:	Tuo padre è insopportabile! E la festa? La fate?
Chiara:	Sì, dopodomani. Domani sera organizziamo tutto.
papà:	E il pacco nell'ingresso? Che cos'è?
Chiara:	Eh, è la sorpresa per ...

CD 1 · TR 34
bianco – nero – rosso – giallo – verde –
marrone – blu – arancione – grigio – rosa

TR. 35
È basso. È alto.
È magro. È grasso.
Ha i capelli lunghi. Ha i capelli corti.

Ha i capelli lisci. Ha i capelli ricci.
Ha i capelli neri. Ha i capelli castani.
Ha i capelli biondi. Ha i capelli rossi.

Ha gli occhi marroni. Ha gli occhi azzurri.
Ha gli occhi verdi.
Porta gli occhiali.
Ha le lentiggini. Ha la barba. Ha i baffi.

TR. 32
curioso – bravo – gentile – capelli rossi – trucco
pesante – cattivo – pettegolo – insopportabile

Chiara:	... Frau Costa ist wirklich neugierig!
Mama:	Stimmt, aber sie ist freundlich und nett.
Chiara:	Jetzt, mit ihren roten Haaren ...
Papa:	Sie trägt immer die neueste Mode!
Chiara:	Und sie ist immer so stark geschminkt.
Mama:	Ihr seid wirklich bösartig! Jetzt hört auf, bitte! Ihr seid echt geschwätzig! Hör' mal, was machst du heute Abend? Isst du zu Hause?
Chiara:	Ja, ich gehe nach dem Abendessen mit Monica aus, gegen halb zehn. Wir gehen in ein neues Lokal, etwas trinken.
Mama:	Dann bereite ich fürs Abendessen Ravioli di magro vor.
Chiara:	Oh ja! Mmmmh, die esse ich wirklich gerne!
Papa:	Mamis Ravioli findet man in Sizilien nicht, oder? Und als zweiten Gang, was bereitest du vor?
Chiara:	Mir reicht der erste Gang. Ich habe nicht soviel Hunger.
Mama:	Wie wäre's mit ein bisschen Salat und Käse?
Papa:	Immer Käse! Könntest du nicht ein bisschen Fleisch vorbereiten?
Mama:	Dein Vater ist wirklich unerträglich! Und die Party? Findet sie statt?
Chiara:	Ja, übermorgen. Morgen Abend werden wir alles organisieren.
Papa:	Und das Paket im Flur? Was ist das?
Chiara:	Eh, es ist die Überraschung für ...

TR. 36

bravo – gentile – intelligente – cattivo – pettegolo – vivace – socievole – curioso

TR. 37

sento – senti – sente – sentiamo – sentite – sentono

TR. 38

esco – esci – esce – usciamo – uscite – escono

TR. 39

1. Sono le quattro.
2. Sono le quattro e cinque.
3. Sono le quattro e un quarto.
4. Sono le quattro e venti.
5. Sono le quattro e mezza/mezzo.
6. Sono le quattro e trentacinque.
7. Sono le cinque meno venti.
8. Sono le cinque meno un quarto.
9. Sono le cinque meno dieci.
10. Sono le cinque meno cinque.

7

TR. 40

la nonna – il nonno – la madre – il padre – il fratello – la sorella

TR. 41

1. Lunedì porti il bambino all'asilo.
2. Martedì vado a fare la spesa.
3. Mercoledì mi alzo presto.
4. Giovedì torni tardi dal lavoro.
5. Venerdì l'ufficio è chiuso.
6. Sabato Giulia ritorna da Roma.
7. Domenica dormiamo un po'!

TR. 42

Franco:	Buon appetito!
Monica:	Grazie, altrettanto!
	...
Franco:	E ... passa Chiara o vai tu da lei?
Monica:	Vado io. A proposito, posso prendere la tua macchina?
Franco:	Sì, certo!
Monica:	Stasera torno sicuramente tardi, ma domani l'ufficio è chiuso, così posso dormire un po'! O devo portare io Luca all'asilo?
Franco:	No, non preoccuparti, domani mattina mi alzo presto e lo porto io, prima di andare al lavoro.
Monica:	Ah, benissimo, poi a mezzogiorno lo va a prendere tuo fratello e lo porta a casa sua, no?
Franco:	Sì!
Monica:	Nel pomeriggio devo sbrigare diverse cose in centro e devo fare la spesa. Luca può rimanere da tuo fratello.
Franco:	E per domani sera dobbiamo chiamare la baby-sitter?

▼

Franco:	*Guten Appetit!*
Monica:	*Danke, ebenfalls!*
	...
Franco:	*Und kommt Chiara vorbei oder fährst du zu ihr?*
Monica:	*Ich fahre (zu ihr) ... Übrigens, darf ich dein Auto nehmen?*
Franco:	*Ja, sicher!*
Monica:	*Heute Abend wird es sicher spät, aber morgen hat das Büro geschlossen, so kann ich ein bisschen schlafen! Oder muss ich Luca in den Kindergarten bringen?*
Franco:	*Nein, keine Sorge, morgen stehe ich früh auf und bringe ihn hin, bevor ich zur Arbeit gehe.*
Monica:	*Sehr gut, gegen Mittag holt dein Bruder ihn dann ab und bringt ihn zu sich nach Hause, oder?*
Franco:	*Ja!*
Monica:	*Am Nachmittag muss ich einige Sachen im Zentrum erledigen und ich muss einkaufen. Luca kann bei deinem Bruder bleiben.*
Franco:	*Und für morgen Abend müssen wir eine Babysitterin rufen?*

▼

Monica: No, no, è venerdì. Viene mia madre.
È meglio, no?

Franco: Certo, anche per Luca. Con i suoi nonni è
contento, no?
...

Franco: E ci siamo tutti domani sera in pizzeria?

Monica: Sì, dobbiamo organizzare la festa
di sabato tutti assieme. Giulia ritorna
sabato sera da Roma, Gianluca va
all'aeroporto e ...

Monica: *Nein, nein, es ist Freitag. Meine Mutter
kommt. Das ist besser, oder?*

Franco: *Klar, auch für Luca. Mit Oma und Opa
ist er ganz glücklich, oder?*
...

Franco: *Und sind wir morgen Abend alle in der Pizze-
ria?*

Monica: *Ja, wir müssen die Samstagsparty alle zusam-
men organisieren. Giulia kommt Samstag-
abend aus Rom zurück, Gianluca holt sie vom
Flughafen ab und ...*

TR 43

devo – devi – deve – dobbiamo – dovete – devono

TR. 44

posso – puoi – può – possiamo – potete – possono

TR. 45

1. Scusi, posso sedermi qui?
2. Prima devo fare anche questo lavoro!
3. Possiamo venire anche domani mattina?
4. Adesso dobbiamo proprio andare!
5. Posso avere ancora dell'acqua, per favore?

TR. 46

Mi sveglio. – Mi alzo. – Mi lavo. – Mi vesto. –
Faccio colazione. – Vado al lavoro. –
Pranzo in mensa. – Faccio la spesa. –
Preparo la cena. – Vado a letto.

8

TR. 47

l'insegnante – il grafico – la commessa –
il cameriere – la giornalista – il medico – l'operaio –
l'ingegnere

TR. 48

Monica: Ti piace questo locale?
Chiara: Sì, molto!
Monica: Allora, cosa mi racconti di bello?
Chiara: Eh, questa volta ho una buona notizia:
ritorno a Milano!
Monica: Davvero!? Stupendo! Ma come mai?
Cambi lavoro?
Chiara: Sì, cioè continuo a lavorare come
grafico, ma in un altro studio.
Monica: ... a Milano.

Monica: *Gefällt dir dieses Lokal?*
Chiara: *Ja, sehr!*
Monica: *Also, was hast du mir Schönes zu erzählen?*
Chiara: *Eh, diesmal habe ich eine gute Nachricht: ich
ziehe nach Mailand zurück!*
Monica: *Wirklich!? Super! Aber warum? Wechselst du
die Stelle?*
Chiara: *Ja, d. h. ich arbeite weiter als Grafikerin, aber
in einem anderen Büro.*
Monica: *... in Mailand.*

▼ ▼

Chiara: Esatto. Sai, il mio lavoro mi piace molto, è vario e non è affatto monotono, ma dopo tre anni in Sicilia … Ho una buona offerta di lavoro in uno studio in centro. Il mio futuro capo è in gamba e conosco già anche alcuni colleghi. Sono molto simpatici. Sai, l'atmosfera in ufficio è importante.

Monica: Sì, hai ragione. Anch'io mi trovo bene con i miei colleghi e vado ogni giorno volentieri al lavoro. Ma … e Andrea? Cosa fa?

Chiara: Andrea è ingegnere, sicuramente trova qualcosa anche lui! Milano offre molto.

Monica: Ah sì, non deve essere difficile per lui! Inoltre il tuo lavoro è sicuramente ben pagato e potete vivere con uno stipendio per un certo periodo. E quando vi trasferite?

Chiara: Fra tre mesi, finisco un progetto a Palermo e poi possiamo partire.

Chiara: *Genau. Weißt du, meine Arbeit gefällt mir, sie ist abwechslungsreich und absolut nicht monoton, aber nach drei Jahren in Sizilien … Ich habe ein gutes Arbeitsangebot in einer Agentur im Zentrum. Mein zukünftiger Chef hat es drauf und ich kenne schon einige Kollegen. Sie sind sehr sympathisch. Weißt du, die Stimmung im Büro ist wichtig.*

Monica: *Ja, du hast Recht. Ich verstehe mich auch gut mit meinen Kollegen und gehe jeden Tag gerne zur Arbeit. Aber … und Andrea? Was macht er?*

Chiara: *Andrea ist Ingenieur, er wird sicher etwas finden! Mailand bietet viel an.*

Monica: *Ja, es muss nicht schwierig für ihn sein! Außerdem ist deine Stelle sicher gut bezahlt und ihr könnt mit einem Gehalt für eine gewisse Zeit leben. Und wann zieht ihr um?*

Chiara: *In drei Monaten, beende ich ein Projekt in Palermo und dann werde ich wegfahren.*

TR 49

il meccanico – l'avvocato – l'infermiera – la segretaria – l'impiegato di banca – il contadino – la parrucchiera – l'architetto

TR. 50

finisco – finisci – finisce – finiamo – finite – finiscono

9

TR. 51

il semaforo – la zona pedonale – la fermata dell'autobus – la stazione della metropolitana – il sottopassaggio – le strisce pedonali – il parcheggio – il cartello stradale

TR. 52

pizzeria: Pronto?

Monica: Buongiorno. Vorrei prenotare un tavolo per stasera.

pizzeria: Per quante persone?

Monica: Dodici, poi magari una in più o una in meno.

pizzeria: E a che ora?

Monica: Alle 8 e mezza.

pizzeria: A che nome?

Monica: Carrera.

pizzeria: Va bene, signora, arrivederLa.

Monica: Grazie e arrivederLa.

…

▼

pizzeria: *Hallo?*

Monica: *Guten Tag! Ich möchte einen Tisch für heute Abend reservieren.*

pizzeria: *Für wieviele Personen?*

Monica: *Zwölf. Vielleicht ein paar mehr oder weniger.*

pizzeria: *Und um wieviel Uhr?*

Monica: *Um 20:30 Uhr.*

pizzeria: *Auf welchen Namen?*

Monica: *Carrera.*

pizzeria: *In Ordnung. Auf Wiedersehen.*

…

▼

Monica:	Fatto.	Monica:	*Erledigt.*
Chiara:	Dove hai prenotato?	Chiara:	*Wo hast du reserviert?*
Monica:	In via Marghera, da "Napoleone".	Monica:	*In der via Marghera, bei "Napoleone".*
Chiara:	Bene!	Chiara:	*Gut!*

Monica: E adesso, che ne dici di andare in centro? Facciamo prima un giro, così rivedi un po' la tua città, e poi ti va di andare a vedere la mostra di Picasso?

Chiara: Buona idea! Proprio ieri, in aereo, ho letto un articolo sulla rivista dell'Alitalia e stamattina ho guardato sul giornale per gli orari. Deve essere interessante.

Monica: Allora ci andiamo.

Chiara: E come?

Monica: Sei d'accordo se andiamo in autobus fino a piazza Wagner e poi prendiamo la metro?

Chiara: Certo! In macchina c'è poi il problema del parcheggio!

Monica: Sì, sì. Ci andiamo con i mezzi pubblici, e poi in centro giriamo a piedi. Possiamo scendere a Cadorna.

Chiara: Sì, va benissimo, anche perché vorrei vedere la sede della mia futura agenzia. È lì vicino, ci passiamo davanti.

Monica: Certo! Ma, scusa, non hai fatto il colloquio qui a Milano?

Chiara: No, a Palermo, alla fiera.

Monica: Ho capito!

Monica: *Und jetzt, was hältst du davon, wenn wir ins Zentrum gehen? Erstmal können wir ein bisschen spazieren, so dass du deine Stadt wieder siehst; hast du Lust, danach die Ausstellung von Picasso zu besuchen?*

Chiara: *Tolle Idee! Gerade gestern habe ich einen Artikel darüber in der Zeitschrift von Alitalia gelesen und heute Morgen habe ich nach den Öffnungszeiten in der Zeitung geschaut. Die Ausstellung soll interessant sein.*

Monica: *Dann gehen wir hin!*

Chiara: *Ja, aber wie?*

Monica: *Bist du einverstanden, wenn wir mit dem Bus bis zum Wagnerplatz fahren und dann mit der U–Bahn weiterfahren?*

Chiara: *Sicher! Wenn wir das Auto nehmen würden, hätten wir ein Problem mit dem Parkplatz.*

Monica: *Ja, ja, wir fahren mit den öffentlichen Verkehrsmitteln. Im Zentrum gehen wir dann zu Fuß. Wir können am Cadornaplatz aussteigen.*

Chiara: *Sehr gut! Ich möchte auch den Sitz meiner zukünftigen Agentur sehen. Es ist dort in der Nähe. Wir fahren direkt dort vorbei.*

Monica: *Sicher! Nur ... hast du dein Vorstellungsgespräch nicht hier in Mailand geführt?*

Chiara: *Nein, in Palermo auf der Messe.*

Monica: *Ah, alles klar!*

TR 53

1. Che ne dici di andare in centro?
2. Facciamo prima un giro …
3. Andiamo in autobus fino a piazza Wagner …
4. In macchina c'è poi il problema del parcheggio!
5. Ci andiamo con i mezzi pubblici.
6. … e poi in centro giriamo a piedi.

TR. 54

Ti va di fare un giro in centro?

TR. 55

Che ne dici di uscire a cena?

TR. 56

Sei d'accordo se andiamo domenica da Luisa?

TR. 57

Possiamo vederci da me.

10

TR. 58

la statua – il disegno – la guida – il quadro – il catalogo – il visitatore – il dépliant – la scultura

TR. 59

Chiara:	Buongiorno, due biglietti per favore.		Chiara:	*Guten Tag! Zwei Tickets, bitte.*
impiegata:	Sono 16 euro.		Angestellte:	*Das macht 16 Euro.*
Chiara:	16?! È caro! Non ci sono riduzioni?		Chiara:	*16? Das ist aber teuer! Gibt es keine Ermäßigung?*
impiegata:	Solo per studenti e per la terza età.		Angestellte:	*Nur für Studenten und Senioren.*
Monica:	E noi due non sembriamo due studentesse?		Monica:	*Und, sehen wir beide nicht wie zwei Studentinnen aus?*
impiegata:	Signora, io Le credo pure, ma devo vedere il tesserino universitario!		Angestellte:	*Ich mag Ihnen glauben, aber ich muss Ihren Studentenausweis sehen.*
Monica:	Sì, purtroppo all'università ci siamo andate alcuni anni fa!		Monica:	*Ja ... leider waren wir vor einigen Jahren an der Uni ...*
Chiara:	Eh, sì! ... Allora, due normali ...		Chiara:	*Na ja, dann zwei normale Tickets.*
impiegata:	Ecco il resto e un dépliant sui quadri e i disegni esposti.		Angestellte:	*Hier ist Ihr Restgeld und eine Broschüre über die ausgestellten Bilder und Zeichnungen.*
Chiara:	Ah, bene, grazie.		Chiara:	*Ah, gut, danke!*
	...			*...*
Monica:	8 euro a persona è un po' tanto per una mostra, non ti pare?		Monica:	*8 Euro pro Person ist ein bisschen viel für eine Ausstellung, oder?*
Chiara:	Sì, però sono stata con Andrea ad una mostra fotografica a Palermo e abbiamo pagato 7 o 8 euro a testa ...		Chiara:	*Ja, aber ich bin mit Andrea in einer Fotoausstellung in Palermo gewesen, und wir haben 7 oder 8 Euro pro Kopf bezahlt ...*
Monica:	Guarda questo quadro, ti piace?		Monica:	*Schau' mal dieses Bild, gefällt es dir?*
Chiara:	Sì, molto. Mi piacciono i colori ... il viola, il giallo ...		Chiara:	*Ja, sehr. Mir gefallen die Farben. Das Violett, das Gelb ...*
Monica:	Sì, anche a me. Di che anno è?		Monica:	*Ja, mir auch. Aus welchem Jahr ist es?*
Chiara:	Del '39. E secondo te, questo disegno che cosa rappresenta?		Chiara:	*1939. Und was stellt diese Zeichnung deiner Meinung nach dar?*
Monica:	Difficile da dire. Per me è una donna ... E tu, a cosa hai pensato?		Monica:	*Schwer zu sagen. Für mich ist es eine Frau ... Und du, woran hast du gedacht?*
Chiara:	Sì, anch'io ho pensato ad una donna ... però non sono proprio sicura ...		Chiara:	*Ja, ich habe auch an eine Frau gedacht ... aber ich bin mir nicht ganz sicher ...*
Monica:	Manca Giulia, l'esperta dell'arte!		Monica:	*Es fehlt Giulia, die Kunstexpertin!*

TR 60

Monica:	8 euro a persona è un po' tanto per una mostra, non ti pare?		Monica:	Sì, anche a me. Di che anno è?
Chiara:	Sì, però sono stata con Andrea ad una mostra fotografica a Palermo e abbiamo pagato 7 o 8 euro a testa ...		Chiara:	Del '39. E secondo te, questo disegno che cosa rappresenta?
	...		Monica:	Difficile da dire. Per me è una donna ... E tu, a cosa hai pensato?
Monica:	Guarda questo quadro, ti piace?		Chiara:	Sì, anch'io ho pensato ad una donna ... però non sono proprio sicura ...
Chiara:	Sì, molto. Mi piacciono i colori ... il viola, il giallo ...		Monica:	Manca Giulia, l'esperta dell'arte!

TR. 61

gennaio – febbraio – marzo – aprile – maggio – giugno – luglio – agosto – settembre – ottobre – novembre – dicembre

TR. 62

il ponte – la fontana – il monumento – la chiesa – la fortezza – il palazzo – la torre – le mura della città

TR. 63

Certo, ecco qui. Ci sono anche tutti i monumenti e gli hotel.

Il castello, le mura, la cattedrale e il chiostro. Poi, se vuole …

Sì, ogni ora. Il prossimo è alle 11.

Sì, deve però chiedere davanti agli scavi.

Sì, in tedesco, in inglese e in francese.

TR. 64

Questa casa mi piace proprio!

TR. 65

Io vado a Roma, e tu?

TR. 66

Non mi piace sciare.

TR. 67

Oggi non prende il dolce.

11

TR. 68

le tagliatelle – i funghi – l'acqua frizzante – il vino bianco – il risotto – il salmone – i frutti di mare – la bistecca – la birra – il prosciutto

TR. 69

1. Cosa vi porto?
2. Prendiamo tutti la pizza?
3. Io vorrei le tagliatelle al salmone.
4. Per me una pizza prosciutto e funghi.
5. Io prendo il risotto ai frutti di mare.
6. E da bere che cosa prendete?
7. Ci porta il conto, per favore?

TR. 70

cameriere:	Cosa vi porto?
Gianluca:	Prendiamo tutti la pizza?
Pietro:	No, io vorrei le tagliatelle al salmone e una bistecca ai ferri.
Monica:	Per me una pizza prosciutto e funghi.
Chiara:	Io una alla rucola.
Franco:	Anch'io prendo la pizza alla rucola … o … no, no al radicchio.
Valeria:	Io prendo il risotto ai frutti di mare.
Francesco:	Mica male come idea! Però no, io prendo lo stesso la pizza, una margherita. È possibile con doppia mozzarella?
cameriere:	Certo. E da bere che cosa prendete?
Franco:	Per me una birra.
cameriere:	Quante birre in tutto? Una, due, tre, … sette birre. Poi?

Kellner:	Was kann ich Ihnen bringen?
Gianluca:	Nehmen wir alle Pizza?
Pietro:	Nein, ich hätte gern die Tagliatelle mit Lachs und ein gegrilltes Steak.
Monica:	Für mich eine Pizza mit Schinken und Pilzen, bitte.
Chiara:	Ich nehme eine mit Rucola.
Franco:	Ich nehme auch eine Pizza mit Rucola … oder … nein, nein, mit Radicchio, bitte!
Valeria:	Ich nehme den Risotto mit Meeresfrüchten.
Francesco:	Nicht schlecht die Idee! Aber nein, ich nehme trotzdem eine Pizza, eine Margherita. Ist es möglich mit doppelt Mozzarella?
Kellner:	Sicher! Und zu trinken, was nehmen Sie?
Franco:	Für mich ein Bier.
Kellner:	Wie viel Bier insgesamt? Eins, zwei, drei … sieben Bier. Dann?

▼ ▼

Pietro:	Mezzo litro di bianco, grazie.
Valeria:	E una bottiglia d'acqua frizzante!
cameriere:	Va bene.
	...
Chiara:	Ci porta il conto, per favore?
cameriere:	Sì, subito.
Valeria:	Chi vuole andare a fare la spesa per domani sera?
Monica:	Posso andare io.
Gianluca:	Perché la spesa? Ho già ordinato tutto io!
Monica:	Ah perfetto!
Gianluca:	E voi vi trovate tutti sotto casa di Giulia alle 8!
Pietro:	Mi raccomando, puntuali!
tutti:	Sì, sì ...
Franco:	Ragazzi, dai, adesso raccolgo i soldi. Facciamo alla romana, no? Sono 13 euro a testa.
tutti:	Va bene ... Okay.

TR. 71

cameriere:	Cosa vi porto?
Gianluca:	Prendiamo tutti la pizza?
Pietro:	No, io vorrei le tagliatelle al salmone e una bistecca ai ferri.
Monica:	Per me una pizza prosciutto e funghi.
Chiara:	Io una alla rucola.
Franco:	Anch'io prendo la pizza alla rucola ... o ... no, no al radicchio.
Valeria:	Io prendo il risotto ai frutti di mare.
Francesco:	Mica male come idea! Però no, io prendo lo stesso la pizza, una margherita. È possibile con doppia mozzarella?
cameriere:	Certo. E da bere che cosa prendete?
Franco:	Per me una birra.
cameriere:	Quante birre in tutto? Una, due, tre, ... sette birre. Poi?
Pietro:	Mezzo litro di bianco, grazie.
Valeria:	E una bottiglia d'acqua frizzante!
cameriere:	Va bene.

12

TR. 76

la gonna – la camicetta – il tailleur – il cappotto – il vestito – la giacca – i pantaloni – il maglione – la maglietta – la camicia

Pietro:	*Ein halber Liter Weißwein.*
Valeria:	*Und eine Flasche Mineralwasser mit Kohlensäure.*
Kellner:	*In Ordnung.*
	...
Chiara:	*Bringen Sie uns die Rechnung, bitte?*
Kellner:	*Ja, gleich!*
Valeria:	*Wer will morgen einkaufen gehen?*
Monica:	*Ich kann gehen.*
Gianluca:	*Warum einkaufen gehen? Ich habe schon alles bestellt!*
Monica:	*Ah, perfekt!*
Gianluca:	*Und ihr trefft euch alle bei Giulia zu Hause um 8 Uhr.*
Pietro:	*Seid ja pünktlich!*
Alle:	*Ja, ja ...*
Franco:	*Ok Leute! Jetzt sammle ich das Geld. Wir zahlen zusammen, ok? Das macht 13 Euro pro Person.*

TR. 72

la forchetta – il coltello – il cucchiaio – il cucchiaino – il piatto – il bicchiere – la bottiglia – il tovagliolo

TR. 73

voglio – vuoi – vuole – vogliamo – volete – vogliono

TR. 74

Buongiorno, vorrei una cioccolata calda, per favore.

Mamma, voglio una cioccolata calda!

TR. 75

un etto / 100 grammi – mezzo chilo – un chilo – un litro – mezzo litro – una bottiglia – una lattina – un pezzo – un pacco / un pacchetto – una scatola

TR. 77

commessa:	Buongiorno, dica!
Chiara:	Cerco un tailleur pantaloni e giacca.
commessa:	Ha già un'idea del modello?
Chiara:	Circa come quel tailleur in vetrina …
commessa:	Un po' pesante allora?
Chiara:	Sì.
commessa:	E che taglia porta?
Chiara:	La 42.
commessa:	E quale colore preferisce?
Chiara:	Marrone, ma non troppo scuro.
commessa:	Mi dispiace, ma il marrone chiaro non l'ho più. Però anche il marrone scuro è molto bello … Un attimo.
	…
commessa:	Ecco, guardi, abbiamo tre modelli. Questo è come il tailleur in vetrina, marrone scuro. Questo è un modello più classico … e poi può provare anche questo un po' più chiaro …
Chiara:	Oh, non ho mai portato un modello simile, però lo provo, mi piace il colore.
commessa:	Ecco, guardi, là c'è il camerino.
Chiara:	Grazie.
	…
commessa:	Come va?
Chiara:	I pantaloni sono un po' stretti, e la giacca non mi piace molto come modello. Adesso provo gli altri.
commessa:	Ah, i pantaloni Le stanno benissimo!
Chiara:	Beh, i pantaloni sono perfetti, mi piacciono proprio … e anche la giacca mi sta bene, no?
commessa:	Sì!
Chiara:	Provo l'ultimo modello, ma mi sa che ho già deciso. … No, la giacca è troppo lunga di maniche. Allora prendo questo.
	…
Chiara:	Posso pagare con la carta di credito?
commessa:	Certo!

Verkäuferin:	*Guten Tag! Kann ich Ihnen behilflich sein?*
Chiara:	*Ich suche ein Kostüm mit Hose und Jacke.*
Verkäuferin:	*Haben Sie schon eine Vorstellung (Idee) von dem Schnitt (Modell)?*
Chiara:	*Ungefähr wie das Kostüm (Modell) im Schaufenster …*
Verkäuferin:	*Etwas Wärmeres also?*
Chiara:	*Ja*
Verkäuferin:	*Und welche Größe haben Sie?*
Chiara:	*42.*
Verkäuferin:	*Und welche Farbe gefällt Ihnen am besten?*
Chiara:	*Braun, aber nicht zu dunkel.*
Verkäuferin:	*Es tut mir leid, aber das Kostüm (Modell) in hellbraun habe ich nicht mehr. Aber das Kostüm (Modell) in dunkelbraun ist auch sehr schön. Ein Augenblick, bitte!*
	…
Verkäuferin:	*Hier haben wir drei (verschiedene) Modelle. Das hier ist, wie das Kostüm (Modell) im Schaufenster, dunkelbraun. Dieses (Modell) ist klassischer … und dann können Sie auch dieses (Modell) anprobieren, es ist ein bisschen heller …*
Chiara:	*Oh, ich habe noch nie so ein Kostüm (Modell) getragen. Aber ich probiere es trotzdem an: die Farbe gefällt mir.*
Verkäuferin:	*Da ist die Umkleidekabine.*
Chiara:	*Danke!*
	…
Verkäuferin:	*Wie passt es?*
Chiara:	*Die Hose ist ein bisschen eng, und der Schnitt der Jacke gefällt mir nicht so sehr. Jetzt probiere ich die anderen an.*
Verkäuferin:	*Ah, die Hose steht Ihnen sehr gut!*
Chiara:	*Ja … die Hose ist perfekt, die gefällt mir sehr gut. Und die Jacke steht mir auch gut, oder?*
Verkäuferin:	*Ja!*
Chiara:	*Ich probiere auch das letzte Kostüm (Modell), aber ich glaube, ich habe mich schon entschieden … Nein, die Ärmel der Jacke sind zu lang. Dann nehme ich dieses.*
	…
Chiara:	*Kann ich mit Kreditkarte zahlen?*
Verkäuferin:	*Natürlich!*

13

TR. 78

il posto macchina – il box / il garage – la cantina –
l'ascensore – la terrazza – il balcone

TR. 79

1. Quant'è l'affitto?
2. Sono 750 euro al mese, più spese.
3. A che piano è l'appartamento?
4. Ho visto fuori l'annuncio per un appartamento.
5. L'appartamento è in vendita?
6. Di quanti metri quadrati è?

TR. 80

Chiara:	Buongiorno!
impiegato:	Buongiorno, signora! Posso esserLe utile?
Chiara:	Sì, ho visto fuori l'annuncio per quell'appartamento di tre locali più servizi.
impiegato:	Quale? Quello in vendita in via Solari?
Chiara:	No, quello in affitto, di 90 metri quadrati.
impiegato:	Ah, quello di via Piacenza!
Chiara:	Sì. Quant'è l'affitto?
impiegato:	750 euro al mese, più spese.
Chiara:	E sarebbe possibile vederlo? Magari già oggi pomeriggio.
impiegato:	Vediamo. Sì, è possibile. Sa dov'è via Piacenza?
Chiara:	Non proprio, ho letto zona di Porta Romana.
impiegato:	Sì, deve prendere la linea 1 fino a "Duomo", poi cambiare e prendere la linea 3 fino a "Porta Romana".
Chiara:	Sì, fin qui è facile.
impiegato:	Ecco, poi deve seguire l'uscita per Corso Lodi e prendere la seconda, no, la terza strada a destra. È una palazzina bianca, di fronte ad una farmacia. È il numero 50. Se Le va bene possiamo vederci oggi alle cinque.
Chiara:	No, alle cinque non posso, ho un appuntamento. Mi andrebbe meglio verso le tre …
impiegato:	Vediamo … Allora facciamo alle tre e mezza, giù al cancello.
Chiara:	Perfetto! A che piano è l'appartamento?
impiegato:	Al quarto. C'è l'ascensore e poi oggi pomeriggio Le do un disegno.

▼

Chiara:	*Guten Tag!*
Angestellter:	*Guten Tag! Kann ich Ihnen behilflich sein?*
Chiara:	*Ja! Ich habe die Anzeige für die 3-Zimmer Wohnung draußen gelesen.*
Angestellter:	*Welche? Die zum Verkaufen in der via Solari?*
Chiara:	*Nein, die 90 qm Wohnung, die in der via Piacenza zu mieten ist.*
Angestellter:	*Ah, die in der via Piacenza.*
Chiara:	*Ja. Wie hoch ist die Miete?*
Angestellter:	*750 Euro monatlich, kalt.*
Chiara:	*Und wäre es möglich, sie zu besichtigen? Vielleicht schon heute Nachmittag?*
Angestellter:	*Mal schauen. Ja, es ist möglich. Wissen Sie, wo die via Piacenza liegt?*
Chiara:	*Nicht ganz genau. Ich habe gelesen, dass es in der Nähe von Porta Romana ist.*
Angestellter:	*Ja. Sie nehmen die U 1 bis an die Haltestelle „Dom", dann steigen Sie um und nehmen die U3 bis Porta Romana.*
Chiara:	*Ja. Bis jetzt ist es einfach.*
Angestellter:	*So … dann nehmen Sie den Ausgang in Richtung Corso Lodi und da nehmen Sie die zweite … nein, die dritte Straße rechts. Es ist ein weißes Gebäude vor einer Apotheke. Die Hausnummer ist 50. Wenn es Ihnen recht ist, können wir uns um 5 Uhr treffen.*
Chiara:	*Nein, um 5 kann ich nicht, ich habe einen Termin. Es wäre mir lieber gegen 3 Uhr …*
Angestellter:	*Mal schauen … dann verbleiben wir so: um 15:30 unten vor dem Tor.*
Chiara:	*Perfekt! In welchem Stock befindet sich die Wohnung?*
Angestellter:	*Im vierten. Es gibt einen Fahrstuhl und ich gebe Ihnen einen Plan der Wohnung.*

▼

Chiara:	Sì, così anche mio marito può darci un'occhiata. C'è anche il garage?
impiegato:	Sì, c'è la possibilità di avere un box o un posto macchina, ma in un'altra palazzina, a 50 metri. E poi c'è una cantina abbastanza ampia.
Chiara:	Benissimo, allora a oggi pomeriggio, grazie e arrivederLa.
impiegato:	ArrivederLa.

Chiara:	*Ja, so kann mein Mann sich diesen schon anschauen. Gibt es auch eine Garage?*
Angestellter:	*Ja, es besteht die Möglichkeit eine Box oder einen Parkplatz zu mieten, aber das wäre in einem anderen Gebäude, 50 Meter weiter. Außerdem gibt es einen ziemlich großen Keller.*
Chiara:	*Sehr gut. Dann sehen wir uns heute Nachmittag. Vielen Dank und auf Wiedersehen.*
Angestellter:	*Auf Wiedersehen.*

TR 81

il palazzo – la palazzina – la villa – la villetta
– la villetta a schiera – il grattacielo – l'attico –
il casolare – la cascina

TR. 82

primo – secondo – terzo – quarto – quinto –
sesto – settimo – ottavo – nono – decimo

TR. 83

dodicesimo – ventesimo – ventunesimo –
ventiduesimo – trentesimo – trentacinquesimo

14

TR. 84

l'ingresso – il salotto – la sala da pranzo –
la camera degli ospiti – il bagno – la cucina –
il ripostiglio – lo studio – il corridoio –
la camera da letto

TR. 85

1. Oh, che bella casa!
2. Complimenti!
3. Ah abitabile, è molto spaziosa!
4. Bello grande!
5. Una signora casa!

TR. 86

Chiara / Monica:	Permesso.
Gianluca:	Avanti!
Chiara:	Oh, che bella casa!
Gianluca:	Bella luminosa, vero?
Chiara:	Sì, subito il salotto con delle finestre così grandi. Complimenti!
Gianluca:	Dai, ti faccio vedere un po' anche le altre stanze, poi vediamo come sistemare le cose.
Chiara:	Va bene, ti seguo. Sono curiosa!
	...
Gianluca:	Ecco, qui c'è la cucina.
Chiara:	Ah abitabile, è molto spaziosa!
Gianluca:	Qui c'è lo studio con un divano letto per gli ospiti. Questa è la camera da letto, e lì c'è il bagno!

▼

Chiara / Monica:	*Dürfen wir?*
Gianluca:	*Ja, bitte, herein!*
Chiara:	*Oh, was für eine schöne Wohnung!*
Gianluca:	*Schön hell, oder?*
Chiara:	*Ja! Hier ist sofort das Wohnzimmer mit großen Fenstern! Glückwünsch!*
Gianluca:	*Komm', ich zeige dir auch die anderen Räume, dann sehen wir, wie wir das Ganze organisieren können.*
Chiara:	*Ok, ich komme (hinterher). Ich bin gespannt!*
	...
Gianluca:	*So, hier ist die Küche.*
Chiara:	*Ah, wohnlich, sehr groß.*
Gianluca:	*Hier ist das Arbeitszimmer mit einem Bettsofa für Gäste. Das ist das Schlafzimmer und da ist das Badezimmer.*

▼

Chiara:	Bello, grande! E questa porta?
Gianluca:	È il ripostiglio.
Chiara:	Una signora casa! Ed è arredata con molto gusto. Devo fare i complimenti a Giulia!
Monica:	A proposito di case, l'appartamento di via Piacenza?
Chiara:	Mah, non so. È un po' più grande di questo, però mi sembra meno funzionale.
Gianluca:	Cerchi casa? Qui sotto abita una coppia, hanno avuto un bambino e cambiano casa. Il loro appartamento è come questo di Giulia, magari è ancora libero. Loro traslocano a fine giugno.
Chiara:	La cosa è molto interessante!
Monica:	Beh, ma ora cominciamo a sistemare le cose, sono già le cinque e mezza e tra un po' consegnano le tartine e tutto il resto.
	...
Gianluca:	Come facciamo? Ho pensato di pre-parare il buffet qui in salotto, va bene?
Monica:	Ottima idea!
Gianluca:	Allora finisco di raccogliere queste carte e poi possiamo allungare il tavolo e metterlo contro il muro.
Chiara:	Arrivano le pizzette! Vado ad aprire ... e voi spostate il tavolo da soli!
Monica:	Grazie! Gentile!

Chiara:	Schön! Und groß! Und diese Tür?
Gianluca:	Das ist der Abstellraum.
Chiara:	Es ist wirklich eine schöne Wohnung! Und sie ist mit gutem Geschmack möbliert worden. Ich muss Giulia gratulieren!
Monica:	Übrigens, die Wohnung in der via Piacenza?
Chiara:	Also, ich weiß nicht ... Sie ist ein bisschen größer als diese, aber sie scheint mir weni-ger funktionell zu sein.
Gianluca:	Suchst du eine Wohnung? Hier unten wohnt ein Paar, sie haben gerade ein Kind bekommen und ziehen um. Ihre Wohnung ist wie Giulias und vielleicht ist sie noch frei. Sie ziehen Ende Juni aus.
Chiara:	Das ist sehr interessant!
Monica:	Also, jetzt fangen wir aber an, alles vorzubereiten. Es ist schon halb sechs und in wenigen Minuten werden die belegten Schnittchen und der Rest geliefert.
	...
Gianluca:	Wie machen wir es dann? Ich habe mir gedacht, das Büffet hier im Wohnzimmer vorzubereiten. Ist das in Ordnung?
Monica:	Tolle Idee!
Gianluca:	Dann räume ich alle diese Dokumente auf, dann können wir den Tisch verlängern und ihn an die Wand schieben.
Chiara:	Die kleinen Pizzen sind angekommen! Ich mache die Tür auf ... und ihr schiebt den Tisch an die Wand.
Monica:	Danke! Sehr nett!

TR 87

1. Devo fare i complimenti a Giulia!
2. Beh, ma ora cominciamo a sistemare le cose.
3. Ho pensato di preparare il buffet qui in salotto.
4. Allora finisco di raccogliere queste carte
5. ... poi possiamo allungare il tavolo.
6. Vado ad aprire ...

TR. 88

Chiara / Monica: Permesso.

Gianluca:	Avanti!
Chiara:	Oh, che bella casa!
Gianluca:	Bella luminosa, vero?
Chiara:	Sì, subito il salotto con delle finestre così grandi. Complimenti!
Gianluca:	Dai, ti faccio vedere un po' anche le altre stanze, poi vediamo come sistemare le cose.
Chiara:	Va bene, ti seguo. Sono curiosa!

TR. 89

il divano – il letto – il tavolo – la sedia –
l'armadio – la libreria – il comodino – la scrivania

TR. 90

No! Non puoi dire queste cose!
Ma no! Non è possibile!
Ma cosa fai?

TR. 91

Ecco, ha proprio ragione lui!
Certo, è sempre così!
Ok, anche questo è vero!
Esatto, come dico io!

TR. 92

Hai fatto un pranzo delizioso!
È stata una cena coi fiocchi!
Hai cucinato proprio bene!
Che buone le tue lasagne!
Complimenti! I tuoi ravioli sono squisiti.

TR 93

Come stai bene!
Questo vestito ti sta benissimo!
Ti trovo in ottima forma!

TR. 94

Mica male i tuoi occhiali!
Hai proprio due bravi bambini!

15

TR. 95

la chiave – il numero della camera – il minibar –
il televisore – la vista sul parco – il bagno –
il telefono – il letto

TR. 96

1. Vorrei una camera singola per due notti.
2. Ha preso qualcosa dal minibar?
3. Ha fatto qualche telefonata?
4. Vorrei prenotare per il mese prossimo.
5. Desidera una camera singola?
6. Desidererei una camera tranquilla.
7. La camera dà sulla strada.
8. Per quando vuole prenotare?
9. Per quante notti?

TR. 97

Giulia:	Buongiorno. Vorrei pagare.
portiere:	Camera 437. Una camera singola per due notti, giusto?
Giulia:	Sì.
portiere:	Ha preso qualcosa dal minibar?
Giulia:	No, niente.
portiere:	E ha fatto qualche telefonata?
Giulia:	Nessuna.
portiere:	Va bene. Allora, sono 180 euro.
Giulia:	Pago con la carta di credito. Poi vorrei anche già prenotare per il mese prossimo.
portiere:	Sì, certo, per quando?
Giulia:	Per il 14.
portiere:	Una notte?
Giulia:	No, due.
portiere:	Di nuovo una singola?
Giulia:	Sì, ma possibilmente una camera tranquilla, con vista sul parco. La 437 dà sulla strada ed è piuttosto rumorosa.
portiere:	Non ci sono problemi signora ... Adesso ho solo bisogno di una firma qui. ... Ecco la Sua fattura.
Giulia:	Grazie, arrivederLa.
portiere:	ArrivederLa.
	...

Giulia:	*Guten Tag! Ich möchte zahlen.*
Portier:	*Zimmer 437. Ein Einzelzimmer für zwei Nächte, stimmt's?*
Giulia:	*Ja.*
Portier:	*Haben Sie etwas von der Minibar genommen?*
Giulia:	*Nein.*
Portier:	*Und haben Sie Anrufe getätigt?*
Giulia:	*Nein.*
Portier:	*Ok, dann macht es 180 Euro.*
Giulia:	*Ich bezahle mit Kreditkarte. Ich möchte auch für den nächsten Monat reservieren.*
Portier:	*Ja, natürlich. Für wann?*
Giulia:	*(Für) den 14.*
Portier:	*Eine Nacht?*
Giulia:	*Nein, zwei.*
Portier:	*Wieder ein Einzelzimmer?*
Giulia:	*Ja, aber möglichst ein ruhiges Zimmer, mit Blick auf den Park. Das 437 geht zur Straße und ist ziemlich laut.*
Portier:	*Kein Problem ... Jetzt brauche ich nur eine Unterschrift von Ihnen. Hier ist Ihre Rechnung.*
Giulia:	*Danke, auf Wiedersehen.*
Portier:	*Auf Wiedersehen.*
	...

▼

Giulia:	Pronto?
Chiara:	Ciao Giulia, sono Chiara! Buon compleanno!
Giulia:	Chiara! Grazie! Ti sei ricordata! Ma dove sei?
Chiara:	A Milano!
Giulia:	Sei a Milano? Benissimo, allora possiamo vederci. Io adesso sono a Roma, ma sto andando in aeroporto, perché stasera rientro. Ma tu, quanto tempo ti fermi?
Chiara:	Pochi giorni, dopodomani mattina riparto. Ma possiamo vederci domani.

TR 98

l'asciugamano – le lenzuola – la coperta –
il cuscino – la carta igienica – il sapone –
l'aria condizionata – la cassaforte

Giulia:	*Hallo?*
Chiara:	*Hallo Giulia! Ich bin's, Chiara! Herzliche Glückwünsche!*
Giulia:	*Chiara! Danke! Du hast dich daran erinnert! Aber … wo bist du?*
Chiara:	*In Mailand!*
Giulia:	*Du bist in Mailand! Toll, dann können wir uns treffen! Ich bin jetzt in Rom, aber ich fahre gerade zum Flughafen, weil ich heute Abend wieder nach Hause komme. Und du, wie lange bleibst du?*
Chiara:	*Nur einige Tage. Übermorgen früh fahre ich wieder ab. Aber wir können uns morgen treffen.*

16

TR. 99

lo spumante – la festeggiata – la torta –
le candeline – il biglietto d'auguri – il regalo – buon
compleanno – tanti auguri

TR. 100

1. Auguri!
2. Buon compleanno!
3. Che sorpresa!
4. Tanti auguri!
5. Sono commosso.

TR. 101

Pietro:	Ma secondo voi Giulia lo sa?
Chiara:	Sicuramente no, oggi l'ho sentita per farle gli auguri e abbiamo deciso di vederci domani.
Franco:	Quanti anni compie?
Monica:	35.
Franco:	Allora, metto 35 candeline sulla torta.
Valeria:	Ma no! Poi la torta si riempie completamente di cera! Cinque o sei sono sufficienti.
Pietro:	Arrivano!
Chiara:	Valeria, puoi spegnere le luci per favore? …
tutti:	Tanti auguri a te! Tanti auguri a te! Tanti auguri a Giulia, tanti auguri a te! Auguri! Buon compleanno!
Giulia:	No, che sorpresa! Sto sognando?! Gianluca, perché non mi hai detto niente? Che amici! …

Pietro:	*Eurer Meinung nach, weiß Giulia davon?*
Chiara:	*Ganz sicher nicht. Ich habe sie heute angerufen und wir sind so verblieben, dass wir uns morgen sehen.*
Franco:	*Wie alt wird sie?*
Monica:	*35.*
Franco:	*Dann stecke ich 35 Kerzen in die Torte.*
Valeria:	*Nein! Dann wird die Torte voll mit Wachs. 5 oder 6 sind ausreichend!*
Pietro:	*Sie kommen!*
Chiara:	*Valeria, kannst du bitte das Licht ausschalten? …*
alle:	*Zum Geburtstag viel Glück! Zum Geburtstag viel Glück! Zum Geburtstag liebe Giulia, zum Geburtstag viel Glück! Glückwünsche! Herzliche Glückwünsche zum Geburtstag!*
Giulia:	*Neee, was für eine Überraschung! Träume ich gerade? Gianluca, warum hast mir nichts davon gesagt? Was für Freunde! …*

▼   ▼

Chiara:	Ed ecco il regalo!		Chiara:	*Und hier ist dein Geschenk!*
Giulia:	Grazie. ... Ehi! Le ceramiche di Caltagirone! Chiara, l'hai portato tu dalla Sicilia? Stupendo! Grazie! Sono commossa.		Giulia:	*Danke! Die Keramik aus Caltagirone! Chiara, das hast du mir aus Sizilien mitgebracht! Wunderschön! Danke! Ich bin gerührt!*
Gianluca:	Gente, io ho fame, propongo di aprire immediatamente il buffet! Vado a prendere lo spumante.		Gianluca:	*Leute, habe ich Hunger! Ich schlage vor, sofort das Büffet zu eröffnen! Ich hole den Sekt.*
Pietro:	Finalmente ci pensa qualcuno.		Pietro:	*Endlich denkt jemand dran.*
	...			*...*
Giulia:	Beh, allora hai avuto il posto nell'agenzia vicino a Cadorna?		Giulia:	*Und? Hast du die Arbeitsstelle von der Agentur am Cadornaplatz?*
Chiara:	Sì. E ho già visto un primo appartamento non male.		Chiara:	*Ja. Und ich habe auch schon eine Wohnung besichtigt. Sie ist nicht schlecht.*
Giulia:	Ah!		Giulia:	*Ah!*
Chiara:	E a proposito, avrei bisogno di un consiglio, perché in fondo la zona è buona, ma l'appartamento non è troppo funzionale. Forse tu mi puoi suggerire qualcosa!		Chiara:	*Übrigens, ich bräuchte einen Ratschlag von dir. Das Wohnviertel ist nicht schlecht, aber die Wohnung ist nicht so funktionell (praktisch). Vielleicht kannst du mir etwas empfehlen.*
Giulia:	Ma certo, ti aiuto volentieri. Se vuoi possiamo vederci domani e parlare con calma.		Giulia:	*Aber sicher! Ich helfe dir gerne. Wenn du willst, können wir uns morgen treffen und in Ruhe darüber reden.*
Chiara:	Volentieri, hai tempo domani pomeriggio?		Chiara:	*Gerne! Hast du morgen Nachmittag Zeit?*
Giulia:	Sì, io sono libera.		Giulia:	*Ja, ich habe frei.*
Chiara:	Che ne dici di venire dai miei a prendere un caffè dopo pranzo?		Chiara:	*Was hältst du von einem Kaffee morgen bei meinen Eltern nach dem Mittagessen?*
Giulia:	Volentieri, così rivedo anche i tuoi genitori. Vengo verso le tre, va bene?		Giulia:	*Gerne, dann kann ich deine Eltern auch mal wiedersehen. Ich komme gegen drei Uhr, ist dir das recht?*

TR 102

Giulia:	Beh, allora hai avuto il posto nell'agenzia vicino a Cadorna?
Chiara:	Sì. E ho già visto un primo appartamento non male.
Giulia:	Ah!
Chiara:	E a proposito, avrei bisogno di un consiglio, perché in fondo la zona è buona, ma l'appartamento non è troppo funzionale. Forse tu mi puoi suggerire qualcosa!
Giulia:	Ma certo, ti aiuto volentieri. Se vuoi possiamo vederci domani e parlare con calma.
Chiara:	Volentieri, hai tempo domani pomeriggio?
Giulia:	Sì, io sono libera.
Chiara:	Che ne dici di venire dai miei a prendere un caffè dopo pranzo?
Giulia:	Volentieri, così rivedo anche i tuoi genitori. Vengo verso le tre, va bene?

TR. 103

Cin cin! Alla salute!
Salute!

TR. 104

Ma no, non è necessario! Sei proprio sicuro?
Non so, forse disturbiamo ...
Non è che disturbiamo?
Non vorrei disturbare.

17

TR. 105

alla fermata dell'autobus	*an der Bushaltestelle*
davanti al museo	*vor dem Museum*
in piazza	*auf dem Platz*
all'angolo della strada	*an der Straßenecke*
sul ponte	*auf der Brücke*
ai giardini pubblici	*im Park*

TR. 106

Elena: Ciao Marco, scusa, ho perso l'autobus. Sono in ritardo...

Marco: Ciao, non ti preoccupare. Io sono già davanti al cinema, se vuoi i biglietti li prendo io. Tranquilla, c'è tempo.

Elena: Sì, ok. Io comunque arrivo. Adesso ho preso la bici, ma non so la strada.

Marco: Dove sei?

Elena: Ho appena attraversato il Po, sono in piazza Vittorio, vicino al ponte.

Marco: Ecco, allora devi prendere la prima strada a destra. E poi... aspetta... controllo su Internet... sì, vai dritto fino al secondo semaforo e poi giri a sinistra. Dopo pochi metri trovi il cinema. Ma lo conosci? Ci sei mai stata?

Elena: No, non ci sono mai stata... è quello il problema!

Marco: Senti, facciamo così: ti vengo incontro e ci vediamo in piazza Vittorio. Tra cinque minuti sono lì.

Elena: Grazie Marco, sei un tesoro. Che ne dici se dopo il cinema andiamo in birreria e ti offro qualcosa?

Marco: Volentieri! Ma perché non ci andiamo subito?

Elena: Io preferirei dopo il film, potremmo anche andare in pizzeria, avremo sicuramente fame.

Marco: E perché invece non andiamo a mangiare pesce? Conosco un buon ristorantino nei paraggi.

Elena: D'accordo. A tra poco!

Elena: *Hallo Marco, Entschuldige, ich habe den Bus verpasst. Ich bin zu spät ...*

Marco: *Hi, mach dir keine Sorgen. Ich bin schon vor dem Kino, wenn du möchtest, kann ich die Tickets schon kaufen. Ruhig, es ist noch Zeit.*

Elena: *Ja, ok. Ich komme jedenfalls. Ich habe jetzt das Fahrrad genommen, aber ich kenne den Weg nicht.*

Marco: *Wo bist du?*

Elena: *Ich habe gerade den Po überquert, ich bin auf der Piazza Vittorio, in der Nähe der Brücke.*

Marco: *Gut, dann musst du die erste Straße rechts nehmen. Und dann ... warte mal ... ich schaue mal im Internet ... Ja, fahr geradeaus bis zur zweiten Ampel und dann biegst du links ab. Nach wenigen Metern findest du das Kino. Aber kennst du es? Warst du mal da?*

Elena: *Nein, ich war noch nie da ... das ist das Problem!*

Marco: *Hör zu, wir machen es so: Ich komme dir entgegen und wir sehen uns auf der Piazza Vittorio. In fünf Minuten bin ich da.*

Elena: *Danke Marco, du bist ein Schatz. Was hältst du davon, wenn wir nach dem Kino in die Bierstube gehen und ich dich einlade?*

Marco: *Gerne! Aber warum gehen wir nicht sofort dorthin?*

Elena: *Ich würde lieber nach dem Film, wir könnten auch in eine Pizzeria gehen, wir werden bestimmt Hunger haben.*

Marco: *Und warum gehen wir nicht stattdessen Fisch essen? Ich kenne ein gutes kleines Restaurant in der Nähe.*

Elena: *Einverstanden. Bis bald!*

TR. 107

primo – secondo – terzo – quarto – quinto – sesto – settimo – ottavo – nono – decimo – undicesimo – dodicesimo – ventesimo – ventunesimo – ventitreesimo – ventiquattresimo – venticinquesimo – ventiseiesimo – trentesimo – quarantacinquesimo – sessantatreesimo – ottantunesimo – novantanovesimo – centesimo

erster - zweiter - dritter - vierter - fünfter - sechster - siebter - achter - neunter - zehnter - elfter - zwölfter - zwanzigster - dreiundzwanzigster - vierundzwanzigster - fünfundzwanzigster - sechsundzwanzigster - dreißigster - fünfundvierzigster - dreiundsechzigster - einundachtzigster - neunundneunzigster - hundertster

TR. 108

1. Mio marito oggi mi vuole portare in una galleria d'arte. So già che mi annoierò moltissimo. L'arte contemporanea proprio non la capisco... Preferirei una mostra d'arte moderna o un bel museo archeologico...
2. Sono un amante del vino e vorrei diventare sommelier. Frequento spesso un'enoteca vicino a casa mia, dove posso provare tanti vini diversi ed esprimere il mio giudizio. Mi piacciono soprattutto i rossi piemontesi e i bianchi friulani.

1. Mein Mann möchte mich heute in eine Kunstgalerie führen. Ich weiß schon, dass ich mich sehr langweilen werde. Die zeitgenössische Kunst verstehe ich überhaupt nicht ... Ich würde lieber mir eine Ausstellung für moderne Kunst oder ein schönes archäologisches Museum ansehen ...
2. Ich bin ein Weinliebhaber und möchte Sommelier werden. Ich besuche oft einen Weinladen bei mir in der Nähe, wo ich viele verschiedene Weine probieren und mein Urteil äußern kann. Ich mag am liebsten die Rotweine aus Piemont und die Weißweine aus dem Friaul.

TR. 109

Che ne dici di uscire?
Ti va di uscire?
Perché non usciamo?
Potremmo uscire, no?
Facciamo così...

Was hältst du davon, wenn wir ausgehen?
Hast du Lust auszugehen?
Warum gehen wir nicht aus?
Wir könnten ausgehen, oder?
Wir machen es so ...

TR. 110

Buona idea!
Mi dispiace, non ho tempo.
No, devo lavorare.
D'accordo.
Volentieri.
Facciamo un'altra volta.
Ho già un impegno.
Va bene!

Gute Idee!
Es tut mir leid, ich habe keine Zeit.
Nein, ich muss arbeiten.
Einverstanden.
Gerne.
Wir machen ein anderes Mal.
Ich habe schon einen Termin.
In Ordnung!

TR. 111

E perché invece non...?
Ho un'altra idea...
Io preferirei...
Non sarebbe meglio...?

Und warum stattdessen nicht ...?
Ich habe eine andere Idee ...
Ich würde lieber ...
Wäre es nicht besser ...?

TR. 112

1. Cosa facciamo stasera? - Potremmo andare a mangiare fuori.
2. Venite a cena da noi? - Volentieri, portiamo il dolce?
3. Avete programmi per domani? - Sì, andiamo a pranzo da mia sorella.
4. Dove siete? - Siamo in birreria, ci raggiungi?
5. Che ne dici di andare al cinema? - Buona idea, che film danno?
6. A che ora ci vediamo? - Verso le tre.
7. Dove ci incontriamo? - Ti va bene alla fermata dell'autobus?
8. Vieni al compleanno di Giulia? - Sì, tu che cosa le regali?

1. *Was machen wir heute Abend? - Wir könnten auswärts essen gehen.*
2. *Kommt ihr zu uns zum Abendessen? - Gerne, sollen wir einen Nachtisch mitbringen?*
3. *Habt ihr etwas für morgen vor? - Ja, wir gehen zu meiner Schwester zum Mittagessen.*
4. *Wo seid ihr? - Wir sind in der Bierstube, kommst du zu uns?*
5. *Was hältst du davon, ins Kino zu gehen? - Gute Idee, welcher Film läuft?*
6. *Um wie viel Uhr treffen wir uns? - Gegen drei Uhr.*
7. *Wo treffen wir uns? - Passt es dir an der Bushaltestelle?*
8. *Kommst du zu Giulias Geburtstag? - Ja, was schenkst du ihr?*

18

TR. 113

1. La relazione a distanza era troppo pesante per me.
2. Ho un ottimo insegnante e i miei compagni sono simpatici.
3. I nostri vicini sono molto gentili e disponibili.
4. Ho conosciuto persone davvero carine qui e devo dire che non mi sento mai sola.
5. Ha un nuovo capo sempre nervoso e un paio di colleghi antipatici.
6. Ho saputo che non vivi più con i tuoi.

1. *Die Fernbeziehung hat mich zu stark belastet.*
2. *Ich habe einen sehr guten Lehrer und die Kursteilnehmer sind sympathisch.*
3. *Unsere Nachbarn sind sehr nett und hilfsbereit.*
4. *Ich habe hier wirklich sehr nette Leute kennen gelernt und ich muss sagen, ich fühle mich nie einsam.*
5. *Er hat einen neuen Chef, der ständig nervös ist, und einige unsympathische Kollegen.*
6. *Ich habe erfahren, dass du nicht mehr bei deinen Eltern wohnst.*

TR. 114

Carissima Claudia,
come stai?
Lo sai che mi sono trasferita a Colonia? La relazione a distanza era troppo pesante per me, quindi ho deciso di raggiungere Andreas. Lui è felice come un bambino!
Ho iniziato subito a studiare il tedesco, seguo un corso di lingua in una scuola in centro. Ho un ottimo insegnante e i miei compagni sono simpatici. Certo, imparare una nuova lingua a trent'anni è più faticoso che a diciotto, ma il tedesco mi piace molto, anche se è molto più difficile dell'inglese. Abitiamo vicino al Reno, in un appartamento al quarto piano. I nostri vicini sono molto gentili e disponibili. Spesso ci incontriamo in giardino per bere qualcosa insieme e fare quattro chiacchiere (e io faccio pratica con la lingua).

▼

Liebste Claudia,
wie geht es dir?
Weißt du, dass ich nach Köln gezogen bin? Die Fernbeziehung hat mich zu stark belastet und so habe ich entschieden, zu Andreas zu ziehen. Er ist überglücklich! Ich habe sofort angefangen, Deutsch zu lernen, ich besuche einen Sprachkurs in einer Schule im Zentrum. Ich habe einen sehr guten Lehrer und die Kursteilnehmer sind sympathisch. Selbstverständlich, es ist schwieriger, eine neue Sprache mit dreißig Jahren zu lernen als mit achtzehn, aber die deutsche Sprache gefällt mir, auch wenn Deutsch schwerer als Englisch ist.
Wir wohnen in der Nähe vom Rhein, in einer Wohnung im vierten Stock. Unsere Nachbarn sind sehr nett und hilfsbereit. Wir treffen uns oft im Garten, um etwas zusammen zu trinken und ein paar Worte zu wechseln (und ich übe die Sprache).

▼

Sai, ho conosciuto persone davvero carine qui e devo dire che non mi sento mai sola. Anche se ogni tanto mi prende un po' di nostalgia... Ma cambiamo argomento!
Purtroppo per Andreas è un brutto periodo, ha un nuovo capo sempre nervoso e un paio di colleghi antipatici. Allora ieri sera siamo andati nel migliore ristorante italiano della città e abbiamo mangiato benissimo. Ci siamo divertiti e almeno per una sera Andreas non ha pensato al lavoro e si è rilassato!
Bene, queste erano le mie notizie... e le tue?
Ho saputo che hai trovato lavoro e che non vivi più con i tuoi.
Dai, racconta... Sono curiosa!
Un abbraccio,
Simona

Weißt du, ich habe hier wirklich sehr nette Leute kennen gelernt und ich muss sagen, ich fühle mich nie einsam. Auch wenn ich ab und zu ein bisschen Sehnsucht habe ... Aber wechseln wir Thema!
Leider ist es für Andreas eine schwierige Zeit, er hat einen neuen Chef, der ständig nervös ist, und einige unsympathische Kollegen. Nun, gestern Abend sind wir in das beste italienische Restaurant der Stadt gegangen und haben sehr gut gegessen. Wir haben uns amüsiert und wenigstens für einen Abend hat Andreas nicht an die Arbeit gedacht und hat sich entspannt!
Gut, das waren meine Nachrichten ... und deine?
Ich habe erfahren, dass du nicht mehr bei deinen Eltern wohnst.
Los, erzähl mal ... Ich bin neugierig!
Sei umarmt,
Simona

TR. 115

1. Sono più alto di te.
2. Sono più forte che veloce.
3. È più facile ingrassare che dimagrire.
4. Le tue scarpe sono più nuove delle mie.
5. Silvia è più felice di Paolo.
6. È più comodo viaggiare in treno che in macchina.

1. *Ich bin größer als du.*
2. *Ich bin stärker als schneller.*
3. *Es ist einfacher zuzunehmen als abzunehmen.*
4. *Deine Schuhe sind neuer als meine.*
5. *Silvia ist glücklicher als Paolo.*
6. *Es ist bequemer mit dem Zug zu reisen als mit dem Auto.*

TR. 116

Cara Simona,
grazie mille per la tua mail, sono contenta per te e per Andreas!
Io stavo bene a casa con i miei, ma avevo bisogno di un po' di indipendenza...
Allora appena ho trovato lavoro ho affittato una stanza in un bel palazzo in centro. Certo, era comodo avere mia madre che cucinava, lavava, stirava... ma la libertà ha sempre un prezzo!
La mia coinquilina è un po' riservata, ma gentile. Di sera esco spesso con i miei nuovi colleghi, ah mi sono scordata! Lavoro in un museo, organizzo laboratori per bambini. Così ho unito le mie passioni: il mondo dell'infanzia e l'arte!
Ora ti saluto, è tardi.
Un abbraccio e a presto,
Claudia

Liebe Simona,
vielen Dank für deine E-Mail, ich freue mich für dich und Andreas!
Mir ging es gut zu Hause bei meinen Eltern, aber ich brauchte ein bisschen mehr Unabhängigkeit ...
Also kaum hatte ich einen Job gefunden, habe ich ein Zimmer in einem schönen Altbau im Zentrum gemietet. Selbstverständlich, es war bequem, meine Mutter zu haben, die für mich gekocht hat, gewaschen hat, gebügelt hat ... aber die Freiheit hat immer ihren Preis!
Meine Mitbewohnerin ist ein bisschen reserviert, aber nett. Abends gehe ich oft mit meinen neuen Kollegen aus, ah ich habe was vergessen! Ich arbeite in einem Museum, ich organisiere Workshops für Kinder. So habe ich meine Leidenschaften verbunden: die Welt der Kinder und die Kunst!
Nun verabschiede ich mich, es ist spät.
Sei umarmt und bis bald,
Claudia

TR. 117

1. Sono tue le scarpe? – No, non sono le mie.
2. Sono i calzini di Diego? – Sì, sono i suoi.
3. Sono le posate di Benedetta? – Sì, sono le sue.
4. Mia sorella è molto dolce. – La mia invece non la sopporto!
5. È il cane di Gianni e Teresa? – No, il loro è più vivace!
6. La mia casa è grande e luminosa. E la tua? – Beh, è un po' piccola…

1. *Sind das deine Schuhe? – Nein, das sind nicht meine.*
2. *Sind das Diegos Socken? – Ja, das sind seine.*
3. *Ist das Benedettas Besteck? – Ja, das ist ihres.*
4. *Meine Schwester ist sehr nett. – Meine dagegen ist unerträglich!*
5. *Ist das der Hund von Gianni und Teresa? – Nein, ihrer ist lebhafter!*
6. *Mein Haus ist groß und hell. Und deins? – Mmh, es ist ein bisschen klein …*

19

TR. 118

il Piemonte - la Sardegna - il Lazio - la Campania - l'Emilia-Romagna - la Lombardia - la Sicilia - la Liguria - il Molise - la Valle d'Aosta - l'Abruzzo - la Calabria - l'Umbria - il Friuli-Venezia Giulia - la Puglia - le Marche - il Trentino-Alto Adige - la Toscana - il Veneto - la Basilicata

Piemont - Sardinien - Latium - Kampanien - Emilia-Romagna - Lombardei - Sizilien - Ligurien - Molise - Aostatal - Abruzzen - Kalabrien - Umbrien - Friaul-Julisch Venetien - Apulien - Marken - Trentino-Südtirol - Toskana - Venetien - Basilikata

TR. 119

1. Le due regioni e isole d'Italia: la Sicilia e la Sardegna.
2. In questa regione si trova la capitale d'Italia: nel Lazio.
3. La regione dove nasce il fiume Po: il Piemonte.
4. In questa regione si parla anche il tedesco: nel Trentino-Alto Adige.
5. In questa regione c'è il monte più alto d'Europa, il Monte Bianco: in Valle d'Aosta.

1. *Die zwei Regionen und Insel Italiens: Sizilien und Sardinien.*
2. *In dieser Region liegt die Hauptstadt Italiens: in Latium.*
3. *Die Region, in der der Fluss Po entspringt: Piemont.*
4. *In dieser Region wird auch Deutsch gesprochen: im Trentino-Südtirol.*
5. *In dieser Region steht der höchste Berg Europas, der Mont Blanc: im Aostatal.*

TR. 120

1. In Piemonte si prepara la bagna cauda che è una salsa a base di olio, aglio e acciughe. Ma questa regione è anche la patria del cioccolato!
2. La Lombardia è conosciuta per alcune specialità: il risotto, la polenta, il gorgonzola… Anche il panettone, un dolce che si mangia solo a Natale, è tipico della regione e, in particolare, di Milano.
3. Anche in Veneto il riso è uno degli ingredienti fondamentali di molte ricette. Viene coltivato soprattutto nel Delta del Po, un'area protetta dove si osservano diverse specie di uccelli e qualche mammifero come il topolino delle risaie.

1. *Im Piemont bereitet man die Bagna Cauda zu, die eine Sauce aus Öl, Knoblauch und Sardellen ist. Aber dieser Region ist auch die Heimat der Schokolade!*
2. *Die Lombardei ist für einige Spezialitäten bekannt: den Risotto, die Polenta, den Gorgonzola … Auch der Panettone, ein Kuchen, den man nur zu Weihnachten isst, ist typisch für die Region und vor allem für Mailand.*
3. *Auch in Venetien ist der Reis eine der wichtigsten Zutaten vieler Rezepte. Er wird vor allem im Po-Delta angebaut, ein geschütztes Gebiet, wo man verschiedene Vogelarten und ein paar Säugetiere beobachten kann, wie die Zwergmaus.*

▼

▼

4. La Toscana è una regione celebrata per i suoi ottimi vini, che si abbinano perfettamente ai vari piatti tradizionali. Per degustarli si può andare nelle numerose cantine della regione.

5. L'Emilia-Romagna è famosa per il Parmigiano Reggiano e il prosciutto crudo di Parma, ma anche la mortadella è un prodotto che tutti conoscono.

6. La Campania, con Napoli in prima linea, non è famosa solo per la pizza. Il caffè, a Napoli, è un qualcosa di particolare, un simbolo, come i maccheroni o il babà.

7. La Puglia, una striscia di terra che si allunga nel mare, è una regione produttrice di olio extravergine d'oliva, ma anche di diversi tipi di frutta e tanti ortaggi.

4. *Die Toskana ist eine für ihre hochwertigen Weine berühmte Region, die perfekt zu den verschiedenen traditionellen Gerichten passen. Um diese zu testen, kann man in die zahlreichen Kellereien der Region gehen.*

5. *Die Emilia-Romagna ist für den Parmigiano Reggiano (Parmesan-Käse) und den Parma-Schinken berühmt, aber auch die Mortadella ist ein Produkt, das alle kennen.*

6. *Kampanien, mit Neapel vorneweg, ist nicht nur für die Pizza berühmt. Der Kaffee in Neapel ist etwas Besonderes, ein Symbol, wie die Makkaroni oder der Babà (Hefeteilchen mit Rum und Rosinen).*

7. *Apulien, ein Landstrich, der sich am Meer entlang erstreckt, ist eine Region, die natives Olivenöl herstellt, aber auch verschiedene Obst- und viele Gemüsesorten.*

TR. 121

1. Si scartano i regali.
2. Si fa l'albero di Natale.
3. Si mangiano le lenticchie.
4. Si guardano i fuochi d'artificio.
5. Si tirano i coriandoli.
6. Ci si mette un costume.
7. Si regalano le uova di cioccolato.
8. Si mangia la colomba pasquale.

1. *Man packt die Geschenke aus.*
2. *Man schmückt den Weihnachtsbaum.*
3. *Man isst Linsen.*
4. *Man schaut das Feuerwerk an.*
5. *Man wirft Konfetti.*
6. *Man verkleidet sich.*
7. *Man verschenkt Schokoladeneier.*
8. *Man isst den Osterkuchen.*

TR. 122

1. Sono andata da alcune amiche che abitano a Venezia.
2. Ho comprato il vino che mi hai consigliato per la cena.
3. Non trovo più la guida turistica che mi hai prestato per le vacanze.
4. Siamo molto sorpresi dell'invito che abbiamo ricevuto per sabato.
5. Hai letto l'articolo sulla Sicilia che era nell'inserto viaggi?
6. Mi piacciono molto i regali che ho ricevuto per Natale.
7. Conosco la ragazza che è arrivata prima alla gara.

1. *Ich bin zu einigen Freundinnen gegangen, die in Venedig wohnen.*
2. *Ich habe den Wein gekauft, den du mir für das Abendessen empfohlen hast.*
3. *Ich finde den Reiseführer nicht mehr, den du mir für den Urlaub ausgeliehen hast.*
4. *Wir sind von der Einladung sehr überrascht, die wir für Samstag erhalten haben.*
5. *Hast du den Artikel über Sizilien gelesen, der in der Reisebeilage war?*
6. *Ich mag die Geschenke sehr, die ich zu Weihnachten bekommen habe.*
7. *Ich kenne das Mädchen, das erste beim Wettkampf wurde.*

TR. 123

La Sicilia è la più grande isola del Mediterraneo. Colline, montagne e pianure caratterizzano il suo paesaggio. In Sicilia si trovano ben tre vulcani, tutti attivi: l'Etna, Stromboli e Vulcano. Le spiagge

▼

Sizilien ist die größte Insel des Mittelmeers. Hügel, Berge und Ebenen charakterisieren ihre Landschaft. Auf Sizilien findet man sogar drei Vulkane, alle aktiv: Ätna, Stromboli und Vulcano. Die Strände Siziliens

▼

siciliane sono una grande attrazione turistica, ma non c'è solo il mare: in Sicilia si possono visitare meravigliose città d'arte, come Palermo, Noto, Ragusa, e numerosi siti archeologici, primo fra tutti la Valle dei Templi ad Agrigento.

haben eine große touristische Anziehungskraft, aber es gibt nicht nur das Meer: Auf Sizilien kann man wunderbare Kunst- und Kulturstädte besichtigen, wie Palermo, Noto, Ragusa, und zahlreiche archäologische Stätte, an der ersten Stelle das Tempeltal in Agrigento.

TR. 124

1. L'Umbria è una regione dell'Italia centrale, posta nel cuore della penisola, e non ha sbocco sul mare. Viene chiamata "il polmone d'Italia" dato che il suo territorio è costituito da dolci e verdi colline, numerosi laghi e fiumi. La regione è costellata da città ricche di storia e tradizioni, come Spoleto, Gubbio e Assisi, una delle mete principali del turismo in Umbria, soprattutto religioso. Il capoluogo è Perugia, dove si trova un'importante università per stranieri. Le principali manifestazioni culturali sono l'Umbria Jazz e il Festival dei Due Mondi di Spoleto.
2. La Liguria è una delle regioni più piccole d'Italia. È compresa tra le catene montuose a nord e il mare a sud. Le coste sono in genere rocciose, soprattutto nella Riviera di Levante (a est), mentre a Ponente, cioè a ovest, le rocce a picco sul mare si alternano a spiagge sabbiose. La Liguria è una terra ricca di bellezze naturali, infatti ospita un parco nazionale, nove parchi regionali, tre riserve naturali e due riserve marine che tutelano i fondali della regione. Due sono i patrimoni dell'Unesco: il centro storico di Genova, il capoluogo di regione, e le Cinque Terre, un tratto di costa tra i più suggestivi d'Italia.

1. *Umbrien ist eine Region Mittelitaliens, im Herzen der Halbinsel, ohne Zugang zum Meer. Es wird „Lunge Italiens" genannt, da seine Landschaft aus sanften und grünen Hügeln, zahlreichen Seen und Flüssen besteht. Die Region ist übersät mit Städten, die reich an Geschichte und Traditionen sind, wie Spoleto, Gubbio und Assisi, eins der Hauptziele des Tourismus Umbriens, vor allem des religiösen Tourismus. Die Hauptstadt der Region ist Perugia, wo sich eine für Ausländer wichtige Universität befindet. Die wichtigsten kulturellen Veranstaltungen sind der Umbria Jazz und das Festival dei Due Mondi in Spoleto.*
2. *Ligurien ist eine der kleinsten Regionen Italiens. Sie liegt zwischen den Bergketten im Norden und dem Meer im Süden. Die Küsten sind normalerweise felsig, vor allem an der Riviera di Levante (im Osten), während an der Riviera di Ponente, d.h. im Westen, sich senkrecht ins Meer fallende Felsen mit sandigen Stränden abwechseln. Ligurien ist ein Land reich an Naturschönheiten, in der Tat beherbergt es einen Nationalpark, neun Regionalparks, drei Naturschutzreservate und zwei Meerreservate, die den Meeresboden der Region schützen. Es gibt zwei Unesco-Kulturerbe: die Altstadt von Genua, die Regionalhauptstadt, und die Cinque Terre, einer der beeindruckendsten Küstenstreifen Italiens.*

TR. 125

Roma è la capitale d'Italia. A Roma ci sono diversi monumenti importanti e tante chiese da visitare: il Colosseo, la Fontana di Trevi, i Fori Imperiali, la Basilica di San Pietro e quella di Santa Maria Maggiore. A Roma c'è sempre qualcosa da fare! Viene soprannominata "Caput Mundi", data l'estensione raggiunta dall'Impero romano. Un proverbio italiano infatti dice: "tutte le strade portano a Roma"!

Rom ist die Hauptstadt Italiens. In Rom gibt es verschiedene wichtige Sehenswürdigkeiten und viele Kirchen zu besichtigen: das Kolosseum, der Trevi-Brunnen, die Kaiserforen, die Basilika von Sankt Peter und Santa Maria Maggiore. In Rom findet man immer etwas zu tun! Es wird „Caput Mundi" genannt, dank der Ausdehnung des römischen Reiches. Ein italienisches Sprichwort sagt tatsächlich: „Alle Wege führen nach Rom!"

20

TR. 126

1. la colonna sonora - la musica del film
2. la trama - il riassunto di un film
3. il produttore - chi finanzia il film
4. la programmazione - la proiezione di un film nei cinema
5. la scena - una delle varie vicende che accadono in un film
6. la recensione - breve commento e giudizio sul film sotto forma di articolo
7. il cortometraggio - un film breve
8. il montaggio - fase finale della lavorazione di un film: le scene vengono selezionate e collegate

1. *die Musik - die Filmmusik*
2. *die Handlung - die Zusammenfassung des Films*
3. *der Produzent - derjenige, der den Film finanziert*
4. *das Programm - die Vorführung eines Films in einem Kino*
5. *die Szene - eins der verschiedenen Ereignisse, die in einem Film passieren*
6. *die Rezension - kurzer Kommentar und Urteil über den Film in Form eines Artikels*
7. *der Kurzfilm - ein kurzer Film*
8. *der Schnitt - Endphase der Bearbeitung eines Films: die Szenen werden ausgewählt und zusammengestellt*

TR. 127

Michele: Ciao Giorgia! Scusa per ieri sera, ma è stata una giornataccia... Alla fine al cinema ci sei andata con Lucia?

Giorgia: Ciao Michele! No, l'ho chiamata, ma non poteva nemmeno lei. Così ci sono andata da sola.

Michele: Ah, e com'era il film?

Giorgia: Davvero toccante... È in programmazione anche domani. Secondo me dovresti andare a vederlo.

Michele: Ma è quello ambientato ad Ancona?

Giorgia: Sì, è il film per cui Nanni Moretti ha vinto la Palma d'Oro a Cannes. La colonna sonora è di Nicola Piovani, assolutamente coinvolgente! Racconta la storia di una famiglia, lui psicanalista, lei responsabile di una casa editrice e due figli adolescenti...

Giorgia: L'armonia si spezza quando il figlio durante un'immersione in mare...

Michele: Aspetta Giorgia!!! Non voglio sapere tutta la storia!

Giorgia: Ops, scusa, stavo per raccontarti tutta la trama! Ma li hai visti gli altri suoi film, vero?

Michele: Non tutti. Uno l'abbiamo visto insieme, Mia madre, sugli ultimi giorni di vita della mamma del regista... Ti ricordi?

Giorgia: Sì sì. Tra gli attori protagonisti c'era anche Margherita Buy, bravissima, con cui il regista ha lavorato anche in un altro film. Che film interessante!

Michele: *Hallo Giorgia! Entschuldige wegen gestern Abend, aber es war ein schwarzer Tag ... Bist du am Ende mit Lucia ins Kino gegangen?*

Giorgia: *Hi Michele! Nein, ich habe sie angerufen, aber sie konnte auch nicht. Also bin ich allein hingegangen.*

Michele: *Ah, und wie war der Film?*

Giorgia: *Wirklich berührend ... Er wird auch morgen laufen. Meiner Meinung nach solltest du hingehen.*

Michele: *Aber ist es der Film, der in Ancona spielt?*

Giorgia: *Ja, es ist der Film, für den Nanni Moretti die Goldene Palme in Cannes gewonnen hat. Die Musik ist von Nicola Piovani, wirklich fesselnd! Er erzählt die Geschichte einer Familie, er Psychiater, sie verantwortlich für ein Verlagshaus und zwei jugendliche Kinder ...*

Giorgia: *Die Harmonie zerbricht, als der Sohn während eines Tauchgangs im Meer ...*

Michele: *Warte Giorgia!!! Ich will nicht die ganze Geschichte erfahren!*

Giorgia: *Ups, sorry, ich war dabei, dir die ganze Handlung zu erzählen! Aber du hast die anderen Filme von ihm gesehen, oder?*

Michele: *Nicht alle. Einen haben wir zusammen gesehen, Meine Mutter, über die letzten Lebenstage der Mutter des Regisseurs ... Erinnerst du dich?*

Giorgia: *Ja, ja. Eine der Hauptdarsteller war auch Margherita Buy, sehr gut, mit ihr hat der Regisseur auch in anderen Filmen zusammengearbeitet. Was für ein interessanter Film!*

▼ ▼

Michele: Non sono d'accordo, io l'ho trovato noioso.

Giorgia: Già, mi ricordo. Ti sei fatto un bel riposino!

Michele: Damit bin ich nicht einverstanden, ich fand ihn langweilig.

Giorgia: Es stimmt, ich erinnere mich. Du hast ein kleines Nickerchen gemacht!

TR. 128

1. Hai selezionato gli attori? – Sì, li ho selezionati.
2. Hai truccato la protagonista? – Sì, l'ho truccata.
3. Hai scelto le musiche? – Sì, le ho scelte.
4. Hai girato le scene? – Sì, le ho girate.
5. Hai fatto il montaggio? – Sì, l'ho fatto.
6. Ma hai trovato un produttore? – No, non l'ho trovato.

1. Hast du die Schauspieler gewählt? – Ja, ich habe sie gewählt.
2. Hast du die Hauptdarstellerin geschminkt? – Ja, ich habe sie geschminkt.
3. Hast du die Musik gewählt? – Ja, ich habe sie gewählt.
4. Hast du die Szenen gedreht? – Ja, ich habe sie gedreht.
5. Hast du den Schnitt gemacht? – Ja, ich habe ihn gemacht.
6. Aber hast du einen Produzenten gefunden? – Nein, ich habe ihn nicht gefunden.

TR. 129

1. Un film divertente con un lieto fine: commedia
2. Un film con disegni animati, spesso per bambini: di animazione
3. Un film con eventi tragici e toni seri: drammatico
4. Un film con tante avventure e scene d'azione: d'avventura
5. Un film che racconta battaglie o campagne militari: di guerra
6. Un film ambientato in un ipotetico futuro: di fantascienza
7. Un film che approfondisce un determinato tema (storico, scientifico, ecc.): documentario

1. Ein witziger Film mit einem Happyend: Komödie
2. Ein Film mit Animation, oft für Kinder: Zeichentrickfilm
3. Ein Film mit dramatischen Ereignissen und ernsten Tönen: Drama
4. Ein Film mit vielen Abenteuern und Actionszenen: Abenteuerfilm
5. Ein Film, der von Kämpfen und Militäreinsätzen erzählt: Kriegsfilm
6. Ein Film, der in einer hypothetischen Zukunft spielt: Sciencefiction-Film
7. Ein Film, der ein bestimmtes Thema (historisch, wissenschaftlich usw.) vertieft: Dokumentarfilm

TR. 130

1. "La vita è bella", di Roberto Benigni
   Il film racconta la vita di Guido, un giovane ebreo, e di Dora, sua moglie. I due vivono felici con il figlio Giosuè, ma quando scoppia la guerra, la famiglia viene deportata in un campo di concentramento. La vita nel campo è durissima, allora Guido fa credere al figlio che in realtà è un gioco a premi per vincere un carro armato. Grazie al suo sacrificio, Giosuè riuscirà a salvarsi e a tornare dalla madre.
   ▼

1. „Das Leben ist schön" von Roberto Benigni
   Der Film erzählt aus dem Leben von Guido, einem jungen Juden, und von Dora, seiner Frau. Die beiden leben glücklich mit ihrem Kind Giosuè, aber als der Krieg anfängt, wird die Familie in ein Konzentrationslager gebracht. Das Leben im Lager ist sehr hart, deshalb lässt Guido seinen Sohn glauben, dass es sich in Wirklichkeit um ein Gewinnspiel handelt, bei dem man einen Panzer gewinnt. Dank seines Opfers [des Vaters], kann sich Giosuè retten und zu seiner Mutter zurückkehren.
   ▼

2. "La grande bellezza", di Paolo Sorrentino.
Il film narra le vicende di Jep, giornalista e scrittore che da anni vive nella mondanità di una Roma splendida ma decadente. Quando compie 65 anni, entra in crisi e viene colto dalla malinconia. Dopo alcuni tristi eventi Jep riflette sulla sua vita trovando la forza di ricominciare a scrivere.

2. *„Die große Schönheit" von Paolo Sorrentino*
Der Film erzählt aus Jeps Leben, einem Journalisten und Schriftsteller, der seit Jahren in der mondänen Welt Roms lebt, die wunderbar aber dekadent ist. Als er 65 Jahre alt wird, gerät er in eine Krise und versinkt in Melancholie. Nach einigen traurigen Ereignissen denkt Jep über sein Leben nach und findet dabei die Kraft, wieder mit dem Schreiben anzufangen.

TR. 131

La stanza del figlio, di Nanni Moretti
Il regista rinuncia finalmente a interpretare se stesso, ma c'è qualcosa nel suo modo di trattare il dolore che non convince.
La vita è bella, di Roberto Benigni
Un perfetto mix di comicità e drammaticità, di tristezza e ottimismo... un vero capolavoro.
La grande bellezza, di Paolo Sorrentino
Attori bravissimi, colonna sonora coinvolgente, regia raffinata. Ma manca la trama e i personaggi sono troppo stereotipati.
Fuocoammare, di Gianfranco Rosi
Il film parla con grande rispetto di Lampedusa e delle migliaia di persone morte nel suo mare. E conferma il talento del regista.

Das Zimmer meines Sohnes von Nanni Moretti
Der Regisseur verzichtet endlich, sich selbst zu spielen, aber die Art wie er das Thema Schmerzen behandelt, überzeugt nicht.
Das Leben ist schön von Roberto Benigni
Eine perfekte Mischung aus Komödie und Drama, Traurigkeit und Optimismus ... ein echtes Meisterwerk.
Die große Schönheit von Paolo Sorrentino
Sehr gute Schauspieler, fesselnde Musik, raffinierte Regie. Aber es fehlt die Handlung und die Figuren sind zu stereotypisch.
Seefeuer von Gianfranco Rosi
Der Film spricht mit großem Respekt von Lampedusa und von den Tausenden Leuten, die im Meer gestorben sind. Und er bestätigt die Begabung des Regisseurs.

TR. 132

1.
● Allora ti è piaciuto il film?
○ Sì. La trama era un po' complicata, ma che finale geniale!
● Io non la penso così. La storia era improbabile e gli attori pessimi...

2.
● Che bel film!
○ Davvero un capolavoro!
● Hai ragione. Ma lo sai che ha vinto l'Oscar per il miglior film straniero?

3.
● Che brutto film.
○ Sono d'accordo con te. Mi sono annoiato da morire.
● Per fortuna mi sono addormentata!

4.
● Che ne pensi del documentario?
○ Beh, di scarso interesse.
● Ma non è vero! Io l'ho trovato molto interessante!

1.
● *Also hat dir der Film gefallen?*
○ *Ja. Die Geschichte war ein bisschen kompliziert, aber was für ein genialer Schluss!*
● *Ich bin anderer Meinung. Die Geschichte war unrealistisch und die Schauspieler nicht gut ...*

2.
● *Was für ein schöner Film!*
○ *Wirklich ein Meisterwerk!*
● *Du hast Recht. Aber weißt du, dass er den Oscar als bester ausländischer Film gewonnen hat?*

3.
● *Was für ein schlechter Film.*
○ *Ich bin mit dir einverstanden. Ich habe mich zu Tode gelangweilt.*
● *Glücklicherweise bin ich eingeschlafen!*

4.
● *Was denkst du über den Dokumentarfilm?*
○ *Och, nicht so interessant.*
● *Aber das stimmt nicht! Ich fand ihn sehr interessant!*

21

TR. 133

la stampante - lo schermo - la tastiera - il mouse - il raccoglitore - la spillatrice

der Drucker - der Bildschirm - die Tastatur - die Maus - der Ordner - der Tacker

TR. 134

Federico: Ciao Emma, eccomi!

Emma: Ciao Federico! Finalmente, ero stufa di aspettarti. Allora, come è andato il colloquio?

Federico: Ma, non so... Il colloquio è andato bene. Quando mi hanno detto: "Prego dottor Ferrero, si sieda!", mi tremavano le gambe. Ma poi mi sono sciolto e credo di essere stato convincente. Ho tutti i requisiti richiesti e anche un paio d'anni di esperienza nel settore, però...

Emma: Però? Dai, raccontami!

Federico: Beh. La proposta che mi hanno fatto non mi convince. Non mi vogliono assumere. Dovrei lavorare da casa, ma io ho sempre lavorato in un ufficio con contratti a tempo determinato...

Emma: Ma come? Hai sempre decantato i vantaggi del telelavoro!

Federico: Eh lo so, però mi piace l'atmosfera dell'ufficio, i telefoni che squillano, le stampanti che funzionano senza sosta... A casa con orari flessibili posso gestire meglio il mio tempo, ma temo di sentirmi solo, lontano dal mondo reale. Tutto virtuale! Solo mail e computer. E poi la precarietà... E la pausa caffè con i colleghi? E la sicurezza del posto fisso? Lo stipendio a fine mese? Non so che cosa fare. Dammi un consiglio Emma!

Emma: Ma non posso aiutarti, è una decisione che devi prendere tu. Mi spiace...

Federico: Non preoccuparti.

Emma: Ma aspetta la loro risposta, no? Magari poi non ti scelgono...

Federico: Hai ragione.

▼

Federico: Hallo Emma, hier bin ich!

Emma: Hallo Federico! Endlich, ich hatte es schon satt zu warten. Also, wie ist das Gespräch gelaufen?

Federico: Mm, ich weiß nicht ... Das Gespräch ist gut gegangen. Als sie mir gesagt haben: "Bitte Herr Ferrero, nehmen Sie Platz!", habe ich gezittert. Aber dann habe ich mich beruhigt und ich denke, ich war überzeugend. Ich habe alle geforderten Voraussetzungen und auch ein paar Jahre Erfahrung in dem Bereich, aber ...

Emma: Aber? Los, erzähl!

Federico: Naja, der Vorschlag, den sie mir unterbreitet haben, überzeugt mich nicht. Sie möchten mich nicht fest anstellen. Ich soll von zu Hause aus arbeiten, aber ich habe immer in einem Büro gearbeitet, mit befristeten Verträgen ...

Emma: Aber wieso? Du hast immer von den Vorteilen des Homeoffice geschwärmt!

Federico: Ja ich weiß, aber ich mag die Atmosphäre im Büro, die Telefone, die klingeln, die Drucker, die ohne Pause arbeiten ... Zu Hause mit flexiblen Arbeitszeiten kann ich meine Zeit besser einteilen, aber ich fürchte, ich fühle mich allein, weit weg von der realen Welt. Alles virtuell! Nur E-Mails und Computer. Und dann die Vorläufigkeit ... Und die Kaffeepause mit den Kollegen? Und die Sicherheit der Festanstellung? Das Gehalt am Ende des Monats? Ich weiß nicht, was ich machen soll. Gib mir einen Rat, Emma!

Emma: Aber ich kann dir nicht helfen, das ist eine Entscheidung, die du treffen musst. Es tut mir leid ...

Federico: Mach dir keine Gedanken.

Emma: Aber warte auf ihre Antwort, oder? Vielleicht nehmen sie dich sowieso nicht ...

Federico: Du hast Recht.

▼

Emma: Adesso mi aiuti tu nella ricerca di uno stage? Ne ho trovati due su Internet molto interessanti…	**Emma:** *Hilfst du mir jetzt bei der Suche nach einem Praktikum? Ich habe zwei sehr interessante im Internet gefunden …*
Federico: Certo, ti do una mano. Fammi vedere.	**Federico:** *Selbstverständlich, ich helfe dir. Lass mich sehen.*
Emma: Allora, questo…	**Emma:** *Also, das ist …*

TR. 135

1. Non agitarti. / Non ti agitare.	1. *Rege dich nicht auf.*
2. Mi scusi!	2. *Entschuldigen Sie!*
3. Passami i documenti!	3. *Gib mir die Unterlagen!*

TR. 136

1. Dalle una mano.	1. *Hilf ihr.*
2. Digli la verità.	2. *Sag ihm die Wahrheit.*
3. Fammi un favore.	3. *Tu mir ein Gefallen.*
4. Fatti assumere.	4. *Lass dich anstellen.*
5. Vammi a fare un caffè.	5. *Geh mir einen Kaffee machen.*
6. Stammi bene.	6. *Mach's gut.*

TR. 137

1. scrivere una lettera di presentazione	1. *ein Bewerbungsschreiben schreiben*
2. firmare un contratto di lavoro	2. *einen Arbeitsvertrag unterschreiben*
3. fare gli straordinari	3. *Überstunden machen*
4. rispondere a un annuncio di lavoro	4. *auf eine Arbeitsanzeige antworten*
5. andare in pensione	5. *in Rente gehen*
6. aumentare lo stipendio	6. *das Gehalt erhöhen*

TR. 138

1. Le posso chiedere un favore? / Posso chiederLe un favore?	1. *Kann ich Sie um einen Gefallen bitten?*
2. Eccoti finalmente!	2. *Da bist du endlich!*
3. Non ne parlare con nessuno. / Non parlarne con nessuno.	3. *Sprich mit niemandem darüber.*
4. Sono felice di rivedervi!	4. *Ich freue mich, euch wieder zu sehen!*
5. Mi mostri il Suo curriculum.	5. *Zeigen Sie mir Ihren Lebenslauf.*
6. Salutami la tua collega.	6. *Grüße deine Kollegin von mir.*
7. Ti vorrei parlare. / Vorrei parlarti.	7. *Ich möchte mit dir sprechen.*

TR. 139

Egregio signor Rossi, in risposta all'annuncio sul vostro sito, vorrei sottoporLe la mia candidatura. Mi sono laureata in Lettere due anni fa, con una tesi sulla letteratura italiana per l'infanzia del Novecento, da Emilio Salgari a Gianni Rodari. Ho da poco concluso un master in Editoria a Milano e sono alla ricerca di uno stage.	*Sehr geehrter Herr Rossi, als Antwort auf die Anzeige auf Ihrer Internetseite, möchte ich Ihnen meine Bewerbung unterbreiten. Ich habe meinen Doktor vor zwei Jahren in italienischer Sprache und Literatur mit einer Arbeit über die italienische Kinderliteratur im 20. Jahrhundert, von Emilio Salgari bis Gianni Rodari, gemacht. Seit Kurzem habe ich einen Master im Verlagswesen in Mailand abgeschlossen und ich bin auf der Suche nach einem Praktikum.*
▼	▼

273

Mi piacerebbe molto lavorare nel settore ragazzi perché sono un'appassionata di illustrazioni. Conosco molto bene il mercato editoriale francese, dato che ho lavorato in una libreria per bambini a Parigi.
Le invio dunque il mio curriculum e nell'attesa di una Sua risposta Le porgo i miei più cordiali saluti.
Emma Cavalli

Ich würde sehr gerne im Bereich Kinder- und Jugendliteratur arbeiten, da ich begeistert von Illustrationen bin. Ich kenne den französischen Verlagsmarkt sehr gut, da ich in einer Kinderbuchhandlung in Paris gearbeitet habe.
Ich schicke Ihnen daher meinen Lebenslauf und verbleibe in Erwartung Ihrer Antwort mit freundlichen Grüßen.
Emma Cavalli

TR. 140

1. Io non potrei mai lavorare da solo. Ho bisogno di uscire, di avere degli orari e dei colleghi.
2. Il posto fisso mi attira, ma con due bambini piccoli mi organizzo meglio a casa.
3. Preferisco lavorare in ufficio, fare le mie 8 ore e poi godermi il fine settimana!

1. *Ich könnte nie allein arbeiten. Ich muss aus dem Haus gehen, brauche Arbeitszeiten und Kollegen.*
2. *Die Festanstellung ist verlockend, aber mit zwei kleinen Kindern kann ich mich besser zu Hause organisieren.*
3. *Ich arbeite lieber im Büro, mache meine 8 Stunden und genieße dann das Wochenende!*

22

TR. 141

1. La parte esterna di un libro è la copertina.
2. La persona che legge un libro è un lettore.
3. Sulla copertina c'è scritto il titolo del libro.
4. La persona che scrive un libro è uno scrittore.
5. Il personaggio principale di un libro è il protagonista.
6. La "storia" di un romanzo è la trama.
7. Il colore dei romanzi "polizieschi" è il giallo.
8. Un componimento letterario più breve del romanzo è un racconto.

1. *Der Außenteil eines Buches ist das Cover.*
2. *Die Person, die ein Buch liest, ist ein Leser.*
3. *Auf dem Cover steht der Titel des Buches.*
4. *Die Person, die ein Buch schreibt, ist ein Schriftsteller.*
5. *Die Hauptfigur eines Buches ist der Protagonist.*
6. *Die Geschichte eines Romans ist die Handlung.*
7. *Die Farbe der Kriminalromane ist gelb.*
8. *Ein literarisches Werk, das kürzer als ein Roman ist, ist eine Erzählung.*

TR. 142

Si sentiva stanco perché aveva guidato tutta la notte. Si girò per guardarla mentre dormiva: era bellissima tutta rannicchiata sul sedile e con i capelli spettinati. "Sono proprio un uomo fortunato", pensò. Aveva voglia di accarezzarle il viso, ma non lo fece per non svegliarla.
Decise di ascoltare la radio, a basso volume. Mentre fumava una sigaretta, il sole cominciava a spuntare all'orizzonte. Improvvisamente vide un'ombra scura che veloce gli tagliò la strada. Frenò. Una volpe.
"Sono troppo stanco, è meglio fermarsi", disse a Giulia che si era svegliata a causa della frenata.
"D'accordo Carlo", rispose lei con un filo di voce.
▼

Er fühlte sich müde, weil er die ganze Nacht gefahren war. Er drehte sich, um sie anzusehen, während sie schlief: Sie war sehr schön, zusammengekauert auf dem Sitz und mit den strubbeligen Haaren. "Ich bin wirklich ein glücklicher Mensch", dachte er. Er wollte ihr das Gesicht streicheln, aber er tat es nicht, um sie nicht zu wecken.
Er entschloss sich Radio zu hören, leise. Während er eine Zigarette rauchte, fing die Sonne an, am Horizont aufzugehen. Plötzlich sah er einen dunklen Schatten, der schnell die Straße überquerte. Er bremste. Ein Fuchs.
"Ich bin zu müde, es ist besser, wenn wir halten", sagte er Giulia, die durch das Bremsen wach geworden war.
"In Ordnung Carlo", antwortete sie mit einer dünnen Stimme.
▼

Trovarono un piccolo albergo all'inizio del paese. Sembrava aperto. Entrarono, ma non c'era nessuno.
"Tu resta qui", disse a Giulia.
Carlo salì al primo piano alla ricerca di qualcuno. Il corridoio era lungo, stretto e stranamente deserto. Salì al secondo piano. Nessuno.
A un certo punto sentì un urlo. Un urlo spaventoso. Era la voce di una donna.
Tornò di corsa di sotto. Giulia era sparita. In quel momento Carlo ricevette una telefonata...

Sie fanden ein kleines Hotel am Anfang des Dorfes. Es schien offen zu sein. Sie traten ein, aber war niemand da.
"Bleib hier", sagte er zu Giulia.
Carlo ging in den ersten Stock auf der Suche nach jemandem. Der Flur war lang, eng und seltsam leer. Er ging in den zweiten Stock. Niemand.
Plötzlich hörte er einen Schrei. Ein furchtbarer Schrei. Es war eine Frauenstimme.
Er kehrte schnell nach unten zurück. Giulia war verschwunden. In diesem Augenblick bekam Carlo einen Anruf ...

TR. 143

Luisa: Ciao Fabrizio! Che bello incontrarti in libreria!

Fabrizio: Ciao Luisa, da quanto tempo... come mai da queste parti?

Luisa: Come mai? Ma io ci vivo in libreria! Leggo un libro alla settimana, non te lo ricordi quando abitavamo insieme?

Fabrizio: Già mi ricordo, sei sempre stata una grande lettrice!

Luisa: In questo periodo sto leggendo solo libri gialli, il mio autore preferito è Andrea Manzone, lo conosci?

Fabrizio: Eh no...

Luisa: È appena uscito il suo ultimo romanzo con il commissario Fontana, dovresti comprarlo! Guarda, è questo...

Fabrizio: Ma no, lo sai che non amo molto leggere. Lavoro tutto il giorno al computer e la sera preferisco guardarmi un bel film...

Luisa: Ma non leggi proprio nulla?

Fabrizio: Mah, se proprio devo tenere un libro in mano, allora scelgo un saggio di politica o di storia...

Luisa: Hallo Fabrizio! Schön, dich in der Buchhandlung zu sehen!

Fabrizio: Hallo Luisa, lange her ... wie kommt es, dass du hier bist?

Luisa: Wieso? Aber ich lebe in Buchhandlungen! Ich lese ein Buch pro Woche, erinnerst du dich nicht daran, als wir zusammen gewohnt haben?

Fabrizio: Ja ich erinnere mich, du bist immer eine Vielleserin gewesen!

Luisa: Zurzeit lese ich nur Krimis, mein Lieblingsautor ist Andrea Manzone, kennst du ihn?

Fabrizio: Eh nein ...

Luisa: Sein letzter Roman mit dem Kommissar Fontana ist gerade erschienen, du solltest ihn kaufen! Schau mal, das ist der hier ...

Fabrizio: Ach nein, du weißt doch, dass ich nicht gerne lese. Ich arbeite den ganzen Tag am Computer und abends sehe ich mir lieber einen schönen Film an ...

Luisa: Aber liest du wirklich gar nichts?

Fabrizio: Mmh, wenn ich unbedingt ein Buch in die Hand nehmen muss, dann wähle ich eine Essay aus, über Politik oder Geschichte ...

TR. 144

"Il nome della rosa", di Umberto Eco
Il romanzo è ambientato nel 1327 in un monastero benedettino. Quando Guglielmo da Baskerville, monaco inglese, e il suo allievo Adso da Melk giungono all'abbazia, nel giro di una settimana muoiono sette monaci: tutti i delitti sembrano ruotare attorno alla biblioteca del monastero, che nasconderebbe un misterioso segreto.

▼

„Der Name der Rose" von Umberto Eco
Der Roman spielt im Jahr 1327 in einem Benediktinerkloster. Als William von Baskerville, ein englischer Mönch, und sein Schüler Adson von Melk zur Abtei kommen, sterben innerhalb einer Woche sieben Mönche: Alle Verbrechen scheinen, sich um die Bibliothek des Klosters zu drehen, die ein rätselhaftes Geheimnis verstecken soll.

▼

Guglielmo da Baskerville, con l'aiuto del suo allievo, scoprirà il colpevole e il movente: impedire la lettura del secondo libro della Poetica di Aristotele, dedicato alla commedia e in particolare al riso. Un terribile incendio che distrugge l'abbazia e il manoscritto conclude il romanzo e le indagini di Guglielmo.

William von Baskerville entdeckt mit Hilfe seines Schülers den Täter und das Motiv: die Lektüre des zweiten Buches der Poetik von Aristoteles zu verhindern, das der Komödie und insbesondere dem Lachen gewidmet ist. Ein furchtbarer Brand, der die Abtei und das Manuskript zerstört, beendet den Roman und die Ermittlungen von William.

TR. 145

Dante Alighieri nacque a Firenze nel 1265 da una nobile famiglia. Negli anni della sua formazione fece amicizia con alcuni dei poeti più importanti della scuola del Dolce Stil Novo. Poi incontrò Beatrice, figura femminile centrale nella sua opera, e iniziò a scrivere poesie per lei. Beatrice morì nel 1290 e dopo questa disgrazia, Dante visse un periodo di grande crisi. A partire dal 1295 partecipò alla vita politica della sua città, ma a causa delle sue idee contro il potere del Papa, dovette lasciare Firenze. Durante il suo esilio scrisse la "Divina Commedia", la sua opera più famosa.

Dante Alighieri wurde 1265 in Florenz in einer adeligen Familie geboren. In den Jahren seiner Ausbildung befreundete er sich mit einigen der wichtigsten Dichter der Dolce Stil Novo-Schule [eine literarische Strömung in Italien]. Dann traf er Beatrice, die weibliche Hauptfigur in seinem Werk, und fing an, Gedichte für sie zu schreiben. Beatrice starb 1290 und nach diesem Unglück erlebte Dante eine Zeit der tiefen Krise. Ab 1295 nahm er am politischen Leben seiner Stadt teil, aber er musste, wegen seiner Ideen gegen die Macht des Papstes, Florenz verlassen. Während seines Exils schrieb er die „Göttliche Komödie", sein berühmtestes Werk.

TR. 146

Speaker: Buongiorno a tutti gli ascoltatori e a tutte le ascoltatrici, sono le 15 in punto e sta per cominciare il nostro consueto programma "Il libro sul comodino". Abbiamo al telefono Valentina da Padova. Buongiorno!

Valentina: Buongiorno a tutti.

Speaker: Allora Valentina, ti faccio subito la domanda di rito: "Quale libro hai sul comodino"?

Valentina: Allora, sul mio comodino c'è un grande classico "L'isola di Arturo", di Elsa Morante.

Speaker: Ah, bene. Perché lo stai leggendo e cosa pensi del libro?

Valentina: Tra un mese andrò in vacanza a Procida e volevo prepararmi al viaggio. Mio padre insegna lettere a scuola, ce l'ho sempre avuto sotto il naso a casa nella nostra biblioteca, ma non l'avevo ancora letto!

Speaker: Beh, una buona occasione per colmare una lacuna!

▼

Sprecher: Guten Tag liebe Zuschauer und Zuschauerinnen, es ist genau 15 Uhr und unser gewohntes Programm „das Buch auf dem Nachttisch" fängt an. Am Telefon haben wir Valentina aus Padua. Guten Tag!

Valentina: Guten Tag an allen.

Sprecher: Also Valentina, ich stelle dir die übliche Frage: Welches Buch hast du auf deinem Nachttisch?

Valentina: Also, auf meinem Nachttisch liegt ein großer Klassiker, „Arturos Insel" von Elsa Morante.

Sprecher: Ah, gut. Warum liest du es gerade und was denkst du über dieses Buch?

Valentina: In einem Monat werde ich nach Procida in Urlaub fahren und ich wollte mich auf die Reise vorbereiten. Mein Vater ist Italienischlehrer in einer Schule, ich habe das Buch zu Hause in unserem Bücherregal immer vor der Nase gehabt, aber ich hatte es noch nicht gelesen!

Sprecher: Dann ist das eine gute Gelegenheit, eine Lücke zu schließen!

▼

Valentina: Davvero. Ormai l'ho quasi finito, ma è già diventato il mio libro preferito! Ora capisco perché ha vinto il Premio Strega nel 1957. È un romanzo di formazione davvero emozionante, il protagonista adolescente Arturo è molto intenso.

Speaker: Grazie Valentina per il tuo contributo. Ora passiamo la parola a voi a casa. C'è qualcuno che non è d'accordo con Valentina? Apriamo il dibattito! ... Ecco una chiamata. Daniele da Lecce. Buongiorno!

Daniele: Buongiorno a tutti! Chiaramente "L'isola di Arturo" è un libro importante nella storia della letteratura italiana, ma per i miei gusti personali devo ammettere di averlo trovato in alcune parti un po' pesante, per esempio nelle pagine piene di descrizioni, troppo lunghe e noiose... Poi forse...

Valentina: *Das stimmt! Nun bin ich fast fertig, aber es ist schon mein Lieblingsroman geworden! Jetzt verstehe ich, warum er den Strega-Preis 1957 gewonnen hat. Es ist ein wirklich spannender Bildungsroman, der jugendliche Protagonist Arturo ist sehr intensiv.*

Sprecher: *Danke Valentina für deinen Beitrag. Nun geben wir euch zu Hause das Wort. Gibt es jemanden, der nicht Valentinas Meinung ist? Wir öffnen die Diskussion! ... Hier ist ein Anruf. Daniele aus Lecce. Guten Tag!*

Daniele: *Guten Tag an allen! Selbstverständlich ist „Arturos Insel" ein wichtiges Buch in der Geschichte der italienischen Literatur, aber persönlich muss ich zugeben, dass ich es in einigen Teilen ein bisschen mühsam empfunden habe, zum Beispiel auf den Seiten voller zu langer und langweiliger Beschreibungen ... Schließlich vielleicht ...*

23

TR. 147

1. Speriamo che il ministro stavolta arrivi puntuale!
2. Credo che la riunione cominci alle nove.
3. È importante che il testo della legge sia pronto per domani!
4. Penso che voi abbiate ragione. Dobbiamo fare un referendum per l'autonomia!
5. Dubito che il partito d'opposizione voti la legge.
6. Sono sicuro che oggi arriveremo a un accordo.
7. È necessario che tu prenda subito una decisione!
8. Desidero che voi sentiate cosa abbiamo da proporvi.
9. Temo che gli altri non vengano alla riunione.
10. Non sono sicuro che il ministro degli Interni faccia bene il suo lavoro...
11. Peccato che le elezioni politiche siano ancora lontane.
12. È strano che il senatore Rossi non sia ancora arrivato, ci sarà traffico?
13. So che alcuni parlamentari sono passati all'opposizione.
14. Sono felice che abbiate votato a favore della riforma elettorale.

1. *Hoffentlich kommt der Minister diesmal pünktlich!*
2. *Ich glaube, dass das Treffen um 9 Uhr anfängt.*
3. *Es ist wichtig, dass der Gesetzestext bis morgen fertig ist!*
4. *Ich denke, dass ihr Recht habt. Wir müssen ein Referendum für die Autonomie machen!*
5. *Ich bezweifle, dass die Oppositionspartei für das Gesetz stimmt.*
6. *Ich bin sicher, dass wir uns heute einigen werden.*
7. *Es ist notwendig, dass du sofort eine Entscheidung triffst!*
8. *Ich wünsche mir, dass ihr zuhört, was wir euch vorzuschlagen haben.*
9. *Ich fürchte, dass die anderen nicht zum Treffen kommen.*
10. *Ich bin nicht sicher, ob der Innenminister seine Arbeit gut macht ...*
11. *Es ist schade, dass die politischen Wahlen noch so weit weg sind.*
12. *Es ist komisch, dass der Senator Rossi noch nicht angekommen ist, ist vielleicht viel Verkehr?*
13. *Ich weiß, dass einige Abgeordneten in die Opposition gewechselt sind.*
14. *Ich freue mich, dass ihr zu Gunsten der Wahlreform gewählt habt.*

TR. 148

1. Mi pare che Simona dorma ancora.
2. Spero che la mia squadra vinca la partita.
3. Ho paura che nessuno venga alla mia festa.
4. Temo che sia troppo tardi per venire.
5. Immagino che i tuoi figli parlino bene il francese.
6. Credo che tu abbia la febbre.

1. *Es scheint mir, dass Simona immer noch schläft.*
2. *Ich hoffe, dass mein Team das Match gewinnt.*
3. *Ich habe Angst, dass niemand zu meiner Party kommt.*
4. *Ich fürchte, dass es zu spät ist, um zu kommen.*
5. *Ich nehme an, dass deine Kinder gut Französisch sprechen.*
6. *Ich glaube, dass du Fieber hast.*

TR. 149

1. Lo Stato ha il dovere di aiutare i giovani.
2. È meglio rimandare la votazione.
3. Il presidente si è dimesso per problemi con la giustizia.

1. *Der Staat hat die Pflicht, den jungen Leuten zu helfen.*
2. *Es ist besser, die Wahl zu verschieben.*
3. *Der Präsident ist wegen Problemen mit der Justiz zurückgetreten.*

TR. 150

1. Piove, è meglio che prendiate l'ombrello.
2. Peccato che tu non sia qui.
3. Non hanno studiato nulla, è difficile che superino l'esame.
4. Potete giocare, basta che non rompiate niente!

1. *Es regnet, es ist besser, dass ihr den Regenschirm nehmt.*
2. *Schade, dass du nicht hier bist.*
3. *Sie haben nichts gelernt, es ist schwer, dass sie die Prüfung bestehen.*
4. *Ihr könnt spielen, wenn ihr nur nichts kaputt macht!*

TR. 151

1. È sicuro che Paolo si sveglia presto la mattina.
2. È importante che voi consideriate anche il mio punto di vista.
3. È vero che oggi è il compleanno di Caterina! L'avevo dimenticato...
4. È chiaro che tutti devono pagare le tasse.
5. Non è sicuro che sia la decisione giusta.

1. *Es ist sicher, dass Paolo früh morgens aufwacht.*
2. *Es ist wichtig, dass ihr auch meine Meinung berücksichtigt.*
3. *Es ist wahr, dass heute Caterinas Geburtstag ist! Ich hatte es vergessen ...*
4. *Es ist selbstverständlich, dass alle Steuern zahlen müssen.*
5. *Es ist nicht sicher, dass dies die richtige Entscheidung ist.*

TR. 152

1. Sono contento che abbiate vinto al lotto. Ricordatevi degli amici!
2. Non sopporto che la gente mi telefoni mentre sto mangiando!
3. Mi dispiace che lo abbiano licenziato, era un collega simpatico.
4. Sono sorpreso che la sua salute sia peggiorata. Ieri stava così bene.
5. Non mi meraviglio che ti abbiano rubato la bici: non la chiudi mai!

1. *Ich freue mich, dass ihr im Lotto gewonnen habt. Denkt an die Freunde!*
2. *Ich kann es nicht leiden, wenn ich angerufen werde, während ich esse!*
3. *Es tut mir leid, dass er gekündigt wurde, er war ein sympathischer Kollege.*
4. *Ich bin überrascht, dass seine / ihre Gesundheit sich verschlechtert hat. Gestern ging es ihm / ihr so gut.*
5. *Ich wundere mich nicht, dass dir das Fahrrad gestohlen wurde: Du schließt es nie an!*

TR. 153

1. A breve ci trasferiremo nella nuova casa.
2. Non ho l'orologio, ma saranno le sei... è già buio!
3. Il mese prossimo andrò a Roma per un convegno.
4. Oggi la mia amica era nervosa. Avrà problemi sul lavoro?

1. *In Kürze werden wir in die neue Wohnung ziehen.*
2. *Ich habe keine Uhr, aber es ist wahrscheinlich 6 Uhr ... es ist schon dunkel!*
3. *Nächsten Monat werde ich nach Rom zu einer Tagung fahren.*
4. *Heute war meine Freundin nervös. Ob sie wohl Probleme auf der Arbeit hat?*

24

TR. 154

Valerio: Caterina, che ne dici di guardare il telegiornale? Inizia tra dieci minuti...

Caterina: Lo sai che devo uscire, vorrei ascoltare almeno i titoli delle notizie, ma forse non faccio in tempo... Mi dirai tu che cosa è successo nel mondo!

...

Speaker: Buonasera, ecco i titoli delle notizie: Ancora molta paura nel Centro Italia per una nuova scossa di terremoto in Umbria. - Il Parlamento ha eletto il nuovo presidente della Repubblica Italiana. - La Cina ha avviato un piano antismog. - La Borsa di Milano ha chiuso in netto ribasso. - Sono iniziati i lavori per il nuovo Auditorium di Milano.
Buonasera, apriamo il nostro telegiornale con la notizia di una nuova scossa di terremoto...
Torniamo a mezzanotte con le notizie, grazie per l'attenzione e buona serata.

...

Caterina: Valerio, ciao! Sono tornata! Allora che cosa hanno detto al TG?

Valerio: Beh... C'è stata una nuova scossa di terremoto...

Caterina: Ma dai! E dove?

Valerio: In Umbria, ma non ci sarebbero vittime e danni, anche se proseguono le verifiche.

Caterina: Oh mamma mia...

Valerio: E poi la Cina avrebbe avviato un piano sulle energie rinnovabili e tagli per ridurre l'inquinamento.

▼

Valerio: *Caterina, was hältst du davon, die Fernsehnachrichten zu sehen? Sie fangen in 10 Minuten an ...*

Caterina: *Du weißt, dass ich ausgehe, ich möchte wenigstens die Schlagzeilen hören, aber vielleicht schaffe ich es nicht ... Du sagst mir dann, was in der Welt passiert ist!*

...

Sprecherin: *Guten Abend, hier kommen die Schlagzeilen: Noch große Angst im Zentrum Italiens wegen eines erneuten Erdbebenstoßes in Umbrien - Das Parlament hat den neuen Präsident der Italienischen Republik gewählt. - China hat ein Antismog-Programm eingeleitet. - Die Mailänder Börse hat mit einem klaren Tief abgeschlossen. - Die Arbeiten für das neue Auditorium in Mailand haben begonnen. Guten Abend, wir beginnen unsere Fernsehnachrichten mit der Nachricht eines neuen Erbbebenstoßes ... Wir melden uns wieder um Mitternacht mit dem Nachtmagazin, vielen Dank für die Aufmerksamkeit und einen schönen Abend.*

...

Caterina: *Valerio, hi! Ich bin zurück! Also was haben sie in den Fernsehnachrichten gesagt?*

Valerio: *Also ... Es gab einen neuen Erdbebenstoß ...*

Caterina: *Was? Und wo?*

Valerio: *In Umbrien, aber es soll weder Opfer noch Schäden geben, auch wenn man das gerade noch überprüft.*

Caterina: *Oh meine Güte ...*

Valerio: *Und dann soll China ein Programm über erneuerbare Energien und Kürzungen eingeleitet haben, um die Umweltverschmutzung zu reduzieren.*

▼

Caterina: Uhm... ma non ci credo che cambierà qualcosa...

Valerio: E poi ascolta qui: sarebbero iniziati i lavori per il nuovo Auditorium di Milano, bello no? Ma non ho capito se sarà pronto per la prossima stagione sinfonica...

Caterina: Speriamo...

Valerio: Ah, e poi il giornalista ha detto che la Borsa di Milano oggi non è andata bene e che ha chiuso in netto ribasso perché...

Caterina: Grazie, basta così, l'economia non mi interessa... però ora guardo su Internet per vedere le ultime notizie sul terremoto...

Caterina: *Hm ... aber ich glaube nicht, dass sich etwas ändern wird ...*

Valerio: *Und dann hör mal das: Man hat wohl mit den Arbeiten für das neue Auditorium in Mailand angefangen, schön, oder? Aber ich habe nicht verstanden, ob es für die nächste Sinfoniesaison fertig sein wird.*

Caterina: *Hoffentlich ...*

Valerio: *Ah, und dann hat der Journalist gesagt, dass es der Mailänder Börse heute nicht gut gegangen ist, und dass sie mit einem klarer Tief abgeschlossen hat, weil ...*

Caterina: *Danke, das reicht schon, Wirtschaft interessiert mich nicht ... aber jetzt schaue ich im Internet nach, um die letzten Nachrichten über das Erdbeben zu sehen ...*

TR. 155

Caterina: Valerio, ciao! Sono tornata! Allora che cosa hanno detto al TG?

Valerio: Beh... C'è stata una nuova scossa di terremoto...

Caterina: Ma dai! E dove?

Valerio: In Umbria, ma non ci sarebbero vittime e danni, anche se proseguono le verifiche.

Caterina: Oh mamma mia...

Valerio: E poi la Cina avrebbe avviato un piano sulle energie rinnovabili e tagli per ridurre l'inquinamento.

Caterina: Uhm... ma non ci credo che cambierà qualcosa...

Valerio: E poi ascolta qui: sarebbero iniziati i lavori per il nuovo Auditorium di Milano, bello no? Ma non ho capito se sarà pronto per la prossima stagione sinfonica...

Caterina: Speriamo...

Caterina: *Valerio, hi! Ich bin zurück! Also was haben sie in den Fernsehnachrichten gesagt?*

Valerio: *Also ... Es gab einen neuen Erdbebenstoß ...*

Caterina: *Was? Und wo?*

Valerio: *In Umbrien, aber es soll weder Opfer noch Schäden geben, auch wenn man das gerade noch überprüft.*

Caterina: *Oh meine Güte ...*

Valerio: *Und dann soll China ein Programm über erneuerbare Energien und Kürzungen eingeleitet haben, um die Umweltverschmutzung zu reduzieren.*

Caterina: *Hm ... aber ich glaube nicht, dass sich etwas ändern wird ...*

Valerio: *Und dann hör mal das: Man hat wohl mit den Arbeiten für das neue Auditorium in Mailand angefangen, schön, oder? Aber ich habe nicht verstanden, ob es für die nächste Sinfoniesaison fertig sein wird.*

Caterina: *Hoffentlich ...*

TR. 156

1. Sarei venuto a teatro con voi, ma...
2. Avrei dormito fino a tardi, ma...
3. Sarei andato in montagna, ma...
4. Avrei dato l'esame, ma...
5. Mi sarei fermato a cena, ma...
6. Avrei fatto una passeggiata, ma...

1. *Ich wäre mit euch ins Theater gekommen, aber ...*
2. *Ich hätte bis spät geschlafen, aber ...*
3. *Ich wäre ins Gebirge gefahren, aber ...*
4. *Ich hätte die Prüfung abgelegt, aber ...*
5. *Ich wäre zum Abendessen geblieben, aber ...*
6. *Ich hätte einen Spaziergang gemacht, aber ...*

TR. 157

1. Accidenti! Cosa faccio adesso?
2. Coraggio! Continua così! Sei forte!
3. Che bello! Sono in vacanza!
4. Che peccato... ha detto di no.
5. È proprio lui! Ma è incredibile!
6. Che meraviglia essere qui!
7. Non posso crederci! Ho vinto io!
8. Forza! Andiamo.

1. *Manometer! Was mache ich nun?*
2. *Mut! Weiter so! Du bist stark!*
3. *Wie schön! Ich bin im Urlaub!*
4. *Schade ... Er hat nein gesagt.*
5. *Das ist wirklich er! Das ist unglaublich!*
6. *Wie wunderbar hier zu sein!*
7. *Ich kann es nicht glauben! Ich habe gewonnen!*
8. *Los! Gehen wir!*

TR. 158

1. Mi presti la tua bicicletta?
2. Qui nevica da giorni.
3. Vieni al cinema con me?
4. Devo assolutamente finire questo lavoro.

1. *Leihst du mir dein Fahrrad?*
2. *Hier schneit es seit Tagen.*
3. *Kommst du mit mir ins Kino?*
4. *Ich muss unbedingt diese Arbeit beenden.*

TR. 159

1. Hai saputo di Luca? – No, non ne so nulla!
2. Dove andrai in vacanza? – Ci sto ancora pensando!
3. Hai bisogno di soldi? – Sì, ne ho bisogno!
4. Vieni in palestra con me? – No, non ne ho voglia!
5. Posso contare sul tuo aiuto? – Sì, ci puoi contare!
6. Flavio si è sposato! – No! Non ci posso credere!

1. *Hast du von Luca gehört? – Nein, ich weiß nichts darüber!*
2. *Wohin fährst du in Urlaub? – Ich denke gerade noch darüber nach!*
3. *Brauchst du Geld? – Ja, ich brauche ein bisschen (davon)!*
4. *Kommst du mit mir zum Sport? – Nein, ich habe keine Lust dazu!*
5. *Darf ich mit deiner Hilfe rechnen? – Ja, du kannst damit rechnen!*
6. *Flavio hat geheiratet! – Nein! Das kann ich nicht glauben!*

TR. 160

1. In uscita l'ultimo libro di Roberto Saviano.
   - Bello! Non vedo l'ora di leggerlo!
2. Torino festeggia la Pasqua sotto dieci centimetri di neve!
   - Che tempo matto, siamo a fine aprile!
3. Taranto: imprenditore ucciso mentre usciva di casa.
   - Beh, sicuramente conosceva bene l'assassino!
4. Oslo: quattro anni fa il furto del celebre quadro di Edvard Munch.
   - Ma non l'hanno ancora ritrovato? Che strano...

1. *Neuerscheinung: das neuste Buch von Roberto Saviano.*
   - Schön! Ich kann es kaum erwarten, es zu lesen!
2. *Turin feiert Ostern mit 10 Zentimetern Schnee!*
   - Was für ein Wetter, wir haben Ende April!
3. *Taranto: Unternehmer getötet, als er aus dem Haus ging.*
   - Bestimmt kannte er seinen Mörder gut!
4. *Oslo: vor vier Jahren wurde das berühmte Bild von Edvard Munch gestohlen.*
   - Haben sie es immer noch nicht gefunden? Komisch ...

25

TR. 161

Buongiorno, sono una signora di 45 anni. Le scrivo perché da alcuni mesi ho un forte dolore alla spalla. Sto mettendo una pomata all'arnica, ma la situazione non migliora. Certi giorni mi fa meno male, ma poi se faccio uno sforzo, anche piccolo, sto peggio e il dolore torna. C'è da dire che sto sempre seduta davanti al computer...
Grazie! Chiara V.

Buonasera signora Chiara,
il dolore alla spalla è un disturbo molto frequente, non si preoccupi, ma bisogna ricercare le cause. In effetti l'uso del mouse può infiammare le articolazioni. Quindi Le consiglio di evitare posizioni sbagliate davanti al computer. Ci sono degli esercizi (clicchi qui) di rilassamento e meditazione che può fare anche in ufficio. Se poi il dolore non dovesse passare, sarebbe utile fare una radiografia alla spalla.
Cordiali saluti, dottoressa Maria Provenzale - Osteopata e nutrizionista
Grazie mille per la risposta dottoressa! Da un paio di giorni sto provando gli esercizi che mi ha consigliato e mi sento molto meglio. Non immaginavo che fossero così efficaci! La ringrazio molto, Chiara V.

Gentile signora Chiara,
bene! Vorrei aggiungere un'ultima cosa: una volta si pensava che l'alimentazione non influisse sul dolore alle articolazioni. Invece ci sono alimenti che aiutano a guarire e sono quelli naturali. Sono assolutamente sconsigliati i salumi e mi raccomando, eviti i dolci industriali! Se avesse bisogno di altre informazioni sull'argomento, sarei contenta di aiutarla.
dottoressa Maria Provenzale

Gentile dottoressa, io sono vegana e mangio solo biologico! ☺ Chiara V.

Guten Tag, ich bin eine 45jährige Frau. Ich schreibe Ihnen, weil ich seit einigen Monaten starke Schmerzen in der Schulter habe. Ich reibe sie mit einer Arnika-Salbe ein, aber die Situation wird nicht besser. An manchen Tagen tut es weniger weh, aber dann, wenn ich mich auch leicht anstrenge, geht es mir schlechter und der Schmerz ist wieder da. Man muss sagen, dass ich immer vor dem Computer sitze ...
Danke! Chiara V.

Guten Abend Frau Chiara,
Schmerzen in der Schulter sind häufige Beschwerden, keine Sorge, aber man sollte nach der Ursachen suchen. In der Tat kann der Gebrauch der Maus die Gelenke entzünden. Deshalb rate ich Ihnen, vor dem Computer falsche Positionen zu vermeiden. Es gibt Entspannungs- und Meditationsübungen (klicken Sie hier), die Sie auch im Büro machen können. Wenn dann der Schmerz nicht verschwinden sollte, wäre es vorteilhaft, ein Röntgenbild der Schulter zu machen.
Mit freundlichen Grüßen, Doktor Maria Provenzale - Osteopathin und Ernährungswissenschaftlerin

Vielen Dank für Ihre Antwort Frau Doktor! Seit ein paar Tagen mache ich die Übungen, die Sie mir empfohlen haben und ich fühle mich viel besser. Ich hätte nicht geahnt, dass sie so wirksam sein konnten! Ich bedanke mich herzlich, Chiara V.

Sehr geehrte Frau Chiara,
Gut! Ich würde eine letzte Sache hinzufügen: früher dachte man, dass die Ernährung keinen Einfluss auf Gelenkschmerzen hätte. Es gibt jedoch Lebensmittel, die bei der Heilung helfen und das sind die natürlichen Lebensmittel. Von Wurstwaren ist absolut abzuraten und denken Sie daran: Vermeiden Sie Industriesüßigkeiten! Wenn Sie weitere Informationen über dieses Thema brauchen, würde ich mich freuen, Ihnen zu helfen.
Doktor Maria Provenzale

Sehr geehrte Frau Doktor, ich bin Veganerin und ich esse nur biologisch! ☺ Chiara V.

TR. 162

1. prendere una pastiglia
2. fare l'esame del sangue
3. mettere un cerotto
4. fare un'iniezione
5. mettere un collirio
6. prendere uno sciroppo

1. eine Tablette nehmen
2. eine Blutuntersuchung machen
3. ein Pflaster kleben
4. eine Spritze geben
5. Augentropfen nehmen
6. einen Hustensaft nehmen

TR. 163

1.
- Avanti il prossimo!
- Buongiorno dottoressa, da una settimana mi sento molto debole, senza energia.
- Per prima cosa Le misuro la pressione. Mi dia il braccio, ecco, bene, adesso si rilassi...
- D'accordo.
- Accidenti! Lei ha la pressione molto bassa: 80 / 50! Ma non si preoccupi, deve prendere queste pastiglie a base di Ginseng...

2.
- Buonasera dottore, da un paio di giorni ho un po' di febbre, ma non ho altri sintomi.
- Ora Le controllo la gola.
- Sì, ma non mi fa male.
- Vediamo... no la gola va bene, mi faccia sentire i bronchi e i polmoni... tutto bene. Potrebbe esserci un'infiammazione da qualche parte. In questi casi è meglio fare un esame del sangue per capire le cause di questa febbre...

3.
- Prego si accomodi, mi dica, che problemi ha?
- Buongiorno dottore, da tre giorni ho gli occhi rossi.
- Ha notato un abbassamento della vista?
- No, no, ci vedo benissimo.
- Ora la visito. Vediamo... Dunque, l'occhio è solo un po' irritato. Non è nulla di grave, Le prescrivo un collirio...

1.
- *Der nächste bitte!*
- *Guten Tag Frau Doktor, seit einer Woche fühle ich mich sehr schwach, ohne Energie.*
- *Zuerst messe ich Ihren Blutdruck. Geben Sie mir Ihren Arm, so, gut, nun entspannen Sie sich ...*
- *In Ordnung.*
- *Oh weh, Sie haben einen sehr niedrigen Blutdruck: 80 / 50! Aber machen Sie sich keine Sorgen, Sie müssen diese Tabletten auf Ginseng-Basis nehmen ...*

2.
- *Guten Abend Herr Doktor, seit ein paar Tagen habe ich ein bisschen Fieber, aber ich habe keine weitere Symptome.*
- *Ich sehe noch in den Hals.*
- *Ja, aber der tut mir nicht weh.*
- *Mal sehen ... nein, der Hals ist in Ordnung, lassen Sie mich die Bronchien und die Lungen abhorchen ... Alles gut. Es könnte eine Entzündung irgendwo sein. In diesen Fällen ist es besser, eine Blutuntersuchung zu machen, um die Ursachen des Fiebers zu verstehen ...*

3.
- *Bitte nehmen Sie Platz, sagen Sie mir, welche Probleme Sie haben?*
- *Guten Tag Herr Doktor, seit drei Tagen habe ich rote Augen.*
- *Haben Sie eine Verschlechterung des Sehvermögens bemerkt?*
- *Nein, nein, ich kann sehr gut sehen.*
- *Dann untersuche ich Sie mal. Mal sehen ... Also, das Auge ist nur ein bisschen gereizt. Das ist nichts Schlimmes, ich verschreibe Ihnen Augentropfen ...*

TR. 164

1. Se seguisse i consigli del medico, si metterebbe a dieta.
2. Se ti piacciono i dolci, devi ordinare il tiramisù.
3. Se prendessi l'autobus, non avresti problemi di parcheggio.
4. Se finisce di lavorare prima delle sette, passa a trovarci.
5. Se avessi i soldi, mi comprerei una casa con il giardino.
6. Se studierai con impegno, passerai sicuramente l'esame.
7. Se domenica facesse bello, potremmo andare al mare.
8. Se trovassi un topo in casa, morirei di paura.

1. *Wenn er die Ratschläge des Arztes befolgen würde, würde er eine Diät anfangen.*
2. *Wenn du Süßigkeiten magst, musst du das Tiramisù bestellen.*
3. *Wenn du den Bus nehmen würdest, hättest du keine Parkplatzprobleme.*
4. *Wenn sie vor 7 Uhr mit der Arbeit fertig ist, kommt sie bei uns vorbei.*
5. *Wenn ich Geld hätte, würde ich mir ein Haus mit Garten kaufen.*
6. *Wenn du fleißig arbeitest, wirst du die Prüfung bestimmt bestehen.*
7. *Wenn es am Sonntag schön wird, könnten wir ans Meer fahren.*
8. *Wenn ich eine Maus in der Wohnung finden würde, würde ich vor Angst sterben.*

TR. 165

1. Non mi sento bene, ho mal di testa. - Al posto tuo prenderei un'aspirina.
2. Non mi sento bene, ho la tosse. - Al posto tuo mi berrei una tazza di latte e miele.
3. Non mi sento bene, ho la febbre. - Al posto tuo mi metterei a letto.
4. Non mi sento bene, ho mal di denti. - Al posto tuo andrei dal dentista.
5. Non mi sento bene, ho il raffreddore. - Al posto tuo comprerei altri fazzoletti di carta.
6. Non mi sento bene, ho mal di pancia. - Al posto tuo salterei la cena.

1. *Ich fühle mich nicht wohl, ich habe Kopfschmerzen. - An deiner Stelle würde ich eine Aspirin nehmen.*
2. *Ich fühle mich nicht wohl, ich habe Husten. - An deiner Stelle würde ich eine Tasse Milch mit Honig trinken.*
3. *Ich fühle mich nicht wohl, ich habe Fieber. - An deiner Stelle würde ich ins Bett gehen.*
4. *Ich fühle mich nicht wohl, ich habe Zahnschmerzen. - An deiner Stelle würde ich zum Zahnarzt gehen.*
5. *Ich fühle mich nicht wohl, ich habe eine Erkältung. - An deiner Stelle würde ich weitere Papiertaschentücher kaufen.*
6. *Ich fühle mich nicht wohl, ich habe Bauchweh. - An deiner Stelle würde ich das Abendessen ausfallen lassen.*

TR. 167

1. Mangiare cinque porzioni di frutta e verdura al giorno.
2. La mattina fare una ricca colazione.
3. Bere molta acqua durante la giornata.
4. Evitare le bevande gassate e zuccherate.
5. Consumare con moderazione le bevande alcoliche.
6. Cucinare il pesce almeno 2-3 volte alla settimana.
7. Preferire i prodotti biologici.
8. Fare la spesa al mercato a chilometro zero.
9. Moderare il consumo del sale.
10. Non saltare mai i pasti.

1. *Fünf Portionen Obst und Gemüse pro Tag essen.*
2. *Morgens ein reiches Frühstück nehmen.*
3. *Viel Wasser während des Tages trinken.*
4. *Kohlensäurehaltige und gesüßte Getränke vermeiden.*
5. *In Maßen alkoholische Getränke zu sich nehmen.*
6. *Fisch mindestens 2-3 Mal pro Woche kochen.*
7. *Bioprodukte bevorzugen.*
8. *Am Markt regionale Produkte einkaufen.*
9. *Den Salzverbrauch einschränken.*
10. *Die Mahlzeiten nie ausfallen lassen.*

26

TR. 168

l'albergo	*das Hotel*
il villaggio turistico	*das Feriendorf*
l'agriturismo	*der Bauernhof mit Fremdenzimmern*
la tenda	*das Zelt*
il camper	*das Wohnmobil*
l'ostello	*die Jugendherberge*

TR. 169

Receptionist:	Agriturismo Vecchio Mulino, buongiorno.
Gianluca:	Buongiorno, sono Gianluca Soldati. Avevo prenotato una camera matrimoniale per una settimana a partire da oggi, ma è sopraggiunto un contrattempo.
Receptionist:	Mi dica, come posso esserLe utile?
Gianluca:	Eh, abbiamo perso l'aereo, è stato un mio errore, al banco del check-in l'addetto della compagnia aerea mi ha detto: "Signore, c'è un problema con la Sua carta d'identità"...
Receptionist:	Oh accidenti...
Gianluca:	Quando me lo ha detto, ho pensato di aver capito male, ma invece... Se avessi controllato il documento, avrei visto che era scaduto.
Receptionist:	Io invece pensavo che a quest'ora foste ormai quasi arrivati da noi...
Gianluca:	Eh no, siamo ancora a Roma... Glielo volevo dire, perché purtroppo dobbiamo disdire la prenotazione.
Receptionist:	Ah, va bene, allora cancello la Sua prenotazione...
Gianluca:	Non è che non veniamo, dobbiamo rimandare solo la partenza. La richiamo appena avrò rifatto la carta d'identità.
Receptionist:	D'accordo. Spero di avere ancora una stanza libera però, sa siamo in alta stagione.
Gianluca:	Speriamo... Comunque grazie mille, le vacanze quest'anno non sono cominciate con il piede giusto... Scusi ancora per il disagio. Arrivederci.
Receptionist:	Non c'è problema... Buona giornata.
...	
Receptionist:	Ma avranno davvero perso l'aereo?!?

Rezeptionist:	Agriturismo Vecchio Mulino, guten Tag.
Gianluca:	Guten Tag, ich bin Gianluca Soldati. Ich hatte ein Doppelzimmer für eine Woche ab heute reserviert, aber es ist etwas dazwischen gekommen.
Rezeptionist:	Ich höre zu, wie kann ich Ihnen helfen?
Gianluca:	Äh, wir haben den Flug verpasst, das war mein Fehler, am Check-in-Schalter hat mir der Angestellte der Fluggesellschaft gesagt: "Es gibt ein Problem mit Ihrem Ausweis"...
Rezeptionist:	Oh je ...
Gianluca:	Als er mir das gesagt hat, dachte ich, dass ich falsch verstanden hatte, aber tatsächlich ... Hätte ich den Ausweis geprüft, hätte ich bemerkt, dass er abgelaufen war.
Rezeptionist:	Ich dachte dagegen, dass Sie jetzt fast schon bei uns wären ...
Gianluca:	Äh nein, wir sind immer noch in Rom ... Ich wollte es Ihnen sagen, weil wir leider die Reservierung stornieren müssen.
Rezeptionist:	Ah, in Ordnung, dann storniere ich Ihre Reservierung ...
Gianluca:	Es ist nicht so, dass wir gar nicht kommen, wir müssen nur die Abfahrt verschieben. Ich rufe Sie wieder an, sobald ich den Ausweis erneuert habe.
Rezeptionist:	In Ordnung. Ich hoffe aber, dass wir noch freie Zimmer haben werden, Sie wissen, wir sind in der Hochsaison.
Gianluca:	Hoffentlich ... Auf jeden Fall vielen Dank, der Urlaub dieses Jahr hat nicht gut angefangen ... Entschuldigen Sie noch einmal für die Unannehmlichkeit. Auf Wiedersehen.
Rezeptionist:	Kein Problem ... Einen schönen Tag noch.
...	
Rezeptionist:	Ob sie wohl wirklich den Flug verpasst haben?!?

TR. 170

Gianluca: Quando me lo ha detto, ho pensato di aver capito male, ma invece... Se avessi controllato il documento, avrei visto che era scaduto.

Receptionist: Io invece pensavo che a quest'ora foste ormai quasi arrivati da noi...

Gianluca: Eh no, siamo ancora a Roma...

Gianluca: *Als er mir das gesagt hat, dachte ich, dass ich falsch verstanden hatte, aber tatsächlich ... Hätte ich den Ausweis geprüft, hätte ich bemerkt, dass er abgelaufen war.*

Rezeptionist: *Ich dachte dagegen, dass Sie jetzt fast schon bei uns wären ...*

Gianluca: *Äh nein, wir sind immer noch in Rom ...*

TR. 171

1. La camicia non si sarebbe ristretta se non la avessi lavata a 60°!
2. Se avessimo preso un taxi, non avremmo perso l'aereo...
3. Se avessi detto la verità, tuo papà non si sarebbe arrabbiato così tanto!
4. Se avessi studiato di più, avresti preso un voto migliore.
5. Se avessimo parcheggiato bene, non avremmo preso una multa!
6. Se non avesse piovuto, io e mio marito avremmo mangiato in giardino.

1. *Das Hemd wäre nicht eingelaufen, wenn ich es nicht mit 60° gewaschen hätte!*
2. *Wenn wir ein Taxi genommen hätten, hätten wir das Flugzeug nicht verpasst ...*
3. *Wenn du die Wahrheit gesagt hättest, wäre dein Vater nicht so zornig geworden!*
4. *Wenn du mehr gelernt hättest, hättest du eine bessere Note bekommen.*
5. *Wenn wir richtig geparkt hätten, hätten wir keinen Strafzettel bekommen!*
6. *Wenn es nicht geregnet hätte, hätten mein Mann und ich im Garten gegessen.*

TR. 172

1. La stanza è troppo rumorosa!
2. Le lenzuola sono sporche!
3. Il televisore è rotto!
4. Non c'è accesso a Internet!
5. L'aria condizionata non funziona!
6. La doccia perde!

1. *Das Zimmer ist zu laut!*
2. *Die Bettwäsche ist schmutzig!*
3. *Der Fernseher ist kaputt!*
4. *Es gibt keinen Internetzugang!*
5. *Die Klimaanlage funktioniert nicht!*
6. *Die Dusche tropft!*

TR. 173

1. Mio marito avrà fatto la spesa?
2. A quest'ora saranno già partiti per Milano?
3. Luca non è arrivato. Avrà perso il treno?
4. Dov'è il cellulare? L'avrò lasciato in ufficio?
5. Mi sento male. Avrò mangiato troppo?
6. Non ho sentito il campanello. Sarà stato il postino?

1. *Ob mein Mann wohl eingekauft hat?*
2. *Um diese Uhrzeit sind sie wohl schon nach Mailand gefahren?*
3. *Luca ist nicht angekommen. Hat er vielleicht den Zug verpasst?*
4. *Wo ist das Handy? Habe ich es vielleicht im Büro vergessen?*
5. *Ich fühle mich schlecht. Ob ich wohl zu viel gegessen habe?*
6. *Ich habe die Klingel nicht gehört. War das vielleicht der Briefträger?*

TR. 174

Quando me lo ha detto, ho pensato di aver capito male, ma invece...
Siamo ancora a Roma... Glielo volevo dire, perché purtroppo dobbiamo disdire la prenotazione.

Als er mir das gesagt hat, dachte ich, dass ich falsch verstanden hatte, aber tatsächlich ...
Äh nein, wir sind immer noch in Rom ... Ich wollte es Ihnen sagen, weil wir leider die Reservierung stornieren müssen.

TR. 175

1.
● Ciao Isabella, come stai?
○ Ciao Diego! Tutto bene. Sto per partire per le Maldive, non sto più nella pelle dalla gioia!
● Beata te! Io sono appena tornato dalle vacanze e domani torno in ufficio...
○ E dove sei stato?
● In un rifugio in Trentino.
○ Ah bello!
● Ho fatto un po' di trekking, ma mi sono anche riposato e ovviamente ho assaggiato tutte le specialità della zona. Quest'anno ho optato per la tranquillità, il relax e il contatto con la natura!

2.
● Ciao Vittoria!
○ Ciao Dario! Allora com'è andata a Dublino?
● Guarda non ne parliamo, abbiamo avuto una disavventura dopo l'altra...
○ Perché? Che cosa è successo?
● Quando siamo arrivati in albergo abbiamo scoperto che avevano perso la nostra prenotazione... e non c'erano stanze libere...
○ Nooo, ma davvero?!? E quindi?
● E quindi non avevamo un posto dove dormire! Allora siamo andati in birreria, e sai com'è... abbiamo alzato un po' troppo il gomito... alla fine eravamo ubriachi e ci siamo addormentati su una panchina... poi sono arrivati dei poliziotti...

1.
○ *Hallo Isabella, wie geht es dir?*
○ *Hi Diego! Alles gut. Ich fliege bald auf die Malediven, ich kann es gar nicht mehr erwarten!*
● *Du Glückliche! Ich bin gerade aus dem Urlaub zurück und morgen gehe ich wieder ins Büro ...*
○ *Und wo warst du?*
● *In einer Berghütte in Trentino.*
○ *Ah schön!*
● *Ich habe ein bisschen Trekking gemacht, aber ich habe mich auch ausgeruht und natürlich habe ich alle Spezialitäten der Gegend probiert. Dieses Jahr habe ich mich für Ruhe, Entspannung und den Kontakt mit der Natur entschieden!*

2.
● *Hallo Vittoria!*
○ *Hallo Dario! Also wie war es in Dublin?*
● *Sprechen wir nicht darüber, wir hatten ein Missgeschick nach dem anderen ...*
○ *Warum? Was ist passiert?*
● *Als wir im Hotel angekommen sind, haben wir entdeckt, dass sie unsere Reservierung verloren hatten ... und es gab keine freie Zimmer mehr ...*
○ *Nein, wirklich?!? Und dann?*
● *Dann hatten wir keinen Platz zum Schlafen! So sind wir in eine Bierstube gegangen, und tja, du kannst dir vorstellen ... wir haben ein wenig zu viel getrunken ... am Ende waren wir betrunken und sind auf einer Bank eingeschlafen ... Dann sind ein paar Polizisten angekommen ...*

TEST

TR. 176

Che taglia porta?

Welche Größe tragen Sie?

TR. 177

Che modello cerca?

Welches Modell suchen Sie?

TR. 178

Come va la camicia?

Wie passt die Bluse?

TR. 179

1. Vieni al cinema con noi? – No, non ci posso venire.
2. Cosa metti nel tè? – Ci metto un po' di limone.
3. Quanti fratelli hai? – Ne ho due.
4. Hai visto i miei amici del mare? – Sì, ne ho visto uno.
5. Studi tutti i giorni in biblioteca? – No, ci studio solo il giovedì.
6. Vuole delle arance? – Sì, ne vorrei un chilo.
7. Come vai a scuola? – Ci vado a piedi.
8. Mangi tutta la pizza? – No, ne prendo solo un pezzo.

1. *Kommst du ins Kino mit uns? – Nein, ich kann nicht (dorthin) kommen.*
2. *Was machst du in den Tee? – Ich mache ein bisschen Zitrone hinein.*
3. *Wie viele Geschwister hast du? – Ich habe zwei (davon).*
4. *Hast du meine Freunde aus der Meeresregion gesehen? – Ja, ich habe einen (davon) gesehen.*
5. *Lernst du jeden Tag in der Bibliothek? – Nein, ich lerne dort nur am Donnerstag.*
6. *Möchten Sie Orangen? – Ja, ich möchte ein Kilo (davon).*
7. *Wie gehst du zur Schule? – Ich gehe zu Fuß dorthin.*
8. *Isst du die ganze Pizza? – Nein, ich nehme nur ein Stück davon.*

TR. 180

1. Posso fare qualcosa per aiutarti?
2. Se hai finito tutti i compiti, puoi andare a giocare.
3. Oggi ho dedicato molto tempo alla mia famiglia.
4. Hai visto qualche film interessante di recente?
5. Mio cugino lavora nella pubblicità e guadagna tanti soldi.
6. Alcune regioni italiane non hanno sbocco sul mare.
7. Nella mia vita ho fatto diversi lavori.

1. *Kann ich etwas tun, um dir zu helfen?*
2. *Wenn du alle Hausaufgaben fertig hast, kannst du spielen gehen.*
3. *Heute habe ich meiner Familie viel Zeit gewidmet.*
4. *Hast du einen interessanten Film in letzter Zeit gesehen?*
5. *Mein Cousin arbeitet in der Werbebranche und verdient viel Geld.*
6. *Einige italienischen Regionen haben keinen Zugang zum Meer.*
7. *In meinem Leben habe ich verschiedene Jobs gemacht.*

TR. 181

1. Sbrigati!
2. Fammi un piacere!
3. Non parlargli! / Non gli parlare!
4. Mi passi l'agenda!
5. Dalle un consiglio!
6. Non addormentarti! / Non ti addormentare!
7. Gli scriva una mail!
8. Vacci subito!
9. Signora, non si preoccupi!
10. Mettiti comodo!

1. *Beeile dich!*
2. *Tu mir ein Gefallen!*
3. *Sprich nicht mit ihm!*
4. *Geben Sie mir den Kalender!*
5. *Gib ihr einen Rat!*
6. *Schlaf nicht ein!*
7. *Schreiben Sie ihm eine E-Mail!*
8. *Geh sofort hin!*
9. *Machen Sie sich keine Sorgen!*
10. *Mach es dir bequem!*

TR. 182

1. Stasera ci vorrei andare. / Stasera vorrei andarci.
2. Non ne comprare troppa! / Non comprarne troppa!
3. La chiuda!
4. Le devo raccontare una cosa. / Devo raccontarle una cosa.
5. Dagli una mano!
6. Sono felice di rivederli.

1. *Heute Abend würde ich hingehen.*
2. *Kauf nicht zu viel davon!*
3. *Schließen Sie es!*
4. *Ich muss ihr etwas erzählen.*
5. *Hilf ihm.*
6. *Ich freue mich, sie wieder zu sehen.*

§ 1 Das Substantiv

Das Geschlecht der Substantive

Im Italienischen gibt es männliche und weibliche Substantive. Ein Neutrum gibt es nicht.

In der Regel sind:

- Substantive auf **-o** männlich:
  il centro, l'albergo

- und Substantive auf **-a** weiblich:
  la casa, la ricetta

Substantive auf **-e** können sowohl männlich als auch weiblich sein: **il piede, la chiave**

Allerdings gibt es eine Gruppe von Substantiven auf **-a**, die männlich sind:
il problema, il cinema

Und es gibt einige Ausnahmen wie z. B. **la mano**: Das Wort endet auf **-o**, ist aber weiblich.

Allgemein gelten auch folgende Regeln:

- Substantive auf **-tore** und Substantive auf Konsonant sind männlich: **il dottore, il film**
- Substantive auf **-tà** und **-ione** sind weiblich: **la felicità, la televisione**

Einige Substantive (z. B. die Berufsbezeichnungen) haben eine männliche und eine weibliche Form: **il commesso – la commessa**

Männliche Substantive auf **-e** bilden die weibliche Form (ganz regelmäßig) auf **-a**:
il cameriere – la cameriera

Substantive auf **-ista** (**il giornalista, la giornalista**) sowie auf **-ega** (**il collega, la collega**) und Substantive auf **-ante** oder **-ente** (**il rappresentante, la rappresentante**) sind sowohl männlich als auch weiblich – Ausnahme: **lo studente – la studentessa**

Substantive auf **-tore** bilden die weibliche Form auf **-trice**: **il fumatore – la fumatrice** –
Ausnahme: **il dottore – la dottoressa**

Außerdem gibt es viele Berufsbezeichnungen, die nur eine männliche Form haben:
l'ingegnere, il grafico, il medico

Einige Substantive haben eine eigene Personenbezeichnung: **il fratello – la sorella,**
il padre – la madre

Der Plural der Substantive

Männliche Substantive auf **-o** bilden den Plural auf **-i**:

il centro	i centri

Weibliche Substantive auf **-a** bilden den Plural auf **-e**:

la casa	le case

Männliche und weibliche Substantive auf **-e** bilden den Plural auf **-i**:

il piede	i piedi
la chiave	le chiavi

Männliche und weibliche Substantive, die auf Konsonant enden, sowie endbetonte Substantive, abgekürzte Substantive, einsilbige Substantive und Substantive auf **-i** bleiben im Plural unveränderlich:

il gas	i gas
il caffè	i caffè
l'auto	le auto
il taxi	i taxi

Hier einige Besonderheiten:

Männliche Substantive

- auf **-a** bilden den Plural auf **-i**: **il problema – i problemi**
- auf **-io** bilden den Plural auf **-i**: **il viaggio – i viaggi**
  (ist das **i** der Endung **-io** betont, lautet der Plural **-ii**: **lo zio – gli zii**)
- auf **-co** und **-go** bilden fast immer den Plural auf **-chi** und **-ghi**, wenn die Betonung auf die vorletzte Silbe fällt:
  il tedesco – i tedeschi, **l'albergo – gli alberghi**
  (Ausnahme: **l'amico – gli amici**)

- auf **-co** und **-go** bilden den Plural auf **-ci** und **-gi**, wenn die Betonung auf die drittletzte Silbe fällt:
  il medico – i medici
- auf **-ista** bilden den Plural auf **-isti**:
  il giornalista – i giornalisti

Weibliche Substantive

- auf **-ca** und **-ga** bilden den Plural auf **-che** und **-ghe**:
  l'amica – le amiche
  la collega – le colleghe
- auf **-cia** und **-gia** bilden den Plural auf **-ce** und **-ge**, wenn ein Konsonant davor steht:
  l'arancia – le arance
- auf **-cia** und **-gia** bilden den Plural auf **-cie** und **-gie**, wenn davor ein Vokal steht oder wenn das **i** am Ende betont ist:
  la valigia – le valigie, la farmacia – le farmacie

Bezieht man sich auf männliche und weibliche Substantive im Plural, verwendet man die männliche Form: **il signore e la signora Rossi – i signori Rossi**

 § **2 Der bestimmte Artikel**

Die männliche Form des bestimmten Artikels ist **il**:

> **il centro, il signore**

Beginnt das Substantiv mit **s** + Konsonant, **z, y, x, gn** oder **ps** wird **il** zu **lo**:

> **lo studente, lo zio**

Ist der erste Buchstabe ein Vokal oder ein **h**, wird **l'** verwendet:

> **l'amico, l'hotel**

Die weibliche Form des bestimmten Artikels ist **la**:

> la signora, la chiave

Ist der erste Buchstabe ein Vokal, wird **l'** verwendet:

> l'amica

Im Plural wird **il** zu **i**:

> il signore   i signori

lo und **l'** zu **gli**:

> lo studente   gli studenti
>
> l'amico   gli amici

la und **l'** zu **le**:

> la signora   le signore
>
> l'amica   le amiche

§ # 3 Der unbestimmte Artikel

Die männliche Form des unbestimmten Artikels ist **un**:

> un signore, un amico

Beginnt das Substantiv mit **s** + Konsonant, **z, y, x, gn** oder **ps** wird **un** zu **uno**:

> **uno studente**

Die weibliche Form des unbestimmten Artikels ist **una**:

> **una signora**

Ist der erste Buchstabe des Substantivs ein Vokal, wird **un'** verwendet:

> **un'amica**

Wie im Deutschen gibt es im Italienischen keine Pluralform des unbestimmten Artikels. Es wird das Substantiv allein verwendet:

Ha per caso chiavi in tasca?

 ## § 4 Der Teilungsartikel

Der Teilungsartikel wird verwendet, um eine unbestimmte Menge auszudrücken:

> **Ci sono dei bambini.**   *Da sind Kinder.*
> **Vorrei dell'acqua.**   *Ich hätte gerne Wasser.*

Die Formen des Teilungsartikels entsprechen denen der Präposition **di**, die mit dem bestimmten Artikel zusammengesetzt wird:

männlich Sg.	weiblich Sg.	männlich Pl.	weiblich Pl.
di + il → **del**	di + la → **della**	di + i → **dei**	di + le → **delle**
di + lo → **dello**	di + l' → **dell'**	di + gli → **degli**	
di + l' → **dell'**			

§ 5 Das Präsens der Verben auf *-are*

Die regelmäßigen Verben werden in drei Gruppen geteilt – die Verben auf **-are** sind die Verben der 1. Gruppe.

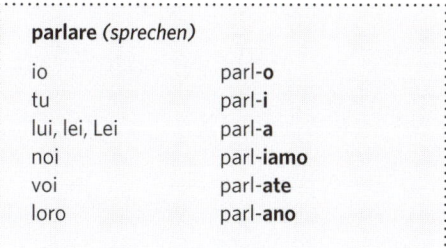

parlare *(sprechen)*

io	parl-**o**
tu	parl-**i**
lui, lei, Lei	parl-**a**
noi	parl-**iamo**
voi	parl-**ate**
loro	parl-**ano**

Der Wortakzent fällt normalerweise auf den Stammvokal – außer bei **noi** und **voi**.

Bei den Verben auf **-care** und **-gare** wird in der 2. Person Singular und in der 1. Person Plural ein **h** eingeführt, um die Aussprache von **c** und **g** zu erhalten:

cercare *(suchen)*

io	cerc-**o**
tu	cerch-**i**
lui, lei, Lei	cerc-**a**
noi	cerch-**iamo**
voi	cerc-**ate**
loro	cerc-**ano**

pagare *(zahlen)*

io	pag-**o**
tu	pagh-**i**
lui, lei, Lei	pag-**a**
noi	pagh-**iamo**
voi	pag-**ate**
loro	pag-**ano**

Genauso wie **cercare** und **pagare** verhalten sich z. B. **allungare**, **sbrigare**, **giocare**, **mancare** und **traslocare**.

Bei den Verben auf **-iare** fällt in der 2. Person Singular und in der 1. Person Plural das **i** vor der Endung weg:

mangiare *(essen)*

io	mangi-**o**
tu	mang-**i**
lui, lei, Lei	mangi-**a**
noi	mang-**iamo**
voi	mangi-**ate**
loro	mangi-**ano**

Genauso wie **mangiare** verhalten sich auch **iniziare**, **risparmiare**, **viaggiare**, **studiare**, **cambiare**, **ringraziare**, **cominciare**, **consigliare** und **svegliarsi**.

Trägt bei einem Verb auf **-iare** aber das **i** den Wortakzent, fällt dieses **i** nur in der 1. Person Plural weg:

sciare (*Ski fahren*)	
io	sci-**o**
tu	sci-**i**
lui, lei, Lei	sci-**a**
noi	sc-**iamo**
voi	sci-**ate**
loro	sci-**ano**

§ 6 Das Präsens der Verben auf *-ere*

Die Verben auf **-ere** heißen Verben der 2. Konjugation.

credere (*glauben*)	
io	cred-**o**
tu	cred-**i**
lui, lei, Lei	cred-**e**
noi	cred-**iamo**
voi	cred-**ete**
loro	cred-**ono**

Bei den Verben auf **-cere**, **-gere** und **-scere** wird kein **h** vor **e** und **i** eingefügt. Das heißt, dass **c** und **g** hart bzw. weich ausgesprochen werden, abhängig von dem nachfolgenden Vokal.

conoscere (*kennen*)			**leggere** (*lesen*)	
io	conosc-**o**		io	legg-**o**
tu	conosc-**i**		tu	legg-**i**
lui, lei, Lei	conosc-**e**		lui, lei, Lei	legg-**e**
noi	conosc-**iamo**		noi	legg-**iamo**
voi	conosc-**ete**		voi	legg-**ete**
loro	conosc-**ono**		loro	legg-**ono**

Genauso wie **conoscere** und **leggere** verhält sich **nascere**.

7 Das Präsens der Verben auf *-ire*

Die Verben auf **-ire** heißen Verben der 3. Konjugation.

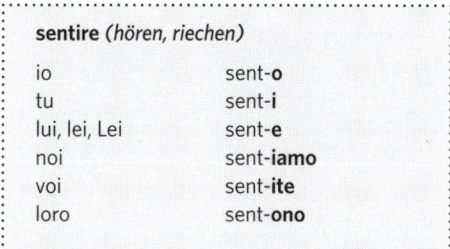

sentire *(hören, riechen)*	
io	sent-**o**
tu	sent-**i**
lui, lei, Lei	sent-**e**
noi	sent-**iamo**
voi	sent-**ite**
loro	sent-**ono**

Bei vielen Verben auf **-ire** wird bei den drei Personen Singular und bei der 3. Person Plural die Silbe **-isc-** zwischen Stamm und Endung eingefügt:

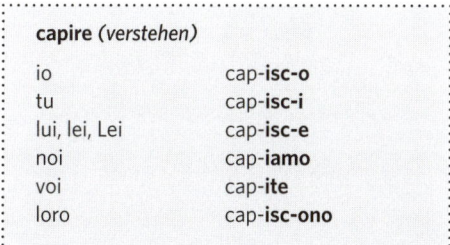

capire *(verstehen)*	
io	cap-**isc-o**
tu	cap-**isc-i**
lui, lei, Lei	cap-**isc-e**
noi	cap-**iamo**
voi	cap-**ite**
loro	cap-**isc-ono**

Genauso wie **capire** verhalten sich z. B. **finire**, **preferire**, **suggerire** und **trasferirsi**.

8 Das Präsens der Modalverben

Die Modalverben führen normalerweise ein Verb im Infinitiv nach sich. Dieses Verb bezeichnet eine Aktion, die ausgeführt wird. Das Modalverb definiert die Art und Weise wie diese Aktion ausgeführt wird.

Im Italienischen gibt es drei Modalverben: **dovere**, **potere** und **volere**. Alle drei sind unregelmäßig.

dovere entspricht, je nach Zusammenhang, dem deutschen Modalverb *sollen* oder *müssen*:

Devo venire?	**Devi studiare!**	io	**devo**
Soll ich kommen?	*Du musst lernen.*	tu	**devi**
		lui, lei, Lei	**deve**
		noi	**dobbiamo**
		voi	**dovete**
		loro	**devono**

potere entspricht, je nach Zusammenhang, dem deutschen Modalverb *können* oder *dürfen*:

Possiamo andare a teatro.
Wir können ins Theater gehen.

Puoi uscire stasera?
Darfst du heute Abend ausgehen?

io	posso
tu	puoi
lui, lei, Lei	può
noi	possiamo
voi	potete
loro	possono

volere entspricht dem deutschen Modalverben *wollen* und *mögen* im Konjunktiv *(ich möchte)*:

Adesso voglio dormire.
Jetzt will ich schlafen!

Vuoi venire con me?
Möchtest du mit mir kommen?

io	voglio
tu	vuoi
lui, lei, Lei	vuole
noi	vogliamo
voi	volete
loro	vogliono

 § **9 Die reflexiven Verben**

Wie im Deutschen werden reflexive Verben zusammen mit einem Reflexivpronomen gebraucht. Anders als im Deutschen steht das Reflexivpronomen im Italienischen jedoch vor dem Verb:

Mi chiamo Gianni.　　*Ich heiße Gianni.*
Quando ti alzi?　　*Wann stehst du auf?*

Ist der Satz verneint, steht das **non** vor dem Reflexivpronomen:

Non si chiama Carlo.　*Er heißt nicht Carlo.*

Hier die Reflexivpronomen:

mi	*mich*	**ci**	*uns*
ti	*dich*	**vi**	*euch*
si	*sich*	**si**	*sich*

Hinweis: Die Reflexivpronomen sind nicht zu verwechseln mit den direkten Objektpronomen!

10 Das *Passato prossimo*

Das Passato prossimo ist eine Vergangenheitsform. Es wird genau so wie das deutsche Perfekt gebildet, d. h. mit der Präsensform des Hilfsverbs und dem Partizip Perfekt (s. Partizip Perfekt) des Verbs, das die Handlung bezeichnet.

Das *Passato prossimo* mit *avere*

Die meisten Verben bilden das Passato prossimo mit dem Hilfsverb **avere**:

Ho lavorato tanto.
Ich habe viel gearbeitet.

Wird der Satz im Passato prossimo verneint, steht **non** vor dem Hilfsverb:

Non ho visto Monica.
Ich habe Monica nicht gesehen.

Das *Passato prossimo* mit *essere*

Einige Verben verlangen als Hilfsverb **essere**. Beim Passato prossimo mit dem Hilfsverb **essere** wird das Partizip dem Subjekt angeglichen:

- männlich Singular: **Marco è andato**
- weiblich Singular: **Michela è andata**
- männlich Plural: **Marco e Michela sono andati**
- weiblich Plural: **Michela e Claudia sono andate**

Unter den Verben, die Sie kennen, verlangen folgende Verben das Hilfsverb **essere**:

andare	essere	piacere	scendere
arrivare	mancare	restare	sembrare
bastare	nascere	rientrare	stare
costare	parere	rimanere	tornare
dispiacere	partire	ripartire	uscire
entrare	passare	ritornare	venire

nevicare und **piovere** können das Passato prossimo sowohl mit **avere** als auch mit **essere** bilden.

Das *Passato prossimo* mit Objektpronomen

Steht vor dem Passato prossimo ein direktes Objektpronomen der 3. Person Singular (**lo**, **la** bzw. **l'**) oder Plural (**li**, **le**) wird auch bei den Verben, die das Hilfsverb **avere** verlangen, das Partizip dem Geschlecht und der Zahl angeglichen:

L'ho visto ieri.	*Ich habe ihn gestern gesehen.*
L'ho vista ieri.	*Ich habe sie gestern gesehen.*
Li ho visti ieri.	*Ich habe sie gestern gesehen.*
Le ho viste ieri.	*Ich habe sie gestern gesehen.*

Mit der Höflichkeitsform (**La**) endet das Partizip immer auf **-a**, egal ob man sich an einen Mann oder an eine Frau anwendet:

Signor Ponti, L'ho vista ieri!
Herr Ponti, ich habe Sie gestern gesehen!

Bei den anderen direkten Objektpronomen (**mi**, **ti**, **ci**, **vi**) muss die Angleichung nicht zwangsläufig stattfinden:

Vi ho visto ieri. / Vi ho visti ieri.
Ich habe euch gestern gesehen.

Achten Sie darauf, dass keine Angleichung erfolgt, wenn vor dem Passato prossimo ein indirektes Objektpronomen steht!

Das *Passato prossimo* der reflexiven Verben

Im Italienischen bilden die reflexiven Verben das Passato prossimo immer mit dem Hilfsverb **essere**. Die Partizipendung wird daher auch stets an das Subjekt angeglichen:

Carlo si è alzato alle otto.
Carlo ist um 8 Uhr aufgestanden.

Chiara si è alzata alle otto.
Chiara ist um 8 Uhr aufgestanden.

Carlo e Mario si sono alzati alle otto.
Carlo und Mario sind um 8 Uhr aufgestanden.

Chiara e Maria si sono alzate alle otto.
Chiara und Maria sind um 8 Uhr aufgestanden.

11 Das Partizip Perfekt

Das Partizip der regelmäßigen Verben wird wie folgend gebildet:

Verben auf **-are**   Stamm + **-ato**   **parlato**

Verben auf **-ere**   Stamm + **-uto**   **creduto**

Verben auf **-ire**   Stamm + **-ito**   **sentito**

Hier finden Sie eine Liste der unregelmäßigen Partizipien von den Verben, die Sie kennen:

aprire	aperto	parere	parso
bere	bevuto	perdere	perso/perduto
chiedere	chiesto	permettere	permesso
chiudere	chiuso	piacere	piaciuto
conoscere	conosciuto	prendere	preso
decidere	deciso	raccogliere	raccolto
dire	detto	rimanere	rimasto
disdire	disdetto	rispondere	risposto
dispiacere	dispiaciuto	rivedere	rivisto
essere	stato	scegliere	scelto
fare	fatto	scendere	sceso
intendere	inteso	spegnere	spento
leggere	letto	vedere	visto
mettere	messo	venire	venuto
nascere	nato	vivere	vissuto
offrire	offerto		

12 Der *Condizionale* Präsens

Bei den regelmäßigen Verben wird der Condizionale auf folgende Art gebildet:

An den Infinitiv ohne den Endvokal **-e** werden die Endungen des Condizionale **-ei**, **-esti**, **-ebbe**, **-emmo**, **-este**, **-ebbero** angehängt. Bei den Verben auf **-are** wird das **-a** von **-are** zu **-e**.

parl**erò**, parl**erai**, parl**erà**, parl**eremo**, parl**erete**, parl**eranno**
cred**erò**, cred**erai**, cred**erà**, cred**eremo**, cred**erete**, cred**eranno**
dorm**irò**, dorm**irai**, dorm**irà**, dorm**iremo**, dorm**irete**, dorm**iranno**

Bei unregelmäßigen Verben wird zur Bildung des Condizionale der Verbstamm verändert, nicht aber die Endungen **-ei**, **-esti**, **-ebbe**, **-emmo**, **-este**, **-ebbero**, die gleich bleiben.

essere – **sar**ei, **sar**esti, **sar**ebbe, **sar**emmo, **sar**este, **sar**ebbero
dare – **dar**ei, **dar**esti, **dar**ebbe, **dar**emmo, **dar**este, **dar**ebbero
stare – **star**ei, **star**esti, **star**ebbe, **star**emmo, **star**este, **star**ebbero
fare – **far**ei, **far**esti, **far**ebbe, **far**emmo, **far**este, **far**ebbero
volere – **vorr**ei, **vorr**esti, **vorr**ebbe, **vorr**emmo, **vorr**este, **vorr**ebbero
venire – **verr**ei, **verr**esti, **verr**ebbe, **verr**emmo, **verr**este, **verr**ebbero
bere – **berr**ei, **berr**esti, **berr**ebbe, **berr**emmo, **berr**este, **berr**ebbero

 Einige Verben haben einen verkürzten Stamm:

avere – **avr**ei, **avr**esti, **avr**ebbe, **avr**emmo, **avr**este, **avr**ebbero
andare – **andr**ei, **andr**esti, **andr**ebbe, **andr**emmo, **andr**este, **andr**ebbero
dovere – **dovr**ei, **dovr**esti, **dovr**ebbe, **dovr**emmo, **dovr**este, **dovr**ebbero
potere – **potr**ei, **potr**esti, **potr**ebbe, **potr**emmo, **potr**este, **potr**ebbero

13 Das Futur I

Beim Futur I der regelmäßigen Verben werden an den Infinitiv ohne den Endvokal **-e** die Endungen des Futurs **-ò**, **-ai**, **-à**, **-emo**, **-ete**, **-anno** angehängt. Bei den Verben auf **-are** wird das **-a** von **-are** zu **-e**.

parl**erò**, parl**erai**, parl**erà**, parl**eremo**, parl**erete**, parl**eranno**
cred**erò**, cred**erai**, cred**erà**, cred**eremo**, cred**erete**, cred**eranno**
dorm**irò**, dorm**irai**, dorm**irà**, dorm**iremo**, dorm**irete**, dorm**iranno**

Die Verben dare, fare und stare behalten jedoch den Vokal **-a** bei:

d**arò**, f**arò**, st**arò** …

Beim Futur I der unregelmäßigen Verben stimmen die Endungen mit denen der regelmäßigen überein:

essere – **sar**ò, **sar**ai, **sar**à, **sar**emo, **sar**ete, **sar**anno
avere – **avr**ò, **avr**ai, **avr**à, **avr**emo, **avr**ete, **avr**anno

andare → **andrò**, bere → **berrò**, dovere → **dovrò**, potere → **potrò**
sapere → **saprò**, vedere → **vedrò**, venire → **verrò**, vivere → **vivrò**, volere → **vorrò**

 # 14 *stare* + Gerundium

Stare + Gerundium stellen eine Wendung dar, die man benutzt, um eine Handlung zu beschreiben, die gerade stattfindet.

Das Verb **stare** wird im Präsens konjugiert und vom Gerundium des Hauptverbs begleitet.

Sto leggendo il giornale.
Ich lese gerade die Zeitung.

Das Gerundium wird folgendermaßen gebildet:

- Verben auf **-are**   Stamm + **-ando**   **port-ando**
- Verben auf **-ere**   Stamm + **-endo**   **ved-endo**
- Verben auf **-ire**   Stamm + **-endo**   **dorm-endo**

fare, **dire**, **bere** und ein paar wenige weitere Verben bilden ein unregelmäßiges Gerundium:

fare – **fac-endo**

dire – **dic-endo**

bere – **bev-endo**

§ 15 Verben: Ergänzungen

Allgemein gilt: Folgt einem Verb ein Infinitiv, kann dieser mit oder ohne Präposition an das konjugierte Verb angeschlossen werden.

Dementsprechend unterscheidet man Verben, die die Präposition **di**, die Präposition **a**, oder gar keine Präposition verlangen.

Nicola finisce di lavorare alle sei.
Nicola hört um 6 Uhr auf zu arbeiten.

Luca ha cominciato ad andare a scuola.
Luca hat angefangen, in die Schule zu gehen.

Anna preferisce andare al cinema.
Anna zieht es vor, ins Kino zu gehen.

Verben mit der Präposition *di:*

pensare di	*die Absicht haben, vorhaben*	**decidere di**	*entscheiden*
finire di	*zu Ende bringen, beenden*	**credere di**	*glauben*
chiedere di	*fragen*	**sembrare di**	*scheinen*
dire di	*sagen*	**accettare di**	*annehmen, akzeptieren*
offrire di	*anbieten*	**consigliare di**	*empfehlen*
scegliere di	*wählen*	**proporre di**	*vorschlagen*

Verben mit der Präposition *a:*

andare a	*gehen*	**continuare a**	*weitermachen*
cominciare a	*anfangen*	**invitare a**	*einladen*
iniziare a	*beginnen*		

Verben ohne Präposition:

- die Modalverben (**volere**, **potere**, **dovere**)
- Verben, die Vorlieben ausdrücken (**preferire**, **desiderare**, **piacere, amare**).

16 Die Formen des Adjektivs

Die Adjektive auf **-o** haben vier Formen, da sie dem Geschlecht und der Zahl des Substantivs angeglichen werden:

männlich Singular: legger-**o** **Il pacco è leggero.** *Das Paket ist leicht.*	männlich Plural: legger-**i** **I pacchi sono leggeri.** *Die Pakete sind leicht.*
weiblich Singular: legger-**a** **La valigia è leggera.** *Der Koffer ist leicht.*	weiblich Plural: legger-**e** **Le valigie sono leggere.** *Die Koffer sind leicht.*

Die Adjektive auf **-e** haben zwei Formen, weil sie nur der Zahl des Substantivs angeglichen werden können, da aus ihrer Endung das Geschlecht nicht hervorgeht:

männlich und weiblich Singular: grand-**e** **La valigia è grande.** *Der Koffer ist groß.*	männlich und weiblich Plural: grand-**i** **Le valigie sono grandi.** *Die Koffer sind groß.*

Wie für die Substantive gelten auch für die Adjektive bei der Bildung der weiblichen Singularform sowie der männlichen und weiblichen Pluralformen einige Besonderheiten. Die Regeln sind dieselben. (s. Das Substantiv)

17 Die Länderadjektive

Die Länderadjektive verhalten sich wie die normalen Adjektive:

- Länderadjektive auf **-o** haben vier Formen:
  italiano – italiana – italiani – italiane
- Länderadjektive auf **-e** haben nur zwei Formen:
  francese – francesi

§ 18 Die Farbadjektive

Der Großteil der Farbadjektive wird – wie alle Adjektive – ganz einfach der Zahl und dem Geschlecht des Substantivs angepasst:

un maglione rosso una maglietta rossa dei maglioni rossi delle magliette rosse	un maglione verde una maglietta verde dei maglioni verdi delle magliette verdi

Ausnahmen:

Die Farbadjektive **marrone** und **arancione** können angepasst werden oder unverändert bleiben:

dei maglioni marrone / dei maglioni marroni

Die Farbadjektive **blu**, **rosa**, **viola**, **beige** und **lilla** bleiben unverändert:

un maglione blu / una maglietta blu
dei maglioni blu / delle magliette blu

Unverändert bleiben auch die Farbzusammensetzungen mit **chiaro** oder **scuro**:

un maglione rosso scuro / una maglietta rosso chiaro

19 Die Steigerung des Adjektivs

Mit **più /meno** + Adjektiv werden Adjektive gesteigert. Die Endung des Adjektivs wird wie immer angeglichen:

Questa gonna è più bella.
Dieser Rock ist schöner.

Vorrei un colore meno scuro.
Ich möchte eine weniger dunkle Farbe.

Wenn Sie zwei oder mehrere Personen oder Gegenstände vergleichen möchten, verwenden Sie **più /meno** + Adjektiv + die Präposition **di**, die dann dem deutschen *als* entspricht:

Marta è più piccola di Luisa.
Marta ist kleiner als Luisa.

Wenn auf **di** ein Pronomen folgt, wird die betonte Form des Pronomens verwendet.

Marta è più bassa di me.
Marta ist kleiner als ich.

Folgt auf **di** ein Substantiv mit Artikel, verschmilzt **di** mit dem Artikel:

Paolo è più alto del fratello.
Paolo ist größer als sein Bruder.

Werden zwei Wörter derselben Wortart (Verben, Adverbien, Adjektive) verglichen, verwendet man **che** statt **di**:

Lavorare è più faticoso che studiare.
Arbeiten ist anstrengender als Lernen.

Die Gleichheit zweier Dinge oder Personen wird durch Adjektiv + **come** ausgedrückt.

Monica è alta come Chiara.
Monica ist so groß wie Chiara.

§ 20 Die unbestimmten Adjektive

Es gibt Adjektive, die eine unbestimmte Menge bezeichnen.

Die meisten werden dem Geschlecht und der Zahl des Substantivs angeglichen:

poco	**poche cose**	*wenige Dinge*
molto	**molta gente**	*viele Leute*
tanto	**tanto lavoro**	*viel Arbeit*
troppo	**troppi regali**	*zu viele Geschenke*

altro (vor **altro** wird der Artikel gestellt)

le altre case	*andere Häuser*

tutto (nach **tutto** folgt der Artikel)

tutti i giorni	*jeden Tag*

Einige werden nur dem Geschlecht angepasst:

alcuni (nur im Plural)	**nessuno** (nur im Singular)
alcune sere *einige Abende*	**nessuna macchina** *kein Auto*

Andere bleiben unverändert und werden nur im Singular gebraucht:

qualche	**qualche amica**	*einige Freundinnen*
ogni	**ogni settimana**	*jede Woche*

21 Die Possessivbegleiter

Im Italienischen haben die Possessivbegleiter vier Formen, da sie dem Geschlecht und der Zahl des Objektes angeglichen werden. Ausnahme ist die 3. Person Plural **loro**, die unverändert bleibt:

männlich Sg.	weiblich Sg.	männlich Pl.	weiblich Pl.
il **mio**	la **mia**	i **miei**	le **mie**
il **tuo**	la **tua**	i **tuoi**	le **tue**
il **suo**	la **sua**	i **suoi**	le **sue**
il **Suo**	la **Sua**	i **Suoi**	le **Sue**
il **nostro**	la **nostra**	i **nostri**	le **nostre**
il **vostro**	la **vostra**	i **vostri**	le **vostre**
il **loro**	la **loro**	i **loro**	le **loro**

Die Possessivbegleiter richten sich im Italienischen nach dem Geschlecht und der Zahl des Objektes, d. h. des nachfolgenden Substantivs – und nicht, wie im Deutschen, nach dem Geschlecht des Besitzers:

il suo libro	*sein Buch / ihr Buch*
la sua valigia	*sein Koffer / ihr Koffer*

Die Possessivbegleiter werden mit dem Artikel gebraucht:

la mia casa	*mein Haus*
i tuoi libri	*deine Bücher*
le loro vacanze	*ihr Urlaub*

Vor Verwandtschaftsbezeichnungen im Singular wird jedoch kein Artikel gestellt:

mia madre	*meine Mutter*
nostra sorella	*unsere Schwester*

Im Plural dagegen wird der Artikel dazu gesetzt: **i suoi nonni**

Vor **loro** steht immer der Artikel – auch im Singular:

il loro fratello	*ihr Bruder*
i loro fratelli	*ihre Brüder*

Steht ein Adjektiv vor der Verwandtschaftsbezeichnung, wird der Artikel auch im Singular gebraucht:

la mia cara sorella   *meine liebe Schwester*

 # 22 Die Demonstrativbegleiter

Questo wird verwendet, um Personen oder Dinge in der Nähe des Sprechers zu zeigen. **Questo** wird wie ein Adjektiv an das Substantiv angeglichen:

- männlich Singular: **questo signore**
- weiblich Singular: **questa signora**
- männlich Plural: **questi signori**
- weiblich Plural: **queste signore**

questo und **questa** werden vor einem Vokal zu **quest'** apostrophiert: **quest'amico / quest'amica**

Um auf Personen oder Dinge, die vom Sprecher weiter entfernt sind, hinzuweisen, wird **quello** verwendet. **Quello** entspricht dem deutschen *jener*, wird jedoch im Italienischen – im Vergleich zum Deutschen – viel häufiger gebraucht.

Die Formen von **quello** entsprechen den Formen des bestimmten Artikels.

männlich Singular:		männlich Plural:	
il signore	**quel signore**	**i signori**	**quei signori**
lo studente	**quello studente**	**gli studenti**	**quegli studenti**
l'amico	**quell'amico**		
weiblich Singular:		**weiblich Plural:**	
la signora	**quella signora**	**le signore**	**quelle signore**
l'amica	**quell'amica**		

23 Das Adverb

Die Adverbien auf -mente

Im Regelfall werden die Adverbien auf **-mente** gebildet.

Adjektive auf **-o/-a** bilden Adverbien mit der weiblichen Endung **-a** + **-mente**:
pieno – pien**a-mente**

Endet das Adjektiv auf **-e**, wird nur **-mente** angehängt:
dolce – dolc**e-mente**

Bei Adjektiven, die auf **-re** oder **-le** enden, fällt der letzte Vokal weg:
regolare – regolar-**mente**

Leggermente (leggero) ist ein unregelmäßiges Adverb.

Die unregelmäßigen Adverbien

Die Adverbien **molto**, **poco**, **troppo**, **tanto** gleichen äußerlich den entsprechenden Adjektiven. Sie beziehen sich im Gegensatz zu den Adjektiven jedoch auf ein Verb und bleiben daher unverändert:

Ho dormito molto. *Ich habe viel geschlafen.*	**Hai pagato troppo.** *Du hast zuviel bezahlt.*
Qui la frutta costa poco. *Hier kostet das Obst wenig.*	**Non mi piace tanto.** *Es gefällt mir nicht so sehr.*

Bene und **male** sind die entsprechenden Adverbien für die Adjektive **buono** und **cattivo**:

Luca sta bene. *Luca geht es gut.*	**Mario è stato male.** *Mario war schlecht.*

Weitere Adverbien

Unter den Adverbien sind auch Zeit- und Ortsadverbien.

- Zeitadverbien sind z. B.:
  stamattina, **stasera**, **stanotte**
  sowie:
  oggi, **ieri**, **l'altro ieri**, **domani**, **dopodomani**
- Ortsadverbien sind z. B.: **sotto**, **sopra**, **in fondo**, **vicino**, **lontano**

§ 24 Die Subjektpronomen

1. Person Singular	**io**		1. Person Plural	**noi**
2. Person Singular	**tu**		2. Person Plural	**voi**
3. Person Singular	**lui, lei, Lei**		3. Person Plural	**loro**

Das Pronomen **Lei** (großgeschrieben) entspricht im Deutschen der Höflichkeitsform *Sie*.

Signora, Lei di dov'è?
Woher sind Sie?

Die Subjektpronomen werden im Italienischen meist weggelassen, es sei denn, man möchte im Satz einen Kontrast ausdrücken:

Lui è italiano e lei è tedesca.
Er ist Italiener und sie ist Deutsche.

§ 25 Die direkten Objektpronomen

Die direkten Objektpronomen sind:

io	**mi**		noi	**ci**
tu	**ti**		voi	**vi**
lui, lei, Lei	**lo, la, La**		loro	**li, le**

Die direkten Objektpronomen ersetzen das Objekt. Sie kommen immer im Zusammenhang mit einem Verb, das eine Ergänzung im Akkusativ (was? wen?) verlangt:

Non mangia la pasta. Non la mangia.
Er / Sie isst keine Nudeln. Er / Sie isst sie nicht.

Die direkten Objektpronomen stehen vor dem konjugierten Verb und nach dem **non** in verneinten Sätzen:

Lo chiamo stasera.	**Non lo chiamo stasera.**
Ich rufe ihn heute Abend an.	*Ich rufe ihn heute Abend nicht an.*

Folgende Verben verlangen im Italienischen – manchmal anders als im Deutschen –
ein direktes Objektpronomen:

aiutare	**Lo aiuto.**	*Ich helfe ihm.*
ascoltare	**Lo ascolto.**	*Ich höre ihm zu.*
incontrare	**Lo incontro.**	*Ich treffe ihn.*
ringraziare	**Lo ringrazio.**	*Ich danke ihm.*

26 Die indirekten Objektpronomen

Die indirekten Objektpronomen lauten:

io	**mi**	noi	**ci**
tu	**ti**	voi	**vi**
lui, lei, Lei	**gli, le, Le**	loro	**gli**

Die meisten indirekten Objektpronomen entsprechen der Form nach den direkten Objektprono-
men. Nur die 3. Person Singular und die 3. Person Plural lauten anders.

Die indirekten Objektpronomen werden bei Verben verwendet, die eine Ergänzung im Dativ (was?
wem?) verlangen. Diese Ergänzung ist im Italienischen an der Präposition **a** zu erkennen:

Do il libro a Marco. Gli do il libro.
Ich gebe Marco das Buch. Ich gebe ihm das Buch.

Im Satz stehen die indirekten Objektpronomen vor dem konjugierten Verb. In verneinten Sätzen
stehen sie nach dem **non**.

Gli dà le chiavi.	**Non gli dà le chiavi.**
Er / Sie gibt ihm den Schlüssel.	*Er / Sie gibt ihm nicht den Schlüssel.*

Folgende Verben verlangen im Italienischen – manchmal anders als im Deutschen –
ein indirektes Objektpronomen:

telefonare	**Gli telefono.**	*Ich rufe ihn an.*
chiedere	**Gli chiedo.**	*Ich frage ihn.*

27 Die betonten Objektpronomen

Im Italienischen gibt es neben den unbetonten auch betonte Objektpronomen:

io	me	noi	noi
tu	te	voi	voi
lui, lei, Lei	lui, lei, Lei	loro	loro

Außer **me** und **te** entsprechen die betonten Objektpronomen äußerlich den Subjektpronomen.

Die betonten Objektpronomen werden in Verbindung mit Präpositionen verwendet.

Vieni con me?
Kommst du mit mir?

Man verwendet die betonten Objektpronomen auch bei Gegenüberstellungen oder Hervorhebungen.

Lo ha detto a me, non a te!
Er / Sie hat es mir gesagt, nicht dir!

A me piace moltissimo!
Mir gefällt es sehr!

 ## 28 Die Reflexivpronomen

Die Reflexivpronomen sind:

io	mi	noi	ci
tu	ti	voi	vi
lui, lei, Lei	si	loro	si

Die Reflexivpronomen begleiten die reflexiven Verben (s. die reflexiven Verben).
Sie sind nicht zu verwechseln mit den direkten Objektpronomen!

29 Die Demonstrativpronomen

Questo und **quello** können auch als Pronomen verwendet werden.

Die Formen des Demonstrativpronomens **questo** entsprechen der Formen des Demonstrativbegleiters:

- männlich Singular: **questo**
- weiblich Singular: **questa**
- männlich Plural: **questi**
- weiblich Plural: **queste**

Ho deciso: prendo questo!
Ich habe mich entschieden: Ich nehme das hier!

Queste sono più belle!
Diese sind schöner!

Die Formen des Demonstrativpronomens **quello** lauten so:

- männlich Singular: **quello**
- weiblich Singular: **quella**
- männlich Plural: **quelli**
- weiblich Plural: **quelle**

Quale giacca vuoi? – Quella!
Welche Jacke willst du? – Die da!

Questo appartamento è grande, ma quello è più grande.
Diese Wohnung ist groß, aber jene ist größer.

 # 30 Die unbestimmten Pronomen

Die unbestimmten Pronomen bezeichnen eine unbestimmte Menge. Sie verhalten sich wie die entsprechenden Adjektive (s. die unbestimmten Adjektive), stehen aber ohne Substantiv.

- **poco**, **molto**, **tanto** und **troppo** werden nach Geschlecht und Zahl angepasst:
  Quanti libri hai letto? – Pochi.
  Wie viele Bücher hast du gelesen? – Wenige.
- **altro** wird mit dem Artikel gebraucht:
  Hai comprato le scarpe rosse? – No, le altre.
  Hast du die roten Schuhe gekauft? – Nein, die anderen.
- **tutto** als Pronomen wird ohne Artikel gebraucht:
  Il pane? L'ho mangiato tutto!

Das Brot? Ich habe es ganz gegessen!

- **alcuni** und **alcune** beziehen sich auf Substantive im Plural:
  Li hai letti tutti? – Solo alcuni.
  Hast du die alle gelesen? – Nein, nur einige.
- **nessuno** und **nessuna** beziehen sich nur auf Substantive im Singular:
  Chi ha suonato? – Nessuno.
  Wer hat geklingelt? – Niemand.

 ## 31 Das Pronominaladverb *ci*

Das Pronominaladverb **ci** heißt auf Deutsch *dort* oder *dorthin*. Es wird verwendet, um Richtungs- und Ortsangaben zu ersetzen.

Ci steht immer vor dem Verb und in einem verneinten Satz nach **non**.

Ci vado molto volentieri. *Ich gehe sehr gern dorthin.*	**Andate dai Rossi? – No, non ci andiamo.** *Geht ihr zu den Rossis? – Nein, wir gehen nicht hin.*

 ## 32 Die Präposition *a*

Die Präposition **a** dient als Orts- oder Richtungsangabe und wird dabei im Zusammenhang mit Städten verwendet:

Sono a casa.	*Ich bin zu Hause.*
Vado a casa.	*Ich gehe nach Hause.*
Abitiamo a Roma.	*Wir wohnen in Rom.*
Viene a Napoli.	*Er/Sie kommt nach Neapel.*

 ## 33 Die Präposition *in*

Die Präposition **in** dient als Orts- oder Richtungsangabe:

Vado in un bar.
Ich gehe in ein Café.

- vor **piazza/via/viale** usw.:
  È in Piazza Maggiore.
  Er/Es/Sie ist auf der Piazza Maggiore.
- vor Einkaufsläden:
  Va in tabaccheria.
  Er/Sie geht in den/zu dem Tabakladen.

- vor Ländern und Regionen:
  Vanno in Germania.
  Sie fahren nach Deutschland.
  Abita in Toscana.
  Er/Sie wohnt in der Toskana.
- vor großen Inseln:
  Siamo in Sardegna. – *Wir sind auf Sardinien.*

In verwendet man auch, um ein Verkehrsmittel, das man benutzt, anzugeben:

Ci vado in macchina.
Ich fahre mit dem Auto hin.

Aber: **Vado a piedi.**
Ich gehe zu Fuß.

 ## 34 Die Präposition *da*

Die Präposition **da** dient der Angabe des Abfahrts- oder Abflugorts oder bezeichnet die Herkunft einer Person/einer Sache:

Vengo da Palermo. *Ich komme aus Palermo.*	**Arriva da Bologna.** *Er/Sie kommt aus Bologna.*

Mit **da** kann man aber auch Auskunft über einen Aufenthaltsort, an dem eine Person/ eine Sache sich befindet oder an dem eine Person/eine Sache eintreffen wird:

Sono da Marta. *Ich bin bei Marta.*	**Veniamo da te.** *Wir kommen zu dir.*

In anderen Fällen hat **da** die Bedeutung von *seit*:

Abitiamo qui da sei anni.
Wir wohnen hier seit sechs Jahren.

 ## 35 Die Präposition *di*

Die Präposition **di** dient der Herkunftsbezeichnung:

Sono di Milano.
Ich bin aus Mailand.

Di kann aber auch *von* bedeuten und einen Besitz anzeigen:

È la camera di Piero.
Es ist Pieros Zimmer.

Auch für Mengenangabe wird die Präposition **di** verwendet:

Un chilo di zucchero. *Ein Kilo Zucker.*	**Due bottiglie d'acqua.** *Zwei Flaschen Wasser.*

36 Die Präposition *su*

Die Präposition **su** heißt *über:*

Voliamo su Roma.
Wir fliegen über Rom.

Sie dient auch der Angabe von Ort und Richtung und heißt dann *auf* oder *in*. In diesen Fällen wird **su** eher als zusammengesetzte Präposition gebraucht (s. die zusammengesetzten Präpositionen).

37 Weitere Präpositionen

Andere Präpositionen sind:

- **per** *(für, nach/zu, wegen)*
  Questo regalo è per te.
  Dieses Geschenk ist für dich.
  Un biglietto per Milano.
  Eine Fahrkarte nach Mailand.
  Vado a Roma per lavoro.
  Ich fahre wegen der Arbeit nach Rom.

- **con** *(mit)*
  Vado con lei.
  Ich gehe mit ihr.
- **contro** *(gegen)*
  Sono tutti contro me!
  Alle sind gegen mich!
- **verso** *(gegen)*
  Vengo verso le sei.
  Ich komme gegen 6.00 Uhr.

Davanti a, **dietro a**, **vicino a**, **di fronte a**, **lontano da**, **di fianco a** sind allesamt Ortspräpositionen. Ihnen allen folgen oft die zusammengesetzten Präpositionen (s. die zusammengesetzen Präpositionen).

Davanti alla casa. *Vor dem Haus.*	**Di fronte al cinema.** *Gegenüber dem Kino.*

38 Zusammengesetzte Präpositionen

Wenn den Präpositionen **a**, **di**, **da**, **in** und **su** im Satz ein bestimmter Artikel folgt, verschmelzen sie mit diesem.

a + il	→	**al**	a + i	→	**ai**
a + lo	→	**allo**	a + gli	→	**agli**
a + la	→	**alla**	a + le	→	**alle**
a + l'	→	**all'**			

- **di** wird dann zu **de**:
  del, **dello**, **della**, **dell'**, **dei**, **degli**, **delle**
- **da**:
  dal, **dallo**, **dalla**, **dall'**, **dai**, **dagli**, **dalle**
- **in** wird dann zu **ne**:
  nel, **nello**, **nella**, **nell'**, **nei**, **negli**, **nelle**
- **su**:
  sul, **sullo**, **sulla**, **sull'**, **sui**, **sugli**, **sulle**

Die zusammengesetzten Präpositionen werden im Regelfall genauso verwendet wie die einfachen Präpositionen:

Vado alla stazione. *Ich fahre zum Bahnhof.*	**È la chiave dell'appartamento.** *Es ist der Schlüssel der Wohnung.*
Sono nello studio. *Ich bin im Arbeitszimmer.*	**Vado dal panettiere.** *Ich gehe zum Bäcker.*
Aspetto dalle cinque. *Ich warte seit fünf Uhr.*	**Le chiavi sono sul tavolo.** *Der Schlüssel ist auf dem Tisch.*

 # 39 Die Frage

Die Intonationsfrage

Im Italienischen erkennt man einen Fragesatz an der Satzmelodie – die Stimme erhebt sich:

Luigi viene?	*Kommt Luigi?*
Chi parla?	*Wer ist am Apparat?*

Die Entscheidungsfrage

Bei Fragen, auf die man mit **sì** oder **no** antworten kann, bleibt die Satzstellung die gleiche wie im Aussagesatz. Den Unterschied zwischen Frage und Aussage erkennt man nur an der Satzmelodie:

Luigi viene.	*Luigi kommt.*
Luigi viene? – Sì.	*Kommt Luigi? – Ja.*
Arriva.	*Er / Sie kommt.*
Arriva? – No.	*Kommt er / sie? – Nein.*

Die Ergänzungsfrage

Bei Fragen mit einem Fragewort steht meistens das Subjekt nach dem Verb:

Quando viene Luigi?　　*Wann kommt Luigi?*

Ist das Subjekt ein Pronomen, wird es normalerweise weggelassen:

Quando arrivi?　　*Wann kommst du?*

Die Fragewörter

Viele Fragen enthalten ein Fragewort. Im Folgenden finden Sie einige der häufigsten Fragewörter:

Chi?	**Quando?**
Chi viene alla festa? *Wer kommt zu der Party?*	**Quando arrivano?** *Wann kommen sie (an)?*
Come?	**(Che) cosa?**
Come state? *Wie geht es euch?*	**(Che) cosa prendi?** *Was nimmst du?*
Vor Vokal wird **come** apostrophiert:	Vor Vokal wird **che cosa** apostrophiert:
Com'è la tua pizza? *Wie ist deine Pizza?*	**(Che) cos'è?** *Was ist das?*
Dove?	**Di dove?**
Dove siete? *Wo seid ihr?*	**Di dove sei?** *Woher bist du?*
Dove vanno? *Wohin gehen sie?*	Vor Vokal wird **(di) dove** apostrophiert:
Vor Vokal wird **dove** apostrophiert:	**Di dov'è?** *Woher kommt er / sie?*
Dov'è Maria? *Wo ist Maria?*	

Da dove?

Da dove arrivi? *Woher kommst du gerade?*

Perché?

Perché non mangi? *Warum isst du nicht?*

Che?

Che pizza prendi? *Welche Pizza nimmst du?*

Come mai?

Come mai vai via? *Wieso gehst du weg?*

Quale?

Quale maglione compri? *Welchen Pullover kaufst du?*

Quale hat auch eine Pluralform, **quali**.

quale kann auch allein als Pronomen stehen.

Quale vuoi? – *Welches möchtest du haben?*

Quale als Pronomen wird zu **qual** vor Vokal.

Quanto?

Quanto costa? *Was kostet es?*

Vor Vokal wird **quanto** apostrophiert:

Quant'è? – *Was macht es? / Wie viel ist es?*

Quanto kann auch ein Substantiv nach sich ziehen. Es wird in diesem Fall dem Substantiv (in Zahl und Geschlecht) angeglichen.

Quante bottiglie ci sono? *Wie viele Flaschen gibt es?*

§ 40 Die Verneinung

Die Verneinung mit *non*

Um einen Satz zu verneinen, wird auf Italienisch einfach das **non** vor das Verb gestellt:

Oggi non mangio.
Heute esse ich nicht.

Tu non vieni?
Kommst du nicht?

Ist der Satz im Passato prossimo, steht das **non** vor dem Hilfsverb:

Lara non è partita.
Lara ist nicht gefahren.

Steht **c'è** oder **ci sono** im Satz, wird **non** vor **c'** bzw. **ci** eingefügt:

Mia sorella non c'è.	Non ci sono più spaghetti.
Meine Schwester ist nicht da.	*Es gibt keine Spaghetti mehr.*

Die doppelte Verneinung

Bei verneinten Sätzen mit den Adverbien **più**, **mai**, **niente** und **nessuno** entsteht eine doppelte Verneinung. Die Verneinung **non** steht dabei immer vor dem Verb (eventuell vor Pronomen), **più**, **mai**, **niente** oder **nessuno** stehen danach:

Non sentiamo niente.	Non ci vado più.
Wir hören nichts.	*Ich gehe nicht mehr hin.*

Bei zusammengesetzten Zeiten (z. B. beim Passato prossimo) stehen **niente** und **nessuno** nach dem Partizip. **Più** und **mai** können dagegen hinter dem Partizip oder zwischen Hilfsverb und Partizip stehen:

Non è venuto nessuno.	Non ho mai visto Roma.
Es ist keiner gekommen.	*Ich habe Rom noch nie gesehen.*

Sonderfall: Stehen **nessuno** oder **mai** vor dem Verb, kommt es nicht zur doppelten Verneinung.

Nessuno ha detto qualcosa.
Keiner hat etwas gesagt.

41 Die Grundzahlen bis 100

Das sind die Grundzahlen auf Italienisch:

0	zero	4	quattro	8	otto
1	uno	5	cinque	9	nove
2	due	6	sei	10	dieci
3	tre	7	sette		

So zählt man weiter:

11	undici	14	quattordici	17	diciassette
12	dodici	15	quindici	18	diciotto
13	tredici	16	sedici	19	diciannove

Ab der Zahl 20 werden einfach die Grundzahlen von 1 bis 9 an den Zehner hinzugefügt.
Findet sich das Zahlwort **tre** am Wortende, trägt es einen Akzent: ...**tré.**
Vor **uno** und **otto** verliert der Zehner den Vokal am Ende.

20	venti	24	ventiquattro	27	ventisette
21	ventuno	25	venticinque	28	ventotto
22	ventidue	26	ventisei	29	ventinove
23	ventitré				

30	trenta	60	sessanta	90	novanta
40	quaranta	70	settanta	100	cento
50	cinquanta	80	ottanta		

 ## 42 Die Grundzahlen bis 999

Ab 100 wird die Zahl 1 bis 99 an **cento** angehängt:

101 **centouno**
102 **centodue**
...

Mit den Zahlen 2 bis 9 vor **cento** erhält man:

200 **duecento**
300 **trecento**
...

 ## 43 Die Grundzahlen ab 1000

Und so wird weiter gezählt:

1000 **mille**
1001 **milleuno**
1002 **milledue**
...

Ab 2000 wird **mille** zu **mila**:

2000	**duemila**	100000	**centomila**
2001	**duemilauno**		...
	...	1000000	**un milione**
10000	**diecimila**	2000000	**due milioni**
	...		...
		1000000000	**un miliardo**
		2000000000	**due miliardi**

§ 44 Die Ordnungszahlen

Die Ordnungszahlen lauten:

1°	**primo**	4°	**quarto**	7°	**settimo**
2°	**secondo**	5°	**quinto**	8°	**ottavo**
3°	**terzo**	6°	**sesto**	9°	**nono**
				10°	**decimo**

Ab 11 werden die Ordnungszahlen gebildet, indem man die Endung **-esimo** der Zahl hinzufügt. Der letzte Vokal der Grundzahl fällt dann weg.

Bei **tre** und **sei** bleibt der Endvokal erhalten.

11°	**undicesimo**	14°	**quattordicesimo**	17°	**diciassettesimo**
12°	**dodicesimo**	15°	**quindicesimo**	18°	**diciottesimo**
13°	**tredicesimo**	16°	**sedicesimo**	19°	**diciannovesimo**

20°	**ventesimo**	23°	**ventitreesimo**	30°	**trentesimo**
21°	**ventunesimo**		...		...
	...	26°	**ventiseiesimo**		
			...		

A

a	zu, um, in, nach, pro, bis
a base di	auf der Grundlage
a bordo	an Bord
a causa di	wegen
a che ora …?	um wie viel Uhr …?
a colori	bunt
a destra	rechts
a dopo	bis nachher
a favore	dafür
a parte	extra
a partire da	ab
a picco	senkrecht
a piedi	zu Fuß
a più tardi	bis später
a presto	bis bald
a proposito	übrigens
a proposito di	apropos
a quest'ora	zu der Uhrzeit
a sinistra	links
a tempo determinato	zeitbefristet
a tempo indeterminato	unbefristet
a tempo pieno	Vollzeit
a un certo punto	an einem gewissen Punkt
l' abbassamento	Senkung, Abschwächen
abbastanza	ziemlich, genug
l' abbazia	Abtei
l' abbigliamento	(Be)Kleidung
abbinarsi	passen
l' abbraccio	Umarmung
abitabile	Wohn-
l' abitante (m / f)	Einwohner
abitare	wohnen
l' abito (da uomo)	Anzug
abituarsi	sich an jdn. / etw. gewöhnen
l' abitudine (di lettura) (f)	(Lese-)Gewohnheit
l' Abruzzo	Abruzzen
accadere	geschehen, passieren
accanto a	neben
accarezzare	streicheln
acceso / a	eingeschaltet
l' accesso	Zugang
accettare	annehmen, akzeptieren
accidenti!	Das gibt's doch nicht!, Verdammt! (fam.)
l' acciuga	Sardelle
accomodarsi	Platz nehmen
accompagnare	begleiten
accontentare	zufrieden stellen
accontentarsi	sich mit etw. zufrieden geben
l' accordo	Einigung
l' acqua	Wasser

l' acqua frizzante	(Mineral)Wasser (mit Kohlensäure)
l' acqua minerale	Mineralwasser
l' acrobata (m / f)	Akrobat
ad eccezione di	mit Ausnahme von
l' addestramento	Schulung
addestrare	schulen
l' addetto	Angestellte
addormentarsi	einschlafen
adesso	jetzt, nun
l' adolescente (m / f)	Jugendliche
l' adolescenza	Jugend
adorare	lieben
l' aereo	Flugzeug
l' aeroporto	Flughafen
gli Affari Esteri (Pl)	Auswärtiges Amt
affittare	mieten
l' affitto	Miete
affrontare	entgegentreten
l' agenda	Agenda
l' agenzia	Maklerbüro; Agentur, Büro
l' agenzia viaggi	Reisebüro
aggiungere	hinzufügen
agitarsi	sich aufregen
l' aglio	Knoblauch
agosto	August
l' agriturismo	Ferien auf dem Bauernhof
Ah già!	Ach ja…
ai ferri	vom Grill
aiutare	helfen
l' aiuto	Hilfe
al di là di	jenseits
al pari	wie
al posto di	anstelle von, an jemandes Stelle
al posto tuo	an deiner Stelle
l' alba	Sonnenaufgang
l' albergo	Hotel
l' albero (di Natale)	(Weihnachts-)Baum
alcolico / a	alkoholisch
alcuni / e	einige
Alghero	Alghero (Stadt in Sardinien)
l' alimentazione (f)	Ernährung
l' alimento	Lebensmittel
all'aria aperta	an der frischen Luft
alla fine	schließlich
alla moda	modisch
Alla salute!	Prosit!
l' allarme (m)	Alarm
l' allegato	Anlage, Anhang
l' allergia	Allergie
allergico / a	allergisch
l' allievo	Schüler
l' alloggio	Unterkunft
allora	also, dann
Allora?	Und?
allungare	ausziehen

325

allungarsi	sich strecken
almeno	zumindest
l' alta stagione	Hochsaison
alternarsi	sich abwechseln
alto / a	groß, hoch
altrettanto	ebenfalls
l' altro ieri	vorgestern
altro / a	andere / -r / -s
alzare il gomito	einen heben (fam.)
alzarsi	aufstehen
l' amante (m / f)	Liebhaber
amare	lieben
ambientare	spielen
ambientarsi	sich einleben
l' ambiente (m)	Umwelt
Amburgo	Hamburg
(l') americano / a	amerikanisch; Amerikaner / -in
l' amicizia	Freundschaft
l' amico / a	Freund / -in
ammalarsi	krank werden
ammettere	annehmen, zugeben
amministrare	verwalten
ammirare	bewundern
ammobiliato / a	möbliert
l' amore (m) (a prima vista)	Liebe (auf den ersten Blick)
ampio / a	groß, geräumig
anche	auch
Ancona	Ancona
ancora	noch
andare	gehen, fahren
andare (bene)	passen, (gut) stehen
andare a prendere	abholen
andare a qualcuno. di fare qualcosa	jdm ist es danach, etw zu tun
andare a trovare	besuchen
andare d'accordo	zurechtkommen
l' anello	Ring
l' anfiteatro	Amphitheater
l' angolo	Ecke
l' anno	Jahr
annoiarsi	sich langweilen
annualmente	jährlich
l' annuncio	Anzeige
l' annuncio di lavoro	Stellenanzeige
antico / a	alt
l' antidoto	Gegengift
l' antifurto	Diebstahlsicherung
l' antipasto	Vorspeise
antipatico / a	unsympathisch
antismog	smogbekämpfend
l' aperitivo	Aperitif
apertamente	offen
aperto / a	offen
l' apertura	Beginn, (Er-)Öffnung
l' appartamento	Wohnung
l' appassionato / a (m / f)	Fan, Begeisterte / -r
appena	gerade, sobald
l' appetito	Appetit
approfondire	vertiefen
approvare	annehmen
l' appuntamento	Verabredung, Termin
aprile	April
aprire	öffnen, eröffnen
l' arancia	Orange
l' aranciata	Orangenlimonade, Orangeade
arancione	orange
l' arancione	Orange (Farbe)
archeologico / a	archäologisch
l' architetto	Architekt / -in
l' arco	Bogen
l' arco di trionfo	Triumphbogen
l' area	Zone
l' area protetta	Schutzgebiet
l' argomento	Thema
l' aria	Luft
l' aria condizionata	Klimaanlage
l' armadio	Schrank
l' armonia	Harmonie
l' arnica	Arnika
arrabbiarsi	sich ärgern
l' arredamento	Einrichtung
arredare	einrichten
arredato / a	eingerichtet
arrivare	ankommen
arrivato / a	angekommen
Arrivederci!	Auf Wiedersehen.
ArrivederLa!	Auf Wiedersehen.
l' arrivo	Ankunft
arrossato / a	errötet
l' arte	Kunst
l' articolazione (f)	Gelenk
l' articolo	Artikel
l' artigiano	Handwerker
artistico / a	künstlerisch
l' ascensore	Aufzug
l' asciugamano	Handtuch
ascoltare	(zu)hören
l' ascoltatore	(Zu-)Hörer
l' asilo	Kindergarten
l' asilo nido	Krippe
aspettare	warten, erwarten
l' aspirina®	Aspirin®
assaggiare	probieren
l' assassino	Mörder
assegnato / a	vergeben (Preis)
l' assessore (m)	Beisitzer
assieme	zusammen
l' assistenza sanitaria	Gesundheitswesen
l' associazione (f)	Verein
assolutamente	unbedingt, wirklich
assoluto / a	absolut
assumere	anstellen (Arbeit)

atletico / a	athletisch
l' atmosfera	Stimmung, Atmosphäre
atmosferico / a	Wetter-
l' attenzione (f)	Achtung, Aufmerksamkeit
l' attesa	Erwartung
l' attico	Penthousewohnung
l' attimo	Augenblick, Moment
attirare	anziehen
l' attività	Aktivität
l' attività fisica	Sport
attivo / a	aktiv
l' attore	Schauspieler
attorno	um
attraversare	überqueren, durchqueren
attraversato / a	durchquert
l' attrazione (f)	Anziehungskraft
augurare	wünschen
augurarsi	sich wünschen
gli auguri	Glückwunsch
l' augurio	(Glück-)Wunsch
aumentare	erhöhen, steigen
l' autobiografia	Autobiografie
l' autobus	Bus
l' autobus (elettrico)	(Elektro-)Bus
l' autonomia	Unabhängigkeit
l' autore preferito	Lieblingsautor
l' autostrada	Autobahn
Avanti!	Herein!
avere	haben
avere … anni	… Jahre alt sein
avere bisogno di	brauchen
avere programmi	etw. vorhaben
avere ragione	Recht haben
avere sotto il naso	vor der Nase haben
avere voglia di	Lust auf etw. haben
l' avvenimento	Ereignis
l' avventura	Abenteuer
avventuroso / a	abenteuerlich
avvertire	benachrichtigen
avviare	einleiten
l' avviso	Meinung
l' avvocato	Rechtsanwalt / -anwältin
l' azienda	Unternehmen
l' azione	Handlung
l' azzurro	Hellblau, Blau
azzurro / a	hellblau, blau

B

il / la baby-sitter	Babysitter/in
il bacio	Kuss
il bacione	dicker Kuss
i baffi (Pl)	Schnurrbart
il bagaglio	Gepäck
il bagaglio a mano	Handgepäck

bagnare	fließen durch
il bagnino	Bademeister
il bagno	Bad, Badezimmer
il balcone	Balkon
ballare	tanzen
il / la bambino / bambina	Kind (Junge bzw. Mädchen)
banale	banal
la banca	Bank
il banco del check-in	Check-in-Schalter
il bar	Café, Kneipe
la barba	Bart
Bari	Bari
il barone	Baron
basato / a su	auf etw. basiert
la base	Basis, Grundlage
la basilica	Basilika
la Basilicata	Basilikata
la bassa stagione	Nebensaison
basso / a	niedrig, klein, flach
basta	es genügt
basta così	das reicht
Basta!	Es reicht jetzt!
bastare	genügen, (aus)reichen
la battaglia	Kampf
beato / a te	du Glückliche
Beh…	Also…
beige	beige
il beige	Beige
le bellezze naturali (Pl)	Naturschönheiten
bello / a	schön, sehr
ben pagato / a	gut bezahlt
bene	gut
il bene culturale	Kulturgut
benedettino	Benediktiner-
benissimo	sehr gut
Bentornato!	Willkommen zurück!
bere	trinken
la bevanda	Getränk
il bianco	Weiß; Weißwein
bianco / a	weiß
la biblioteca	Bibliothek
il bicchiere	Glas
la bici(cletta)	Fahrrad
il biglietto	Eintrittskarte
il biglietto (aereo)	(Flug)Ticket
il biglietto d'auguri	Geburtstagskarte
il bilancio	Bilanz
il bimbo	Kind
la biodiversità	Biodiversität
biologico / a	biologisch
biondo / a	blond
la birra	Bier
la birreria	Bierlokal
il biscottino	Keks, Plätzchen
bisogna	es ist erforderlich
il bisogno	Bedarf, Notwendigkeit
la bistecca	Beefsteak

bloccato / a	blockiert
blu	blau
il blu	Blau
la bocca	Mund
Bologna	Bologna
la borsa	(Hand)Tasche; Börse
la bottiglia	Flasche
il bottone	Knopf
il box	Garage
il braccio	Arm
bravo / a	gut, artig
Bravo!	Bravo!, Prima!
breve	kurz
il bronco	Bronchie
brutto / a	schlimm, schlecht
il buffet	Büffet
il buio	Dunkel
buio / a	dunkel
Buonanotte!	Gute Nacht.
Buonasera!	Guten Abend.
Buongiorno!	Guten Morgen / Guten Tag.
buono / a	gut, schön, lecker

C

cadere	fallen
il caffè	Kaffee, Espresso
il caffellatte	eine Art Milchkaffee
la Calabria	Kalabrien
calare	senken
caldo / a	heiß, warm
la calma	Ruhe
Caltagirone	Caltagirone (Stadt in Sizilien)
il calzascarpe	Schuhlöffel
la calzatura	Schuh
il calzino	Socke
cambiare	wechseln, ändern, umsteigen
cambiare casa	umziehen
Cambridge	Cambridge
la camera	Zimmer, Hotelzimmer
la camera da letto	Schlafzimmer
la camera doppia	Doppelzimmer (mit zwei getrennten Betten)
la camera matrimoniale	Doppelzimmer (mit einem französischen Bett)
la camera singola	Einzelzimmer
il / la cameriere / cameriera	Kellner / -in
il camerino	Umkleidekabine, Garderobe
la camicetta	Bluse
la camicia	Hemd
camminare	gehen, laufen
la camomilla	Kamille, Kamillentee
il camoscio	Velours
la campagna	Land (Gegensatz zu Stadt)

la campagna militare	Feldzug
il campanello	Klingel
la Campania	Kampanien
il campanile	Kirchturm, Glockenturm
il campeggio	Campingplatz
il camper	Wohnmobil
il campo di concentramento	Konzentrationslager
il canale	Programm, Sender
cancellare	stornieren
il cancello	(Gitter)Tor, Gittertür, Gartentor
la candelina	Kerze
il candidato	Kandidat
la candidatura	Bewerbung
il / la cantante	Sänger / -in
la cantina	Keller, Weinkeller, Weinschenke
caotico / a	chaotisch
i capelli (Pl)	Haare
capire	verstehen
la capitale	Hauptstadt
il capo	Chef
il capolavoro	Meisterwerk
il capoluogo	Regionalhauptstadt
il cappotto	Mantel
il cappuccino	Cappuccino
la caramella	Bonbon
il carattere	Charakter
caratterizzare	charakterisieren
il carcere	Gefängnis
il cardiologo	Kardiologe
la carezza	Streicheln
carino / a	nett
la carne	Fleisch
caro / a	teuer
il carrello	Einkaufswagen, Kofferkuli
il carro armato	Panzer
la carta d'identità	Personalausweis
la carta dei vini	Weinkarte
la carta di credito	Kreditkarte
la carta igienica	Toilettenpapier
cartaceo / a	Papier-
le carte	Papiere
il cartello	Schild
la cartolina	(Post-)Karte
la casa	Haus, Wohnung
la casa editrice	Verlagshaus
la cascata	Wasserfall
la cascina	Bauernhaus
il casello	Mautstelle
il caso	Fall
il casolare	abgelegenes Landhaus
la cassaforte	Safe
la cassettiera	Kommode
il cassetto	Schublade
castano / a	(kastanien)braun
il castello	Schloss, Burg

il catalogo	Katalog
la catena montuosa	Bergkette
la cattedrale	Kathedrale
cattivo / a	böse, schlecht
la causa	Ursache
il cavaliere	Ritter
il cavolfiore	Blumenkohl
c'è tempo	das hat Zeit
Cefalù	kleine Stadt in Sizilien
celebrare	feiern
celebre	berühmt
il cellulare	Handy
la cena	Abendessen
il centesimo	Cent
il centimetro	Zentimeter
cento	hundert
centrale	Haupt-, Mittel-
il centro	Zentrum
il centro storico	Altstadt
la cera	Wachs
la ceramica	Keramik
cercare	suchen
il cerotto	Pflaster
certo	sicher, klar, selbstverständlich
certo / a	bestimmt, gewiss
il cervello in fuga	Braindrain, Talentschwund
lo champagne	Champagner
che	der / die / das; wie; als
che ...?	was?, welche / r / s?, was für ein / e?
che cosa ...?	was?
Che ora è? / Che ore sono?	Wie viel Uhr ist es?
Che tempo fa?	Wie ist das Wetter?
chi	wer
la chiacchiera	Plauderei, Schwätzchen
chiamare	anrufen
chiamarsi	heißen
la chiamata	Anruf
Chianti	Chianti (ital. Rotwein aus der Toskana)
chiaramente	klar
il chiarimento	Erklärung
chiaro / a	klar, hell
la chiave	Schlüssel
chiedere	fragen, bitten
la chiesa	Kirche
il chilo	Kilo
a chilometro zero	regional
il chiostro	Kreuzgang
il chirurgo	Chirurg
il / la chitarrista	Gitarrenspieler / -in
chiudere	schließen
chiuso / a	geschlossen
ci	uns; dorthin, dort
ciao	hallo / tschüss

il cibo	Essen
il cielo	Himmel
Cin cin!	Prosit!
la Cina	China
il cinema	Kino
cinematografico / a	Film-
cinico / a	zynisch
cinquanta	fünfzig
cinque	fünf
la cioccolata	Schokolade
la cioccolata calda	heiße Schokolade
il cioccolatino	Praline
cioè	das heißt
circa	ungefähr
circondare	umzingeln
il citofono	(Haus)Sprechanlage
la città	Stadt
la città (d'arte)	(Kunst-)Stadt
clandestino / a	heimlich
il classico	Klassiker
classico / a	klassisch
la classifica	Tabelle
cliccare	klicken
la coca cola®	Coca Cola®
cogliere	ergreifen, erfassen
il cognome	Nachname
coi fiocchi	hervorragend
il coinquilino	Mitbewohner
coinvolgente	fesselnd
la colazione	Frühstück
collaborare	zusammenarbeiten
il / la collega	Kollege / -in
collegare	zusammenstellen
la collina	Hügel
il collirio	Augentropfen
colloquiale	umgangssprachlich
il colloquio	Vorstellungsgespräch
il colloquio	Gespräch
colmare	schließen
la colomba pasquale	Osterkuchen
la colonna sonora	Filmmusik
il colore	Farbe
il / la colpevole	Schuldige
il coltello	Messer
coltivare	bebauen
il comandante	Kapitän
come	als, wie
come ...?	wie?
come mai?	warum?
la comicità	Komik
cominciare	anfangen, beginnen
la commedia	Komödie
il commento	Kommentar, Meinung
il commercio	Handel
il / la commesso / a	Verkäufer / -in
il commissario	Kommissar
la commissione	Besorgung

commosso / a	gerührt
il comodino	Nachttisch
la comodità	Bequemlichkeit
comodo / a	bequem
la compagnia aerea	Fluggesellschaft
il compagno	Klassenkamerad
compiere ... anni	den ... Geburtstag feiern
compiere gli anni	Geburtstag haben
il compito	(Haus-)Aufgabe
il compleanno	Geburtstag
completamente	völlig
completo / a	voll, komplett, fertig
complicato / a	kompliziert
Complimenti!	Glückwunsch!
il complimento	Kompliment
il componimento	Werk
comprare	kaufen, einkaufen
comprendere	enthalten
comprensibile	verständlich
compreso / a	inbegriffen
la comunicazione	Kommunikation, Mitteilung
comunque	auf jeden Fall, jedenfalls
con	mit
con il passare del tempo	im Laufe der Zeit
con il piede giusto	ein guter Start
con moderazione	in Maßen
la concentrazione	Konzentrierung, Konzentration
il concerto	Konzert
concludere	beenden
concluso / a	abgeschlossen
la condizione	Bedingung
il conducente	Busfahrer
confermare	bestätigen
le congratulazioni	Glückwunsch
congratulazioni!	Gratulation!
la conoscenza	Kenntnis
conoscere	kennen
conosciuto / a	bekannt
conquistare	erobern
consegnare	liefern, abliefern
la conseguenza	Konsequenz, Folge
considerare	berücksichtigen
consigliare	empfehlen, raten
il consiglio	Ratschlag, Rat
consolidato / a	gefestigt
consueto / a	üblich
il / la consulente	Berater / -in
consultare	nachschlagen
consumare	verbrauchen
il consumatore	Verbraucher
il consumo	Konsum
il contadino	Bauer
il / la contadino / a	Landwirt / -in
contare su	auf jdn. / etw. rechnen
il contatto	Kontakt
contemporaneo / a	zeitgenössisch
contento / a	froh, zufrieden
il contenuto	Inhalt
continuare	fortfahren, etwas zu tun; fortsetzen; weiterfahren
il conto	Rechnung
il contorno	Beilage
il contrario	Gegenteil
il contrattempo	Zwischenfall
il contratto	Vertrag
il contratto di lavoro	Arbeitsvertrag
contribuire	beitragen
il contributo	Beitrag
contro	gegen
controllare	kontrollieren, überprüfen
il convegno	Tagung
convenire	sich lohnen
la conversazione	Gespräch
convincente	überzeugend
convincere	überzeugen
la coperta	Decke
la copertina	Cover
il coperto	Gedeck
la coppia	Paar, Ehepaar
Coraggio!	Nur Mut!
cordiali saluti	freundliche Grüße
il coriandolo	Konfetti
il cornetto	Croissant, Hörnchen
il corpo	Körper
corretto / a	richtig
il corridoio	Gang, Flur
il corso	Straße, Korso, Lauf
il corso di lingua	Sprachkurs
il corso di recitazione	Schauspielkurs
il cortile	Hof
corto / a	kurz
il cortometraggio	Kurzfilm
la cosa	Ding, Sache
cosa ...?	was?
la coscienza	Bewusstsein
le cose da vedere	Sehenswürdigkeiten
così	so (dass)
cosiddetto / a	sogenannt
la costa	Küste
costare	kosten
costellare	übersäen
costituito / a	aus ... bestehend
la Costituzione	Verfassung
costruire	bilden
il costume	Kostüm
il covo	Höhle
il crampo	Krampf
creare	(er-)schaffen
creativo / a	kreativ
la credenza	Anrichte
credere	denken, glauben
la crescita	Wachstum
la crisi	Krise

la critica cinematografica	Filmkritik
la cronaca	Bericht, Tagesereignisse
il cucchiaino	Teelöffel
il cucchiaio	Löffel
la cucina	Küche; das Kochen
cucinare	kochen
la cultura	Kultur
culturale	kulturell
il cuoco (a domicilio)	(Haus-)Koch
il / la cuoco / a	Koch / Köchin
il cuore	Herz; Zentrum
curare	pflegen
curioso / a	neugierig
il curriculum	Lebenslauf
il cuscino	Kopfkissen, Kissen

D

d(i)ritto	geradeaus
d'accordo	einverstanden, in Ordnung
da	zu, aus, seit, bei, von, von ... aus
da ... a ...	von ... bis ...
da dove ...?	woher?
da poco	seit kurzem
da qualche parte	irgendwo
da quanto quanto	seit wie lange
da queste parti	in dieser Gegend
da solo / a	allein
da tempo	seit langem
Dai!	Ach was!; Komm!
la Danimarca	Dänemark
il danno	Schaden
dappertutto	überall
dare	geben, gehen
dare il meglio di sé	sein Bestes geben
dare origine	verursachen, führen zu
dare un consiglio	einen Rat erteilen
dare un passaggio	mitnehmen
dare un'occhiata	einen Blick werfen
dare una mano	helfen
il dato	Tatsache, Pl: Daten
dato che	da
il datore di lavoro	Arbeitgeber
davanti	vorne
davanti a	vor
davvero	wirklich
debole	schwach
decadente	dekadent
decantare	rühmen
il decennio	Jahrzehnt
decidere	entscheiden, beschließen
decimo / a	zehnte / r / s
la decisione	Entscheidung
deciso / a	entschlossen

dedicare	widmen
definire	beschreiben, definieren
degustare	testen
la delicatezza	Feinfühligkeit
il delitto	Delikt
delizioso / a	köstlich
il delta	Delta
deludente	enttäuschend
il dente	Zahn
il / la dentista	Zahnarzt / Zahnärztin
dentro (a)	in
il dépliant	Broschüre
deportare	deportieren
il depresso	Depressiver
il dermatologo	Hautarzt
descrivere	beschreiben
la descrizione	Beschreibung
deserto / a	leer, unbewohnt
desiderare	wünschen, mögen
il dessert	Nachtisch
la destra	Rechte
destra	rechts
a destra di	rechts von
determinato / a	bestimmt
la determinazione	Entschiedenheit
il dettaglio	Detail
di	von, aus, an, zu, als
di corsa	schnell
di dove ...?	woher?
di fianco	nebenan
di fianco a	neben
di fronte	gegenüber
di fronte a	gegenüber von
di mattina	am Vormittag
di media	durchschnittlich
Di niente!	Keine Ursache.
di notte	in der Nacht
di nuovo	noch einmal, wieder
di poco	minimal
di pomeriggio	am Nachmittag
di recente	kürzlich
di sera	am Abend
di solito	normalerweise
di sotto	unten, nach unten
il dibattito	Debatte, Diskussion
dicembre	Dezember
diciannove	neunzehn
diciassette	siebzehn
diciotto	achtzehn
dieci	zehn
la dieta	Diät
dietro	hinten, hinter
dietro a	hinter
difatti	tatsächlich
la difesa	Verteidigung
difficile	schwierig, schwer
la difficoltà	Schwierigkeit

diffondersi	sich verbreiten
digitale	digital
la digitalizzazione	Digitalisierung
dimagrire	abnehmen
dimenticare	vergessen
dimettersi	zurücktreten
diminuire	geringer werden
le dimissioni (Pl)	Rücktritt
dinamico / a	dynamisch
dipendere	abhängen
dire	sagen
il direttore	Leiter
dirigere	führen
diritto	geradeaus
il diritto	Recht
il disagio	Unbehagen
la disavventura	Missgeschick
a discapito di	zu jds. Nachteil
il disco	Platte
la discussione	Diskussion
discutere	diskutieren
disdire	stornieren, absagen
il disegno	Zeichnung, Grundriss
il disegno animato	Zeichentrickfilm
la disgrazia	Unglück
la disoccupazione (giovanile)	(Jugend-)Arbeitslosigkeit
dispiacere	leid tun
disponibile	beschließen
distruggere	vernichten, zerstören
disturbare	stören
il disturbo	Beschwerden
il divano	Sofa
il divano letto	Bettsofa
diventare	werden
diversi / e (Pl)	verschiedene
divertente	witzig
divertirsi	Spaß haben
la doccia	Dusche
il documentario	Dokumentarfilm
i documenti (Pl)	Unterlagen
il documento	Ausweis, Papiere
dodici	zwölf
dolce	süß
il dolce	Süßigkeit, Nachtisch
dolce	sanft
dolcemente	süß
il dolore	Leid, Schmerz
la domanda di rito	übliche Frage
domandare	fragen
domani	morgen
la domenica	Sonntag
la donna	Frau
dopo	hinter, nach, dann, danach, später, darauf
dopodomani	übermorgen
la doppia	Doppelzimmer
doppio / a	doppelt
dormire	schlafen
dotato / a	begabt
la dote	Begabung
il dottor(e)	Doktor
il / la dottore / essa	Arzt / Ärztin, Diplominhaber / -in
dove ...?	wohin?, wo?
dovere	müssen; sollen
il dovere	Pflicht
la drammaticità	Drama
drammatico / a	Drama-
dritto	geradeaus
il dubbio	Zweifel
dubitare	(be-)zweifeln
due	zwei, beide
dunque	also
il duomo	Dom
durante	während
la durata	Dauer
duro / a	hart

E

e	und
è ora di	es ist Zeit
l' ebreo	Jude
eccezionale	außergewöhnlich
l' eccezione (f)	Ausnahme
ecco	da ist, hier ist, also
Ecco a Lei.	Hier, bitteschön.
Eccoci!	Da sind wir!
Eccomi!	Da bin ich!
l' economia	Wirtschaft
economico / a	wirtschaftlich; billig
l' edicola	Kiosk, Zeitungsstand
l' editoria	Verlagswesen
editoriale	Verlags-
l' editoriale (m)	Leitartikel
l' effetto speciale	Spezialeffekt
efficace	wirksam
egregio / a	sehr geehrte / -r
... eh?	...nicht wahr?
elegante	elegant
elegantemente	elegant
eleggere	wählen
elettorale	Wahl-
le elezioni (Pl)	Wahlen
l' emergenza	Notfall
emigrare	auswandern
l' Emilia-Romagna	Emilia Romagna
emozionante	spannend
l' energia	Energie, Kraft
l' enoteca	Weinlokal
entrare	eintreten
l' entrata	Eintritt

l' entrata libera	freier Eintritt
l' equilibrio	Gleichgewicht
equo / a	gerecht
l' era	Zeit
l' errore (m)	Fehler
l' esame (m)	Prüfung, Untersuchung
l' esame (m) del sangue	Blutuntersuchung
esatto / a	richtig, genau
l' escursione (f)	Wanderung
l' esercizio	Übung
l' esilio	Exil
l' esperienza (lavorativa)	(Arbeits-)Erfahrung
l' esperto / a	Experte / Expertin
l' esposizione (f)	Ausstellung
esposto / a	ausgestellt
l' espressione (f)	Gesichtsausdruck
esprimere	ausdrücken
esserci	da sein
essere	sein
essere a favore	dafür sein
essere alla ricerca di	auf der Suche sein
essere colto / a da	von etw. erfasst werden, unter etw. leiden
essere contrario	dagegen sein
essere del parere	der Meinung sein
essere di bocca buona	nicht wählerisch sein
essere in gamba	fähig sein, es drauf haben
essere stufo / a	jdn. / etw. satthaben
l' est (m)	Osten
l' estate (f)	Sommer
l' estensione (f)	Ausdehnung
l' estero	Ausland
estero / a	Außen-
esteso / a	groß
estremo / a	extrem
l' età	Alter
l' etto	hundert Gramm
l' euro	Euro
europeo / a	europäisch
l' evasione (f)	Unterhaltung
l' evento	Ereignis
evitare	vermeiden
ex	ehemalig

F

fa	vor (zeitlich)
la fabbrica	Fabrik
facile	leicht, einfach
facilmente	einfach
la fame	Hunger
la famiglia	Familie
familiare	familiär
famoso / a	berühmt
il fanalino di coda	Schlusslicht
la fantascienza	Sciencefiction

fantastico / a	Fabel-
fare	machen, tun
fare alla romana	die Rechnung aufteilen
fare alle ...	sich treffen um ...
fare amicizia	sich befreunden
fare colazione	frühstücken
fare da mangiare	kochen, das Essen vorbereiten
fare finta	so tun, als ob ...
fare gli auguri	gratulieren, beglückwünschen
fare il pieno	voll tanken
fare in tempo	schaffen
fare la spesa	einkaufen
fare la valigia	die Koffer packen
fare male	weh tun, ungesund sein
fare orecchie da mercante	sich taub stellen
fare parte	gehören
fare piacere	sich freuen, erfreuen
fare pratica	praktizieren
fare quattro chiacchiere	plaudern
fare sapere	wissen lassen
fare spese	bummeln
fare sport	Sport treiben
fare un giro	einen Spaziergang machen, ins Zentrum gehen
fare vedere	zeigen
la farmacia	Apotheke
la fase finale	Endphase
faticoso / a	schwierig, anstrengend, mühsam, schwer
fatto	gemacht, erledigt
il fatto	Ereignis
la fattura	Rechnung
il favore	Gefallen
il fazzoletto di carta	Papiertaschentuch
febbraio	Februar
la febbre	Fieber
felice	froh, glücklich
la felicità	Glück, Freude
le felicitazioni	Glückwunsch
felicitazioni!	Gratulation!
femminile	weiblich
le ferie	Urlaub, Ferien
fermarsi	halten, sich aufhalten
la fermata	Haltestelle
la festa	Feier, Feiertag, Party
le feste	Feiertage
festeggiare	feiern
il / la festeggiato / a	Geburtstagskind
la festività	Festtag
la fiaba	Märchen
il fidanzato	Freund, Verlobter
la fiera	Messe
la figura centrale	Hauptfigur
la fila	Reihe
il film	Film

il film d'animazione	Zeichentrickfilm
il filo di voce	dünne Stimme
la filosofia	Philosophie
filosofico / a	philosophisch
il finale	Ende, Schluss
finalmente	endlich
la finanza	Finanz
finanziare	finanzieren
la fine	Ende
fine (Adj)	fein
il fine settimana	Wochenende
la finestra	Fenster
il finestrino	Fenster (im Auto/Zug/ Flugzeug)
fingersi morto / a	sich tot stellen
finire	aufhören, beenden, fertig machen
finire male	unglücklich ausgehen
fino a	bis (zu)
la finta	Verstellung
il fiore	Blume
Firenze	Florenz
la firma	Unterschrift
firmare	unterschreiben
fisicamente	physisch
fisso / a	fest
il fiume	Fluss
il flashback	Rückblende
flessibile	flexibel
la flessibilità	Flexibilität
la focaccia	Fladen
il fondale	Meeresgrund, (Wasser-) Tiefe
fondamentale	Haupt-
la fontana	Brunnen
la forchetta	Gabel
la forma (di governo)	(Regierungs-)Form
il formaggio	Käse
formale	formell
la formazione	Bildung
fornire	erteilen
forse	vielleicht
forte	stark, kräftig
la fortezza	Festung, Burg
la fortuna	Glück
fortunato / a	glücklich
la forza	Kraft
Forza!	Los!
le forze armate (Pl)	Streitkräfte
la fotocopia	Fotokopie
fotografico / a	Foto-
fra	in
(il / la) francese	französisch; Franzose / Französin
il francese	Französisch (Sprache)
i fratelli (e sorelle)	Geschwister
il fratello	Bruder

freddo / a	kalt
il / la freelance	Freiberufler / -in
frenare	bremsen
la frenata	Bremsung
frequentare	besuchen
frequente	häufig
la frequenza	Frequenz
la fretta	Eile
il frigo(rifero)	Kühlschrank
il Friuli-Venezia-Giulia	Friaul-Julisch Venetien
frizzante	mit Kohlensäure
fronteggiare	entgegentreten
la frontiera	Grenze
la frutta	Obst
i frutti di mare	Meeresfrüchte
il fruttivendolo	Obsthändler
fumare	rauchen
il fumetto	Comic
il fungo	Pilz
funzionale	zweckmäßig, funktionell
funzionare	funktionieren
il fuoco d'artificio	Feuerwerk
fuori	draußen
fuori da	außer
furioso / a	wütend
il furto	Diebstahl
il fuso orario	Zeitzone
il futuro	Zukunft
futuro / a	(zu)künftig

G

la galleria d'arte	Galerie
la gamba	Bein
la gara	Wettkampf
la gara di corsa	Wettlauf
la gara di nuoto	Schwimmwettbewerb
il garage	Garage
garantire	bürgen für
il gas	Gas
gassato / a	kohlensäurehaltig / mit Kohlensäure
il gelato	Eis, Speiseeis
il genere poliziesco	(Kriminal-)Gattung
geniale	genial
i genitori (Pl)	Eltern
gennaio	Januar
Genova	Genua
la gente	Leute
gentile	freundlich, nett, sehr geehrte / r...
gentilmente	höflich
genuino / a	naturrein
la Germania	Deutschland
la gestione	Management
gestire	abwickeln, verwalten

gettonato / a	meist ...
il ghiaccio	Eis, Wassereis
già	schon
Già!	Stimmt!
la giacca	Jacke, Jackett
il giallo	Gelb; Krimi
giallo / a	gelb
i giardini pubblici (Pl)	öffentliche Grünanlage
il giardino	Garten
il ginecologo	Frauenarzt
la ginnastica	Gymnastik
giocare	spielen
il gioco	Spielzeug
il gioco a premio	Gewinnspiel
la gioia	Freude
il giornale	Zeitung
il giornale radio	Radionachrichten (Pl)
il / la giornalista	Journalist / -in
la giornata	Tag
il giorno	Tag
al giorno d'oggi	heutzutage
il giorno di ferie	Urlaubstag
il giovane	Jugendliche
il giovedì	Donnerstag
girare	umhergehen, umherlaufen, abbiegen, herumfahren
girare	drehen (Film)
girarsi	sich drehen
il giro	Tour
il giro turistico organizzato	Rundfahrt
la gita	Ausflug
giù	unten
il giudizio	Urteil
giugno	Juni
giungere	ankommen
la giustizia	Justiz
giusto / a	richtig, genau
gli	die, ihnen, sie, ihm, ihn/es
il goal	Tor
la goccia	Tropfen
godersi	genießen
la gola	Hals
la gonna	Rock
il governo	Regierung
il grado	Grad
il grafico	Grafiker/in
il grammo	Gramm
la gran parte	der große Teil
grande	groß
la grappa	Grappa
grasso / a	dick, fett
gratificante	befriedigend
il grattacielo	Wolkenkratzer
grave	schwer
grazie	danke
grazie a	dank
Grazie mille!	Tausend Dank.

greco / a	griechisch
il grido	Schrei
il grigio	Grau
grigio / a	grau
il gruppo	Gruppe; Band; Fraktion
guadagnare	verdienen
il guaio	Ärger, Unglück
il guanto	Handschuh
guardare	ansehen
guardare la televisione	fernsehen
guarire	heilen
la guerra (mondiale)	(Welt)Krieg
la guida	Führer / -in
la guida (turistica)	Reiseführer / -in
guidare	fahren
il gusto	Geschmack

H

la hostess	Flugbegleiterin
l' hotel	Hotel

I

i	die
l' idea	Idee
l' identità	Identität
ieri	gestern
il	der, die, das
l' illustrazione (f)	Illustration
l' imbarco	Boarding, Einstieg
immaginare	vermuten
immediatamente	sofort
l' immersione (f)	Tiefgang
imminente	bevorstehend
imparare	lernen
impedire	verhindern
impegnarsi	sich engagieren
impegnato / a	engagiert
l' impegno	Verabredung; Fleiß
l' imperatore (m)	Kaiser
l' Impero	Reich
l' impiegato / a	Angestellte / -r
importante	wichtig
l' imprenditore (m)	Unternehmer
l' impressione (f)	Eindruck
improbabile	unrealistisch
improvvisamente	plötzlich
in	in, mit, an, zu, nach
in affitto	zur Miete
in bianco	mit Butter/Öl
in contanti	bar
in effetti	in der Tat
in fondo	im Grunde

in fondo (a)	am Ende (von)	l' insalata	Salat
in forma	fit	l' insalata di mare	Meeresfrüchtesalat
in gamba	fähig	l' insegnante (m / f)	Lehrer / -in
in genere	normalerweise	inseparabile	unzertrennlich
in meno	weniger, kleiner	inserirsi	sich einfügen, Teil sein
in merito a	in Bezug auf	l' inserto viaggi	Reisebeilage
in mezzo a	in, in der Mitte von	insieme	zusammen
in orario	planmäßig	insignificante	bedeutungslos
in particolare	besonders, vor allem	insopportabile	unerträglich
in più	mehr, größer	instabile	unbefristet
in prima linea	vorne	intelligente	intelligent
in punto	genau	intendere	meinen
in tempo	pünktlich	intenso / a	kräftig
in tutto	im Ganzen, insgesamt	interessante	interessant
in vendita	zu Verkaufen	interessare	interessieren
in vigore	in Kraft	l' interesse (m)	Interesse
inaugurare	eröffnen	internazionale	international
l' incendio	Brand	gli Interni (Pl)	Innen(-Ministerium)
incerto / a	unsicher	interno / a	Innen-
l' incidente (m)	Unfall	intero / a	ganz
incinta	schwanger	interpretare	interpretieren, spielen
incontrarsi	sich treffen	l' intervista	Interview
l' incontro	Treffen	intorno a	um ... herum
incredibile	unglaublich	l' invasione (f)	Invasion
incrociare	begegnen	invecchiare	alt werden
l' incrocio	Kreuzung	invece	dagegen, stattdessen
l' indagine (f)	Ermittlung, Nachforschung	invece	dagegen
indipendente	unabhängig	inventare	erfinden
l' indipendenza	Unabhängigkeit	l' inverno	Winter
l' indirizzo	Anschrift, Adresse	investire	investieren
l' industria	Industrie	inviare	schicken
industriale	industriell	invidiare	neidisch sein auf
l' infanzia	Kindheit	invitare	einladen
infatti	in der Tat, tatsächlich	l' invito	Einladung
l' infermiere / a	Krankenpfleger / -schwester	io	ich
		ipotetico / a	hypothetisch
infiammare	entzünden	irritato / a	gereizt
l' infiammazione (f)	Entzündung	iscriversi	sich anmelden
influire	Einfluss haben	l' Islanda	Island
informarsi	sich informieren	l' isola	Insel
l' informazione (f)	Information	isolare	isolieren
l' ingegnere	Ingenieur / -in	istruttivo	lehrreich
(l') inglese	englisch; Engländer / -in	l' istruzione (f)	(Aus-)Bildung
l' inglese	Englisch (Sprache)	l' Italia	Italien
ingrassare	zunehmen	l' italiano	Italienisch (Sprache)
l' ingrediente (m)	Zutat	(l') italiano / a	italienisch; Italiener / -in
l' ingresso	Diele		
l' iniezione (f)	Spritze		
iniziare	beginnen, anfangen	**L**	
l' iniziativa	Initiative		
l' inizio	Anfang	la	der / die / das, sie / es / ihn, ihr / ihm
l' innamorato	Verliebte		
inoltre	außerdem, darüberhinaus	La	Sie, Ihnen
inoltre	außerdem	là	dort, da
l' inquinamento	Umweltverschmutzung	il laboratorio	Workshop
inquinante	umweltgefährdend	la lacuna	Lücke
inquinato / a	schadstoffbelastet		

il lago	See	il lieto fine	Happyend
largo / a	breit, weit, groß	la Liguria	Ligurien
le lasagne	Lasagne	lilla	lila
lasciare	lassen	il lilla	Lila
il lato	Seite	il limone	Zitrone
il latte	Milch	la linea	Linie
la lattina	Dose	la lingua (straniera)	(Fremd-)Sprache
la laurea	Hochschulabschluss	il linguaggio	Sprache
laurearsi	den Hochschulabschluss erwerben	liscio / a	glatt
		litigare	streiten
il laureato	Hochschulabsolvent	il litro	Liter
la lavanderia	Wäscherei	lo	der / die / das, ihn / es / sie, ihm / ihr
il lavandino	Waschbecken		
lavare	waschen	lo stesso	trotzdem, dennoch
lavare i piatti	abspülen	il locale	Lokal; Zimmer, Raum
lavarsi	sich waschen	la Lombardia	Lombardei
la lavatrice	Waschmaschine	lontano / a	weit, entfernt
lavorare	arbeiten	lontano da	weit weg von
lavorare a maglia	stricken	loro	sie, ihr/e, ihnen
lavorare in proprio	selbstständig sein	la luce	Licht
il lavoratore	Arbeiter	luglio	Juli
la lavorazione	Bearbeitung	lui	er, ihm, ihn
il lavoro	Arbeit	la lumaca	Schnecke
il Lazio	Latium	luminoso / a	hell
le	die, sie, ihnen, ihr	la luna	Mond
Le	Ihnen, Sie	il lunedì	Montag
la legge	Gesetz	lungo / a	lang
leggere	lesen	il luogo	Ort
leggermente	leicht		
leggero / a	leicht		
lei	sie, ihr	**M**	
Lei	Sie, Ihnen		
la lenticchia	Linse	ma	aber
le lentiggini	Sommersprossen	la macchia	Sprenkel, Fleck
lento / a	langsam	macchiarsi	sich bekleckern
le lenzuola (Pl)	Bettwäsche, Laken	la macchina	Auto
il leone	Löwe	il macellaio	Metzger
il lessico	Wortschatz	la macelleria	Metzgerei
la lettera	Brief	le macerie (Pl)	Trümmer
la lettera di presentazione	Bewerbungsschreiben	la madre	Mutter
letterario / a	literarisch	Madrid	Madrid
la letteratura per l'infanzia	Kinderliteratur	magari	vielleicht
le lettere (Pl)	Literaturwissenschaft	maggio	Mai
il lettino	Liege	la maggioranza	Mehrheit
il letto	Bett	la maglietta	T-Shirt
il lettore	Leser	il maglione	Pullover
il lettore forte	Vielleser	magro / a	dünn
la lettura	Lektüre	Mah ...	Naja .., Hm ...
li	sie, ihnen	mai	nie
lì	dort, da	mal pagato / a	schlecht bezahlt
liberarsi	sich befreien	male	schlecht
libero / a	frei	il male	Schmerzen
la libertà	Freiheit	la malinconia	Melancholie
la libreria	Buchhandlung; Bücherregal	la mamma	Mama
il libro	Buch	mamma mia	meine Güte
licenziare	entlassen, kündigen	il mammifero	Säugetier
il liceo	Gymnasium		

mancare	fehlen	la metro(politana)	U-Bahn
la mancia	Trinkgeld	mettere	stellen, darauf stecken;anziehen; einreiben; kleben
il mandarino	Mandarine		
mangiare	essen		
mangiare fuori	ins Restaurant gehen	mettersi	sich anziehen
la manica	Ärmel	mettersi comodo	sich bequem machen
la manifestazione	Veranstaltung	mettersi un costume	sich verkleiden
la mano	Hand	la mezza pensione	Halbpension
la manodopera	Arbeitskraft	la mezzanotte	Mitternacht
la mansione	Aufgabe	mezzo / a	halb
le Marche	Marken	il mezzo di trasporto	Verkehrsmittel
il marchio	Zeichen	il mezzo pubblico	öffentlicher Verkehrsmittel
il mare	Meer	il mezzogiorno	Mittag, zwölf Uhr mittags
la margherita	Margerite; Pizza mit Tomaten, Mozzarella und Basilikum	mi	mich, mir
		Mi raccomando!	Bitte!; Vergiss es nicht!
		mica male	nicht schlecht
il marito	Ehemann	i miei	meine Eltern
il marrone	Braun	il miele	Honig
marrone	braun	il migliaio (Pl migliaia)	Tausende
il martedì	Dienstag	migliorare	besser werden
il marziano	Marsbewohner	il migrante	Migrant
marzo	März	(il / la) milanese	mailändisch; Mailänder / -in
la matrimoniale	Doppelzimmer (mit französischem Bett)		
		Milano	Mailand
matrimoniale	Ehe-	il miliardo	Milliarde
il matrimonio	Hochzeit	il milione	Million
la mattanza	Art Thunfischjagd	militare	militärisch
la mattina	Morgen, Vormittag	mille	tausend
la mattinata	Vormittag	minerale	Mineral-
il mattino	Morgen, Vormittag	il minibar	Minibar
matto / a	verrückt	il ministro	Minister
me	ich, mich, mir	il minuto	Minute
il meccanico	Mechaniker	mio / a	mein / e
mediatico / a	Medien-	misterioso / a	rätselhaft
la medicina	Medikament; Medizin	misurare	messen
il medico	Arzt / Ärztin	il mix	Mischung
la meditazione	Meditation	il mobile	Möbel(stück)
meglio	besser	la moda	Mode
il meglio	Beste	il modello	Modell
la mela	Apfel	moderare	einschränken
la melodia	Melodie	moderno / a	modern
meno	weniger	la modifica	Änderung
Meno male!	Gott sei Dank!	il modo	Art
la mensa	Kantine, Mensa	la moglie	Ehefrau
il mensile	Monatsheft	il Molise	Molise
mentre	während	moltissimo	sehr viel
il menù	Menü	molto	sehr, viel
la meraviglia	Wunder	molto / a	viel, viele
meravigliarsi	wundern	il momento	Moment
meraviglioso	wunderbar	il monaco	Mönch
il mercato	Markt	la monarchia	Monarchie
il mercoledì	Mittwoch	il monastero	Kloster
il mese	Monat	la mondanità	Mondänität
il messaggio	Nachricht	il mondo	Welt
la meta (principale)	(Haupt-)Ziel	la moneta	Münze, Geldstück
il metro	Meter	monotono / a	langweilig, monoton, eintönig
il metro quadrato	Quadratmeter		

il montaggio	Schnitt
la montagna	Gebirge
il monte	Berg
montuoso / a	gebirgig
i monumenti	Sehenswürdigkeiten
il monumento	Denkmal
morire	sterben
la morte	Tod
la mostra	Ausstellung
mostrare	zeigen
il motivo	Motiv, Beweggrund
il motore di ricerca	Suchmaschine
il motto	Motto
il mouse	Maus
il movente	Beweggrund
il movimento	Bewegung
mozzafiato	atemberaubend
la mozzarella	Mozzarella
il mulino	Mühle
la multa	Strafzettel
le mura	Mauer
le mura della città	Stadtmauer
il muro	Wand
il museo	Museum
la musica	Musik

N

Napoli	Neapel
narrare	erzählen
la narrazione	Erzählung
nascere	geboren werden; aufgehen, entstehen
la nascita	Entstehung
nascondere	verstecken
il naso	Nase
il Natale	Weihnachten
la natalità	Geburtenziffer
nato / a	geboren
la natura	Natur
naturale	still, ohne Kohlensäure; natürlich
la nausea	Übelkeit
nazionale	Inland-, national
neanche	auch nicht
la nebbia	Nebel
necessario / a	notwendig, nötig
negativo / a	negativ
il negozio	Geschäft, Laden
il negozio d'abbigliamento	Bekleidungsgeschäft
il negozio di calzature / scarpe	Schuhgeschäft
il negozio di frutta e verdura	Obst- und Gemüseladen
nei minimi particolari	bis ins Detail
nel giro di	innerhalb
nemmeno	auch nicht

il neolaureato	Jungakademiker
neppure	auch nicht
il nero	Schwarz
nero / a	schwarz
nervoso / a	nervös
nessuno	niemand
nessuno / a	keine / -r / -s
netto / a	klar
la neve	Schnee
nevicare	schneien
la nevicata	Schneefall
niente	nichts
il / la nipote	Enkel / -in, Neffe / Nichte
no	nein, nicht
... no?	...oder?
nobile	adelig
il nobile	Adliger
noi	wir, uns
noioso / a	langweilig
il nome	Name
non	nicht
non ... affatto	überhaupt nicht
non ... mai	nie
non ... nessuno	niemand
non ... niente	nichts
non ... più	nicht mehr, kein ... mehr
non c'è male	nicht schlecht
Non fare complimenti!	Das macht mir überhaupt keine Umstände!
non poterne più	es nicht mehr aushalten
non stare più nella pelle	es nicht mehr abwarten können
non vedere l'ora	es kaum erwarten können
i nonni	Großeltern
il / la nonno / a	Großvater / -mutter
nono / a	neunte / -r / -s
il nord	Norden
normale	normal
la nostalgia	Sehnsucht
nostro / a	unser / e
notare	bemerken
la notizia	Neuigkeit, Nachricht
noto / a	bekannt
la notte	Nacht
novanta	neunzig
nove	neun
il Novecento	20. Jahrhundert
novembre	November
il numero	Zahl, Nummer, Größe (bei Schuhen)
numeroso / a	zahlreich
nuovo / a	neu
il / la nutrizionista	Ernährungswissenschaftler / -in
nuvoloso / a	bewölkt

O

o	oder
l' obiettivo	Ziel
occasionalmente	gelegentlich
l' occasione (f)	Gelegenheit
gli occhiali (Pl)	Brille
l' occhio	Auge
occupare	besetzen
occuparsi di	sich beschäftigen mit, sich kümmern um
l' oculista (m / f)	Augenarzt / -ärztin
l' offerta	Angebot
offerta di lavoro	Stellenangebot
offrire	anbieten, einladen
oggi	heute
ogni	jede / -r / -s
ogni tanto	manchmal
l' olio (extravergine d'oliva)	(kalt gepresstes Oliven-)Öl
oltre	jenseits
l' ombra	Schatten
l' ombrello	Regenschirm
l' opera	Werk
l' operaio / a	(Fach-)Arbeiter / -in
operare	tätig sein, wirken
l' operazione (f)	Operation
l' opinione (f)	Meinung
l' opportunità (lavorativa)	(Job-)Chance
l' opposizione (f)	Opposition
optare	sich entscheiden
l' ora	Uhrzeit, Uhr, Stunde
ora	jetzt, nun
l' orario	Zeit; Öffnungszeiten; Stunden (Pl); Fahrplan
l' orario di lavoro	Arbeitszeit
ordinare	bestellen
l' ordine	Ordnung
l' orecchio (Pl le orecchie)	Ohr
organizzare	organisieren
organizzato / a	organisiert
originale	originell
l' origine (f)	Ursprung, Anfang
l' orizzonte (m)	Horizont
ormai	bereits
l' oro	Gold
l' orologio	Uhr
l' ortaggio	Gemüse
l' ospedale (m)	Krankenhaus
ospitare	beherbergen
l' ospite	Gast
osservare	beobachten
l' ostello della gioventù	Jugendherberge
l' osteopata (m / f)	Osteopath / -in
ottanta	achtzig
ottavo / a	achte / -r / -s
l' ottimismo	Optimismus
ottimo / a	super
otto	acht
ottobre	Oktober
l' ovest (m)	Westen
ovviamente	natürlich

P

il pacchetto	Päckchen
il pacco	Paket, Packung
il padre	Vater
il padrone di casa	Gastgeber
il paesaggio	Landschaft
il paese	Dorf, Land
i Paesi Bassi (Pl)	Niederlande
pagare	(be)zahlen
la pagina	Seite
il paio	Paar
la palazzina	kleineres Wohnhaus, Mehrfamilienhaus
il palazzo	Wohnhaus; Gebäude; Palast
Palermo	Palermo
la palestra	Turnhalle
la panchina	Bank
la pancia	Bauch
il pane	Brot
la panetteria	Bäckerei
il panettiere	Bäcker
il panino	(belegtes) Brötchen, Sandwich
i pantaloni	Hose
il papà	Papa
il Papa	Papst
il paradiso	Paradies
il parcheggio	Parkplatz
il parco	Park
il parco nazionale	Nationalpark
il parco regionale	Regionalpark
il parere	Meinung
Parigi	Paris
parlamentare	Parlaments-
il parlamento	Parlament
parlare	sprechen, reden
Parma	Parma
la parola	Wort
il / la parrucchiere / a	Friseur / -in
la parte	Seite, Rolle, Teil
partecipare	teilnehmen
la partenza	Abfahrt, Abreise
il particolare	Detail, Einzelheit
partire	abreisen, losfahren, starten
la partita	Fußballspiel
il partito (d'opposizione)	(Oppositions-)Partei
il part-time	Teilzeitarbeit
la Pasqua	Ostern
il passaggio	Vorbeigehen, Überfahrt

il passaporto	(Reise)Pass
passare	vorbeikommen, -fahren, -gehen; reichen (geben); verbringen
il passato	Vergangenheit
passeggiare	spazierengehen
la passeggiata	Spaziergang
la passione	Leidenschaft
il passo	Schritt
il passo in avanti	Fortschritt
la pasta	Nudel
la pastiglia	Tablette
il pasto	Mahlzeit
la patria	Heimat
il patrimonio (culturale)	(Kultur-)Erbe
la paura	Angst
la pausa	Pause
la pausa caffè	Kaffeepause
il pavimento	Boden
peccato	schade
il / la pediatra	Kinderarzt / -ärztin
pedonale	Fuß-
peggiorare	sich verschlimmern
la pelle	Haut; Leder
il pelo dei gatti	Katzenfell
la penisola	Halbinsel
pensare	denken, die Absicht haben
la pensione	Pension; Rente
la pensione completa	Vollpension
per	für, wegen, aus, um … zu, zu, als
per amore	zuliebe
per caso	zufällig
per favore	bitte
per fortuna	zum Glück
per niente	gar nicht
per piacere	bitte
per tradizione	aus Tradition
perché	weil
perché …?	warum?
il percorso	Strecke
perdere	verlieren; verpassen; tropfen, undicht sein
perfetto / a	perfekt
pericoloso / a	gefährlich
periodico / a	periodisch
il periodo	Weile, Zeit
Permesso?	Darf ich?
permettere	erlauben
però	jedoch, aber
la persona	Person
il personaggio	Figur, Hauptfigur
il personale	Personal
personale	persönlich
personalizzato / a	personalisiert
pesante	stark; schwer; dick, warm
pesantemente	schwer

la pesca	Fischfang
il pescatore	Fischer
il pescaturismo	Art Tourismus mit Fischfang
il pesce	Fisch
il peso	Gewicht
pettegolo / a	geschwätzig
il pezzo	Stück
il piacere	Vergnügen, Freude
piacere	gefallen, mögen, schmecken
piangere	weinen
il / la pianista	Pianist / -in
il piano	Stockwerk, Etage; Programm
la piantina	Plan
la piantina della città	Stadtplan
la pianura	Ebene
il piatto	Teller; Gericht
la piazza	Platz
piccolo / a	klein
il piede	Fuß
il Piemonte	Piemont
pienamente	völlig, ganz
pieno / a	voll; ausgebucht
il pigiama	Schlafanzug
piovere	regnen
più	mehr, plus, dazu
piuttosto	im Übrigen, ziemlich
la pizza	Pizza
la pizzeria	Pizzeria
la pizzetta	Pizza-Snack
poco	wenig
poco / a	wenig, wenige
la poesia	Gedicht
il poeta	Dichter
poi	dann
la politica	Politik
il politico	Politiker
politico / a	politisch
la polizia	Polizei
poliziesco / a	Kriminal-
il / la poliziotto / a	Polizist / -in
il polmone	Lunge
la poltrona	Sessel
la pomata	Salbe
il pomeriggio	Nachmittag
il pomodoro	Tomate
il ponte	Brücke
popolare	Volks-
la popolazione	Bevölkerung
porgere	verbleiben
la porta	Tür
il portafoglio	Geldtasche
portare	mitbringen, tragen, bringen, führen
il portiere	Receptionist, Portier
la porzione	Portion
le posate (Pl)	Besteck

positivo / a	günstig, positiv
la posizione	Position
possibile	möglich
la possibilità	Möglichkeit
possibilmente	möglich
la posta elettronica	E-Mail
il postino	Briefträger
il posto	Platz, Stelle
il posto di lavoro	Arbeitsplatz
il posto fisso	Festanstellung
il posto macchina	Autostellplatz
posto / a	angelegt
potere	können; dürfen
il potere	Macht
il pozzo	Brunnen
pranzare	zu Mittag essen
il pranzo	Mittagessen
la precarietà	Vorläufigkeit
precario / a	zeitlich befristet
precedente	vorherig
la predilezione	Vorliebe
la preferenza	Vorzug
preferire	vorziehen, bevorzugen, lieber haben
preferito / a	Lieblings-, bevorzugt
prego	bitte (sehr/schön)
il premio	Preis
prendere	nehmen, einnehmen, trinken
prendere freddo	frieren, sich erkälten
prenotare	reservieren, vorbestellen
la prenotazione	Reservierung
preoccuparsi	sich Sorgen machen
preparare	vorbereiten
prepararsi	sich fertig machen
prescrivere	verschreiben
presentare	aufweisen
il presidente	Präsident
il presidente del Consiglio	Regierungschef
la pressione	Blutdruck
prestare	ausleihen
prestigioso / a	namhaft
presto	früh, bald
prevalentemente	hauptsächlich
le previsioni del tempo (Pl)	Wettervorhersage
previsto / a	vorgesehen
il prezzo	Preis
prima	vor, zuerst, vorher
prima di	vor, bevor
primo (Adv)	erstens
il primo (piatto)	erster Gang
primo / a	erste / -r / -s
primo fra tutti	an erster Stelle
principale	Haupt-
il principe	Fürst
privato / a	privat
il problema	Problem
il procedimento	Vorgehen

il prodotto	Produkt
produrre	herstellen
il produttore	Hersteller, Produzent
la produzione	(Film-)Produktion
professionale	beruflich
la professione	Beruf
il progetto	Projekt
il programma	Programm
la programmazione	(Fernseh- / Radio-) Programm
la proiezione	Vorführung
promuovere	fördern
pronto / a	fertig
Pronto?	Hallo? (am Telefon)
proporre	vorschlagen
la proposta	Vorschlag
proprio	genau, direkt, wirklich´
proprio (Adv)	wirklich
il prosciutto	Schinken
proseguire	fortsetzen
prossimo / a	nächste / -r / -s
il / la protagonista	Hauptdarsteller / -in, Protagonist / -in
protetto / a	Schutz-
provare	(an)probieren
il proverbio	Sprichwort
la provincia	Provinz
il prurito	Juckreiz
lo psicanalista	Psychoanalytiker
lo psicologo	Psychologe
pubblicare	veröffentlichen
la pubblicazione	Publikation
la pubblicità	Werbebranche, Werbung
pubblico / a	öffentlich
la Puglia	Apulien
pulire	putzen, sauber machen
pulito / a	sauber
pungere	stechen
il punto	Punkt
il punto di vista	Gesichtspunkt
puntuale	pünktlich
puntualmente	pünktlich
pure	doch, auch
purtroppo	leider

Q

qua	hier
il quadro	Bild
qualche	einige, ein paar
qualcosa	etwas
quale ...?	welche / -r / -s?
qualificato / a	qualifiziert
la qualità	Eigenschaft, Qualität
quando ...?	wann?
quanto ...?	wie viel?

quanto tempo	wie lange
quaranta	vierzig
la quarta di copertina	Umschlagsrückseite
il quartiere	Viertel, Stadtteil
il quarto	Viertel
quarto / a	vierte / -r / -s
quasi	fast
quattordici	vierzehn
quattro	vier
quello / a	jene / -r / -s
la questione	Angelegenheit
questo / a	diese / -r / -s
questo pomeriggio	heute Nachmittag
qui	hier
quindi	deshalb
quindici	fünfzehn
quinto / a	fünfte / -r / -s
il quotidiano	Tageszeitung

R

la rabbia	Wut
raccogliere	sammeln
il raccoglitore	Ordner
la raccolta differenziata	Abfalltrennung
raccontare	erzählen
il racconto	Erzählung
il radicchio	Radicchio
radiofonico / a	Rundfunk-
il radiogiornale	Rundfunknachrichten
la radiografia	Röntgenbild
raffinato / a	fein, raffiniert
il raffreddore	Schnupfen, Erkältung
Ragazzi!	Jungs!
raggiungere	einholen, erreichen
la ragione	Recht, Verstand
il ragno	Spinne
rallentare	verlangsamen
rampante	aufstiegsorientiert
rannicchiato / a	verkrochen
rapido / a	schnell
il rapporto	Bericht, Beziehung
il rapporto di lavoro	Arbeitsverhältnis
rappresentare	darstellen
i ravioli	Ravioli (gefüllte Teigta- schen)
i ravioli di magro	Ravioli (mit Spinat gefüllt)
la razza	Rasse
reale	real, königlich
la realtà	Wirklichkeit
la recensione	Rezension
la reception	Rezeption
il / la receptionist	Rezeptionist / -in
recitare	spielen
il redattore	Redakteur

regalare	schenken
il regalo	Geschenk
la regia	Regie
il / la regista	Regisseur / -in
registrare	eintragen
la regola	Regel
regolare	regelmäßig
regolarmente	regelmäßig
il relatore	Vortragende
il relax	Entspannung
la relazione (a distanza)	(Fern-)Beziehung
religioso / a	religiös
la repubblica	Republik
il requisito	Voraussetzung
il / la responsabile (m / f)	Verantwortliche
restare	bleiben
il resto	Rest, Restbetrag
restringersi	einlaufen
la rete	Internet
la rete di comunicazione	Verkehrsmittel
retribuire	bezahlen
il riassunto	Zusammenfassung
il ribasso	Senkung
ricambiare	revanchieren
riccio / a	lockig, gelockt
ricco / a di	reich an
la ricerca	Suche
ricercare	nachsuchen
la ricetta	Rezept
ricevere	erhalten
il riconoscimento	Auszeichnung
ricordare	erinnern
ricordarsi	sich erinnern
ridere	lachen
ridurre	reduzieren
la riduzione	Ermäßigung
riempirsi	sich füllen
rientrare	zurückkommen
riflettere	überlegen
la riforma	Reform
il rifugio	Berghütte
il rilassamento	Entspannung
rilassante	entspannend
rilassarsi	sich entspannen
rilevare	erheben
rimandare	verschieben
rimanere	bleiben, übrig bleiben
ringraziare	danken, bedanken
rinnovabile	erneuerbar
rinunciare	verzichten
riparare	reparieren
ripartire	wieder abfahren, wieder losfahren
ripetitivo / a	Wiederholungs-
riposarsi	sich ausruhen
il riposo	Ruhe
il ripostiglio	Abstellraum

il riscaldamento	Heizung
il rischio	Risiko
la riserva marina	Meerreservat
la riserva naturale	Naturschutzreservat
riservato / a	zurückhaltend
il riso	Reis; Lachen
le risorse umane (PI)	Personal
il risotto	Risotto (Reisgericht)
risparmiare	sparen, mit etwas sparsam umgehen
rispettare	schonen
il rispetto	Respekt
rispetto a	im Vergleich zu
rispondere	antworten
la risposta	Antwort
il ristorante	Restaurant
risultare	sich erweisen als
il risultato	Ergebnis
il ritardo	Verspätung
il ritmo	Rhythmus
ritornare	zurückkehren, zurückkommen
la riunione	Sitzung
riuscire (a)	gelingen, etw. schaffen
rivedere	wiedersehen
rivestire	spielen
la riviera	Küste
la rivista	Zeitschrift
robusto / a	robust
la roccia	Felsen
roccioso / a	steinig
Roma	Rom
il romano	Römer
romano / a	römisch
romantico / a	romantisch
il romanzo	Roman
il romanzo di formazione	Bildungsroman
il romanzo rosa	Liebesroman
rompere	zerbrechen
rosa	rosa
il rosa	Rosa
la rosa	Rose
il rosso	Rot
rosso / a	rot
rotto / a	kaputt
rubare	stehlen
il rubinetto	Wasserhahn
la rubrica	Rubrik
la rucola	Rucola
rumoroso / a	laut
il ruolo (principale)	(Haupt-)Rolle
ruotare	drehen
(il / la) russo / a	russisch; Russe / Russin

S

il sabato	Samstag
la sabbia	Sand
sabbioso / a	sandig
il sacrificio	Anstrengung
il saggio	Essay
saggio / a	weise
la sala	Wohnzimmer; Saal
la sala da pranzo	Esszimmer
il salame	Salami
il salatino	Salzgebäck
salato / a	salzig, gesalzen
il sale	Salz
salire	hinaufgehen
il salmone	Lachs
il salotto	Wohnzimmer
la salsa	Sauce
saltare	ausfallen lassen
la salumeria	Wurstwarengeschäft
i salumi (PI)	Wurstwaren
il salumiere	Wursthändler
salutare	grüßen
la salute	Gesundheit
Salute!	Gesundheit!
salvarsi	sich retten
Salve!	Hallo. / Guten Tag.
San Pietroburgo	Sankt Petersburg
il sandalo	Sandale
il sangue	Blut
sano / a	gesund
il santo	Heilige
sapere	wissen; erfahren; kennen
il sapone	Seife
la Sardegna	Sardinien
il satellite	Satellit
sbagliato / a	falsch
lo sbocco	Zugang
sbrigare	erledigen
sbrigarsi	sich beeilen
scaduto / a	abgelaufen
la scala	Treppe, Leiter
lo scambio	Austausch
la scarpa	Schuh
la scarpa da ginnastica	Turnschuh
scarso / a	gering
scartare	auspacken
la scatola	Schachtel, Dose
gli scavi (PI)	Ausgrabungen
scegliere	wählen, auswählen
la scena	Szene; Bühne
scendere	aussteigen
lo schema	Schema
lo schermo	Bildschirm
lo scherzo	Scherz
la schiena	Rücken

la schiuma	Schaum	sereno / a	heiter
lo sci	Ski	la serie	Serie
sciare	Ski fahren	serio / a	ernst
la sciarpa	Schal	servire	nützlich sein
scientifico / a	wissenschaftlich	servirsi di	etw. benutzen
la scienza	Wissenschaft	i servizi	Küche und Badezimmer
sciogliersi	lockerer werden, auftauen	i servizi (Pl)	Dienstleistung
lo sciopero	Streik	sessanta	sechzig
lo sciroppo	Hustensaft	sesto / a	sechste / -r / -s
scomodo / a	unangenehm	il set	Drehort
la scomparsa	Verschwinden	settanta	siebzig
sconsigliato / a	nicht ratsam	sette	sieben
lo sconto	Rabatt, Preisnachlass	settembre	September
scontroso / a	ungesellig	la settimana	Woche
scoppiare	anfangen	il settimanale	wöchentliche Zeitung / Zeitschrift
scoprire	entdecken		
scordarsi	vergessen	settimo / a	siebte / -r / -s
la scossa di terremoto	Erdbebenstoß	il settore	Bereich
scottante	brisant	lo sforzo	Anstrengung
lo scrittore	Schriftsteller	lo sgabello	Hocker
la scrivania	Schreibtisch	sgelare	auftauen, wärmen, auflockern
la scultura	Skulptur		
la scuola	Schule	si	sich
scuro / a	dunkel	sì	ja, schon
scusare	entschuldigen	la Sicilia	Sizilien
scusarsi	sich entschuldigen	(il / la) siciliano / a	sizilianisch; Sizilianer / -in
sdraiarsi	sich (hin-)legen	sicuramente	sicher(lich), gewiss
se	wenn, falls	la sicurezza	Sicherheit
se stesso	sich selbst	sicuro / a	sicher
il secolo	Jahrhundert	Siena	Siena
il secondo (piatto)	zweiter Gang	la sigaretta	Zigarette
secondo ...	jds. Meinung nach	il / la signore / a	Herr / Frau, Dame
secondo me	meiner Meinung nach	il silenzio	Schweigen
secondo / a	zweite / -r / -s	silenzioso / a	leise, ruhig
la sede	Sitz	il simbolo	Symbol
sedersi	sich setzen, Platz nehmen	simile	ähnlich
la sedia	Stuhl	simpatico / a	sympathisch
sedici	sechzehn	il sindaco	Bürgermeister
il sedile	Sitz	la sinfonia	Sinfonie
il / la segretario / a	Sekretär / -in	la singola	Einzelzimmer
il segreto	Geheimnis	singolo / a	einzeln
seguente	folgend	sinistra	links
seguire	folgen, verfolgen, besuchen	la sinistra	Linke, linke Seite
sei	sechs	a sinistra di	links von
Sei d'accordo se...?	Bist du einverstanden, wenn...?	il sintomo	Anzeichen
		la sintonia	Einklang
selezionare	wählen, auswählen	sismico / a	seismisch
la selezione	Wahl, Auswahl	il sistema solare	Sonnensystem
il semaforo	Ampel	sistemare	ordnen, erledigen, regeln
sembrare	scheinen	il sito	Internetseite, Stätte
sempre	immer	la situazione	Situation
il senatore	Senator	la slavina	Lawine
sentire	hören, anrufen	sociale	gesellschaftlich
sentirsi	sich fühlen	la società	Unternehmen, Gesellschaft
senza	ohne	socievole	gesellig
la sera	Abend	soffrire di	leiden an
la serata	Abend	il soggiorno	Aufenthalt

345

sognare	träumen	spiccato / a	merklich
i soldi (Pl)	Geld	la spiegazione	Erklärung
il sole	Sonne	la spillatrice	Tacker
la soletta	Einlegesohle	la spinta sotterranea	unterirdischer Stoß
solo (Adv)	nur	splendido / a	wunderbar
solo / a	einsam	sporco / a	schmutzig
il sommelier	Weinkellner	lo sport	Sport
sopportare	ausstehen	sportivo / a	sportlich
sopra	über, auf, darauf	sposarsi	heiraten
sopraggiungere	hinzukommen	gli sposi (Pl)	Brautleute
soprannominare	nennen	lo / la sposo / a	Bräutigam / Braut
soprattutto	vor allem	spostare	verrücken
la sorella	Schwester	spostarsi	sich bewegen, ziehen
sorprendente	überraschend	la spremuta	frisch gepresster Saft
sorprendere	überraschen	lo spumante	Sekt
sorprendersi	sich wundern	spuntare	aufgehen
la sorpresa	Überraschung	la squadra	Mannschaft
sorpreso / a	überrascht	squillare	klingeln
il sorriso	Lächeln	squisito / a	köstlich, vorzüglich
sospettare	vermuten	staccare	ausschalten
sospettato / a	verdächtigt	lo stage	Praktikum
la sosta	Pause	la stagione	Jahreszeit, Saison
sostenibile	nachhaltig	la stagione sinfonica	Sinfoniesaison
la sostenibilità	Haltbarkeit	lo / la stagista	Praktikant / -in
sotto	unter, unten	stamattina	heute Morgen
sotto casa	vor der Tür	la stampa	Buchdruck
sotto forma di	in Form eines, als	la stampante	Drucker
il sottofondo	Background	stampare	drucken
il sottopassaggio	Unterführung	stanco / a	müde
sottoporre	vorlegen	stanotte	heute Nacht
gli spaghetti	Spaghetti	la stanza	Raum, Zimmer
la Spagna	Spanien	stare	bleiben, stehen
(il / la) spagnolo / a	spanisch; Spanier / -in	stare seduto / a	sitzen
la spalla	Schulter	stasera	heute Abend
sparecchiare	abdecken	statale	Bundes-, Staats-
sparire	verschwinden	gli Stati Uniti (Pl)	Vereinigte Staaten
spaventoso / a	furchtbar	lo stato	Staat
lo spazio	Weltraum	la statua	Statue
spazioso / a	geräumig	stavolta	diesmal
speciale	Sonder-	la stazione	Bahnhof
lo / la specialista	Facharzt / Fachärztin	la stazione della metropo-	U-Bahn-Station
la specialità	Spezialität	litana	
specializzarsi	sich spezialisieren	la stella	Stern
specializzato / a	spezialisiert	stereotipato / a	stereotypisch
la specie	Art	lo stereotipo	Stereotyp
specifico / a	Fach-, spezifisch	lo stile	Stil
spegnere	ausmachen	lo stipendio	Gehalt, Lohn
spendere	ausgeben	stirare	bügeln
sperare	hoffen	lo stivale	Stiefel
la spesa	Einkauf, Kosten	la stoffa	Stoff
le spese	Nebenkosten	la storia	Geschichte
spesso	oft, häufig	storico / a	historisch
spettacolare	spektakulär	le stoviglie	Geschirr
lo spettacolo	Schauspiel, Vorstellung	la strada	Straße, Weg
spettinato / a	ungekämmt	stradale	Straßen-, Verkehrs-
spezzare	brechen	lo straniero	Ausländer
la spiaggia	Strand	strano / a	merkwürdig

gli straordinari (Pl)	*Überstunden*	il tappeto	*Teppich*
lo strappo	*Klettverschluss*	tardi	*spät*
la strega	*Hexe*	la tartina	*belegte Schnitte*
stressante	*stressig*	il tartufo	*Trüffel*
stretto / a	*eng*	la tasca	*Tasche*
la stringa	*Schnürsenkel*	la tassa	*Steuer*
le strisce pedonali	*Zebrastreifen*	il tassista	*Taxifahrer*
la striscia	*Streifen*	il tasso	*Rate*
la striscia (di terra)	*(Land-)Streifen*	la tastiera	*Tastatur*
la striscia pedonale	*Zebrastreifen*	la tavola	*Tisch*
lo / la studente / -essa	*Student / -in*	il tavolino	*niedriger Tisch*
studiare	*studieren, lernen*	il tavolo	*Tisch*
lo studio	*Agentur, Büro, Arbeitszim-*	il taxi	*Taxi*
	mer; Studium	la tazza	*Tasse*
stupendo / a	*fantastisch, wunderbar*	te	*dich, dir, du*
stupirsi	*sich wundern*	il tè	*Tee*
su	*über, auf, in*	il teatro	*Theater*
Su!	*Los! Auf!*	il tedesco	*Deutsch (Sprache)*
subito	*sofort*	(il / la) tedesco / a	*deutsch; Deutsche / -r*
succedere	*passieren*	telefonare	*telefonieren, anrufen*
il successo	*Erfolg*	la telefonata	*Anruf, Telefonat*
il succo	*Saft*	il telefono	*Telefon*
il succo di frutta	*Obstsaft*	il telegiornale	*Fernsehnachrichten*
il sud	*Süden*	il telelavoro	*Telearbeit*
sufficiente	*genügend*	il telepass	*System für die Bezahlung*
suggerire	*empfehlen, raten*		*der Autobahngebüh-*
suggestivo / a	*beeindruckend*		*ren ohne Halt an der*
suo / a	*sein / -e, ihr / -e*		*Mautstelle*
Suo / a	*Ihr / -e*	il telequiz	*Fernsehquiz*
suonare	*klingeln*	la televisione	*Fernsehen*
superare	*bestehen, übertreffen*	il televisore	*Fernseher*
il supermercato	*Supermarkt*	il tema	*Thema*
la superstrada	*Schnellstraße*	temere	*fürchten, befürchten*
il supporto	*Stütze*	il tempio	*Tempel*
i surgelati (Pl)	*Tiefkühlkost*	il tempo	*Wetter, Zeit*
svegliarsi	*aufwachen*	il tempo di lavoro	*Arbeitszeit*
svestire	*ausziehen*	il temporale	*Gewitter*
lo sviluppatore di app	*App-Entwickler*	la tenda	*Vorhang, Zelt*
lo svolgimento	*Abwicklung*	la tendenza	*Tendenz*
svuotarsi	*sich leeren*	tenersi	*stattfinden*
		il termometro	*Thermometer*
		la terra	*Erde, Land*
		la terrazza	*Terrasse*
T		il terremoto	*Erdbeben*
		terribile	*furchtbar, schrecklich*
il tabaccaio	*Tabakwarenverkäufer*	il territorio	*Gebiet*
la tabaccheria	*Tabakladen*	la terza età	*Seniorenalter*
il tacco	*Absatz*	la terza pagina	*Feuilletonseite*
la taglia	*Größe*	terzo / a	*dritte / -r / -s*
tagliare	*schneiden, abschneiden*	la tesi	*Diplomarbeit*
le tagliatelle	*Bandnudeln*	il tesoro	*Schatz*
il taglio	*Kürzung*	la tessera	*Karte*
il tailleur	*Kostüm*	il tesserino (universitario)	*(Studenten)ausweis*
il talento	*Begabung*	tessile	*Textil-*
tantissimo	*sehr viel*	la testa	*Kopf*
tanto	*viel, so, sehr*	testardo / a	*dickköpfig*
tanto / a	*viel, viele*	la testata	*Zeitungskopf*

347

la testimonianza	Beweis
il testo	Fassung
il tetto	Dach
il TG	Fernsehnachrichten
ti	dich, dir
Ti va di ...?	Hast du Lust auf ...?
tipico / a	typisch
il tipo	Art, Sorte
il tiramisù	Tiramisu, ital. Dessert
tirare	werfen
il tirocinio	Praktikum
il titolo	Titel
il toast	warme, mit Toastbrot zube- reitete Sandwichs
toccante	berührend
toccare	erreichen
togliere	ausziehen
il tono	Ton
il topo	Maus
il topolino (delle risaie)	(Zwerg-)Maus
Torino	Turin
tornare	zurückkommen, zurück- kehren
la torre	Turm
torrido / a	heiß (Klima, Wetter)
la torta	Torte, Kuchen
la Toscana	Toskana
la tosse	Husten
la tovaglia	Tischdecke
il tovagliolo	Serviette
tra	in
tradizionale	traditionell
la tradizione	Tradition
il traffico	Verkehr
tragico / a	dramatisch
il tram	Straßenbahn
la trama	Handlung
tramite	durch
tranquillamente	ruhig
la tranquillità	Ruhe
tranquillo / a	ruhig
trasferirsi	umziehen
traslocare	umziehen
i trasporti (Pl)	Verkehrswesen
trattare	behandeln
trattarsi	sich um etwas handeln
il tratto di costa	Küstenstreifen
travolgente	überwältigend
tre	drei
il Trecento	14. Jahrhundert
tredici	dreizehn
tremare	beben, zittern
il treno	Zug
trenta	dreißig
il Trentino-Alto-Adige	Trentino-Südtirol
il tribunale	(Land-)Gericht
triste	traurig

la tristezza	Traurigkeit
troppo	zu; zu viel, zu sehr
troppo / a	zu viel / -e
trovare	finden; denken
trovarsi	liegen, stattfinden; sich fühlen; sich treffen
truccare	schminken
il trucco	Schminke
tu	du, dir
tuo / a	dein / -e
il turismo	Tourismus
il / la turista	Tourist / -in
turistico / a	touristisch, Touristen-
il turno di notte	Nachtschicht
la tutela	Schutz
tutelare	schützen
tuttavia	jedoch
tutti	alle
tutti / e	alle; jede / -r / -s
tutto	alles
tutto / a	alle; ganz; alles

U

ubriaco / a	besoffen
l' uccello	Vogel
uccidere	töten
udire	hören
l' ufficio	Büro
l' ufficio stampa	Pressebüro
ulteriormente	weiter
ultimamente	in letzter Zeit
ultimo / a	letzte / -r
umanistico / a	geisteswissenschaftlich
umano / a	menschlich
l' Umbria	Umbrien
un	ein, eine
un paio di	einige
un po'	ein bisschen
un po' di	ein bisschen von
un quarto	Viertel (nach / vor)
un sacco di	eine Menge von
un'	ein, eine
una	ein, eine
una volta	einmal
undici	elf
unico / a	einzig
unire	verbinden
l' università	Universität
universitario / a	Universitäts-
uno	eins; ein, eine
l' uomo	Mann
l' uovo	Ei
l' uovo di cioccolato	Schokoladenei
urlare	schreien

uscire	ausgehen
l' uscita	Ausgang, Gate; Veröffentlichung
l' uso	Verwendung, Gebrauch
utile	nützlich; vorteilhaft
utilizzare	benutzen
l' utilizzo	Benutzung

V

Va bene.	In Ordnung.
la vacanza	Urlaub, Ferien
il vacanziere	Urlauber
la valigia	Koffer
la valle	Tal
la Valle d'Aosta	Aostatal
il valore	Wert
il vantaggio	Vorteil
varare	beschließen
vari / e	verschiedene
variabile	wechselhaft
il varietà	Varieté
vario / a	abwechslungsreich, verschieden(artig)
la vaschetta	kleine Wanne
il vaso	Vase
la vecchiaia	Alter
vecchio / a	alt
vedere	sehen; treffen; besichtigen; besuchen
vedersi	sich sehen, sich treffen
il / la vegano / a	Veganer / -in
veloce	schnell
vendere	verkaufen
la vendita	Verkauf
il venerdì	Freitag
il Veneto	Venetien
veneto / a	venetisch
Venezia	Venedig
venire	kommen, kosten
venire a prendere	abholen
venire incontro	entgegenkommen
venti	zwanzig
il vento	Wind
veramente	wirklich, tatsächlich
il verde	Grün
verde	grün
la verdura	Gemüse
la verifica	Überprüfung
la verità	Wahrheit
vero e proprio	echt
vero / a	echt, wahr, richtig
..., vero?	..., richtig?
la versione (digitale)	(Digital-)Version
verso	gegen
il verso	Vers

la vespa	Wespe
vestirsi	sich anziehen
il vestito	Kleid
la vetrina	Schaufenster
il vetro	Glas
vi	euch
la via	Straße
il via	Startzeichen
la viacard	Karte zur bargeldlosen Bezahlung der Autobahngebühren
viaggiare	reisen
il viaggio	Reise, Fahrt
il viale	Allee
la vicenda	Begebenheit, Ereignis
il vicepresidente	Vizepräsident
vicino (a)	in der Nähe (von), neben
vicino / a	nah
il / la vicino / a	Nachbar / -in
vietato / a	verboten
la villa	Villa
il villaggio turistico	Feriendorf
la villetta	kleine Villa, Einfamilienhaus
la villetta a schiera	Reihenhaus
vincere	gewinnen
il vino	Wein
viola	violett
il viola	Violett
la vipera	Viper
virtuale	virtuell
la visita	Besichtigung, Besuch
la visita guidata	Führung
visitare	besichtigen, besuchen, untersuchen
il / la visitatore / visitatrice	Besucher / -in
il viso	Gesicht
la vista	Blick, Sehvermögen
la vita	Leben
il vitello tonnato	kaltes Kalbfleisch mit Thunfischsoße
la vittima	Opfer
Viva ...	Hoch lebe...
vivace	lebhaft, lebendig
vivere	leben
vivibile	menschengerecht
la voce	Stimme
la voglia	Lust
voi	ihr, euch
volare	fliegen
volentieri	gerne
volere	wollen, mögen
il volo	Flug
la volpe	Fuchs
la volta	Mal
volto / a	gezielt
il volume	Band; Lautstärke
vostro / a	euer / -e

votare	*wählen*
la votazione	*Wahl*
il voto	*Note, Stimmzettel*
vulcanico / a	*vulkanisch*
il vulcano	*Vulkan*
vuoto / a	*leer*

W

Washington	*Washington*
il week-end	*Wochenende*

Z

zero	*null*
la zona	*Zone, (Wohn-)Gebiet, Gegend*
la zona pedonale	*Fußgängerzone*
zuccherato / a	*gesüßt*
lo zucchero	*Zucker*
la zucchina	*Zucchini*

Fotolia, New York:
45.1, 49.10 Berna Şafoğlu; 5.1, 6.2 Designer_Andrea;
25.8, 45.3 Mikko Pitkänen; 7.2, 157.3.3 casagrandelor;
24.2, 222.4 Adriana Harakalova; 17.2, 222.3.5 Eray; 6.1
Claudio Colombo; 8.2 Sylwia Schreck; 11 Gina Sanders;
15 goodbye: michaeljung; 17.1 Comugnero Silvana;
17.3 HaywireMedia; 17.4 Benicce; 17.8 Mikael Damkier;
18 Thomas Leiss; 25.10 LianeM; 25.1 karandaev; 25.4
Luminis; 25.5 Scanrail; 25.6 Celso Pupo; 25.7 Tasse
Cappuccino: Designer_Andrea; 25.9 gtranquillity; 30.1
NatUlrich; 30.2 Nelos; 30.3 O.M.; 30.4 Raffalo; 30.5
Regen: Christian Schwier; 30.6 Karol Koz?owski; 30.7
af photo; 30.8 Carsten Meyer; 32.2 Tomo Jesenicnik;
32.3 BK; 32.4 Julin Rovagnati; 41.2 lassedesignen;
41.3 eb-picture; 41.4 Robert Kneschke; 41.8 unitypix;
45.2 Orangen: volff; 45.4 Obst: Andrey Armyagov;
45.5 phlppgrssr; 46.3 Apotheke: mangostock; 46.4
Pavel Losevsky; 46.6 yamix; 46.7 Photosani; 49.1
Reis: ralphoto; 49.2 rafer76; 49.3 Nudel, rohe Nudel:
m.arc; 49.4 Foto von Gemuese: Gleb Semenjuk;
49.5 kreativfabrik1; 49.7 Fisch: matka_Wariatka;
64.3 Mann duscht sich: gosphotodesign; 64.5
Fruehstuecken: drubig-photo; 64.7 contrastwerkstatt;
64.9 Albert Schleich; 65.1 AVAVA; 65.5 claudiaveja; 65.8
ArtmannWitte; 66 Bierlokal, birreria: pressmaster;
68.2 Rechtsanwalt, -waeltin: lolipep; 68.4 Hanik; 72
Hansjuerg Hutzli; 73.1 P.C.; 73.2 Martina Berg; 73.7
Dmitriy Lesnyak; 73.8 iofoto; 74 MAGIC OF ART;
76.2 andrea photo; 82 Pavel Losevsky; 86.3 Adriano
Castelli; 86.4 Mailand Dom: Matteo; 86.5 Festung:
MartinePasquini; 86.6 Alexey Ivanov; 86.7 Turm: byfogli;
89.1 Ryan; 89.4 shoot4u; 89.6 Quade; 89.7 HLPhoto; 92.2
Jean Kobben; 92.4 Luis Francisco Corde; 92.6 Daniel
Fuhr; 92.7 sculpies; 93.1 WavebreakMediaMicro; 93.2
shotsstudio; 93.3 kids.4pictures; 93.4 shotsstudio; 96
EastWest Imaging; 97.3 terex; 105.2 alisonhancock;
105.3 Steven Baines; 105.4 diego cervo; 106
johnnychaos; 117.1 archideaphoto; 117.2 Mikhail
Kalakutskiy; 117.5 Asparuh Stoyanov; 123 Lasse
Kristensen; 125.2 karam miri; 125.4 Gina Smith; 130 Val
Thoermer; 145.3 Media Whale; 148.1 Giulio_Fornasar;
148.3 katrinaelena; 152.6 chiyacat; 156.2 Kalim; 156.4
M.studio; 157.1 58 Brad Pict; 157.2 riccardomojana;
157.4 XtravaganT; 157.5 VeSilvio; 157.8 pfeifferv;
158.2 WitR; 163.1 seandeburca; 168.1 lowphoto; 168.4
leungchopan; 168.5 Drobot Dean; 168.6 ra2 studio; 169.2
Syda Productions; 169.5 gabrielefusetto; 172.2 SFIO
CRACHO; 176 Wellnhofer Designs; 182 bennymarty;
190.2 Paolese; 192.1 anetlanda; 196.3 khosrork; 196.4
Kurhan; 196.5 Robert Kneschke; 200.1 neirfy; 201.1
thodonal; 209.4 Pakhnyushchyy; 209.5 micromonkey;
213.5 underdogstudios; 215.2 sablinstanislav; 215.3
Marco Santi Amantini; 218.1 Vladimir Voronin; 218.3
fredredhat; 223.1 K.-U. Häßler; 223.2 lyavka

Getty Images, München:
U1 Ingus Kruklitis

iStockphoto, Calgary, Alberta
105.1, 105.5.1 Angela26; 13 Begruessung: aldomurillo;
34.2 Flughafen Malpensa, Taxischlange am Taxistand:
himalaja; 41.5 sharply_done; 41.6 gremlin; 41.7
YvonneFritscheYvonneFritsche; 46.1 Claudiad; 46.5
36clicks; 46.8 gioadventures; 56 Catherine Yeulet;
64.1 Alltagsablauf, z.B. jemand der frueh aufsteht:
Cristian Lazzari; 64.2 Aufstehen: YinYang; 64.4 atraks;
65.7 fatihhoca; 86.2 maakenzimaakenzi; 86.9 Luke
Daniek; 90 Gruppe von Freunden in einer Pizzeria,
alle sitzen am Tisch, 10-12 Personen: KarenMower;
92.1 kutay tanir; 92.3 Petre Milevski; 92.8 Steve
Goacher; 98 Bekleidungsgeschaeft, Spiegel neben
der Umkleidekabine: Yuri_Arcurs; 114 Wohnzimmer
mit grossen Fenstern: cunfek; 117.7 clubfotoclubfoto;
122 Maica; 129.3 tanukiphoto; 132.1 zwei Glaeser
beim Anstossen: mediaphotos; 132.2 Shipov Oleg;
134.1 Viktor1; 134.2 billnoll; 209.1 Lisa-Blue; 222.1
Tommydickson; 222.2 olaser

PONS GmbH, Stuttgart:
1; 21.1; 21.2; 21.3; 21.4; 54.10; 54.1; 54.2; 54.3; 54.4; 54.5;
54.6; 54.7; 54.8; 54.9

Shutterstock, New York:
89, 218.2 Sklep Spozywczy; 5.2, 7.1, 160.1.1 Marco
Rubino; 25.2, 32.1 ifong; 3 lithian; 4.5 Lesende Frau:
michaeljung; 8.1 Frau Daumen nach oben: Yuri
Arcurs; 10 auremar; 17.5 Gary James Calder; 17.6 Ethan
Andrews; 17.7 camilla$$; 20.10 Villedieu Christophe;
20.1 Villedieu Christophe; 20.2 Villedieu Christophe;
20.3 Villedieu Christophe; 20.4 Villedieu Christophe;
20.5 Villedieu Christophe; 20.6 Villedieu Christophe;
20.7 Villedieu Christophe; 20.8 Villedieu Christophe;
20.9 Villedieu Christophe; 24.1 Vitaly Titov & Maria
Sidelnikova; 25.3 Vitaly Titov & Maria Sidelnikova;
26 Hostess im Flugzeug mit Getraenkewagen:
withGod; 32.5 Goodluz; 33 Mikhail Nekrasov; 38.3
Alfonso d';Agostino; 41.1 Tomasz Trojanowski; 46.2
Malgorzata Kistryn; 49.6 Robyn Mackenzie; 49.8
Andrjuss; 49.9 Elena Schweitzer; 50 Deklofenak;
57.1 Yuri Arcurs; 57.2 Goodluz; 57.3 Portraet einer
Frau um die 40-45, Mutter: Golden Pixels LLC; 57.4
Monkey Business Images; 57.5 Portraet eines
Maedchens um 15-20, Tochter: wavebreakmedia ltd;
57.6 AISPIX; 57.7 Stephanie Frey: Stephanie Frey; 58
Vater, Mutter, kleines Kind, gedeckter Tisch, Kueche:
wavebreakmedia ltd; 59 Anton Gvozdikov; 64.10
krugloff; 64.8 CandyBox Images; 65.2 Slaven; 65.3
Robert Kneschke; 65.4 Bartosz Ostrowski; 65.6 Minerva
Studio; 68.1 wavebreakmedia ltd; 68.3 Yuri Arcurs;
68.5 Lisa S.; 68.6 Robert Kneschke; 68.7 Szasz-Fabian